中国社会科学院学部委员专题文集
ZHONGGUOSHEHUIKEXUEYUAN XUEBUWEIYUAN ZHUANTI WENJI

宏观调控、经济发展与深化改革

陈佳贵 ◎ 著

中国社会科学出版社

前　言

哲学社会科学是人们认识世界、改造世界的重要工具，是推动历史发展和社会进步的重要力量。哲学社会科学的研究能力和成果是综合国力的重要组成部分。在全面建设小康社会、开创中国特色社会主义事业新局面、实现中华民族伟大复兴的历史进程中，哲学社会科学具有不可替代的作用。繁荣发展哲学社会科学事关党和国家事业发展的全局，对建设和形成有中国特色、中国风格、中国气派的哲学社会科学事业，具有重大的现实意义和深远的历史意义。

中国社会科学院在贯彻落实党中央《关于进一步繁荣发展哲学社会科学的意见》的进程中，根据党中央关于把中国社会科学院建设成为马克思主义的坚强阵地、中国哲学社会科学最高殿堂、党中央和国务院重要的思想库和智囊团的职能定位，努力推进学术研究制度、科研管理体制的改革和创新，2006 年建立的中国社会科学院学部即是践行"三个定位"、改革创新的产物。

中国社会科学院学部是一项学术制度，是在中国社会科学院党组领导下依据《中国社会科学院学部章程》运行的高端学术组织，常设领导机构为学部主席团，设立文哲、历史、经济、国际研究、社会政法、马克思主义研究学部。学部委员是中国社会科学院的最高学术称号，为终生荣誉。2010 年中国社会科学院学部主席团主持进行了学部委员增选、荣誉学部委员增补，现有学部委员 57 名（含已故）、荣誉学部委员 133 名（含已故），均为中国社会科学院学养深厚、贡献突出、成就卓著的学者。编辑出版《中国社会科学院学部委员专题文集》，即是从一个侧面展示这些学者治学之道的重要举措。

《中国社会科学院学部委员专题文集》（下称《专题文集》），是中国社会科学院学部主席团主持编辑的学术论著汇集，作者均为中国社会科学院学部委员、荣誉学部委员，内容集中反映学部委员、荣誉学部委员在相关学科、专业方向中的专题性研究成果。《专题文集》体现了著作者在科学研究实践中长期关注的某一专业方向或研究主题，历时动态地展现了著作者在这一专题中不断深化的研究路径和学术心得，从中不难体味治学道路之铢积寸累、循序渐进、与时俱进、未有穷期的孜孜以求，感知学问有道之修养理论、注重实证、坚持真理、服务社会的学者责任。

2011 年，中国社会科学院启动了哲学社会科学创新工程，中国社会科学院学部作为实施创新工程的重要学术平台，需要在聚集高端人才、发挥精英才智、推出优质成果、引领学术风尚等方面起到强化创新意识、激发创新动力、推进创新实践的作用。因此，中国社会科学院学部主席团编辑出版这套《专题文集》，不仅在于展示"过去"，更重要的是面对现实和展望未来。

这套《专题文集》列为中国社会科学院创新工程学术出版资助项目，体现了中国社会科学院对学部工作的高度重视和对这套《专题文集》给予的学术评价。在这套《专题文集》付梓之际，我们感谢各位学部委员、荣誉学部委员对《专题文集》征集给予的支持，感谢学部工作局及相关同志为此所做的组织协调工作，特别要感谢中国社会科学出版社为这套《专题文集》的面世做出的努力。

《中国社会科学院学部委员专题文集》编辑委员会

2012 年 8 月

目　　录

序　言

　　我的研究生涯大体上可以划分为以微观经济问题为主和以宏观经济问题为主的两个大的阶段。我大学本科学习国民经济计划专业，应该属于宏观经济方面，但参加工作以后，主要从事企业管理工作。在硕士和博士研究生阶段，学习的都是企业管理专业。进入中国社会科学院工业经济研究所之后，主要从事的是企业管理和产业经济方面的研究。我真正将研究兴趣转移到宏观经济方面，更多的是工作契机使然。1998 年我担任中国社会科学院副院长，2003 年我被选为全国人大常委、财经委员会委员，2006年中国社会科学院成立学部后，我又任经济学部主任和《经济蓝皮书》主编，由于这些工作原因，近些年来无论是日常接触和讨论的问题，还是从事的课题研究，以及参加的各类学术活动，基本上都是关于宏观经济问题的。所以，这些年我发表的研究成果也就大多以宏观经济问题为主题。

　　本文集作为专题文集，收录的主要是我最近几年发表的有关宏观经济方面的学术文章，主要涉及宏观调控、经济发展和深化改革三个方面的内容。在排序方面，分三篇并按照文章发表的时间顺序由近及远收录。虽然我已经出版了几本文集，但本专题文集收录的文章，大部分是新发表的，并没有被其他文集收录，只是有少数几篇由于与本专题文集内容的高度相关，而再次被收录。

　　在宏观调控篇中，文集中收录了 18 篇文章，其中一多半在《人民日报》理论版上发表，而且也多是在 2008 年以后发表。这些文章的内容都是有关当时经济形势和宏观调控政策的，针对当时的经济形势提出了我国宏观调控应该注意的问题和相应的政策建议。尤其是关于我国经济增长、结构调整、控制物价之间的关系如何平衡，我这些文章都有很深入的研究。如果能够系统地阅读这些文章，读者可以把握近几年我国宏观经济形势变化和宏观调控政策演进的大体脉络。从这个意义上，这也是本专题文集出版的一个重要价值所在。

在经济发展篇中，文集收录了 19 篇文章，主要探讨了当前我国经济发展中所面临的国际经济环境、能源和资源、制造业发展、工业现代化、区域发展、可持续发展、产业结构、城乡统筹发展等一系列重大问题。关于发展问题，我一直关注我国工业化进程这个大的背景，我们曾经详细地评价了 1995—2010 年的工业化进程，并给出中国工业化所处阶段的分析判断，这些研究在国内影响很大，我这里探讨的很多问题都是在工业化这个大的背景下进行的。同时，由于到地方调研比较多，因此也提出了一些指导地方区域经济发展的建议，这里我收录了有关环北部湾经济区、长江中游经济区和海峡西岸经济区的建议，其中 2005 年有关环北部湾经济区的建议是超前的，后来被采纳而转为现实。

在深化改革篇中，文集收录了 14 篇文章。我长期研究国有企业改革问题，发表了大量的国有企业改革成果，但这 14 篇文章主要是有关宏观经济体制改革的。这里值得提及的是，2008 年在改革开放 30 年之际，我总结了我国改革开放的特征，对我国改革的性质、方向、目标模式、方法、动力、部署、措施等进行总结；另外，我是较早提出我国要建立社会主义市场经济体制的学者之一，这里特意收录了 1993 年发表的两篇关于社会主义市场经济体制建设的论文，应该说，迄今为止，这两篇文章的观点对我国现在建设成熟的社会主义市场经济体制仍有指导意义。

路漫漫其修远兮，学术无涯而时间有限。以有限的时间投入到无限的学术研究中，难免会有许多错误和遗憾，诚恳希望读者批评指正！

是为序！

陈佳贵

2012 年 12 月 1 日

宏观调控篇

稳增长、调结构、促改革

今年以来，受国内外诸多因素的影响，市场需求疲软，经济下行压力加大，目前虽然出现了一些经济趋稳的积极因素和表现，但是保持经济稳定增长的基础还较脆弱，而且还面临一些两难的选择，必须冷静观察，沉着应对，既要解决当前稳增长过程中出现的各种问题，又要采取稳妥的措施，解决影响我国经济长期发展中的深层次问题，促进我国经济平稳、较快和可持续发展。

一　稳定经济增长仍是当前宏观调控的重要任务

从去年以来，我国经济已经连续 7 个季度回落，今年一季度 GDP 还增长 8.1%，二季度回落至 7.6%，三季度有可能会回落到 7.3% 左右，四季度虽然有可能触底回升至 7.5% 以上，全年有望超过 7.5% 的预期增长目标，但是明年和今后要再回到 9% 以上的增长速度，长期保持年均近 10% 的高速增长已无可能。如果经济结构调整、转变经济发展方式和经济体制改革能不断取得进展，保持年均增长 8% 左右的速度还是有可能的，也是最理想的。

从今年前三个季度经济增长的情况看，第一产业发展良好，夏粮丰收，秋粮丰收已成定局，粮食有望实现九连增；棉花、油料等作物保持了一定增长幅度，养殖业也稳步发展。第三产业发展速度也不低，预计也将保持在 8% 左右。唯有第二产业特别是工业增长速度下降较多。今年 3 月规模以上工业增加值还保持了 11.9% 的增长速度，但从 4 月份起已经连续 6 个月跌破了 10% 这个心里关口，其中 4 月为 9.3%，5 月为 9.6%，6 月为 9.5%，7 月为 9.2%，8 月为 8.9%，9 月可能只有 8.6% 左右。从季度看，一季度工业增加值增长速度还达到 11.6%，二季度降至 9.5%，三季度可能降至 9%，1—8 月累计是 10.1%，前三季度累计有可能低于 10%，而去年同期则为 14.2%，同比下降了 4.2 个百分点。

从三大需求看，消费增长速度虽然有所回落，但是回落的幅度不大。前三季度社会消费品零售总额同比名义增长 14.1%（前 8 个月数据），只比去年同期回落了 2.9 个百分点（扣除物价因素同比增长 11.4%，比去年同期还上升 0.1 个百分点）。在 16 类限额以上企业商品零售额中，8 类商品增速比上半年加快，1 类持平，7 类回落，回落速度超过 1 个百分点的有通信器材、汽车和石油及制品。

投资下降的速度较快。今年 1—8 月，固定资产投资名义增速只有 20.2%，2011 年前三季度名义增长率为 24.9%，同比下降 4.7 个百分点，而且低于近五年来的增速（如果扣除物价因素影响，增长 18.2%，比去年同期还上升了 1.3 个百分点）。投资增速下降的原因虽然很多，但归纳起来主要有三方面的原因：一是房地产投资大幅度下降。今年 1—8 月，全国房地产开发投资 4.4 万亿元，同比只增长了 15.6%，增幅比去年同期回落 17.6 个百分点。回落速度远远高于全部固定资产的回落速度。房地产投资大幅度下降不仅减缓了全社会投资增长速度，也影响地方政府的城市基础设施建设。因为地方政府城市基础设施建设的相当大一部分资金来源于土地出让收入，在现行的财政体制下，多数地方政府维持日常运行都有困难，很难指望它们不用土地出让金去搞城市基础建设。土地出让金减少，城市基础设施建设的投资自然就减少了。同时，房地产投资大幅度下降还影响到与房屋装修有关的建筑材料、家具、陶瓷产品以及家用电器等产业的发展。二是高铁、高速公路建设减速。前几年高铁、高速公路超速发展，尤其是高铁，其资金绝大部分来自银行贷款，铁路部门已经高额负债，不少高铁线建成投入营运后又严重亏损，现在铁路部门筹资困难，不得不放慢建设速度，造成投资减少。今年 1—8 月，铁路建设投资不仅没有增长，反而下降了 23.9%。三是清理地方融资平台，减少了地方政府的融资渠道和办法，使地方政府用于基础设施等方面的投资大量减少。

在三大需求中，从增长速度看出口下降的幅度最大。今年 1—8 月，我国出口仅增长了 7.1%，去年前三季度为 22.7%，回落了 15 个百分点。

出口增速大幅度下降，主要是由国际环境变化引起的。受美国金融危机和欧洲主权债务危机的影响，国际市场不景气，贸易保护主义日趋严重，加之我国贸易发展方式等方面存在的问题，使我国出口受阻，出口对经济增长的贡献率随之也大幅度降低。从发展前景看，不仅有美国、欧洲的影响，最近又出现了一些新的因素，今后要大幅度增加出口会越来越困难，我们必须要有充分的思想准备和合理的对策。

总之，今年经济增速幅度有一定的必然性，但是回落速度超出了一般人的预期。经济增速大幅度回落是多种因素综合作用的结果。有国内因素，也有国际因素；有经济因素，也有非经济因素；有体制方面的因素，也有经济结构和增长方式方面的因素；有长期积累起来的因素，也有今年新增加的因素。这些因素有些是可控的，有些是不可控的。影响今年经济增长的诸多因素，不仅目前存在，有些还会长期起作用，特别是体制因素、经济结构和经济发展方式这些深层次因素还将长期制约我国经济的可持续发展。稳定经济增长不仅是当前经济工作的重要任务，也是今后经济工作的一项长期任务。当前，我们仍要坚持稳中求进的总方针，坚持积极的财政政策和稳健的货币政策，在稳定经济中加快经济结构的调整，深化经济体制改革，更加重视改善民生。

二　处理好稳定经济增长和调整产业结构的关系

经济增速大幅度回落使我国产业结构不合理，经济发展方式粗放的问题更加显露了出来。长期以来，我国形成了政府主导、投资驱动为主要特征的产业结构和经济增长发展方式。从"十一五"期间 GDP 的构成看，投资占 GDP 的比重在逐年上升，2006 年占 50.9%，2010 年上升到 69.3%；资本形成率 2006 年为 41.8%，2010 年上升到 48.6%；从投资增长速度看，"十一五"期间投资年均实际增长 21.9%，远高于 GDP 年均 11.2% 的增速；从对经济增长的贡献率看，2006 年，投资对经济增长的贡献率为 43.9%，2010 年达到 54.0%，其中 2009 年甚至高达 91.3%。今年虽然出口增速下降的速度高于投资，但是，由于投资对 GDP 贡献率远高于出口对 GDP 的贡献率，所以投资增速下降，对经济增长速度的影响最大，而首当其冲的就是与其紧密相关的钢铁、水泥、平板玻璃、大型机电设备制造等产业。

我们应该因势利导，推动产业结构的调整。不仅要改变第一、第二、第三产发展不协调的问题，还必须改变以投资驱动为主而形成的不合理工业内部结构。

要因势利导，调整轻重工业的比重。改革开放初期，我国轻工业在工业中的比重只有43％，经过几年调整，到1985年上升到47.4％，之后的十多年，轻重工业的比重分别在50％左右波动，基本上保持了协调发展的态势。从20世纪末开始，由于经济发展阶段的变化和投资驱动的影响，我国工业结构出现了明显的以重化工业为主的态势。在1999—2011年的13年间，轻工业产值比重由41.9％下降到30％以下，重工业由58.1％上升到70％以上。重工业的比重比改革开放前还要高。这不仅对我国的能源供给和环境保护造成了极大压力，而且压抑了消费需求。我们要趁投资增速下降的时机，适当降低重工业的比重，使轻重工业协调发展。

要抑制过剩产能和高耗能产业的发展，淘汰落后产能。我国钢铁、电解铝、水泥、造船、汽车制造、纺织服装等行业的产能都严重过剩。我国炼钢能力已经接近10亿吨，上半年利用率只有74.7％，而且由于过度竞争企业利润微薄，不少企业已经陷入亏损状态。据钢铁协会对70余户重点企业的统计，上半年，这些企业实现利润24亿元，同比下降95.8％，主营收入利润率仅有1.6％，全行业已处于整体亏损边缘。我国的水泥产能已经超过30亿吨，已经大大超过到"十二五"末达到22亿吨的规划指标。2011年水泥行业产能利用率只有71.9％，今年上半年又有数十条新型干法生产线停产，产能利用率进一步下降，全行业实现利润下降51.4％，企业亏损面超过1/3。我国高耗能产业发展过多、过快。高耗能产业的用电占全部工业用电的80％左右。根据工信部的统计，炼铁、炼钢、电解铝、焦炭、水泥、化纤等18个行业中落后产能占总产能的比例达到15％—25％。其中，炼铁行业400立方米以下的高炉还有1亿吨，占炼铁能力的20％；水泥行业中落后的小水泥产能有5亿吨，占水泥产能20％。这些落后产能浪费资源，污染环境，要加快淘汰的步伐。

要用先进技术对传统产业进行技术改造，加快传统产业的升级换代。

世界产业发展的历史进程表明，只有落后的技术，没有落后的产业。纺织、钢铁、汽车、机械等行业虽然是传统产业，但是国外工业发达国家用高新技术对这些行业进行改造后，它们都面目一新，焕发了青春，技术含量和附加值大大提高。我国传统产业的现代化水平还较低，据我们测算不少行业只有40%左右。我们要加快传统产业技术改造的步伐。提高这些行业的现代化水平，增加自主知识产权，发展知名品牌，提高产品的附加值，增强企业的核心竞争力。

要努力发展新兴产业，增加其在工业经济中的比重。近些年，我国高新兴产业有了较大的发展，但是总体上看，我国新兴产业在国际分工体系和全球价值链中，大多从事的是高技术产品中的低技术制造环节，产品附加值不高，劳动报酬率低。在扩大新兴产业规模的同时，要促进其向产业链中、高端环节发展。同时，要稳步推进战略性新兴产业的发展，加强对战略性新兴产业关键技术的研究和开发，努力解决其在产业化过程中的各种难题，避免盲目发展，减少市场风险，用战略性新兴产业抢占未来国际经济竞争的制高点。

要推进产业组织结构的调整，鼓励和支持并购重组，使生产要素向优势企业集中，淘汰那些技术落后，管理水平低，严重浪费资源、污染环境、资不抵债的落后企业。努力发展大企业集团，提高企业的规模经济性，同时要鼓励大企业做大做强，有步骤的解决某些行业的"小、乱、散、差"的产业组织结构，提高行业的集中度，鼓励支持小企业要向"专、精、特、新"的方向发展，不断提高各个行业的整体素质和效益。

三　处理好稳定经济增长与深化改革的关系

要稳定经济增长，并保持我国经济长期平稳、较快和可持续发展，必须深化改革，建设成熟的市场经济体制。在当前特别要加快推进行政管理体制的改革。

从整个经济体制改革的进程看，企业和市场这两个环节的改革虽然也有待深化，但是比较起来行政管理体制改革明显滞后，是最大的"短板"。由于它的滞后和牵制，很多关键领域和重要环节的改革陷入胶着状态，有的甚至还有所退步。这就需要尽快"补短",推进行政管理体制改革的突破性进展,以它来带动财政税收、分配、投资、金融、国有企业、资源性价格等领域的改革。

推进行政管理体制的改革除要按照精简、统一、效能的原则,探索新的行政管理体制架构,优化政府组织结构,形成科学的管理组织系统外,更重要的是要简政放权,转变政府职能。政府一切行政活动的终极目标是以最小的负担,让居民获取最大的福祉,即税负和公共服务的最佳组合。"以经济建设为中心"并不意味各级政府直接从事生产经营活动。在政府职能界定中,应始终坚持能由市场做的交给市场;能由企业做得交给企业做;能由社会完成的交给社会组织完成的原则。政府需要从一个无所不包的系统,逐步变为一个有限并有效地提供公共服务的系统,让市场、社会机制在资源配置和社会有序化方面发挥更多、更大的作用。

近些年,政府对微观经济的干预越来越多,采用行政办法管理经济变得越来振振有词,底气十足。事实已经反复证明,经济问题只能主要采取经济办法解决,动辄采取行政办法控制经济行为是不可取的。行政办法短期看似乎有效,但是它们扭曲了价格信号,违背价值规律,只能使矛盾越积累越多,越来越尖锐,解决起来也越来越困难,最终会使经济遭受巨大的损失。

我国已经制定了行政许可法,在这部法律出台前后,政府对一些审批制度进行了初步清理,最近国务院又决定取消一部分行政审批项目,但是还远远不够,在经济运行过程中,不仅一些该取消的审批制度还没有取消,而且又出台了大量的新的审批项目。据有的部门的同志反映,民营企业要进入某些垄断行业发展要盖200多个印章,不仅手续繁杂,而且拖延很长的时间。不加快推进行政管理体制的改革,简政放权,真正转变政府职能,建设成熟的市场经济体制的目标就很难实现。经济也很难保持长期平稳、较快和可持续发展。

（原载《人民日报》2012 年 11 月 19 日）

"稳增长"不能重回"保增长"

——基于对我国当前经济形势的研判

2012 年，我国经济工作的总方针是稳中求进，"稳"就是要稳定经济增长速度，稳定物价总水平，稳定宏观经济政策；"进"就是要在深化改革，转变经济发展方式，调整经济结构和改善民生方面要有所前进。我们要毫不动摇地执行这一总方针。

正确认识当前的经济形势

2012 年 GDP 预期增长目标定为 7.5% 的合理性。今年 3 月召开的全国人大十一届五次会议通过的《2012 年国民经济社会发展计划》，把我国今年的 GDP 预期增长目标定为 7.5%，这是有充足理由的。

一是与"十二五"规划年均增长 7% 的目标逐步衔接。"十二五"规划确定的 7% 的增长速度，是在各个方面经过认真研究、协调的基础上确定的，是比较科学的、符合实际的。2011 年（"十二五"的开局之年），我国的经济增长速度达到 9.2%，已经为今后几年的发展打好基础，今后四年只要保持在 7.5% 左右的增长速度，就完全能实现并超过"十二五"确定的经济增长目标。

二是考虑了去年下半年以来我国经济增长速度逐步回落的实际情况。去年以来，我国的经济增长速度在逐季回落。今年，在发达国家经济复苏乏力、国际经济环境严峻、国内经济面临许多矛盾和不确定因素的背景下，我国经济增长速度还要保持 9% 以上的高速增长，客观上有很大难度。

三是为实际工作留点余地。7.5% 只是一个预期指标，定得低一点有利于给各地、各方面减压。当然7.5%只是一个预期指标，执行结果可以高一点，也可以低一点。实际上，除少数地区外，多数省、市、自治区制定的发展计划，增长速度都高于7.5%。

四是宏观政策的一种导向。这一点是最重要的，目的是引导各地、各方面切实把工作着力点放到深化经济体制改革、加快转变经济发展方式、调整经济结构、提高经济发展质量和关注民生上来，而不要盲目追求增长速度，以利于实现我国经济长期平稳、协调、持续发展。

对当前经济形势的争论。从前几个月的执行情况看，经济发展的基本面是好的。第一季度GDP增长8.1%，比去年的9.2%降低了1.1个百分点，比去年第四季度的8.9%也降低了0.8个百分点。这应该是预料中的事情，各方面也能接受。

但是，从4月开始，出现了一些新情况：其一，规模以上工业企业增加值下降到了10%以下，其中4月为9.3%，5月为9.6%。其二，财政收入增幅放缓，4月财政收入增长6.9%，5月为13.1%（按照财政部的解释，扣除银行业汇算清缴上年所得税后实际增长5%，比4月还低）。其三，物价显著下降，4月CPI比去年同期上升3.4%，5月上升3.0%，1—5月上涨3.5%，这是大家所期望的。但是PPI下降幅度太大，工业生产者出厂价格4月同比下降0.7%，5月下降1.4%，环比下降0.4%，创2009年11月来的新低；工业生产者购进价格4月下降0.8%，5月下降1.6%，环比下降0.3%。PPI大幅下降超出了人们的预期。

由此引起了对当前经济形势的争论。大体有以下两种对立的意见：

一种意见认为，我国的经济增长速度逐步回落，在回落中会逐步趋稳，这是预料中的事，是可以接受的。但在什么时候趋稳又有不同的看法，有的人认为，一季度已经趋稳；有的人认为第二季度见底，第三、第四季度稳中有升。持这些意见的人认为，当前仍要坚持稳中求进的总方针，对当前的经济形势，要冷静观察、沉着应对，宏观经济政策可以进行微调，但目标是"稳增长"而不是要"保增长"。

另一种意见认为，我国当前的经济形势与2008年第四季度至2009年第一季度的情况类似，有的人甚至认为，当前的经济形势比那时还严重，弄不好我国经济要硬着陆，所以，宏观调控的首要任务要由"稳增长"转向"保增长"，特别是要通过大规模增加投资来拉动经济增长。因此，2万亿元、3万亿元，甚至新的4万亿元等投资方案都在议论中。有关政府部门也确实在突击批项目，国家发改委又出现了门庭若市的热闹场面。

当前经济形势与经济金融危机爆发时的经济形势之比较分析。难道我国经济真的又面临应对金融危机爆发时那样的形势了吗？我认为，我国当前面临的经济形势与那时相比，有相似的地方，但是又有很大的不同。它们的相似之处有三点：

一是都面临复杂多变的国际经济环境。美国经济虽然有所回升，但是发生了欧洲主权债务危机，目前这场危机还有蔓延之势，前景堪忧；日本经济本来就长期处于低迷状态，受核电站事故的影响复苏受阻；主要发展中大国经济增速不同程度下滑，而且面临通胀压力。这些问题必然对我国经济产生不利影响，尤其是对我国扩大出口带来重重困难。

二是经济增长速度都出现了下滑的现象。2008年经济增长速度逐季下滑，第一季度还高达10.6%，第二季度为10.1%，第三季度下降到9.0%，第四季度下降到6.8%，2009年第一季度见底，为6.1%；2011年以来，我国的经济增长速度也出现了逐季回落的现象，2011年第一季度9.7%，第二季度9.5%，第三季度9.1%，第四季度8.9%，2012年第一季度进一步回落至8.1%（见图1）。

三是宏观经济政策都是由偏紧转向放松。2008年上半年，为应对经济的快速增长，我国实行的是稳健的财政政策和适度从紧的货币政策。这种政策一直延续到2009年第三季度，之后为应对金融危机，改为积极的财政政策和适度宽松的货币政策。这是由从紧转向放松。从2010年第四季度起，国家把积极的财政政策和适度宽松的货币政策调整为积极的财政政策和稳健的货币政策，并适当减少了财政赤字；去年，央行还连续六次提高存款准备金率，三次提高银行的基准利率，收紧了银根，但从去年第四季度开始，又适度放松银根，到今年5月已三次降低存款准备金率，最近又降低了存贷款利息。这也是由从紧转向放松。

但是与金融危机爆发时的经济形势也有很大的不同，主要有五点：

第一，今年第一季度我国经济增速虽然回落，但是与2008年金融危

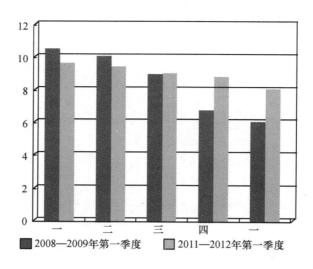

**图1 2008—2009 年第一季度与 2011—2012 年
第一季度经济增速对比**

机爆发时相比较，回落的幅度和回落的原因都有明显不同。从回落的幅度看，没有那时的大。GDP 一季度的增速为 8.1%，比预期的 7.5% 要高 0.6 个百分点，比 2008 年第四季度的 6.8% 要高 1.3 个百分点，比 2009 年第一季度的 6.1% 要高 2 个百分点。对经济增长贡献最大的工业更是如此，2008 年第四季度，规模以上企业工业增加值比上年同期只增长 6.4%；2009 年第一季度只增长 5.1%，第二季度只增长 9.1%，上半年只增长 8.7%，下降幅度远超过今年前 5 个月。从回落的原因看，虽然都是由于工业增长速度下降引起的，但是两次下降的具体原因又不一样。2008 年和 2009 年，工业增长速度的下降主要是由工业制成品的出口大幅度下降而引起的；而这一次工业增长幅度的下降，则主要是由于我国潜在的 GDP 增速回落和我们适当控制了一些前两年增长过快、过猛行业（如高铁等）的建设而引起的。从某种程度上说，当前工业增长速度的回落是符合政府调控预期的。

　　第二，近几年，我国经济增长主要是靠内需拉动的，出口对经济增长的贡献率已经大幅度下降。2008 年前的几年，出口对我国经济增长的贡献率一般在 2.0 个百分点以上，2009 年出口对我国经济增长的贡献率下降

到 -3.6个百分点，2010年也只有0.9个百分点。换句话说，近几年我国经济主要是靠内需拉动的，出口增幅下降会对我国经济带来一定冲击，但是不大可能超过2009年（见表1）。

表1　　　　　　　　　2005年以来我国三大需求对经济的贡献率

年份	最终消费		投资		净出口	
	贡献率（%）	拉动（百分点）	资本形成贡献率（%）	资本形成拉动增长（百分点）	贡献率（%）	拉动（百分点）
2005	37.9	4.3	39.0	4.4	23.1	2.6
2006	40.0	5.1	43.9	5.6	16.1	2.0
2007	39.2	5.6	42.7	6.1	18.1	2.5
2008	43.5	4.2	47.5	4.6	9.0	0.8
2009	47.6	4.4	91.3	8.4	-38.9	-3.6
2010	36.8	3.8	54.0	5.6	9.2	0.9
2011	50.8	4.5	53.3	4.9	-4.0	-0.4

第三，经济增速回落没有对就业产生大的冲击，目前就业状况仍较好。美国金融危机刚爆发时，由于我国出口受阻，造成在东南沿海一带就业的2000万左右的农民工还乡。这次经济增速回落，没有出现这样的现象，就业情况总的还很好。这一方面是由于近年来我国进入劳动力年龄的人口大幅度减少，平均每年增速减少500万左右；另一方面也由于这次经济增速回落是一个渐进的过程，压力是逐步释放的，加上中西部经济增长不错，不少人回乡就业，也缓解了就业压力。

第四，宏观经济政策虽然都是由从紧转向放松，但是性质和力度不同。应对金融危机之前，我们实行稳健的财政政策和适度从紧的货币政策，为应对金融危机转而实行积极的财政政策和适度宽松的货币政策，这是从紧缩政策转向扩张政策，性质和方向发生了变化；这次虽然也是由从紧转向放松，但是至少从目前的情况看，还是在保持积极财政政策和稳健的货币政策的前提下的微调，是操作层面的由紧转松。政府会不会改变宏观经济政策的性质和方向，还有待观察。

第五，社会对国际经济变动可能带来的负面影响的思想准备也比过去要充分。企业、居民不会像 2009 年第四季度和 2010 年第一季度那样张皇失措，社会上主张冷静观察、沉着应对的呼声很高，对主张政府采用大规模增加投资的办法拉动经济的意见持批评态度的人越来越多。

我国当前并没有出现"保增长"的国内外经济环境

根据以上分析可以看出，我国当前的经济形势与应对国际金融危机时有很大不同，因此，宏观经济政策不能由"稳增长"转而变成"保增长"。从文字表达看，"稳增长"与"保增长"只有一字之差，但从经济政策上看，却包含了政府对经济形势的不同判断以及宏观经济政策在性质、方向上的重大差异。

"稳增长"是在经济没有出现突发事件的情况下，政府为了避免经济的大起大落而要实现的一种预期目标，一般都采取趋于中性的宏观经济政策。根据经济形势和追求的目标不同，在财政政策和货币政策的配合上又可以有多种搭配：如果经济运行比较平稳，经济增长速度适中，可以采取双稳健的宏观经济政策（双中性的），即稳健的财政政策和稳健的货币政策；如果经济增长速度偏高或偏低，可以实行"一紧一稳"的宏观经济政策，如积极的财政政策（扩张性）和稳健的货币政策（较中性的），或适度宽松的货币政策（扩张性的）和稳健的财政政策。

"保增长"是政府为应对国内外经济环境的重大变化造成经济增长速度持续大幅度下滑而采用的一种非常规的宏观经济政策，一般都采取强刺激的措施，通常采用扩张性的财政政策和货币政策，我们通常称之为积极的财政政策和适度宽松（或宽松）的货币政策。

在我国，除财政政策和金融政策外，还有产业政策、土地政策、房地产政策，有时甚至采用一些行政手段来配套实施，达到"稳增长"和"保增长"的目标。

目前，为了稳定经济增长，政府采用的是积极的财政政策和稳健的货币政策。笔者认为，这是比较妥当的。当然，为了使经济增速在回落中逐步趋稳，可以适时适度对这种政策进行微调。比如，在财政政策上，可以对企业采取减税的措施，可以出台各种鼓励消费的政策；在货币政策上，可以采用适当降低存款准备金率、调整利率等措施。可以通过对宏观经济政策适时适度进行微调，增强稳定经济增长的力度，但是不能改变宏观经济政策的性质和方向，更不能由政府主导，增加大量投资来拉动经济增长，力保经济高速运行。

首先，国际经济环境虽然对我国经济的发展产生了许多不利因素，但是并没有出现重大的突发性事件。美国经济虽然受金融危机的冲击很大，但是已经触底，经济正在缓慢回升。欧洲主权债务危机虽然还有可能进一步恶化，但是已经不是一个突发的新问题，其成因也很复杂，既涉及欧元体和欧盟经济体制机制问题，也涉及这些国家经济社会发展方式和消费方式等深层次问题，需要较长时间才有可能调整过来。可见，国际经济环境对我国经济的影响将是长期的，靠短期的"保增长"的宏观经济政策很难解决问题。

其次，我们还应该认识到，粗放型经济增长方式难以为继。我国经济高速增长了30多年，这是世界奇迹。目前，我国已经到了工业化中期的后半阶段，那种政府主导、主要依靠投资驱动的粗放型经济增长方式已经很难为继，要求我们必须从规模扩张向提高整体素质转变。实际上，我国的经济增速在1997—2002年期间已经趋于平稳，保持在7.6%—9.3%之间，但在2003—2007年这五年间却达到了10%以上的高速增长，这主要是受应对亚洲金融危机增加投资和加入WTO等因素的刺激。金融危机和欧洲主权债务危机发生以后，各国都相继调整了经济发展战略，贸易保护主义倾向增强。国内外发展环境的变化也迫使我国必须放慢经济增长速度，转变经济发展方式和发展战略。今年我国经济增速适度回落，这是理所当然的事情，不应该大惊小怪。

第三，目前我国经济增长速度虽然有较大幅度回落，但还在合理区间，而且在回落中已经趋稳。不少经济学家都认为，现阶段我国潜在的GDP在8%左右，有的甚至认为只在7%左右。在实际经济运行过程中，实现的GDP是在潜在GDP的上下波动的，不能偏离太大，否则就会出现经济过热过冷的情况。今年预期增长 7.5%，除考虑别的因素的影响外，也考虑了我国潜在 GDP 下降的客观实际。换句话说，只要经济增长速度保持在 8% 左右，都应该是合理的。今年第一季度的经济增速是 8.1%，从 4—5 月的情况看，规模以上工业企业的增加值虽然有较大幅度回落，但是仍接近 10%，1—5 月累计增长还达到 10.7%。5 月工业增加值比 4 月同比上升了 0.3 个百分点，环比增长 0.89%，说明工业生产情况已经出现企稳回升的迹象，6 月可能还会好于 4—5 月。只要进行适度微调，工业增加值重新回到 10% 以上的增速并不难。而且第一、第三产业仍保持稳定增长，不会像 2008 年第四季度和 2009 年第一季度那样，出现 GDP 增速降到 7% 以下的情况。

第四，经济增速的回落使我国经济出现了一些积极的变化。CPI 逐步回落，为实现今年把其控制在 4% 以内创造了良好的宏观经济环境；产业结构特别是轻重工业结构有望得到一定程度改善，在某种程度上缓解了能源供需矛盾特别是煤炭的供需矛盾，煤炭价格有所降低；一些生产能力过剩的行业压力加大，被迫淘汰落后产能。这些迹象表明，有利于转变经济发展方式、调整经济结构的宏观经济环境正在逐步形成。

慎重对待"保增长"的宏观经济政策

20 世纪 90 年代以来，我们实行了两次"保增长"的宏观经济政策。第一次是在 1998 年，为应对亚洲金融危机；第二次是在 2008 年、2009 年，为应对美国引起的世界性金融危机。在应对这两次金融危机的过程中，政府采取了"保增长"的宏观经济政策，使我国在全球经济受到巨大冲击的情况下，保持了较高的经济增长速度。在这个过程中，我们积累了不少经验，但是也付出了很大代价。

一是加剧了政府主导、投资驱动为主的经济增长方式。进入新世纪以来，我国逐步形成了以投资驱动为主的经济增长方式，投资已成为拉动我国经济的主要动力，特别是进入"十一五"后这种现象更加严重（见表 2）。

表2　　　　　　　2001—2010 年投资占 GDP 的比重及对经济增长的贡献

年份	固定资产投资占GDP 的比重（100%）	资本形成率	资本形成增长率（100%）	资本形成对经济增长的贡献率（100%）	拉动经济增长百分点
2001	34.1	36.5	13.0	49.9	4.1
2002	36.1	37.8	16.9	48.5	4.4
2003	40.7	40.9	27.7	63.2	6.3
2004	25.0	43.0	26.6	54.5	5.5
2005	47.4	41.6	20.0	38.9	4.4
2006	49.5	41.8	23.9	43.9	5.6
2007	51.7	41.7	24.8	42.7	6.1
2008	54.9	43.9	25.9	47.5	4.6
2009	65.9	47.5	30.0	91.3	8.4
2010	69.3	48.6	23.8	54.0	5.6

从"十一五"期间 GDP 的构成看，投资占 GDP 的比重在逐年上升，2006 年占 50.9%，2010 年上升到 69.3%；资本形成率 2006 年为 41.8%，2010 年上升到 48.6%；从投资增长速度看，"十一五"期间投资年均实际增长 21.9%，远高于 GDP 年均 11.2% 的增速；从对经济增长的贡献率看，2006 年，投资对经济增长的贡献率为 43.6%，2010 年达到 54.0%。

投资是拉动经济增长的动力之一，今后仍需要保持较高的投资增长速度，但是接近 50% 的资本形成率居世界各国之首，且各国经济发展的历史上也没有出现过如此高的投资率。这种发展方式挤压了居民消费，造成了投资和消费结构失衡，造成产业结构失衡，使资源和环境难堪重负，使投资效益下降。这种发展方式是难以为继的，是我们调整经济结构要解决的重点问题之一。但是"保增长"却进一步强化了这种结构。表 1 的数据显示：2009 年投资对经济拉动的贡献率从 2006 年的 43.9% 上升到了91.3%，上升了 47.4 个百分点；2010 年投资对经济拉动的贡献率虽然比2009 年有大幅度下降，但是仍高达 54%，比 2006 年上升 10.1 个百分点。

二是使投资效果系数大幅度下降。投资效果系数是衡量经济效果的重要指标，主要反映一定时期内单位固定资产投资所新增加的 GDP。近年来，投资效果系数呈下降的趋势，特别是在保增长的年份，下降得更加明显（见表3）。

表3 　　　　　　　　1996年以来固定资产投资效果系数 　　　单位：%

年份	系数	年份	系数	年份	系数
1996	45.2	2001	28.1	2006	24.0
1997	31.3	2002	24.6	2007	36.0
1998	19.1	2003	27.9	2008	25.0
1999	17.7	2004	34.1	2009	12.0
2000	29.0	2005	26.1	2010	21.7

上表的数据说明，在投资规模增大的同时，资本投入的生产效率却在降低，高投入、低效益的问题较为突出。部分资金投入后并未得到充分、有效的运用，投资资金的低水平产出，严重影响了投资效益和质量的提高。而且凡是"保增长"的年份，投资效果系数下降得更加明显，比如，1998年和1999年这两年分别只有19.1%和17.7%，2009年和2010年这两年分别只有12.0%和21.7%。其中2009年投资效果系数为12.0%，处于有历史数据以来的最低水平，即每1亿元的固定资产投资，GDP只增加1200万元，比1996年减少了3320万元，比2006年也要降低一倍，即1亿元固定资产投入比2006年少增加1200万元的GDP。

三是增加了调整产业结构的困难。"保增长"所形成的十分宽松的宏观经济环境，不仅造成了一些产能过剩行业现有产能的释放，而且还刺激它们增加新的产能，加剧了这些行业产能过剩的程度；同时，那些消耗资源高、产品质量差、污染环境严重、经济效益低的本应该淘汰的企业，也因此得以继续存活下来。这就进一步加重了调整产业结构的难度。

四是增加了潜在的金融风险和财政风险。实行"保增长"的宏观经济政策，就意味着大规模的增加投资和贷款规模。前几年，为应对世界金融危机，各级政府增加了数万亿元的投资，而这些投资很大一部分是通过举债的方式来筹措的。据统计，在地方政府的10.7万亿元债务中，50%以上即5万亿元以上是2009年前后3年内形成的。"保增长"的政策还使银行的贷款规模空前增加。有关资料显示，为应对世界金融危机，各商业银行发放的贷款总额几乎相当前三十年的总和。在这些贷款中，长期贷款占了相当大的比重，这就使得潜在的金融风险和财政风险增加。

　　总之，"保增长"是一把双刃剑，不能轻易出手。我国目前还没有出现需要实行"保增长"的国内外经济环境，因此，宏观经济政策不能由"稳增长"向"保增长"转变。

〔原载《人民论坛》，2012 年 8 月。本文所引用的数据均来源于《中国统计年鉴》（2011），中国统计出版社 2011 年版〕

保持经济平稳较快增长,努力扩大劳动就业

　　就业问题永远是我国政府、专家学者和大众最关心的社会经济问题之一。改革开放三十多年来,由于我国经济高速发展特别是工业化和城市化的高速化进程为我国的劳动者提供了大量的就业岗位,不仅成功地解决了城市人口的就业问题,而且使两亿多农村劳动者从农村转移出来实现了就业,保持了经济社会稳定的稳定发展,这个成绩是史无前例的。到目前为止,我国城镇人口的登记失业率仍保持在4.3%以下,与国外许多国家相比是较低的。

　　但是我们也应该看到,我国经济社会发展进入了一个新的时期。我国经济的国际环境发生了很大变化。美国经济受到金融危机的严重冲击,复苏乏力;欧洲许多国家深陷主权债务危机,经济衰退;日本经济本来就长期处于低迷状态,受地震海啸和核电站事故后更是困难重重;发展中国家通货膨胀严重,经济增速放缓。面对这些变化许多国家特别是发达国家都在调整自己的发展战略,贸易保护主义日趋严重,对我国出口造成很大的负面影响,致使我国近几年的出口对经济增长的贡献由正数转为负数。从国内看,我国经济增速回落,经济结构调整的力度的加大,也势必对扩大就业带来很多困难。在这个大背景下来正确分析扩大就业的有利因素和不利因素,从而提出应对的政策措施十分重要。

一　正确认识我国的经济发展和就业形势

　　从长期看,在我国扩大就业,保持较高的就业率仍有不少有利因素。

　　从需求方看,我国经济在较长时期内仍会保持7%以上的增长速度,还会提供大量的就业岗位。

　　第一,我国正处在工业化的高速发展阶段。前几年我组织的一个课题

组对全国及各地区的工业化进程进行了评价。我们选择了经济发展水平、产业结构、工业结构、就业结构、空间结构等五类指标作为评价依据，构建了一套指标体系。假设满100分算是实现了工业化，同时把整个工业化进程划分为初期（0—33分）、中期（34—66分）和后期（67—100分）三个阶段，各阶段又划分为前后两个分阶段，并根据前人研究的结果，设定了不同阶段的标志值。根据我们的测评，到2010年我国的工业化进程尚处于中期阶段，而且发展很不平衡，虽然北京、上海、广东、江苏、浙江等7个省、直辖市已经到了工业化的后期阶段，但是还有12个省、自治区处于工业化的中期阶段，12个省、自治区处于工业化的初期阶段。我国要全面完成工业化的进程至少还需10—15年的时间（见表1）。①

表1　　　　　　　　　　中国工业化进程的测评结果（2007年）

区域阶段		中国大陆	四大经济板块	七大经济区域	31省市区
后工业化阶段（五）					上海（100）、北京（100）
工业化后期（四）	后半阶段			长三角（76）	天津（94）、广东（83）
	前半阶段		东（68）	珠三角（68）环渤海（67）	浙江（80）、江苏（80）、山东（73）
工业化中期（三）	后半阶段	（52）			辽宁（63）、福建（59）
	前半阶段		东北（49）	东北（49）	山西（45）、内蒙古（43）、吉林（42）、湖北（40）、河北（40）、重庆（37）、黑龙江（36）、宁夏（36）、陕西（33）、青海（33）
工业化初期（二）	后半阶段		中部（24）西部（18）	中部六省（24）大西北（19）大西南（17）	河南（32）、湖南（30）、安徽（28）、四川（28）、江西（27）、新疆（26）、甘肃（23）、云南（22）、广西（21）、海南（19）
	前半阶段				贵州（16）
前工业化阶段（一）					西藏（0）

---

① 陈佳贵主编：《中国经济发展——"十一五"中期评估和"十二五"展望》，中国社会科学出版社2010年版。

第二，我国尚处在城市化深入发展阶段。根据统计资料，"十五"以来，我国城镇化率以平均每年1个多百分点的速度增长，2011年我国的城镇化已经达到51.3%，这是一个了不起的成绩（见表2）。

表2　　　　　　　　　　"十五"以来我国城镇化率的变化

年份	城镇人口数（万人）	城镇化率（%）
2001	48064	37.66
2002	50212	39.04
2003	52376	4053
2004	54823	41.76
2005	56212	42.99
2006	58288	44.34
2007	60633	45.89
2008	62403	46.99
2009	64512	48.34
2010	66978	49.95
2011	69079	51.27

但是当前中国的城镇化还是一种典型的不完全城镇化。我国现行统计的统计口径的城镇人口包括大量在城镇常住的农民工。目前我国的农民工总量超过2.4亿人。其中，大部分人常住在城镇。有关资料显示，到2010年年底，北京、上海、广州、深圳这四个特大城市有常住人口6892.83万人，其中户籍人口只有3688.3万人，占常住人口总数的46.5%[1]。这些常住在城镇的农民工虽然被算成是城镇人口，但他们在劳动就业、工资福利、子女教育、社会保障、保障性住房购买等方面仍很难享受城镇居民同等待遇。如果把没有完全城镇化的人口排除在外，我国的城镇化率至少要降低十多个百分点。因此，目前中国的城镇化率只是统计上的不完全城镇化率。同时，从统计数字上看城镇人口比重在快速提升，但城镇居民素质、生活质量、消费行为、思想观念和管理方法却难以跟上，城镇化的质

---

① 潘家华、魏后凯主编：《中国城市发展报告》，社会科学文献出版社2011年版。

量还较低，与人口城镇化速度还远不相适应。而且随着城镇化的深入发展，我国城镇化的增长速度也会减低。我国真正的城镇化率要达到60%以上，至少也还需要10—15年的时间。

第三，中国经济发展不平衡，区域之间的发展差距仍然很大。2011年，我国人均国民生产总值已经超过5000美元（国际货币基金组织：5414美元），东部人均GRP超过7000美元。而中西部地区许多省份还没有达到全国平均水平，只相当于东部地区平均水平的40%—50%。西部和东部的发展水平差距更大。西部人均GRP只有东部的51.5%，人均财政收入只有东部的51.9%，人均财政支出只有东部的8.3%，居民消费水平只相当于东部的47.8%，城镇居民可支配收入只相当于东部的32.1%，农村居民人居纯收入只相当于东部的45.7%。要把这种差距缩小到一个合理水平，至少也还需要10—15年的时间（见图1）。

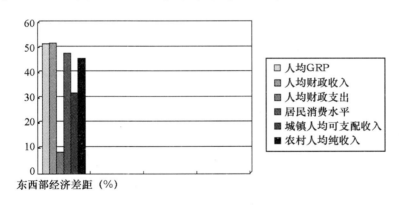

图1　东西部收入差距

因此，在今后的10—15年时期内，我国经济保持7%以上的增长速度是完全有可能的，而且我们国家储蓄率高，劳动力数量大、教育也在大发展、科技水平在稳步提高，这些主要生产要素也能支撑7%以上的增长速度，这是扩大就业，降低失业率的可靠保障。

从劳动力的供给看，由于我国人口出生率大幅度下降，进入劳动年龄的人口在逐年减少。1990年，中国的人口自然增长率达到14.4‰，到2010年下降为4.8‰，据统计局的数据，在"十五"期间，我国当年进入劳动年龄的人口数平均为 2394.8 万人，"十一五" 前四年，年均为 2073 万人，平均每年减少 321.8 万人。劳动力参与率也从 "十五" 时期的 76% 左右下降到 "十一五" 时期的 74% 左右，下降了近 2 个百分点①。与此同时，我国的就业人员的增长速度也在逐步放缓，"十五" 期间，共增加就业人员 2562 万人，平均每年新增就业人员 512.4 万人，"十一五" 期间共增加就业人员 1458 万人，平均每年新增就业人员下降至 291.6 万人，平均每年下降 220.8 万人②。这也是最近几年部分地区出现 "民工荒"，以及劳动者工资水平显著上升的原因之一。据有的人口学家和经济学家预测，最迟在 "十二五" 末我国进入劳动年龄人口将出现负增长。

在总的就业人口呈下降趋势的同时，我国城镇人口呈现增加的趋势，"十五" 期间，我国城镇共增加就业人员 5238 万人，年均增加 1047 万人；"十一五" 期间城镇共增加就业人口 6298 万人，年均增加 1259 万人。"十一五" 期间每年比 "十五" 期间增加城镇就业人员 212 万人，说明乡村劳动力在加速向城镇转移（见表 4）。

表 4　　　　　　　　　"十五" 以来我国就业人数的变化

年份	当年的就业人数（万人）	当年增加就业人数（万人）	当年增加（%）	当年增加的城镇就业人数（万人）	当年增加的（%）
2001	72797	712	0.98	972	1.1
2002	73280	483	0.66	1036	1.4
2003	73736	456	0.62	1071	1.5
2004	74264	528	0.72	1063	1.4
2005	74647	383	0.52	1096	1.5
2006	74978	331	0.44	1241	1.7
2007	75321	343	0.46	1323	1.8
2008	75564	243	0.32	1150	1.5
2009	75826	262	0.35	1219	1.6
2010	76105	279	0.37	1365	1.8

资料来源：根据《中国统计年鉴》（2011）提供的数字计算。

---

① 根据《中国统计年鉴》（2010）的数字计算。
② 同上。

但是，我们也应该看到，扩大就业也存在一些不利因素：

首先，随着经济的发展，产业结构的变化和技术进步的影响，我国的就业弹性系数是在不断降低的。自90年代后期以来，中国经济增长进入了重工业化和城市化的加速发展期，在这一阶段，经济发展的一个突出特点是资本密集型产业成为经济增长的主要引擎，而劳动密集型产业的发展则受到抑制。这一变化使经济增长对就业增长的带动作用在减弱。90年代，我国就业弹性系数基本上是呈上升态势的，但进入21世纪之后，该比值转而趋于下降，2000年为0.11，即GDP增长1个百分点，就业总人数增长0.11个百分点，约增加82.3万多人；到2010年时，该比值已降为0.04，大约增加31.12万人。

当然我们也观察到另一个现象：就业弹性系数和GDP的增长速度存在一种负相关的关系，增长速度高的年份，就业弹性系数往往是下降的，换句话说，经济增长速度适当降低，每增长1个百分点的GDP其相应增加的就业人数反而有可能不增加（见表5）。

表5　　　　　　　　　　GDP 增长的就业弹性

年　份	就业人数年增长率（％）	GDP 年增长率（％）	GDP 增长的就业弹性
1991	1.15	9.2	0.12
1992	1.01	14.2	0.07
1993	0.99	14.0	0.07
1994	0.97	13.1	0.07
1995	0.90	10.9	0.08
1996	1.30	10.0	0.13
1997	1.26	9.3	0.14
1998	1.17	7.8	0.15
1999	1.07	7.6	0.14
2000	0.97	8.4	0.11
2001	0.99	8.3	0.12
2002	0.66	9.1	0.07

续表

年　份	就业人数年增长率（％）	GDP 年增长率（％）	GDP 增长的就业弹性
2003	0.62	10.0	0.06
2004	0.72	10.1	0.07
2005	0.52	11.3	0.05
2006	0.44	12.7	0.03
2007	0.46	14.2	0.03
2008	0.32	9.6	0.03
2009	0.35	9.2	0.04
2010	0.37	10.4	0.03
2011	0.41	9.20	0.04

资料来源：国家统计局网页。

其次，结构性失业的现象比较严重，一些特殊群体的就业压力大。一方面是一些群体就业难；另一方面一些企业又招不到合格的职工。

一是农民工不仅数量大，多数缺少专业技能，流动性大，就业不稳定。农民工已经成为我国产业大军的重要组成部分，据第五次人口普查提供的数据，在我国的第二产业的职工总数中农民工占52%，其中在制造业中的比重占68%，建筑业业中80%，今后10—15 年还有相当多的农村富余劳动力从农村转移出来到城镇就业，但是农民工的就业最容易受经济波动的影响。据人力资源和社会保障部的调查，受金融危机的冲击，2008 年底至2009 年上半年至少有2000 万农民返乡[①]。如何扩大农民工的就业始终是政府、企业和各种社会组织面临的重要问题。

二是大专院校学生就业条件越来越差，就业压力越来越大。有关资料显示，2003 年以来，我国大学生的初次就业率一直在70% 左右徘徊，但是绝对量不断上升。2003 年大约为64.6 万人，2006 年首次突破100 万人，2010年大约为200 万人，加上上年未就业的达到300 万人左右，但是我国高技能

---

① 人力资源与社会保障部网站。

人才特别是技术工人又很短缺①。据统计,当前我国获得国家职业资格证书及具有相当水平的技能劳动者占所有城镇劳动者的33%,而发达国家达到50%以上;我国高级技师、技师、高级技工等高技能人才仅占劳动者的21%,而发达国家这个比例达到30%以上。据中国劳动力市场信息网监测中心对全国93个城市劳动力市场职业供求信息进行的统计分析,即使在劳动力市场明显受到金融危机巨大冲击的2008年四季度,各技术等级的职位空缺数和求职者适量之比仍大于1,其中高级技师、技师和高级工程师的需求数为求职人数的1.94倍、1.81倍和1.57倍②。

此外,下岗转业的困难较大,特别是40—50人员下岗后重新就业困难。

上述分析说明,将来我国劳动力供大于求的矛盾虽然可能有所缓解,但是每年城镇仍需新增上千万个就业岗位才能缓解就业矛盾,扩大就业的任务仍十分艰巨。

二　要始终把扩大就业作为政府宏观经济政策、产业政策和劳动力市场政策的重要内容和首要目标,努力扩大就业

第一,要保持经济平稳较快增长。经济增长和失业率呈负相关的变动关系。国外有的经济学家通过对美国经济增长和失业的关系研究表明,在3%潜在GDP增长的基础上,GDP每增长2个百分点,失业率便下降1个百分点;反之,GDP每下降1个百分点,失业率便上升1个百分点。③ 在未来10—15年里,我国有可能保持7%以上的增长率,但是能不能把这种可能变为现实,还要靠我们的经济政策,我们不仅要努力争取7%以上的增长速度,而且要实现包容性增长。避免出现有经济增长无就业岗位增长,或高经济增长低就业增长的现象。为此,我们要继续坚持以经济工作为中心,坚持发展是第一要务的方针,坚持科学发展,协调发展和可持续

---

① 中华人民共和国教育部网站。
② 中华人民共和国人力资源与社会保障部网站。
③ 奥肯定率。

发展。

第二，在产业结构调整和产业升级过程中注意发展第三产业和劳动密集型产业。从我国不同产业的就业历史资料看，在 2000—2010 年的十年间，全国就业人数年均增长 0.54%，其中，第一产业就业人数年均增长 −2.63%，第二产业就业人数年均增长 3.02%，第三产业就业人数年均增长 2.88%。从长远看，我国第一产业的劳动力仍有富余，2010 年，我国第一产业的产值占 GDP 的比重只有 10%，但是农村就业人口达到 38%，随着工业化、城市化进程的发展，还会有相当大一部分农村富余劳动力从农村转移出来，第一产业就业增长率还可能降低，会继续呈现负增长的态势。我国还处在工业化的中期阶段，第二产业还有较大的发展空间，还会提供较多的劳动岗位。目前我国的第三产业的比重还较低，2010 年在 GDP 的总量中只有 44%，在第三产业的人员只有 34%，远低于发达国家，比许多发展中国家也低很多，将来有很大的发展空间，会成为扩大就业的最重要的力量。因此，今后除要继续发展第二产业外，要更加重视第三产业的发展（见表6）。

表6   全国和三次产业就业人口年增长率   单位:%

年　份	全　国	第一产业	第二产业	第三产业
2000	0.97	0.77	− 1.23	3.22
2001	0.99	0.99	0.09	1.72
2002	0.66	0.66	− 3.40	3.93
2003	0.62	− 1.19	1.56	3.09
2004	0.72	− 3.80	4.91	5.18
2005	0.52	− 3.98	6.32	3.14
2006	0.44	− 4.49	6.35	3.00
2007	0.46	− 3.79	6.84	1.08
2008	0.32	− 2.63	1.82	2.80
2009	0.35	− 3.45	2.56	3.07
2010	0.37	− 3.32	3.61	1.84
年均增长	0.54	− 2.52	3.02	2.88

资料来源:《中国统计年鉴》各年。

　　同时在产业结构调整和产业升级过程中要注意处理好资本密集型产业和劳动密集型产业的关系。不能不顾主客观条件，盲目追求资本密集型产业，特别是中西部的一些地区，在发挥自己的资源优势的同时，要大力发展劳动密集型产业，更多地解决本地的劳动力就业问题。

　　第三，大力发展非公经济和小型、微型企业。从不同经济类型的就业增长状态来看，自 2000 年以来，国有部门和集体部门的就业都为负增长，而非国有部门成为创造就业机会的主力。其中，私营企业的就业人数从 2000 年的 1268 万人增至 2010 年的 6071 万人，年均增长 17.0%，居各经济类型之首。紧随其后的是"有限责任公司"，其就业人数从 2000 年的 687 万人增至 2010 年的 2613 万人，年均增长 14.3%（见表 7）。

表 7　　　　全国不同经济类型就业人数变化（2000—2010 年）

年　份	2000 年（万人）	2010 年（万人）	年均增长率（%）
国有单位	8102	6516	－2.15
城镇集体单位	1499	597	－8.80
股份合作单位	155	156	0.06
联营单位	42	36	－1.53
有限责任公司	687	2613	14.29
股份有限公司	457	1024	8.40
私营企业	1268	6071	16.95
港澳台商投资单位	310	770	9.52
外商投资单位	332	1053	12.24
个体	2136	4467	7.66

　　资料来源：《中国统计年鉴》。

　　中小企业更是扩大我国就业的主要力量。目前我国有中小企业上千万家，中小企业占我国总户数的 99% 以上。它们不仅为国家提供 60% 以上的总产值，50% 以上的税收，70% 以上的进出口额，尤其重要的是，它们提供了 80% 以上的城镇就业岗位，仅在"十一五"期间，就新增就业岗位 4400 万个。我们必须继续大力发展中小企业特别是小微企业，减轻它们的负担，为它们的发展创造更加宽松的环境。

　　第四，调整教育结构，大力发展各类中等职业技术教育。我国的现行教育体系不适应我国产业结构升级和城镇化发展的人力资本需求，在大力扩张普通高校招生规模的同时，中等技术教育的发展严重滞后，导致大批中学毕业生除了上大学外，获得专业技术教育和培训的机会很少。根据国家统计局的数据，在全国教育经费的总支出中，投入普通高校的教育经费占比从1996年的16.26%上升至2010年的28.98%；而同期中等专业学校的经费投入占比则从13.18%降为7.26%。这一方面导致我国技术工人短缺，另一方面导致非熟练工和普通大学毕业生就业难成为普遍存在的社会问题。要处理好高等教育和中等职业教育的关系，加大对职业教育的投资，同时要鼓励民间投资创办各类中专职业技术学校，培养大批适应我国工业化发展需要的熟练工和技术能手，以满足我国经济现代化对多种熟练技工的需要（见表8）。

表8　　　　　　　　各类学校经费占全国经费的比重　　　　　单位:%

年　份	普通高校	普通中学	中等专业学校	小学
1996	16.26	30.76	13.18	33.87
1997	17.23	30.40	13.26	33.02
1998	20.28	29.69	12.34	31.19
1999	22.83	29.41	11.77	29.70
2000	25.54	29.42	10.59	28.11
2001	26.90	29.96	8.98	27.49
2002	28.89	30.48	7.92	26.43
2003	30.18	30.84	7.64	25.38
2004	31.17	30.74	7.08	24.92
2005	31.57	30.80	6.76	24.14
2006	31.15	29.67	6.64	23.43
2007	30.97	28.42	7.01	24.27
2008	29.98	28.48	7.24	24.49
2009	28.98	28.89	7.26	25.56

　　资料来源:《中国统计年鉴》各年。

　　第五,改进和完善积极就业的政策措施。完善再就业的各种优惠政策,加大对实施再就业政策的资金投入。健全社会再就业服务体系建设,建立多种形式的服务机构,提高服务机构的服务能力和效率。要进一步加强劳动力市场的网络建设,建立跨省、跨地区的劳动力市场网络建设,通过网络提供劳动力供需信息和招工求职。要开展各种职业培训,特别是对农民工就业技能的培训,要鼓励企业对职工的在岗培训、转岗培训,促进更多下岗职工在企业内转岗就业。政府要通过鼓励大学生创业、设立社会服务岗位、鼓励企业招收失业人员等优惠政策,以解决特殊群体的就业问题。把推行积极就业政策和完善社会保障制度结合起来,进一步扩大和完善失业保险制度,对失业者进行救济。

（原载《中国延安干部学院》2012 年第 5 期）

把握好宏观调控的方向、重点和力度

今年上半年，我国经济平稳较快发展，夏粮丰收，工业增长态势良好，服务业发展加快，财政收入大幅度增加，城乡居民收入有一定提高，价格调控总体有效，经济运行态势总体良好。但是，经济发展中的一些深层次矛盾依然存在，还出现了一些值得重视的新情况、新问题，如高耗能产业发展速度加快，供电紧张矛盾加剧；小企业、微型企业经营环境趋紧；居民收入增长速度低于财政收入增长速度，低于企业利润增长速度，也低于 GDP 增长速度；物价上涨幅度趋缓的基础还不牢固，存在反弹的可能；等等。做好下半年经济工作，需要正确判断经济形势，把握好宏观调控的方向、重点和力度，处理好速度、结构、价格之间的关系。

正确判断经济形势，把握好宏观调控的方向

目前，社会上对我国经济状况和下半年经济走势有许多议论。有人认为，我国经济正朝硬着陆的方向发展，而且认为这是必然趋势，不可阻挡；有人认为，我国经济有可能出现二次探底；也有人认为，我国经济出现了滞胀的征象；甚至有人认为，我国经济已经出现了滞胀。对这些意见应该高度重视，但绝不能轻信。

今年上半年，我国经济增长速度虽然有所回落，但不存在二次探底的问题，也不存在硬着陆的问题。在国际金融危机的冲击下，我国 2008 年第四季度和 2009 年第一季度经济增长速度分别下探到 6.8% 和 6.1% 的低点。很显然，说二次探底应该是指 GDP 的增速降到 7% 以下。今年上半年，我国 GDP 的增速达到 9.5%。据一些国内外知名研究机构预测，今年我国 GDP 的增速虽然会比去年有所回落，但仍有望达到 9.3% 左右。从季

度看，第一、第二季度 GDP 的增速分别为 9.7％和 9.5％，预计今后两个季度 GDP 的增速也会保持在 9％左右，不可能出现二次探底的问题。硬着陆是一些经济学家对某个经济体的经济从过热急剧转变为过冷的一种形象说法，今年我国经济也不会出现这种现象。从年度看，去年我国 GDP 增速为 10.3％，如果今年我国 GDP 的增速达到 9.3％左右，就只比去年回落 1 个百分点；从季度看，今年一季度我国 GDP 同比增长 9.7％，第二季度增长 9.5％，从去年第三季度到今年第二季度已经连续 4 个季度保持在 9.5％—10％之间，即便第四季度的增速降低到 9％左右，回落的幅度也只在 1 个百分点左右；从月度看，三次产业中对 GDP 贡献最大的是第二产业，而第二产业中规模以上工业企业增加值从 1 月的 14.1％回落到 5 月的 13.3％，只回落了 0.8 个百分点，6 月还出现了反弹，增速达到 15.1％，而且从去年 6 月到今年 6 月规模以上工业企业增加值增速一直保持在 14％左右，预计今年下半年仍会保持这种态势。可见，工业增加值和 GDP 回落的速度是缓慢的、合理的，并不会出现硬着陆的问题。

那么，我国经济是否出现了滞胀呢？回答是否定的。滞胀，全称为停滞性通货膨胀，是西方一些经济学家解释 20 世纪 70 年代美国经济出现的一种特有现象时使用的一个概念。当时由于发生世界石油危机，石油价格大幅度上涨，美国经济增长速度大幅度下降，失业增加，物价却上升很快。经济学家使用这个概念时一般会强调两个前提：一是经济增速降到潜在的 GDP 增速以下甚至停止增长，物价快速上升且居高不下；二是这种现象一般要持续数年，而不是短期性的波动，如美国 20 世纪 70 年代石油危机后这种现象就持续了 10 年左右。许多经济学家测算，我国潜在的 GDP 增长率在 8％左右。所以，"十二五"规划纲要把经济增长的预期目标定为 7％，年度预期目标定为 8％。预计今年我国 GDP 的增速还会保持在 9％以上，仍在合理的增长区间内。经济增速从 10％以上回落到 9％左右是高位上的回落，属于正常波动，不存在经济增速大幅度下降的问题。当前我国物价虽然偏高，但也属于正常波动。而且，无论是经济增长速度下降还是物价上涨，都还没有迹象表明它们会长期持续下去。因此，那种认为我国经济已经出现滞胀的观点是站不住脚的。

综上所述，我国经济受到国际经济形势的影响，受到资源、环境的约束，受到物价上涨的压力，经济增长速度适度回落是正常的，也是可以接受的。目前的经济增长速度并不算低，而且经济增长的动力还很强劲。上半年固定资产投资同比增长 25.6%，社会消费品零售总额同比增长 16.3%，出口同比增长 24%。如不注意，经济增长速度和物价上涨还有出现反弹的可能。所以，当前宏观调控的方向不是放松调控促增长、防止二次探底和经济硬着陆，而是使经济增长速度在适度回落中逐步趋稳，最好能保持在 8%—9%，从而为治理通货膨胀、调整经济结构、转变经济发展方式创造良好的宏观环境。我们不能再重复过去一热就紧、一紧就叫、一叫就松、一松又热的怪圈。过快的经济增长速度压不下来，调整经济结构和转变经济发展方式就很难取得实质性进展，经济发展中的一些深层次矛盾就会更加尖锐，不利于深化改革，进而还会影响经济的长期平稳健康发展。

突出宏观调控的重点，千方百计稳定物价

中央把稳定物价总水平作为今年宏观调控的首要任务，这个决策是非常正确的，并且经过几个月的努力已经初见成效，物价快速上涨的势头得到一定程度的抑制。但经济发展形势表明，宏观调控的重点仍不能改变，稳定物价仍然是宏观调控的首要任务。

目前物价总水平仍在高位运行。上半年居民消费价格上涨 5.4%，除 1、2 月保持在 4.9% 的水平外，其余 4 个月都在 5% 以上，其中 6 月创今年最高水平，达到 6.4%。今年下半年物价涨幅虽然有可能趋缓，但全年仍可能达到 5% 以上。今年上半年，工业生产者出厂价格总水平平均上涨 7.0%，6 月达到 7.1%。

物价上涨的压力没有大的缓解，又出现了一些新现象。在居民消费品方面，价格呈现普遍上涨态势。据国家统计局公布的数据，纳入消费品价格指数统计的 39 项主要商品类别中，1—5 月，月度价格环比上涨的分别为 32 项、31 项、29 项、33 项、33 项。从月度环比看，消费品价格涨幅趋缓，但 6 月出现反弹，比 5 月升高 0.3 个百分点，食品价格上升 0.9 个百分点，其中新涨价因素扩大了 0.4 个百分点，特别是猪肉价格上涨很

快，6 月比 5 月上涨 11.4%。这说明价格上涨幅度趋缓的基础还不牢固，稍微放松就会出现反弹。而且 3 月到 5 月，非食品类价格环比上涨加快，对价格总水平上涨的影响增大。

造成物价快速上涨的主要因素没有大的变化，稳定物价面临诸多挑战。一是流动性过剩问题并未根本改变，因长期外贸顺差多发的货币和 2008 年、2009 年投放的大量贷款还需要较长时间进行消化，美国实行量化宽松货币政策造成的全球性流动性过剩对我国还在产生影响。二是我国农业的基础不牢固，农业劳动生产率低，农畜产品的商品率低。我国人口多，对农畜产品的需求旺盛，农畜产品的供需矛盾将长期存在，价格必然呈上升趋势；如遇大的自然灾害，这种供需矛盾更加突出，价格也会加快上涨。此外，农业生产资料和劳动力成本的上涨也在推高农畜产品的价格。三是成本上升仍是推动价格上涨的重要因素。提高居民收入在国民收入中的比重、提高劳动报酬在初次分配中的比重是国家既定的大政策，随着这一政策的逐步落实和劳动力人口增速的下降，职工工资必然呈上涨趋势；推进价格改革，理顺不合理的价格关系，也会增加部分企业的产品成本；今年上半年受宏观调控暂缓涨价的部分商品和服务，随着经营成本的上升，下半年可能进行调价，增加新的涨价因素。四是输入性通胀压力仍然很大。原油、铁矿石、粮食、油料、棉花等大宗进口商品的价格仍在高位波动，推高国内商品的价格。

增强宏观调控政策的协调性，掌握好调控力度和节奏

当前我国经济发展又到了一个关键时刻。如何既坚持宏观调控的方向、突出宏观调控的重点、保持宏观调控的连续性，又掌握好宏观调控的力度、节奏，需要认真研究、审慎决策。

今年以来，央行已经连续 6 次提高存款准备金率，3 次提高银行基准利率，力度很大，对控制经济过快增长、抑制通货膨胀起到了重要作用。央行出台的紧缩银根政策，有的已经显现出效果，有的要在今后几个月逐步显现出效果。积极的财政政策对缓解国际金融危机对我国经济的影响、促进经济结构调整、改善民生起到了重要作用。目前国际经济走势还面临

许多不确定因素，美国经济恢复乏力，日本经济由于受地震、海啸、核事故的影响复苏受阻，欧洲一些国家的主权债务危机还在发展，主要发展中大国面临通胀压力。这些问题必然对我国经济产生不利影响。因此，下半年宏观调控政策应该以稳为主。第三季度可以静观其变，在第三季度结束后再对宏观调控政策的效果进行全面评估，并决定是否进行微调。经济增长速度回落到8%—9%，通货膨胀率降到4%左右，宏观经济政策就应该保持中性。

解决当前经济中的问题，需要进一步增强宏观调控政策和手段的协调性。应把宏观调控与深化改革结合起来，增强各种宏观经济政策和调控手段的协调性，提高其有效性。加强财政政策和货币政策的协调、配合。改变过去偏重需求方调控、忽视供给方调控的情况。逐步改变货币政策偏重利用存款准备金率手段、忽视利用资金价格手段的情况，特别在当前仍是负利率的情况下，应积极推进利率市场化改革。改变积极财政政策偏重扩大政府债务、增加政府投资，而相对忽视税制改革、减轻企业税负的情况。在调控手段的运用上，改变偏重运用行政性办法的一些做法。某些行政性办法表面上看起来见效快，实际上掩盖和积累了矛盾，会带来不良后果，不宜过多采用、长期采用。

（原载《人民日报》2011 年 8 月 5 日）

处理好稳增长、调结构、抑通胀的关系

今年是"十二五"开局之年，做好今年的工作对于完成"十二五"各项目标任务至关重要。同时，今年我国发展面临的形势仍然极其复杂。温家宝总理在《政府工作报告》中指出，要保持宏观经济政策的连续性、稳定性，提高针对性、灵活性，处理好保持经济平稳较快发展、调整经济结构、管理通胀预期的关系。处理好稳增长、调结构、抑通胀的关系，对于实现今年经济社会发展目标、防止经济出现大的波动具有重要意义。

把抑制通胀作为当前宏观调控的首要任务

去年5月以来，我国物价总水平持续较高，CPI（居民消费价格指数）10月达到4.9%，11月达到5.1%，12月达到4.6%，全年达到3.3%；PPI（生产者物价指数）也比较高。今年1月CPI达到4.9%，2月虽然与1月持平，但造成通胀压力增加的诸多因素并没有减少，有些因素的作用还在加强。由此可以推断，2011年通胀压力有可能继续增强，必须继续采取有力措施抑制通胀。造成通胀压力增大的原因主要有以下几方面：

流动性过剩。国际金融危机爆发前，由于我国出现大量贸易顺差，货币发行增速加快，流动性过剩问题已在逐渐积聚。从2008年第四季度开始，为应对国际金融危机的冲击，我国出台适度宽松的货币政策，计划2009年贷款增加5万亿元，结果达到9.69万亿元，多增加4.69万亿元；2010年可以在5万亿元的基础上增加16%即5.8万亿元，但实际达到8万多亿元。这就造成了比较严重的流动性过剩问题。从2010年第四季度开始，我国把适度宽松的货币政策调整为稳健的货币政策，从实际执行看是在逐步收紧银根，但这一目标的实现很难一蹴而就。今年1月和2月商业银行贷款规模分别增长17.7%和17.9%，虽然比2009年和2010年同期有所下降，但还是超过了预期。前几年多发行的货币和大规模信贷资金需要几年时间才能消化。美国实行量化宽松货币政策对我国也会带来影响。今后几年，流动性过剩始终是造成通胀压力的主要因素。

经济增长速度偏快。一般认为，我国现阶段潜在经济增长率在9%左右。因此，"十二五"规划纲要把经济增长预期目标定为7%。这是有科学根据的、实事求是的。我国从2003—2010年的8年中，GDP增速有6年在10%以上，"十一五"时期平均增长速度达到11.2%。长期的高速增长必然推动物价上升。

农业基础还不稳固。长期以来特别是"十五"以来，我国采取不少刺激农业增产、农民增收的措施，特别是取消农业税和对种粮农民实行多种补贴激发了农民的种粮积极性。但我国农业基础设施薄弱，特别是水利设施投入不足，农业抗灾减灾能力弱，总体上还没有摆脱靠天吃饭状态；农业科技、农田管理等也很落后，现代化水平低；户均耕地少，规模经济差；大量青壮年劳动力进城务工，农业劳动力素质低；农业与其他行业比，比较效益低。加上我国人口多，经济社会发展对农产品需求增大，粮食等主要农产品供求将长期处于紧平衡状态，稍有波动就会影响供给。主要农产品价格将长期呈上升趋势。

成本上升。首先是工资成本上升。近两年工资上升较快，加上社保基金征收面扩大，企业工资性支出增加。其次是能源、原材料价格上涨。石油、铁矿石、棉花等价格上涨很快，推动下游产品价格上涨；工业品价格上涨又推动农产品价格上涨。再次是土地价格上涨。这不仅直接推动房地产价格上涨，而且造成居民支出增加。此外，资源性产品价格改革、环境成本上升以及其他要素价格上涨也在推动产品成本和服务价格上涨。

输入性价格上涨。近年来，国际上一些大宗商品价格上涨较快。我国能源和一些基础性原材料对国际市场的依存度很高，石油、铁矿石等都超过50%。随着世界经济逐步复苏，经济增长对能源、铁矿石、棉花等大宗商品的需求增加，价格大幅上涨。去年我国原油、铁矿石、塑料、铜、成品油和大豆等大宗商品的进口量增加并不多，但由于价格上涨幅度很大，企业支出大幅增加，成为推动工业品价格上涨的重要因素。近年来国际上粮食、油料等农产品价格也呈上涨趋势，我国大豆、油料进口量大，直接推动 CPI 走高。

这五种因素是紧密联系的，但它们作用的大小是不同的。有人认为，当前价格上涨属成本推动型，因此采取紧缩政策无效。这种看法值得商榷。五种因素中前三种起的作用更大，特别是经济增长速度过快是重要因素。因此，除了增加农产品供给、适当收紧流动性，一定要控制好经济增长速度。

处理好稳定经济增长速度与抑制通胀的关系

经济增长速度过快，需求旺盛，必然促使价格上涨，形成通胀压力，甚至出现严重通胀。相反，如果把经济增长速度控制在适度范围内，需求较平稳，成本就会得到控制。因为增长速度得到控制，劳动力、能源、原材料需求就不会过大，价格就不会上涨。历史数据提供了佐证。从 1990—2010 年的 21 年间有 10 年 GDP 增长率在 10% 以下，这 10 年中只有 3 年 CPI 在 3% 以上，其余 7 年 CPI 都在 3% 以下；而在 GDP 增速超过 10% 的 11 年中只有 3 年 CPI 在 3% 以下，其余 8 年都在 3% 以上。尤其是 1992—1995 年，GDP 超常增长，进入 11%—15% 的区间，CPI 随之进入 6%—25% 的区间。PPI 上涨率与 GDP 增长率之间也存在类似关系。

"十二五"规划纲要把经济增长预期目标定为 7%。如果我们将其作为最低增长目标，那么，8%—9% 是最优增长区间，9%—10% 是次优增长区间，而经济增长速度超过 10% 就可以看做出现了过热苗头。但在现实生活中，经济增长率如果降到 10% 以下，就有人出来反对，认为发展速度太慢了；如果降到 9% 以下，反对的声音就会更多。所以给人的印象是，经济增长速度还是越快越好。既然现阶段经济潜在增长速度在 9% 左右，那么，只要经济增速保持在 8%—10%，通胀率控制在 4% 之内就是可以做到的；如果经济增速控制在 8%—9%，通胀率就可控制在 3% 之内，那是最理想的。

主张经济增长速度要快的人列举了很多理由，最主要的是就业压力大。我国人口多，从一般意义上讲这是有道理的。但考虑就业压力不仅要看人口总量，还要看人口构成，看经济总量和产业结构。由于我国长期实行计划生育政策，人口自然增长率一直很低，人口老龄化发展很快，近几年进入劳动年龄人口的数量每年减少500万左右。这种趋势还在进一步发展。近两年"招工难"正在由东部沿海向中西部地区扩展。这一方面是由劳动力供给减少造成的，另一方面是由我国产业结构以劳动密集型为主引发的。因此，把经济增长速度控制在9%左右不会引起失业人口大量增加。

控制经济增长速度会不会引起滞涨？这是有人担心的另一个问题。今年我国经济是不会出现滞涨的，"十二五"时期出现滞涨的可能性也不大。但应引起高度重视的是，由于我国长期实行独生子女政策，老龄人口急剧增加，劳动力供给逐步减少，工资福利进入较快增长期，人口红利正在逐步消失。

处理好稳定经济增长速度与调整结构的关系

经济结构调整内容丰富，既包括国民收入分配结构调整，也包括投资和消费结构调整；既包括第一、第二、第三产业结构调整，也包括各产业内部结构和产业组织结构调整；既包括区域结构调整，也包括城乡二元结构调整；既包括所有制结构调整，也包括国有经济战略性调整。

保持经济增长速度与调整经济结构有一致性，但也存在一些矛盾。它们的共同目标都是为了使国民经济保持平稳较快发展，促进经济发展方式转变，但两者的侧重点又有所不同。经济增长关注的是短期目标，是一种战术性措施；调结构关注的是长远目标，是一种战略性举措。有时，它们之间还存在矛盾。以经济增长速度与产业结构调整的关系为例：经济增长速度快一些，有利于就业，有利于增加财政收入；但如果经济增长速度过快，各方面需求旺盛，那么，落后企业、落后产能不仅得不到淘汰，而且会获得发展空间，加大产业结构的调整难度。比如，2008年前我国一些行业就存在产能过剩、产业组织结构不合理等严重问题。国际金融危机发生后，为防止经济增速大幅下滑，不得不实行积极的财政政策和适度宽松的货币政策，特别是大量投放货币信贷，结果经济增长速度保住了，但不少行业、地方的产业结构调整延误了。又比如，2008年前我们就提出不能过度依靠投资来拉动经济增长。但为应对国际金融危机冲击，不少地方大幅增加投资，导致当年投资对经济增长的贡献率再创新高。虽然这是非常时期的非常之举，但也可以说明一些问题。

　　所以说，必须处理好稳定经济增长速度与调整经济结构的关系，把两者紧密结合起来。出台宏观经济政策和实际工作部署决不能为保年度高增长速度而忽视经济结构调整，以致推迟结构调整进程；更不能为保年度高增长速度而进一步恶化经济结构，增加以后结构调整的难度，而应当全面落实中央精神，把保增长与调结构结合起来，特别是适当控制年度经济增长速度，为经济结构调整创造良好的宏观环境。

（原载《人民日报》2011 年 4 月 6 日）

稳定经济增长，管好通胀预期

今年是由保增长向保持经济平稳较快发展的转变之年，是由争取全面实现"十一五"规划的各项预期目标向准备实施"十二五"规划的转变之年。从前3个季度的实际情况看，国民经济总体运行良好，但也存在一些不容忽视的问题。今明两年的宏观调控应把稳定经济增长、管理好通胀预期作为主要任务。

稳定经济增长速度

今年一季度 GDP 增长 11.9%、二季度增长 10.3%、三季度增长9.6%。如果经济增长不再加速，预计全年经济增长可能接近 10%。这应该是一个比较理想的增长速度。因为在当前国内外经济发展的大环境下，我国经济增长的预期目标或者说最低目标是 8%，8%—9% 可以视为最优增长区间，9%—10% 可以视为次优增长区间。经济增长速度超过 10%，可以看作出现过热苗头。但各地的发展热情很高，投资冲动很强，加之消费升级明显，工业化、城镇化正处在快速发展阶段，政府主导下的经济增长动能充足。从月度环比看，当前我国经济存在加速增长的趋势。从一些衡量经济景气的指标看，9 月制造业采购经理人指数达到 53.8%，比上月上升 2.1 个百分点；非制造业采购经理人指数达到61.7%，比上月上升 1.6 个百分点。从实际经济增长结果看，规模以上工业增加值 7、8、9 三个月分别比上月增长 1.14 个百分点、1.15 个百分点和 0.95 个百分点。假如控制得不好，今年 GDP 增速有可能超过10%。如果出现这种情况，就会对明年经济发展造成很大压力，增加宏观调控的难度和复杂性。

更值得关注的是，我国通胀的压力正在增加。今年 CPI（居民消费价格指数）在逐季上升，一季度只有 2.2%，二季度上升到 2.9%，三季度上升到 3.5%；PPI（工业品出厂价格指数）虽然还不高，但也存在上升的压力。而且，通胀压力有可能继续增强。

第一，流动性过剩问题并没有解决。2009 年，按照适度宽松的货币政策原则计算，贷款只需增加 5 万亿元，结果增加了 9.7 万亿元，多增加 4.7 万亿元；按照正常情况，2010 年可以在 5 万亿元的基础上增长 17%，即达到 5.85 万亿元，但预期目标是 7.5 万亿元。根据中国人民银行提供的数据，从 8 月起货币总量出现了反弹，贷款增速回升，债券总发行量和净发行量均创单月新高，外汇占款投放也增加了货币供应，今年新增贷款要突破 7.5 万亿元的预期目标，如果包括表外贷款可能和去年持平。考虑到 2009 年的大规模信贷需要好几年才能消化，今后几年流动性过剩始终是造成通胀压力的主要因素。

第二，消费品价格有可能继续上涨。今年 1—9 月我国居民消费价格上涨了 2.9%，已经逼近 3% 的预期目标。受自然灾害、成本上升和国际粮价上涨等因素影响，食品价格上涨较快。今后几个月，受国际粮价推高和种粮成本上升等因素影响，农副产品的价格还可能保持在高位。

第三，随着世界经济的逐步复苏，经济增长对能源、铁矿石、棉花等大宗产品的需求在增加，价格在大幅度上升。今年我国原油、铁矿石、塑料、铜、成品油和大豆等大宗商品的进口量增加并不多，但价格增长幅度很大，它们是推动工业品价格上涨的主要因素。

第四，国内资源性产品价格改革、环境成本上升、职工工资提高会增加企业的成本，推高工业品价格，增强通胀预期。此外，人民币升值等因素也会增加通胀压力。

在这种情况下，如果不把经济增长速度控制在一个合理幅度之内，过快的经济增长速度会更加刺激需求，导致物价和资产价格上涨，就会使通胀预期变为现实。因此，当前必须把稳定经济增长速度和管理好通胀预期作为宏观调控的主要任务，以便为顺利实施"十二五"规划，为加快转变经济发展方式和推动经济结构调整创造良好的宏观经济环境。

稳定经济增长内在动力

我国人口多，正处在工业化、城镇化快速发展阶段，消费是拉动我国经济增长最稳定、可持续的动力。今年一季度我国消费品零售总额增长17.9%，二季度增长18.5%，三季度增长18.4%，扣除价格影响增长率都在15%以上，增长速度是较高的，但仍然大大落后于投资和出口的增长速度。而且从长期看，消费在国民收入中所占的比重以及消费对经济增长的贡献率都有待进一步提高。我们应当长期坚持扩大消费的政策，特别是对那些有利于缩小城乡差距、增加就业、提高低收入群体和困难群体收入的政策要加大力度，增强居民消费能力，使消费对我国经济增长的贡献率逐步提高到50%左右。

在我国现行体制下，投资是拉动经济增长的突击力量。用"成也萧何，败也萧何"来形容投资对我国经济的影响，是比较贴切的。在经济不景气的时候，投资特别是政府投资是促进经济走出低谷的强大助推器，比如2009年投资对经济增长的贡献率就达到92%以上；但投资也成了促使我国经济走向过热的强大助推器。可以说，每次经济过热都是由投资规模过大、增速过快引起的。经济衰退时政府大力增加投资，经济过热时大力削减投资，这似乎已成了应对经济起落的灵丹妙药。但我们也因此付出了沉重代价，如一些行业生产能力过剩，重复建设、盲目建设，浪费资源、破坏环境，投资效益大幅度下降，潜在的财政风险和金融风险在逐步积累，等等。我们必须深化预算制度和投资制度改革，努力解决政府、国有企业以及高校等事业单位的软预算约束和投资失败无人承担责任的弊病，使政府投资保持在合理规模；更多地鼓励民间投资，使投资总规模和投资率保持在合理水平，避免大起大落。在现阶段，我国实际投资率应稳定在20%左右，投资对经济增长的贡献率应保持在40%左右。

出口对经济增长的贡献，不仅取决于出口的数量，还取决于进口的数量。它直接受国际经济变化的影响，波动幅度较大。加入世界贸易组织以后的几年，净出口对我国经济增长的贡献率保持在3个百分点左右，但2009年的贡献率是负3.9个百分点，上下波动6—7个百分点。据海关统计，今年1—9月，我国进出口总值比去年同期增长37.9%，其中出口增长34%、进口增长42.4%，贸易顺差为1206亿美元，同比减少149亿美元。由于全年顺差低于去年，如果把价格因素考虑进去，出口对经济增长的贡献即便由负转正，也是很低的。国际金融危机爆发以来，各国都在调整经济发展战略，各种形式的贸易保护主义更趋强烈，甚至要挑起"货币战"。出口企业面对严峻的国际市场环境，以数量扩张为主的粗放型出口方式将会遇到更多的阻力和困难。出口企业迟早要进行大的调整，必须尽早下决心转变对外贸易方式，提升品牌知名度，提高产品质量和附加值，努力稳定出口对经济增长的贡献率。

稳定宏观经济政策

在当前经济形势下，应继续保持宏观经济政策的连续性、稳定性，并将其作为当前宏观调控的关键。

继续实行积极的财政政策。从2008年第四季度起，为了应对国际金融危机的冲击，我国实行了更加积极的财政政策，加大了政府直接投资的力度，增加了"三农"和社会保障等方面的支出。财政政策主要是解决结构性失衡问题的，因此财政政策一经确定，一般都要保持较长的时间。我国正处在经济社会转型期，迫切需要缓解地区、城乡和不同人群之间差距拉大的矛盾，而政府是缩小这些差距的主要力量。今年，我国财政收入大幅度增长，赤字占GDP的比重还不到3%，所以我们既有继续实行积极财政政策的必要性，又有基本条件。近几年，我国应继续实行积极的财政政策，但财政支出的结构要进行调整，将更多的钱用于"三农"，用于科技、教育、卫生等社会建设，用于完善社会保障制度，提高财政资金的使用效率。

货币政策的主要功能是管好总量，它虽然比财政政策更具有灵活性，但由于2009年为应对国际金融危机投放的巨额贷款需要较长时间才能消化，货币政策调整的余地有限，迫使今年实际执行的也是宽松的货币政策，今年四季度乃至明年也只能在这种宽松的大前提下进行微调。所以，为了应对国际经济复苏的不确定性，为了不给社会传达要改变货币政策的信号，不应改变实行适度宽松的货币政策的提法，但必须回到它的正确含义上来，真正执行适度宽松的货币政策。为了稳定经济增长速度、缓解通胀压力，今明两年应进一步适当收紧银根。

（原载《人民日报》2010 年 11 月 11 日）

推进我国经济迈向新一轮平稳较快发展

前不久召开的中央政治局会议指出，当前我国经济发展正处在由回升向好向稳定增长转变的关键时期。做好下半年工作，对巩固应对国际金融危机冲击取得的成效、保持经济平稳较快发展，全面完成"十一五"规划目标任务、为"十二五"时期发展奠定较好基础，都具有重要意义。2010年上半年，我国经济运行总体态势良好，继续朝着宏观调控的预期方向发展，但经济发展面临的国内外环境仍然错综复杂，制约经济平稳运行的矛盾和问题还不少。我们必须认真贯彻落实中央决策部署，深刻把握经济形势的发展变化，增强经济回升向好势头，推动我国经济迈向新一轮平稳较快发展。

2010 年我国经济的特殊性

2010 年，我国经济不仅面临许多不确定因素、遇到许多两难问题，而且具有许多特殊性，可以称之为"转变之年"或"过渡之年"。

由保增长向保持平稳增长转变。去年，为应对国际金融危机对我国经济的巨大冲击，中央出台了一揽子计划和一系列保增长的政策措施，我国GDP 增长率达到 9.1%，超过增长 8% 的预期目标 1.1 个百分点。这是一个了不起的成绩。今年，我国经济增长面临三种前景：一是增速达不到8% 的预期目标，经济出现第二次下滑；二是增速迅速攀升，全年增速超过 10%，经济出现过热苗头，并向过热的方向发展；三是经济保持稳定增长，增速保持在 9%—10%。从上半年的情况看，第一种前景出现的可能性不大，但必须认真对待。第二种前景也是应该努力避免的，否则容易出现大起大落，使经济发展态势变得更加复杂。第三种前景的可能性最大，也是我们所期望和要力争实现的，即实现经济平稳较快增长。因此，我国宏观调控的主要着力点就是要实现由保增长向保持平稳增长转变。

由争取全面实现"十一五"规划的各项预期目标向准备实施"十二五"规划转变。据中国社会科学院经济学部课题组的跟踪分析，"十一五"规划的绝大多数指标都可以实现，特别是数量方面的指标，如增长速度等已经提前实现，但节能减排等指标还必须经过最后冲刺才可能完成。今年是实施"十一五"规划的最后一年，是十分关键的一年。今年经济工作的重要任务之一，是在节能减排等方面取得重大进展，争取全面实现"十一五"规划预定的目标，为实施"十二五"规划打下坚实的基础，使我国经济能向实施"十二五"规划平稳过渡，使"十二五"规划能有一个好的开局。

由过去偏重经济增长速度向更加重视经济结构调整、加快转变经济发展方式转变。为了扭转长期以来在经济工作中形成的偏重经济发展速度、忽视经济结构调整、忽视经济增长的质量和效益的趋向，中央在今年年初已经作出部署，强调把调整和优化经济结构、转变经济发展方式作为今后经济工作的重中之重。这是一项长期而又紧迫的任务。千里之行，始于足下。我们必须马上行动起来，力求今年能有一个好的开端，在抑制高耗能产业过多、过快发展，减少某些行业过剩生产能力，淘汰落后生产能力，发展新能源和高新技术产业，推动产业组织结构调整等方面有较大的进展，力争今后5—10年能取得实质性的进展。

如果能够实现这三个转变，我国经济就将步入新一轮平稳较快发展期，并迈上一个新的台阶。

正确认识今年二季度经济增速回落

今年第二季度，我国GDP增速从第一季度的11.9%回落到10.3%，回落1.6个百分点；工业增加值增速从第一季度的19.6%回落至15.9%，回落3.7个百分点；全社会固定资产投资增速从25.6%回落至24.8%，回落0.8个百分点。与此同时，企业家信心指数、制造业采购经理人指数也有所回落。这些指标的回落引起了社会的普遍关注：会不会出现二次探底？宏观调控政策会不会发生重大变化？对此，需要进行科学全面的分析研究，防止出现认识上的偏差和误判。

这次增速回落的原因是什么？这次增速回落有三方面的原因：一是去年 GDP 增速前低后高，去年一季度只有 6.2%，二季度上升到 7.1%，三季度上升到 7.8%，四季度上升到 10.7%，呈逐季上升的态势。在正常情况下，今年的 GDP 增速自然会出现前高后低的态势。根据国家统计局提供的数据，如果采取基期增速不变法来衡量，今年二季度的 GDP 同比增速与一季度是基本持平的。二是 2008 年底以来出台的应对国际金融危机政策措施的效应在 2009 年下半年和今年一季度充分显现，从今年二季度开始逐渐减弱。以投资为例，今年上半年，中央项目投资增长 13.0%，比去年同期回落 15.6 个百分点，地方项目投资增长 26.7%，回落 7.4 个百分点。与此相联系，国有及国有控股投资同比回落 19.9 个百分点。相反，有限责任公司、外商投资企业投资增长分别比去年同期加快了 1.5 个百分点和 1.2 个百分点；私营企业和港澳台商企业投资只下降了 0.8 个百分点和 0.4 个百分点。三是中央对宏观调控政策的微调，包括加大对房地产的调控、淘汰落后产能，特别是货币政策逐步由去年实际上的过度宽松回归到今年的适度宽松，客观上降低了对经济刺激的力度。比如，房屋销售价格环比在连续上涨 15 个月后开始下降。上半年，扣除土地购置费的影响，房地产开发投资增速比第一季度回落 1.7 个百分点；商品房销售面积比第一季度回落 20.4 个百分点。又比如，第二季度六大高耗能行业增速比第一季度回落 4.5 个百分点，连续两个月回落。据国家统计局测算，扣除价格因素，6 月六大高耗能行业增速回落导致规模以上工业企业增速回落约 0.4 个百分点，占整个回落速度的 14% 左右。

这次增速回落是正常回落还是非正常回落？有三种情况的增速回落，即高位回落、中位回落和低位回落。从季度看，第二季度 GDP 同比增长 10.3%，与 2000—2009 年第一季度平均增速一致；规模以上工业企业增加值同比增长 15.9%，快于 2000—2009 年第一季度 14% 的平均增速。再从年度看，在"十五"和"十一五"规划中，我国 GDP 的预期增长目标都是 7%，但实际执行结果则超过很多，从 2003 年开始连续 5 年超过 10%。为了缩小实际执行结果与预期目标的差距，也为了增加就业，我们把年度 GDP 增长预期目标上调到 8% 。如果把 8% 当作最低预期目标或保底目标，我们有理由将 9% 定为中位目标，把 10% 定为高位目标。今年上半年，我国 GDP 增速达到 11.1% ，二季度也达到 10.3% ，根据国内外大多数研究机构的预测，今年全年我国 GDP 增速可能接近 10% 。因此，目前增速的回落不是在 9% 的水平上回落，更不是在 8% 的水平上回落，而是在 10% 以上的高水平上回落，是一种正常回落，回落的速度是可控的。从整体上看，我国经济增长速度处在合理的增长区间。

这次增速回落是否会出现"二次探底"？换句话说，这次增速回落是否还会继续下去？要讨论这个问题，需要明确所谓"二次探底"的含义是什么。这个"底"肯定不是指 2008 年和 2009 年年度 GDP 的数字，因为它们都在 9% 以上，而应该是指 2008 年四季度和 2009 年一季度的情况。2008 年四季度 GDP 增速为 6.8% ，2009 年一季度为 6.2% 。今年下半年，我国经济增长速度与上半年比较，可能还会适度放缓，但不会出现"二次探底"。从国际上看，美国经济虽然还没有完全走出国际金融危机的阴影，但最困难的时期已经过去，正在向好的方向发展；欧洲一些国家虽然发生了主权债务危机，但已经制定出应对方案；日本经济也出现了一些积极变化的因素；主要发展中大国的经济仍很有活力。也就是说，尽管国际经济发展还存在一些不确定因素，但总体上看我国经济发展的国际环境比去年要好。正因为如此，我国上半年出口增速比去年同期上升 35.2% 。下半年，我国出口环境仍将复杂多变，扩大出口困难很多，但可以预料我国出口仍会保持较高的增速，出口对经济增长的贡献率有可能由负转正。从内需方面看，这些年我国消费一直在稳定增长，扣除价格因素，社会消费品零售总额一直保持在 15% 以上的增速。今年上半年，按现价计算的社会消费品零售总额同比增长 18.1% ，二季度增长 18.5% ，比一季度的 17.9% 还上升了 0.6 个百分点。扣除价格因素，上半年社会消费品零售总额增速也在 15% 以上。随着国家增加中低收入群体收入政策和刺激消费政策的不断出台和落实，我国消费增长仍会继续保持快速增长的势头。过度依靠投资拉动经济的方式虽然应当转变，但保持投资的适度稳定增长还是必要的，只不过投资方向、重点和结构需要改善。投资仍是拉动我国经济的一个强劲动力。

加强和改善宏观调控须注意的几个问题

把保持宏观经济政策的连续性和稳定性作为加强和改善宏观调控的基调。继续实施积极的财政政策和适度宽松的货币政策，提高针对性、灵活性、有效性。在确有必要对宏观经济政策进行微调时，应把握好时机，注意调整的力度、节奏和匹配。具有宏观调控职能的部门不要出现跟风现象：一说刺激，大家都争先恐后地出台刺激措施，生怕自己落后；一说退出，又争先恐后地出台退出措施。这样会出现政策的叠加效应，加剧经济波动。

把处理好保持经济平稳较快发展、调整经济结构和管理通胀预期的关系作为加强和改善宏观调控的核心。首先，处理好保持经济平稳较快发展与调整经济结构、转变经济发展方式的关系。调整经济结构、转变经济发展方式并不是一件轻而易举、一蹴而就的事情，它和经济增长速度有密切关系。由于我国经济还是一种粗放型经济，只有保持高的增长速度，企业才能获得较大的利润，国家才能有高增长的财税收入，就业难问题才能得到缓解。但是，经济增速太高，各方面的需求旺盛，企业没有压力，调整经济结构就提不上议事日程，转变经济发展方式就无从谈起。更重要的是，这种粗放型的高增长模式是不可持续的，矛盾积累到一定时候就要大爆发，那时损失会更大。因此，我们必须处理好短期利益与长远利益、短期高速增长与长期可持续发展的关系，下决心把经济增长速度控制在一个合理幅度之内，使经济保持平稳较快增长，为经济结构调整和经济发展方式转变创造适宜的宏观环境，以经济结构的优化和经济发展方式的转变促进经济长期平稳较快发展。其次，处理好保持经济平稳较快发展与管理好通胀预期的关系。随着世界经济的逐步复苏，对能源、铁矿石等产品的需求在增加，价格在大幅度上涨。今年我国原油、铁矿石、塑料、铜、成品油和大豆等大宗商品的进口量增加并不多，但价格上涨超过60%，这是推动工业品价格上涨的主要因素。国内资源性产品的价格改革、环境成本的上升、职工工资的提高也会增加企业的成本，推高工业品价格，增大通胀预期。消费品价格上升的压力也很大。在这种情况下，如果不把经济增长速度控制在一个合理幅度之内，过快的增长会进一步推高需求，导致产品价格上涨，就有可能使通货膨胀预期变为现实。

把深化改革、完善社会主义市场经济体制作为加强和改善宏观调控的保证。宏观调控只能解决短期经济问题，长远的深层次问题还必须通过深化改革来解决。为了使我国经济保持长期平稳较快发展，在加强和改善宏观调控的同时必须深化改革。通过改革，形成有利于宏观调控、有利于经济长期平稳较快发展的体制机制。应深化财政体制改革，调整中央和地方的利益关系，理顺省以下财政体制；深化预算制度改革，把各种专项基金、国有企业收入、社保基金等都纳入国家预算，增强预算的约束力、权威性；完善公共财政体制，规范转移支付，实现基本公共服务均等化；积极推进社会保障制度改革，保障和改善民生；深化税收制度改革，全面实施增值税转型，加快资源税和其他税制的改革；深化投资体制改革，特别是改变国有投资无人负责的情况；深化国有企业改革，加快推进垄断行业改革；推进行政管理体制改革，简政放权，增强服务职能，大大减少政府对微观经济的直接干预。这些改革虽然是长期任务，困难很多，但必须积极推进。按照国务院的部署，今年要加快重点领域和关键环节的改革，包括进一步消除制约民间投资的制度性障碍、深化国有企业和垄断性行业改革、深化资源性产品价格改革和环保收费改革、深化户籍制度改革、深化收入分配改革等。总之，应把宏观调控和深化改革紧密结合起来，通过深化改革、完善社会主义市场经济体制，更好地发挥市场配置资源的基础性作用。只有这样，我国经济才能在宏观经济政策的指导和引导下，保持长期平稳较快发展。

（原载《人民日报》2010 年 8 月 4 日）

保持政策稳定　促进经济平稳较快发展

刚刚闭幕的中央经济工作会议指出，推动明年经济社会发展，要突出把握好稳中求进的工作总基调。稳，就是要保持宏观经济政策基本稳定，保持经济平稳较快发展，保持物价总水平基本稳定，保持社会大局稳定。进，就是要继续抓住和用好我国发展的重要战略机遇期，在转变经济发展方式上取得新进展，在深化改革开放上取得新突破，在改善民生上取得新成效。"稳"是"进"的基础，为"进"创造基本条件和良好环境。我们要科学分析和把握当前的经济形势，保持宏观经济政策的连续性和稳定性，增强调控的针对性、灵活性、前瞻性，保持经济平稳较快发展和物价总水平基本稳定。

正确认识当前经济形势

2011 年，我国经济平稳较快发展，粮食丰收，工业增长态势良好，服务业发展加快，财政收入大幅度增加，就业人数增加超过预期，城乡居民收入提高较快，物价上涨幅度趋缓，经济态势总体良好。2012 年，我国面临的国际国内经济形势更加严峻复杂。我们要认真分析、正确判断当前经济形势，增强贯彻落实中央决策部署的自觉性、主动性。

有一种观点认为，我国当前面临的经济形势与 2008 年非常相似，因此，要对宏观经济政策进行重大调整，防止出现经济硬着陆和二次探底。但是，如果对经济形势进行认真观察和分析，就会发现我国当前经济形势与 2008 年有相似的地方，但又有很大不同。

相似之处有三点：一是都面临复杂多变的国际经济环境。美国经济恢复乏力，日本经济复苏受阻，欧洲一些国家主权债务危机还在加剧，主要发展中大国面临通胀压力。这些问题必然对我国经济产生不利影响，尤其会对我国扩大出口带来重重困难。二是经济增长速度都出现了下滑。2010年，我国经济增速达到10.4%。今年我国经济增长速度逐季下滑，一季度9.7%，二季度9.5%，三季度9.1%。三是宏观经济政策都是由偏松转向偏紧。2008年上半年，为应对经济增长偏快，我国实行的是稳健的财政政策和适度从紧的货币政策。去年四季度，我国把积极的财政政策和适度宽松的货币政策调整为积极的财政政策和稳健的货币政策，适当减少了财政赤字；今年，央行连续六次提高存款准备金率，三次提高银行基准利率，收紧了银根。

　　同时应看到，当前的国际国内经济形势与2008年相比有很大不同。首先，美国经济恢复乏力是2008年金融危机的延续，并不是新问题。有关金融危机和经济危机的研究早已表明，历史上发生的经济方面的危机一般都会持续数年，有的甚至长达十余年才有可能调整过来。欧洲主权债务危机虽然是美国金融危机发生以后出现的新问题，但它与美国金融危机向世界传播有关，而且形成原因很复杂，涉及发展方式、经济结构、生活方式等问题，解决起来需要很长时间，必然对我国出口产生影响，这是我们要高度关注的。其次，国际金融危机发生之后，出口对我国经济增长的贡献率已经大幅度下降。2008年以前的几年，出口对我国经济增长的贡献一般在2—3个百分点，2009年下降到负3.9个百分点，2010年也只有0.8个百分点，今年上半年为负0.1个百分点。换句话说，近几年我国经济增长主要是靠内需拉动的，出口增幅下降会对我国经济带来一定冲击，但不大可能超过2009年。再次，今年我国经济增速回落幅度不大，仍在合理的区间内。从年度看，去年我国经济增速为10.4%，如果今年我国经济增速达到9.2%左右，只比去年回落1.2个百分点；从季度看，从去年第三季度到今年第三季度我国经济增速已经连续五个季度保持在9.1%—9.8%之间，仍在合理的区间内。许多国内外机构预测，明年我国经济仍可保持9%左右的增长速度。在主要发达国家经济不景气的情况下，这是一个很高的速度。最后，社会对国际经济变动可能带来的负面影响的思想准备比过去要充分得多，企业不会像2008—2009年那样被动，国家应对国际经济环境变化的经验更加丰富，采取的措施会更加得当。

2012 年，我国面临的经济形势不仅与 2009 年前后有很大不同，而且与 2011 年相比也有较大变化。2011 年经济增速高，我们面临的主要是物价上涨过快的压力，因此，抑制通胀是宏观调控的首要任务。2012 年，由于经济增速回落，经济增长下行压力和物价上涨压力并存，我们既要稳定经济增长速度，又要继续抑制通胀。同时，要加大调整经济结构的力度，深化经济体制改革，进一步改善民生，维护社会稳定。

促进经济平稳较快发展

当前，我国经济正朝着宏观调控的预期方向发展，经济增长速度回落到比较合理的区间。应着力使经济增长速度在适度回落中逐步趋稳，为深化改革、治理通胀、进行结构调整、转变经济发展方式创造良好的宏观环境。经济增长速度过快，结构调整和经济发展方式转变就很难取得实质性进展，也会使经济发展中的一些深层次矛盾更加尖锐，不利于深化改革，影响经济长期平稳健康发展。

刺激和扩大居民消费。我国有 13 亿多人口，消费是拉动经济增长最稳定最持久的动力。近些年来，扣除物价上涨因素，我国社会消费品零售总额增长率大体保持在 13% 左右，对拉动经济增长做出了巨大贡献。2011 年的前 10 个月，我国消费品零售额增长 17.0%，扣除价格因素只增长 11.2%，低于正常年份的增长速度。原因主要有两个方面：一是居民收入增长速度慢于经济增长速度。2011 年前 10 个月，我国城市居民收入扣除物价因素的影响只增长 7.8%，低于 GDP 的增速，更低于财政收入和企业实现利润的增速；农民现金纯收入增长虽然达到 13.6%，但他们的收入占国民总收入的比重较低，对消费的拉动力有限。二是汽车等大件产品销售处于调整期，增速放缓；商品房销售量大幅度下降，与之相关的家具、装修材料等销售量下降。因此，刺激和扩大居民消费，最根本的措施是合理增加城乡居民特别是低收入群众收入，提高中等收入者比重，努力实现居民收入提高与经济增长同步。同时，应进一步减轻城乡居民负担，实施有利于居民消费的政策措施，使居民消费稳定增长。

稳定投资增长速度。2011 年前 10 个月，我国城镇投资增速达到

24.9%，对拉动经济增长起到了积极作用。消费扩大需要较长时间的努力才能见到明显成效；今年出口对经济的拉动力较弱，明年世界经济仍将低迷，出口形势不容乐观；2009 年以来的一些建设项目还没有完成，需要继续投入；为了缓解经济发展的"瓶颈"问题并增强经济发展的后劲，还需要上一些新项目。在这种情况下，2012 年还须稳定投资增长速度，特别是进一步落实鼓励和引导民间投资的政策措施，增强经济增长的内生动力。

努力扩大出口。2011 年前 10 个月，我国进出口总额增速达到 24.3%，这是一个很高的增长率，但由于出口只增长 22.0%，低于 26.9% 的进口增速，贸易顺差与去年同期相比在减少，出口对经济增长的贡献将比去年下降。2012 年，应加快转变外贸发展方式，努力扩大出口。增加一般贸易的比重，增加高新技术产品和高附加值产品出口的比重。积极应对各种贸易保护措施，提高出口对经济增长的贡献率。

保持物价总水平基本稳定

2011 年，中央把治理通胀作为宏观调控的首要任务，这个决策是非常正确的，经过近一年的努力已经初见成效，物价快速上涨的势头得到初步抑制。但也应该看到，治理通胀工作虽然取得了一定进展，但物价总水平仍在高位运行。2011 年，CPI（居民消费价格指数）将会高于 5.0%。2011 年 7 月以后物价的回落，除了宏观调控的作用，也有"翘尾"因素的影响。目前造成通胀的一些基本因素仍然存在，治理通胀、稳定物价仍然是宏观调控的一项重要任务。

一是农业基础不牢固，农业劳动生产率低，农、畜产品的商品率低；我国人口多，对农、畜产品的需求旺盛，农、畜产品的供需矛盾将长期存在，价格必然呈上升趋势；如遇大的自然灾害，这种供需矛盾就会更加突出，价格上涨也会加快；农业生产资料和劳动力成本上涨仍是推高农、畜产品价格的重要因素。

二是成本上升成为推动价格上涨的重要因素。提高居民收入在国民收入分配中的比重、提高劳动报酬在初次分配中的比重是国家既定的大政策，随着这一政策的逐步实施和劳动人口增速的下降，职工工资必然呈上升趋势；推进价格改革，理顺不合理价格关系，也会增加部分企业的产品成本；2011年，受宏观调控暂缓涨价的部分商品和服务，随着经营成本的上升，2012年可能进行调价，增加新的涨价因素。

三是输入性通胀的压力仍然很大。原油、铁矿石、粮食、油料、棉花等大宗进口商品价格仍在高位波动，有可能推高国内商品价格。

当前我国物价总水平既受供求关系的影响，又受成本上升因素的影响。比较起来看，PPI（工业生产者出厂价格指数）受供求关系影响要大一些，CPI受成本上升因素影响要大一些。随着经济增长速度的回落，企业对能源、原材料需求减少，加之我国制造业生产能力相对过剩，企业之间竞争激烈，PPI总水平的下降较容易些，也会先于CPI下降；CPI受成本上升因素影响要大一些，而且粮食等产品需求是刚性需求，对CPI上涨的控制难度要大一些。CPI上涨直接影响城乡居民生活，特别是低收入群众的生活，绝不能掉以轻心。

保持宏观经济政策基本稳定，适时适度预调微调

2011年，我国实行的是积极的财政政策和稳健的货币政策，从实际执行看，与2009年和2010年相比是适度从紧，特别是货币政策。明年的宏观经济政策要不要进行大的调整是一个人们关心的问题，也是一个有争议的问题。综合判断形势，还是应该坚持实施积极的财政政策和稳健的货币政策。

从财政政策看，我国正处在结构调整时，许多民生问题又急需解决，同时我国财政赤字占GDP的比重没有超过3%，债务余额占GDP的比重也在可控制的范围内，实行积极的财政政策既有需要，也有条件，但应严格控制赤字规模和债务余额规模，特别是加强对地方债务的监管，反对搞形象工程，反对铺张浪费，避免出现年终突击花钱的现象。同时，应优化财政支出结构，更多发挥财政政策在改善民生、调整经济结构中的积极作用。应完善结构性减税政策，减轻企业负担；加大支持小、微企业发展的财税措施力度，促进小、微企业发展。

从货币政策看，稳健的货币政策的提法本身就比较中性，关键在于实

际操作时的走向。针对物价上涨过快趋势得到初步抑制、经济增长速度回落到合理区间,货币政策在操作层面可以适度放松,加强预调微调。同时,应推进利率市场化改革,有效利用利率、汇率杠杆对经济进行调节。金融管理部门出台货币政策和进行监管时,既应考虑宏观经济形势的变化,又应处理好储户、工商企业和商业银行之间的利益关系,避免损害储户和工商企业的利益,影响实体经济发展。

面对复杂的国际国内经济形势,2012 年宏观经济政策应该以稳为主。同时,密切关注国际国内经济形势的变化,针对经济运行中出现的问题,适时适度进行预调微调。经济增长速度回落到 8%—9%,通货膨胀率降到 4% 左右,宏观经济政策就应该保持中性。

(原载《人民日报》2009 年 12 月 31 日)

处理好保增长与调整产业组织结构的关系

2009 年，面对国际金融危机的严重冲击，在各方面的共同努力下，我国经济总体上呈现出止跌回升、企稳向好的势头，保增长的预期目标可以实现，预计全年 GDP 的增长速度可以达到 8.3% 左右。但是，在经济出现快速增长的同时，调整经济结构，转变经济发展方式的任务还十分艰巨。做好 2010 年以及今后的经济工作，除了要继续保持国民经济平稳较快增长外，更重要的是必须处理好保增长与调结构的关系，要更加注重推进结构调整，促进经济发展方式的转变。

推进结构调整与保持国民经济平稳较快发展同步

经济结构调整包含丰富的内容：既包括国民收入分配结构的调整，也包括投资和消费结构的调整；既包括第一、第二、第三产业结构的调整，也包括各产业内部结构和产业组织结构的调整；既包括区域结构的调整，也包括城乡二元结构的调整；既包括所有制结构的调整，也包括国有经济的战略调整。

保增长和调结构存在着密切的关系，它们的共同目标都是为了使国民经济保持平稳较快的发展，促进经济发展方式的转变，但是两者的侧重点又有不同。保增长关注的是短期目标，是一种战术性措施；调结构关注的是长远目标，是一种战略性举措。因此，我们必须处理好保增长和调结构的关系，把两者紧密结合起来进行，既要实现保增长的预期目标，又要在保增长中促进结构调整。我们出台的宏观经济政策和实际工作部署，绝不能为了短期的保增长而忽视经济结构的调整，推迟结构调整的进程，更不能为了短期的保增长而进一步恶化经济结构，增加今后结构调整的难度。

我们应当使这两者紧密结合起来，使之相互协调，相互配合。

在保增长中促进结构调整是一个大题目，如何在推进结构调整中保持国民经济平稳较快发展，也是宏观调控和整个经济工作的长期任务。为了使两者协同进行，在当前，重点应该是处理好保增长和调整产业组织结构的关系。

产能过剩、产业组织结构不合理：当前经济结构中的突出问题

调整产业组织结构是产业结构调整的重要内容之一，是提高产业组织程度的重要保证，是增强国民经济活力、提高国民经济整体效益的重要手段。合理的产业组织结构与一个国家的产业整体发展水平相适应，有利于防止市场垄断，使企业间开展有序竞争，有利于企业之间发展专业化和协作关系，有利于大企业、中型企业、小企业、微型企业协调发展。

产能过剩、产业组织结构不合理是当前我国经济结构中存在的突出问题。有资料显示，到 2008 年年底，我国钢铁行业已经形成 6.6 亿吨生产能力，目前在建的能力还有 5800 万吨，过剩的生产能力已经达到 2 亿吨；我国的水泥生产能力已经达到 18.7 亿吨，已经超过实际需要，目前在建的生产线超过 400 条，还将新增生产能力 6 亿吨；我国电解铝生产能力已经有 1800 万吨，需求只有 1200 万吨左右，在建的还有 200 万吨；造船、化工、平板玻璃等行业也都存在严重的产能过剩问题。另外，一些有发展前途的新兴产业，如太阳能、风能等也存在一哄而上、盲目发展、重复建设的问题。据统计，2009 年第一季度，24 个行业中有 19 个行业存在不同程度的产能过剩。随着投资的高速增长，产能过剩的问题有可能更加严重。

除一些行业产能过剩外，在我国的制造业中，普遍存在组织程度差，专业化协作水平低，"大而全"、"小而全"的弊病突出，大企业不大、不强，小型企业、微型企业缺乏特色，优势企业成长缓慢，劣势企业淘汰难等问题。

政府和市场共同发挥作用：产业组织结构调整的合力

为了应对国际金融危机的冲击，抑制我国经济短期大幅度下滑的势头，促进产业结构调整和经济发展方式转变，2008 年年底，国务院制定了产业调整振兴规划。这是一个保增长与调结构相互结合、相互促进的规划。我们一定要全面、准确领会其精神，在实际工作中认真贯彻执行。振兴绝不是要盲目增加生产能力，而是要提高各个产业的素质。因此，要把调整和振兴结合起来，不能只强调振兴，而忽视调整。应该抓住当前外需不足、经济增长速度不高、部分企业压力大的有利时机，依靠市场的力量，因势利导，以产业组织结构调整为契机，在产业结构调整中实现产业振兴，在产业结构调整中实现产业素质和效益的提高，在产业结构调整中实现经济增长方式的转变。

在产业组织结构调整中，既要发挥政府的引导作用，更要充分发挥市场机制的基础性作用。政府不应该出台一些政策去救助那些产品落后、能源消耗高、经济效益差、严重污染环境和破坏生态的企业，该破产就破产，同时鼓励优势企业兼并劣势企业，加快兼并重组和淘汰落后产能的进程。

塑造大企业：谨防行政权力和资本权力相结合

为了提高产业的组织程度，增强企业的国际竞争力，鼓励少数企业做大做强，形成一批大企业集团，应该正确对待把企业做大的问题。

当前一个值得引起高度关注的问题是，一些省、市的政府和国有资产部门，以做大做强企业为借口，把本地区同行业的所有国有企业捏合在一起，拼凑出一个个"大集团"。而它的某些成员过去已经是规模很大、力量相当、产品相似的集团公司，彼此只有竞争，没有优势互补的关系。

在这种集团里，它的总部并不是真正的集团公司，而是不折不扣的行政机构，也就是过去受到广泛批判的先有"儿子"后有"老子"的模式。它们对基层企业收权，对上要权，完全用行政办法管理基层企业。这种做法，形成了从政府的管理部门（工业部、局等）—国资委—行政性集团—上市公司和与其平行的其他公司（集团）—孙公司及关联公司等这样一个冗长、低效的管理链。历史已经证明，这种管理模式是低效的，是很难获得成功的。

这种模式是 20 世纪 80 年代已被否定的行业公司的翻版。组建这种集团是长官意志的产物，是行政权力和资本权力相结合的怪胎。毫无疑问，必须旗帜鲜明地加以反对。实践已经证明，发展大企业集团，必须坚持经济手段为主的原则，以优势互补为前提，以一个大企业（集团公司）为核心，以产权联系为纽带，以生产能力的重组为主要手段，才能取得事半功倍的效果。

在产业组织结构调整过程中，我们要支持大企业跨地区兼并整合，因为这种兼并整合主要是通过经济手段来实现的，一般效果都比较好。目前，企业兼并重组特别是跨省、自治区、直辖市兼并重组，仍受到较多行政力量和行政措施的制约，应加强宏观协调，从国家利益层面而不是地区利益层面，支持有竞争优势的国有控股企业和民族企业进行异地公司的兼并整合，以加快企业产品结构的调整步伐，发挥规模经济效益，为"走出去"吸纳整合全球资源并参与全球竞争提前做好国内"演练"。

严格界定小企业：改变小企业的统计口径中包含中型企业的状况

要切实解决小企业发展中遇到的困难。小企业在企业总数中占 95% 以上，而且绝大多数小企业都是非国有企业，它们在繁荣经济、解决就业、扩大出口等方面都作出了巨大贡献。在实施产业调整振兴规划过程中，要更加注重小企业和微型企业的发展，为它们的发展创造宽松的环境，帮助它们解决发展过程中存在的困难。

大量调查研究结果表明，我国企业规模的划分标准存在问题。我国中型企业的规模都比较大，它们的经营模式、内部的管理组织结构、所面临的经济社会环境与大企业基本相同，而与小企业、微型企业有很大的不同。

因此，在政策支持层面，不应该把它们与小企业、微型企业放在一起，而是应该与大企业放到一起考虑。比如，在融资问题上，社会上反映中小企业融资难，但是金融机构拿出的数据证明中小企业融资并不难，问题就出在金融机构拿出的主要是中型企业的数据，而不是小企业和微型企业的数据。我们在调查中发现，中型企业融资也确实不难。此外，统计局把小型企业的规模规定得偏大，把很大一部分应该划分到中型企业的企业也划到了小型企业类型里。

为了使鼓励小型企业和微型企业的政策更有针对性，应该根据形势发展的要求重新确定划分中型企业和小型企业的标准，最好提高微型企业的档次。

此外，我国小型企业和微型企业的发展还面临以下几方面的问题：一是发展小型企业、微型企业的社会支持系统还不健全。行政管理系统、融资和担保系统、信息提供系统、技术服务系统等都还需要大大改善。二是政府政策的针对性不强，落实不到位。已经出台的鼓励中小企业发展的措施，都是针对中型企业的，小型企业、微型企业很难享受到。三是企业自身的素质需要大大提高。除加强企业内部管理，提高管理水平外，小企业要根据自身的情况，向小而专、小而精、小而特、小而强的方向发展。形成大企业、中型企业、小型企业、微型企业既有合理分工又协调发展的产业组织结构。

垄断行业改革：产业组织结构调整重中之重

必须加速推进垄断行业改革。首先，要逐步解除管制，降低进入门槛，鼓励非国有经济成分进入目前的一些垄断行业，把这种垄断行业逐步改造成竞争性行业。其次，国家要逐步取消这些行业享有的某些特权，政府不应该对它们进行特殊扶持、特殊照顾，使它们获得垄断利润，而且负盈不负亏，有了盈利就乱发工资、奖金，发生了亏损就要国家补贴。要把它们推向市场，成为自主经营、自我发展、自我约束、自负盈亏的市场竞争主体。再次，要加强对这些行业的监督，把这些企业的国有资本经营纳入国家预算管理，国有资本要实行有偿使用。这些行业的产品、服务的定价要更加透明。

行业协会改革：行政机构改革走出怪圈

继续推进行业协会的改革。改革开放以来，特别是裁减工业部、局之后，我国的行业协会有了很大的发展，一些行业协会的作用也在加强，但是目前我国的行业协会的行政色彩太浓，多数行业协会还没有发挥应有的作用，应该继续推进改革。行业协会应该是企业自愿参加，内部实行民主管理的民间性组织。它应该是沟通企业和政府之间的桥梁，在为企业服务中实现自我发展，不应该由财政拨款，办成行政机构或者变相的行政机构。同时，政府也应该继续放权，不要把那些本应该由行业协会来做的事都揽到自己身上。否则，行政管理机构的改革很难取得进展，取得的成果也很难巩固，总是走不出改革一次，机构就膨胀一次的怪圈。

（原载《中国社会科学院报》2009 年 11 月 19 日）

着力巩固经济企稳回升势头

前不久召开的中央政治局会议指出，当前我国经济发展正处在企稳回升的关键时期，宏观政策取向不能改变，调控工作不能放松，调控重点更加突出。准确判断宏观经济形势，认真贯彻落实中央决策部署，对于巩固经济企稳回升势头、实现今年经济社会发展预期目标具有重要意义。

我国经济企稳回升，但基础还不稳固

2008 年第四季度以来，为了应对国际金融危机对我国经济的冲击，中央出台了一系列宏观经济政策和一揽子刺激经济增长的措施。经过几个月的努力，我国经济已经出现由冷变暖的积极变化，形势发展比预期的要好。主要表现在：经济增长速度企稳向上。去年四季度我国 GDP 同比只增长了 6.8%，今年一季度又略有下降，同比只增长了 6.1%；今年二季度 GDP 增长速度止跌回升，达到 7.9%，上半年累计达到了 7.1%。农业生产形势好，夏粮连续六年增产。工业扭转了增速大幅下滑的势头，且稳步回升。今年 1—2 月工业增长只有 3.8%，到 6 月增幅达到 10.7%。消费品市场状况良好。上半年全国社会消费品零售总额同比增长 15.0%，扣除价格因素实际增长 16.6%，同比加快 3.7 个百分点。固定资产投资继续保持快速增长。上半年，全社会固定资产投资同比增长 33.5%，比去年同期加快 7.2 个百分点。物价保持低位运行，通缩压力逐步缓解。农民工就业情况比预期的要好。春节期间返乡的农民工 90% 以上重新外出打工，且已基本找到工作，没有外出的农民工大都也已在本地就业。股票市场、房地产市场出现回暖迹象。

应该看到，国际经济严重衰退的局面还没有根本好转，我国经济回暖的基础还不稳固，经济发展中的一些老问题没有解决，又出现了一些新问题。

外贸出口持续下滑，外贸形势依然严峻。海关总署发布的数据显示，上半年，我国对外贸易进出口同比下降 23.5%。其中，出口同比下降 21.8%，进口同比下降 25.4%。

上半年贷款规模过大。2009 年 6 月末，M2 同比增长 28.5%，比上年和今年一季度分别高 10.6 和 3.0 个百分点；M1 同比增长 24.8%，比上年和今年一季度分别高 15.7 和 7.8 个百分点，达到 1995 年 5 月以来的最高水平；M0 同比增长 11.5%。6 月末，金融机构人民币各项贷款余额同比增长 34.4%，增幅比上年末高 15.7 个百分点。上半年，我国新增贷款达到 7.37 万亿元，已远高于全年新增 5 万亿元的预期调控目标。

经济回暖主要依靠政府和国有企业投资，民间投资还没有被带动起来。上半年，国有控股公司投资同比增速达到 41.4%，比上年同期提高 22.1 个百分点；而民间投资只增长了 34.3%，比上年同期降低了 1 个百分点。

企业效益下降，财政收支平衡压力加大。今年 1—5 月，全国规模以上工业企业实现利润 8502 亿元，同比减少 2517 亿元，下降 22.9%；规模以上工业企业亏损面达到 23%，亏损额 2347 亿元，同比增长 14.3%。上半年，全国财政收入 33976.14 亿元，比去年同期减少 832.05 亿元，同比下降 2.4%。但 5 月后开始恢复增长，5—6 月分别增长 4.8% 和 19.6%。全国财政支出 28902.56 亿元，比去年同期增加 6020.54 亿元，增长 26.3%。

当前宏观调控中应注意的几个问题

当前，应保持宏观经济政策的连续性和稳定性，继续实施积极的财政政策和适度宽松的货币政策，并把握好政策的力度、方向和重点。

充分估计困难，做好中长期应对准备，在保增长中注重经济增长的协调性和可持续性。此次国际金融危机的严重性，决定了其调整可能需要较长的时间。从国际看，各国把主要精力用于调整本国经济，贸易保护主义重新抬头。美国金融危机对其国内消费增长影响巨大，而其恢复有待于资产价格的稳定和经济增长点的形成。目前，这两方面条件的形成可能需要较长时间，因此，美国经济的恢复可能需要较长时间。从国内看，我国长期形成的粗放型经济发展方式和结构性矛盾尚未根本改变。对经济发展中长期积累的问题的调整以及我国经济连续多年上升后的周期性调整，都要求适当放缓经济增长速度。"保八"是我国经济增长的阶段性目标，也是保证就业增长的需要。在保增长、扩内需、扭下滑的同时，还要加快经济发展方式转变、推进经济结构战略性调整、提高经济增长质量和效益。转变发展方式、调整结构、提高发展质量和效益，有利于提高经济增长的协调性和可持续性；而保增长、扩内需、扭下滑，可以为转变发展方式、调整结构、提高发展质量和效益提供必要的市场需求基础和物资、资金支持。把二者有机结合起来，既可以应对当前国际金融危机的冲击，又可以解决我国经济发展中长期存在的问题，提升国民经济素质和国家竞争力。

采取强有力的措施促进出口，稳定外需。这次国际金融危机对我国出口的影响要比亚洲金融危机大得多。因此，应进一步改善对外贸易环境，在进出口管理、通关便利化、进出口税收、出口保险、外汇管理等方面采取必要措施，支持优势企业和产品出口，鼓励金融机构增加对中小出口企业的贷款，拓宽外向型中小企业的直接融资渠道。同时，制定适当的财税金融政策，激励企业开展自主创新，培育一大批具有自主知识产权、自主品牌和国际竞争力的拳头产品，促进出口产品结构优化和质量效益提高。

适当控制投资规模和投资增长速度，优化投资结构。当前，我国的投资增速已经很高，投资规模已经很大。今年上半年，全社会投资总额达到91321亿元，同比增长33.5%，投资占GDP的比重已经达到65.3%，资本形成总额对经济增长的贡献率已经达到87.6%，拉动经济增长6.2个百分点。长期保持这样的固定资产投资增长速度是不可能的。重要的是优化投资结构，绝不能为了短期刺激经济增长而又回到粗放、低效率的投资模式上去；绝不能为了尽快上项目而乱投资，造成重复建设，进一步加剧某些行业的产能过剩。投资的超高速增长和宽松的贷款环境有直接关系。我们需要的是适度宽松的货币政策，而不是宽松的货币政策。应把"适度"具体化为数量指标，以便在实践中容易把握。否则，将来不仅会形成金融风险隐患，而且富余的资金会流入股市、楼市，过度推高资产价格，快速形成通胀压力。

进一步采取有力措施，挖掘消费增长潜力。消费水平的高低最终取决于人们的收入水平和未来预期，因此，应大幅度提高居民收入在国民收入分配中所占的比重，并把扩大消费的长期目标和短期政策措施紧密结合起来。把扩大就业作为优先考虑的问题，实施更加积极的就业政策。营造良好的创业环境，积极鼓励居民创业，鼓励发展个体、私营经济，尤其是鼓励发展第三产业。通过税收与转移支付，建立起财富的二次分配机制，调节过高收入，保障最低收入，缩小居民收入差距。加强公共教育和卫生服务，扩大覆盖面，加快城市保障性住房建设。完善社会保障制度，完善城镇养老、医疗、失业等社会保险制度和最低生活保障等社会救助制度；加快农民工和农村社会保障制度建设。

积极利用经济收缩期价格涨幅缩小的时机，调整经济结构，转变经济发展方式。国际金融危机在对经济造成损害的同时，也提供了进行强制性调整的时机，是产生新机遇的时期。改革开放的历史经验表明，每一次大的外部冲击，都是调动资源、促进体制改革、培育新增长点，从而推动我国经济迈上新台阶的重大机遇。应抓住机遇，大力发展高新技术产业、新能源产业和环保产业；鼓励企业技术创新，发展新技术、采用新工艺、开发新产品，推动传统产业改造；淘汰落后产能和严重影响环境的企业；鼓励企业兼并，调整产业组织结构；加快推进资源要素价格改革，利用国内农产品价格上涨压力，逐步减轻、国际石油等大宗商品价格回落的有利时机，改革资源产品的价格形成机制。

（原载《人民日报》2009 年 8 月 24 日）

正确看待当前我国经济增速回落
采取灵活审慎态度搞好宏观调控

2003—2007 年，中国积极应对复杂多变的国际环境，围绕解决宏观经济运行中的突出矛盾和问题，正确地把握宏观调控的方向、节奏和力度，综合运用多种宏观调控手段和方式，既注重保持政策的连续性和稳定性，又根据形势的变化适时适度地调整政策，促进了经济的平稳快速发展，避免了出现大的起落。

五年来的宏观调控内容丰富，成效显著。中国综合国力显著增强，社会事业全面发展，人民得到更多实惠。2007 年国内生产总值超过 24 万亿元，比 2002 年增长 67%，年均增长 10.8%，从世界第六位上升到第四位；全国财政收入达到 5.13 万亿元，增长 1.71 倍；进出口总额达到 2.17 万亿美元，从世界第六位上升到第三位。

当前我国经济增速放缓的原因

宏观调控不是一劳永逸的。2007 年下半年，根据当时中国经济运行中的问题，特别是经济增长由偏快转为过热的压力较大，价格上涨的压力较为突出，2007 年年底的中央经济工作会议提出了"双防"目标，即防止经济增长由偏快转为过热，防止物价由结构性上涨转为明显的通货膨胀。

进入 2008 年，美国次贷危机不断加深，世界经济增长放缓，许多国家面临较大的通货膨胀压力。国内接连发生历史上罕见的低温雨雪冰冻灾害、特大地震灾害和洪水灾害，灾区人民的生命财产遭受重大损失。为适应形势变化，7 月中央及时提出了"一保一控"方针，即把保持经济平稳较快发展、控制物价过快上涨作为宏观调控的首要任务。

尽管国际经济形势发生了重大变化，对中国经济的发展产生了较多的不利影响，但由于我们高度重视农业特别是粮食生产，综合运用多种政策工具，较好地把握了宏观调控的重点、节奏和力度，中国经济总体上保持了增长速度较快、价格涨幅趋缓、结构有所改善的较好态势。

但是，由于美国金融危机影响蔓延加深，对我国经济影响正逐步加大，外部冲击使正在抑制经济过热、减缓增长速度的中国经济增速回落步伐较快。经济增速从 2007 年第二季度的 12.7％下降到了 2008 年第二季度的 10.1％，下降了 2.6 个百分点。第三季度只有 9％，下降近 3 个百分点。从年度看，可能下降 2 个多百分点。

2008 年出现经济增长速度放缓，主要有四个方面的原因：一是经过长达五年的 10％以上的高速增长，积累了不少矛盾，我国经济需要一个调整期；二是政府出台的宏观调控措施起作用的结果；三是受奥运的影响，特别是北京及其周边地区，受到了较大影响；四是受外部环境变化的冲击，这是最主要的。因为 2005—2007 年货物及服务净出口对我国 GDP 增长的贡献率上升到了 20％左右，拉动 GDP 增长 2.2—2.6 个百分点，而今年净出口对 GDP 的贡献率预计将转为负值。增速回落本来正是宏观调控的预期方向，从今年看，经济增长速度仍在合理区间内，我国经济快速发展的基本面没有改变，但由于今年以来，美国金融危机不断加深，影响不断加剧，国内宏观调控因素与国际经济不利因素两者叠加，使我国经济增速回落步伐过快。对此，我们既应该高度重视，又不要反应过度。这既是挑战，又是调整经济结构，深化改革的大好时机。

关于 2009 年的经济形势

预计 2008 年全年中国 GDP 将增长近 10％，增幅比去年全年回落 2 个百分点左右。据估算，最终消费支出的贡献率为 50％左右，拉动 GDP 增长约 5.0 个百分点；资本形成总额的贡献率为 53％左右，拉动 GDP 增长约 5.3 个百分点；货物和服务净出口的贡献率和对 GDP 增长的拉动可能是负数。

当前，美国金融危机仍在进一步加剧，2009 年的世界经济具有很大的不确定性。国际货币基金组织（IMF）在 10 月 9 日的《世界经济展望》报告中预计，2008 年全球经济增幅仅为 3.9%；该组织 7 月发布的预期增幅为 4.1%。IMF 还将 2009 年全球经济增长预期由 3.9% 下调至 3%，为 2002 年以来的最低水平。IMF 将美国 2008 年经济增长预期由 7 月时的 1.3% 小幅上调至 1.6%，将 2009 年美国经济增幅预期由之前的 0.8% 下调至 0.1%。IMF 将欧元区 2008 年经济增长预期由 7 月的 1.7% 下调至 1.3%，并将 2009 年经济增幅预期由 1.2% 下调至 0.2%。IMF 预计，经物价因素调整后，日本经济今年将增长 0.7%，低于 7 月预计的 1.5%，还将日本 2009 年的经济增长预期由 1.5% 下调至 0.5%。IMF 将对中国 2008 年 GDP 增长率的预期维持在 9.7% 不变，但将 2009 年增幅预期从 7 月时的 9.8% 下调至 9.3%。

受次贷危机影响，2008 年及 2009 年发达经济体的内需将进一步下降，进而对新兴市场和发展中国家造成影响。美国是中国的主要出口市场，根据中国正式加入世界贸易组织以来的近期数据（2002—2007 年）粗略测算，中国出口增长率与美国 GDP 增长率之间存在着较强的正相关关系，美国 GDP 增长率每下降 1 个百分点，中国出口增长率平均将下降 5.2 个百分点。次贷危机对中国出口的影响程度将主要取决于世界经济减速的程度。2007 年美国 GDP 增长率为 2.2%，受次贷危机影响，如果 2008 年美国 GDP 增速下降到 IMF 所预测的 1.6%，则 2008 年中国出口增长率将比 2007 年下降 3.1 个百分点左右；如果 2009 年美国 GDP 增速下降到 IMF 所预测的 0.1%，则 2009 年中国出口增长率将比 2008 年下降 7.8 个百分点左右。

当前国际环境中不确定不稳定因素在增多，国内经济运行中的一些矛盾比较突出，保持经济平稳较快发展面临的挑战和困难也在增大。初步判断，2009 年仍然存在重大的不确定因素，但只要我们宏观调控措施及时得当，在外需增长减缓的条件下，积极扩大内需特别是消费需求，稳定投资，适度增加非生产性投资力度，加快推进社会主义新农村建设，加快转变经济发展方式，加快关键性领域改革步伐，则 2009 年 GDP 增长率虽然可能继续回落，但仍有望保持 9% 以上的增长，同时把通货膨胀控制在

5% 以下。

采取灵活审慎的态度搞好当前的宏观调控

在新形势下，为了促进经济继续又好又快发展，应采取灵活审慎的态度和方法搞好当前的宏观调控。调控的重点应由主要防通胀转为主要保持经济适度快速增长。为此，财政政策要从稳健转为适度扩张，货币政策要由从紧转为适度放松，并注意两者之间的协调配合作用。防通胀虽然仍是宏观经济政策要考虑的重要问题，但要处理好以下几个关系。

第一，处理好经济增长速度与控制通货膨胀的关系。虽然在不同国家、不同时期，经济增长与通货膨胀之间的关系具有明显的多样性和差异性，但在中国这样的发展中国家和这样的发展阶段，经济增长与通货膨胀之间确实存在一定程度的相关性。当经济增长速度持续过高时，通货膨胀率会上升；相反，如果要把过快的经济增长速度迅速降下来，通货膨胀率肯定也可以降下来。但是，在目前美国次贷危机加深、国际经济不确定性显著加大的情况下，我们不能让经济增长速度回落过快，因此，我们只要能够把通货膨胀率控制在可承受的范围内即可，不必苛求把通货膨胀率过快降下来。

从改革开放以来我国宏观调控的实际情况来看，把我国经济增长速度控制在 9% 左右较为合适。经济增长速度过快会加剧许多结构性矛盾，并可能引发通货膨胀；经济增长速度过低不利于增加就业，不利于全面建设小康社会，并可能引发通货紧缩。在充分吸取以往历次宏观调控经验和教训的基础上，今后我们应更好地处理经济增长速度与控制通货膨胀的关系，保持经济适度平稳较快增长，防止出现大起大落。

第二，处理好农民增收与控制通货膨胀的关系。千方百计增加农民收入是全面建设小康社会的重点和难点，是落实扩大内需方针的必然要求。近几年来，中央把促进农民增收作为农业和农村工作的中心任务，采取了一系列重大措施，扭转了农民收入一度低迷徘徊的局面，呈现快速增长的态势。但是，今年以来农业生产资料价格大幅上涨，农业生产比较效益持续下降，影响了农民增收。

　　受石油价格高企推动的谷物燃料化、新兴国家粮食需求上升、美元贬值等因素的影响,2007 年以来国际粮食价格已显著上涨。虽然近几年我国粮食价格也有一定程度的上涨,但在限制粮食出口等政策的作用下,目前我国粮食价格仍然显著低于国际市场价格。粮食食品价格上涨有合理性的一面,有利于农民增收。我国农产品价格显著低于国际市场价格,为我们进一步理顺粮食等主要农产品的价格提供了外部条件。逐步理顺农产品价格,兼顾消费者承受能力和生产者利益,使农产品价格保持在合理水平,一个重要的方向就是要在通货膨胀压力趋缓时,逐步提高粮食价格。因此,要处理好粮食涨价与控制通货膨胀之间的关系,把两者更好地结合起来。粮食涨价后,对城镇低收入者的影响可通过加大补贴力度来解决。

　　第三,处理好理顺资源要素价格与控制通货膨胀的关系。今年初开始实施的价格管制是应急的措施,对成品油、电力实施的价格管制以及对食品、钢材、水泥等商品实施的临时价格干预措施对于短期抑制高通胀起到了一定的作用。但长期持续的价格管制,不仅不利于消除通胀压力,而且还会导致供给短缺与资源配置不当。在全球化的环境中,资源要素价格扭曲相当于我国对全世界的补贴。从长期来看,一旦通货膨胀压力趋缓,应抓住机遇,理顺资源要素价格机制。

　　理顺资源要素价格、逐步消除价格扭曲,是实现节能减排的内在要求。当前,要处理好理顺资源要素价格与控制通货膨胀之间的关系,把两者更好地结合起来。在通货膨胀压力趋缓时,应继续有步骤、分阶段地理顺电力、煤炭、液化气、天然气等资源要素价格,不断完善反映市场供求关系、资源稀缺程度、环境损害成本的生产要素和资源价格形成机制,不断增强我国经济的可持续发展能力。

　　此外,在防止经济增速过多过快下滑,保持平稳较快增长时,还必须十分重视转变经济发展方式。在经济高速增长时期,就业较为充分,居民、企业、政府的收入增加较多,许多结构性问题和深层次问题被掩盖下来。当经济增长速度持续过快发展时,即使总量供给能够满足需求扩张的需要,结构性供需矛盾也能产生通货膨胀问题。为了抑制通货膨胀的加剧而采取的紧缩性政策将使经济增长速度放慢,进而使原先在高速增长时期被掩盖下来的结构性矛盾逐步暴露出来。因此,经济增长速度的适度减慢是解决经济增长过快时期积累的问题的机遇。在经济增速减缓时期进行积极的结构调整，可以为经济的长期可持续发展创造条件、积蓄能量。我们应该积极主动地利用增速减缓时期价格涨幅同时减缓的条件，进行经济结构调整，转变经济发展方式，使经济增长速度一定程度的减慢具有积极意义。

在目前外需有所放缓的条件下，处理好转变经济发展方式与保持经济平稳较快增长的关系具有尤为重要的现实意义，要坚持扩大国内需求特别是消费需求的方针，采取有效措施，促进经济增长由主要依靠投资、出口拉动向依靠消费、投资、出口协调拉动转变，由主要依靠第二产业带动向依靠第一、第二、第三产业协同带动转变，由主要依靠增加物质资源消耗向主要依靠科技进步、劳动者素质提高、管理创新转变。

我们还必须充分认识到，深化改革是保持经济长期平稳较快增长的制度和机制保证。对于宏观经济运行中出现的短期波动问题，可通过不同宏观调控政策的组合来加以解决，但是对于宏观经济运行中长期或反复出现的一些问题和经济现象，仅仅依靠宏观调控政策的运用是很难起作用的。这些深层次问题之所以难以解决，并延续了一段时期，一个重要原因在于经济领域中的一些关键性改革不到位，比如财税体制改革和垄断性行业改革滞后。深层次问题难以单靠宏观调控来解决，必须通过深化关键性领域改革、完善社会主义市场经济体制来解决。

总之，我们应采取灵活审慎的态度和有效的宏观经济政策，努力保持经济平稳较快增长，同时不失时机地理顺农产品价格、理顺资源要素价格、转变经济发展方式、深化关键性领域改革，为经济长期可持续发展创造更为有利的条件。

（原载《中国经贸导刊》2008 年第 22 期）

抑制价格过快上涨　保持平稳较快发展

我国经济保持了平稳较快发展的良好态势

今年以来，我国面临的国际国内形势出现了许多新情况新变化。美国次贷危机发生后，世界经济增长放缓，美元贬值，石油、粮食价格持续高涨，世界面临较大的通货膨胀压力。最近，越南金融形势严峻，通货膨胀高企，潜在金融风险加大。国内接连发生历史罕见的低温雨雪冰冻灾害和特大地震灾害、严重洪水灾害，灾区人民的生命财产遭受重大损失。尽管国内外形势发生的这些重大变化对我国经济发展产生了一些不利影响，但从总体上看，我国经济平稳较快发展的基本面没有改变，正朝着宏观调控的预期方向以及更加可持续的方向发展。

经济继续保持较快发展。2007 年，我国 GDP 增长 11.9%，连续 5 年增速保持在 10% 以上。今年第一季度 GDP 同比增长 10.6%，虽然增长速度趋缓，但仍然高于 2003—2005 年的平均增长率，也高于过去 30 年的平均增速。农业克服严重自然灾害的影响，夏粮连续 5 年实现增产。工业生产较快增长，1—5 月全国规模以上工业企业增加值同比实际增长 16.3%。城乡居民收入继续提高，第一季度城镇居民人均可支配收入、农村居民人均现金收入分别增长 11.5% 和 18.5%。这些指标都好于年初的预期。

拉动经济增长的动力仍很强劲。2003—2007 年，全社会固定资产投资名义增速均在 23% 以上，实际增速在 20% 以上。今年前 5 个月，我国城镇固定资产投资 40264 亿元，同比名义增长 25.6%，扣除价格因素，实际增速虽低于 20%，但仍处于较高水平。前 5 个月社会消费品零售总额达 42401 亿元，同比增长 21.1%，保持了快速增长势头。出口增速虽有所下降，但由于我国出口商品的整体竞争力较强，前5个月仍然增长22.9%；进口受到国际初级商品价格快速上涨的影响，增长30.4%。贸易顺差780亿美元，同比减少73亿美元。

我国经济正朝着宏观调控的预期方向发展。宏观调控的预期目标之一，是要逐步解决经济增长速度偏快、投资增长偏快、贸易顺差偏大、需求结构不合理的问题。今年前5个月，从三大需求的名义增长情况来看，城镇固定资产投资增幅同比减缓0.3个百分点，社会消费品零售总额增幅同比加快5.9个百分点，贸易顺差同比减少73亿美元。从实际增长情况来看，经济增速有所放缓，投资增速有所降低，消费增速基本持平，贸易顺差有所减少。消费需求对经济增长的拉动作用有所增强，需求结构正在向更加均衡的方向发展。

当前我国经济最突出的问题是通货膨胀压力较大

当前经济生活中面临的主要问题有：通货膨胀压力较大，煤电油运供应趋紧，农业增长基础尚不牢固，金融机构的流动性过剩，资产价格特别是股市价格波动较大，节能减排形势严峻等。其中，最为突出的问题是通货膨胀压力较大。今年2—4月，我国居民消费价格指数（CPI）连续3个月涨幅超过8%，5月CPI同比上涨7.7%，环比下降0.4%，其主要原因是蔬菜水果的产销逐渐进入旺季，带动食品价格涨幅有所回落。但今年下半年CPI仍将面临较大的上涨压力，主要表现在以下几个方面：

全球性通胀输入的压力仍将持续。2007年以来，许多国家出现了物价大幅度上涨的情形，燃油、食品、矿石价格显著上涨。进入2008年，美国次贷危机爆发，美元持续贬值，世界范围内的能源和大宗商品价格进一步上扬。我国原油进口依存度已达47%，而且我国正处于重化工业阶段，能源资源消耗大，高油价的压力仍将持续。受石油价格高企推动的谷物燃料化、新兴国家粮食需求上升以及许多国家对粮食出口实施管制的影响，尽管2008年世界粮食产量有望增长，但大部分谷物价格仍将保持在创纪录的高位。总体上看，我国粮食及食品价格受国际价格影响较为有限，但某些品种如大豆、食用油等受国际粮食价格影响十分显著。

　　工业品出厂价格（PPI）向 CPI 传导的压力在增加。今年上半年，我国工业品出厂价格以及原材料、燃料、动力购进价格上涨明显加快。5 月，PPI 同比上涨 8.2%，原材料、燃料、动力购进价格上涨 11.9%。对成品油、电力实施的价格管制与补贴措施以及对食品、钢材、水泥等商品实施的临时价格干预措施，阻碍了 PPI 向 CPI 的传导。价格管制对于短期抑制通胀起到了积极作用，但供应不足、企业经营困难等矛盾仍十分突出。在 5 月 CPI 涨幅趋缓的背景下，近日国家发改委提高了成品油价格和电力价格，这是保障市场供应、缓解部分企业经营困难、加快转变经济发展方式的必然选择。但成品油和电力都是基础产品，其价格调整的影响面比较广。因此，未来一段时间，PPI 向 CPI 传导的压力将有所增加。目前尚未对液化气、天然气、居民生活和农业化肥生产用电等价格进行调整，这些资源性产品价格上涨的压力依然较大。

　　流动性过剩的压力有增无减。近几年，我国外贸顺差维持在较高水平，外汇储备快速增加，流动性过剩的局面难以得到有效缓解。今年上半年，尽管外贸顺差增长放缓，但大量外汇资金和热钱却在加速流入。人民币升值预期以及中美利差，是热钱流入规模急剧扩大的直接原因。外汇储备快速增长所释放出的人民币基础货币投放，加剧了流动性过剩的局面。目前，我国的存款准备金率已提高到 17.5%，持续的流动性过剩加大了通货膨胀的压力以及货币政策操作的难度。

　　价格翘尾因素的影响依然较大。翘尾影响是 2008 年 CPI 涨幅难以显著降低的重要因素。今年 1—5 月，CPI 累计上涨了 8.1%。根据测算，其中翘尾因素为 4.9%，新涨价因素为 3.2%。如果以 2007 年 12 月的 CPI 水平为基准，今年 6—12 月的翘尾因素平均仅为 2.2%；考虑到今年前 5 个月的新涨价因素，如果以 2008 年 5 月的 CPI 水平为基准，则今年 6—12 月的翘尾因素平均将上升至 5.0%。也就是说，如果今年 6—12 月没有任何新涨价或新降价的因素（即月度环比价格指数为 0），2008 年全年 CPI 涨幅将为 6.3% 左右。考虑到 6 月成品油价格和电力价格调整带来的新涨价因素的影响，如果没有其他新涨价或新降价因素，2008 年全年 CPI 涨幅将提高到 7.0% 左右。今年下半年新涨价因素将主要来源于 PPI 向 CPI 的传导以及进一步理顺资源要素价格的可能幅度，新降价因素将主要来源于夏秋时节食品价格的季节性回落。如果新涨价因素占上风（即月度环比价格指数大于0），翘尾因素还将进一步上升，全年 CPI 涨幅将超过 7.0%；如果新降价因素占上风（即月度环比价格指数小于0），翘尾因素将有所减弱，全年 CPI 涨幅将低于 7.0%。

下半年宏观调控的重点

今年下半年，应继续按照控总量、稳物价、调结构、促平衡的要求，在总体上继续防止经济增长由偏快转为过热、防止价格由结构性上涨演变为明显通货膨胀，实行稳健的财政政策和从紧的货币政策。宏观调控的重点是做好价格调控工作，把治理通货膨胀放在突出位置，稳住通货膨胀预期，防范金融风险，保持宏观经济基本面的健康和稳定，促进国民经济又好又快发展。应综合运用经济、法律和必要的行政手段，以经济手段为主，注重标本兼治、远近结合，着力在治本上下工夫，千方百计抑制价格总水平过快上涨。

加强农业生产，保障有效供给。加强粮食、食用植物油、肉类等基本生活必需品和其他紧缺商品的生产，完善储备体系。在价格管制难以完全解除的条件下，要努力确保成品油、电力、煤炭等重要产品和物资的有效供给。落实各项支农惠农政策，加大对农业的投入力度，提高农业综合生产能力。坚持立足国内实现粮食基本自给的方针，牢牢把握解决粮食问题的主动权。

在通货膨胀压力趋缓时，有步骤、分阶段地推进资源要素价格改革，抓紧做好节能减排工作。我国在"十一五"规划中确定了节能减排的两项约束性指标，但过去两年的进展情况不甚理想。当前我国经济发展方式仍然比较粗放，过度依赖能源资源消耗的状况没有根本改变，生态破坏和环境污染的现象还很严重，实现节能减排目标的任务仍很艰巨。理顺资源要素价格，是实现节能减排目标、转变经济发展方式的内在要求。过去一年，由于价格上涨压力较大，资源要素价格改革难以推进。6月国家发改委在充分考虑各方面承受能力的基础上，对部分成品油和电力价格进行了调整。下半年，在通货膨胀压力趋缓时，可继续有步骤、分阶段地推进液化气、天然气、电力等资源要素价格改革，利用价格手段促进资源节约，保障市场供应，推进节能减排，把控制通货膨胀与推动资源要素价格改革更好地结合起来。

进一步加强金融监管，确保国家金融安全。今年上半年，国际金融市场动荡明显加剧。年初美国发生了次贷危机，最近越南金融状况又持续恶化，一些国家的股票市场和房地产市场价格显著回落。在当前国际金融形势复杂多变的情况下，要进一步加强金融监管。一是强化对跨境资本流入和流出的监管，警惕短期资本流向的逆转，关注国际汇率变化的动向，把握好资本市场开放的节奏和幅度，促进资本市场健康发展。二是密切关注房地产市场的变化和房地产价格的走势，警惕房价下跌带来的信贷风险，保持房地产市场稳定，确保国家金融安全。

（原载《人民日报》2008 年 7 月 2 日）

进一步提高宏观调控的有效性

今年，我国国民经济保持了增长较快、结构优化、效益提高、民生改善的良好态势。但经济运行中一些长期积累的突出矛盾和问题还没有得到根本解决，同时出现了一些值得注意的新情况新问题。针对这种形势，中央经济工作会议对完善和落实宏观调控政策、保持经济平稳较快发展的好势头作出了新的部署。只有认真贯彻落实中央精神，进一步提高宏观调控的有效性，着力解决经济运行中的突出问题，才能保持我国经济的稳定运行和长期可持续发展。

中央强调把防止经济增长由偏快转为过热、防止价格由结构性上涨演变为明显通货膨胀作为当前宏观调控的首要任务，是建立在对我国经济运行的科学分析基础之上的

经济增长速度偏快。近几年我国 GDP 的增长速度一直较快，而且呈逐年加速趋势。新一轮宏观调控开始的 2003 年，我国 GDP 增长率是10.0%，2004—2006 年增速分别比 2003 年上升了 0.1 个、0.4 个和 1.1 个百分点。今年前三季度 GDP 增长率达到 11.5%，上升趋势进一步增强。分产业看，对国内生产总值贡献最大的工业增长速度加快，今年 1—9 月全国规模以上工业企业增加值同比增长 18.5%，增速比上年同期高 1.3 个百分点，比上年全年高 1.9 个百分点。预计今年全年我国经济增长速度将达到 11.6%。经济增长速度偏快，给经济结构调整、能源资源合理利用和环境保护都带来了许多困难。

拉动经济快速增长的投资和出口增长依然强劲。首先，作为拉动我国经济增长的首要因素，投资增速今年出现了反弹趋势。2003 年全社会投资增长率是 27.7%；经过 3 年的压缩，2006 年下降到 24%。今年 1—9 月，全社会固定资产投资增长了 25.7%，虽然比上半年回落 0.2 个百分点，但

比上年提高 1.7 个百分点。其次，对外贸易快速增长，顺差继续扩大。今年前三季度，进出口总额达到 15708 亿美元，增长 23.5%，其中出口 8782 亿美元，增长 27.1%，增速同比上升 0.6 个百分点。贸易顺差达到 1857 亿美元，已超过 2006 全年的水平。贸易顺差过大，不仅使国际贸易摩擦大量增加，资源环境更趋紧张，还增加了流动性过剩和人民币升值压力。

消费品价格上涨显著。今年以来，消费品价格结束了长期低迷的状态，呈现出逐月加速上涨的趋势，8 月 CPI 达到 6.5%，9 月达到 6.2%，10 月达到 6.5%，11 月上升到 6.9%。1—11 月 CPI 累计上涨 4.6%。我国是发展中国家，恩格尔系数较高，居民用于购买食品的支出在 CPI 的构成中所占比重超过 36%，对低收入阶层来说这一比例还要高。因此，近期物价的快速上涨对低收入阶层和困难群众的生活影响很大。今年以来新出现的消费品价格显著上涨趋势，是宏观经济由偏快转为过热的重要信号。

资产价格高位持续攀升。除了 CPI，当前我国股市和楼市等资产市场价格也在高位持续攀升。特别是部分大城市房地产价格上涨过快过高，已经严重影响到居民住房，影响到人民群众的切身利益。在证券市场方面，依据上市公司 2007 年上半年的年报数据推算，剔除长期停牌的股票，目前 1243 只 A 股的加权动态市盈率为 40.71 倍。剔除 2007 年中期净利润为负的股票，1127 只股票中只有 261 只股票的市盈率低于平均水平，仅占 23.16%，其余近八成股票的市盈率水平高于 40.71 倍。在流动性过剩和实际负利率的背景下，大量资金流入股市容易加大资产泡沫。

资源环境"瓶颈"制约日益突出。国内某些资源短缺还可以通过高价格进口缓解，但环境污染特别是大气污染和水污染问题是无法回避的。有资料显示，在全世界污染最严重的 20 个城市中，我国占了 16 个。据环保总局监测，2005 年全国七大水系的 411 个地表水监测断面中有 27% 的断面为劣 V 类水质，全国约 1/2 城市市区的地下水污染严重。

在目前国民经济高位运行并趋于过热的情况下，原来存在的问题尚未解决，又出现了消费品价格、资产价格上升过快等新问题，宏观调控的难度加大。

认识不统一，影响宏观调控政策的落实和有效性。2003 年以来，我国

GDP 增速一直在 10% 以上，今年前三季度达到了 11.5%，已大大超过预期目标，但仍有不少人对经济增长由偏快转为过热的趋势不认同。同时，一些地方政府存在对中央的宏观调控政策响应度不高的问题。在我国现行经济体制下，各级地方政府控制着许多资源和不少国有企业，他们既是宏观调控的对象，又是政策执行者，对宏观调控政策的落实起着非常重要的作用。应当说，大多数地方政府能够顾全大局，对中央出台的宏观调控政策有正确理解并认真贯彻落实；但也确有一些地方政府从本地区局部利益出发考虑问题，对符合本地利益的宏观调控政策贯彻落实的积极性就高一些，对不符合本地利益的宏观调控政策就采取消极或抵制态度，影响了宏观调控政策的实施效果。

经济规模扩大，调整难度加大。20 世纪 80 年代和 90 年代，当经济出现过热或局部过热时，只要通过实施紧缩的宏观调控措施，经济增长速度就会较快降下来。这次情况显著不同。自从 2003 年下半年开始实施本轮宏观调控以来，经济始终在高位运行。这一方面说明我们对经济运行规律的认识在深化，宏观调控的科学性在增强；另一方面也说明随着经济市场化程度的提高和经济规模的扩大，我国经济一旦走上快车道，就会形成很强的惯性，投资增长持续高位运行，对外贸易顺差继续加大，要想短时间把这种惯性平稳地遏制住，难度已大大增加，宏观调控将面临更为复杂的局面。

资产价格上涨过快，成为宏观调控的重要课题。当前，除了消费价格显著上涨，比较明显的价格上涨压力的释放处是资产价格，主要表现在证券市场价格和房地产价格的上涨方面。民间资金多但投资渠道较少，加上银行存款的实际负利率，使大量民间资金流入楼市和股市，因而放大了房地产投资需求，推高了股市价格，加剧了资产价格的进一步膨胀。

体制改革不到位，是影响宏观调控效果的深层次问题。当前，投资体制和金融体制改革都滞后于经济发展。在现行投资、金融体制下，地方政府主导的投资来源和投资行为不规范，投资冲动和投资饥渴难以抑制。企业的资源使用和环境污染成本过低，加剧了实现节能减排目标的困难。国民收入分配结构过度向投资倾斜、向资本倾斜，劳动报酬偏低，社会保障不健全，影响了消费需求和投资消费比例关系的调整。国有企业税后利润和自有资金过多，使宏观调控效应减弱。

把防止经济增长由偏快转为过热、防止出现明显通货膨胀作为宏观调控的首要任务，按照控总量、稳物价、调结构、促平衡的基调做好宏观调控工作，需要加大宏观调控力度，提高宏观调控的有效性

下决心把过快的经济增长速度特别是投资增长速度降下来。应深入贯彻落实科学发展观，切实把经济增长的质量和效益放在首位，下决心把过快的经济增长速度降下来。最近两年，最好能降到9%左右。控制经济增长速度，首先必须控制投资增长速度。要综合运用财政、信贷、土地政策和产业政策等手段控制投资规模。同时，加大调整资源税税率的力度，加快实施环境税政策，加大对企业投资的成本约束；控制各级地方政府的直接投资规模，减少财政政策对基本建设的支持力度，加大财政支出结构调整的力度，把财政资金更多地投向教育、卫生、社会保障等薄弱环节，为拉动消费而不是增加生产能力作贡献。利润大的国有企业特别是垄断行业的企业必须上交部分利润，用于弥补社会保障资金的不足。

把稳健的财政政策和从紧的货币政策落到实处。最近几年，财政增收和超收的数额都很大，财政预算完全有条件大幅度减少赤字，特别是不应再发建设国债，国债遗留项目的投资可以放在预算内去解决。近几年，信贷规模增长的幅度一直偏快。今年原安排全年新增贷款2.9万亿元，前三季度已经发放贷款3.36万亿元，比去年同期增贷6073亿元。有一种解释是，由于经济增长速度快了，贷款规模自然就要增大。这实际上否定了货币政策要对过快的增长速度进行调节。在实际工作中，必须严格执行从紧的货币政策。

稳定价格，特别是防止消费品价格进一步上涨。通货膨胀归根结底是一种货币现象。防止形成全面的"通货膨胀预期"，首先，要控制货币供应量和贷款规模，并增加人民币汇率的灵活性。其次，进一步增加各级财政对农业的投入，切实落实各项支农惠农政策，以增加粮食、肉类和其他食品的供给；建立价格调节基金、专项补贴基金，完善对农产品（4.78%、0.05%、1.06%）提供者、低收入困难群体和在校大学生的补贴政策，做好社会稳定工作。再次，努力加大中低价位住房的供给。各级政府应调整土地供给结构，保证有足够数量的新建住房投入市场；使用政

府掌握的资源，切实为有需要的群众提供足够的经济适用房和廉租房，遏制房价过快上涨。最后，要阻止内幕交易和银行资金违规进入股市，采取有效措施防止股市价格泡沫膨胀。

　　深化改革，破除影响科学发展的体制性障碍。对于宏观经济运行中出现的短期问题，通过发挥不同组合的宏观调控政策的作用就能有效解决；但对于长期存在或反复出现的一些问题和现象，如"投资饥渴症"问题、国民收入分配问题、资源环境税收问题、一些微观主体的软预算约束问题等，仅仅依靠宏观调控政策是很难起作用的。对这些深层次问题，只有通过深化改革，转变政府职能，规范政府行为，调整国民收入分配结构和财政支出结构，转变国有企业、国有银行的经营机制，不断提高经济市场化程度，才能从根本上解决。

（原载《人民日报》2007 年 12 月 26 日）

当前的经济形势与宏观调控

一　宏观调控的措施和成效

自 2002 年以来，中国经济进入新一轮的高速增长期。2003 年虽然发生了"非典"，但是"非典"结束后，经济迅速恢复了强劲的增长势头，当年 CDP 增长率达到 9.3% 。2004 年中国经济继续保持高速增长的势头，全年 CDP 实现 136515 亿元，增长 9.5% ，是 1997 年以来增长率最高的一年，伴随经济的高速增长，经济出现了局部过热的现象。具体表现为固定资产投资增长速度过快，规模过大；钢材、水泥、电解铝等产量增长很快，但仍供不应求；"煤、电、油、运"紧张；物价上涨过快，通胀压力大；粮食产量连年下降，农民收入增长缓慢。针对出现的这些问题，中国政府从 2004 年年初开始，出台了一系列新的宏观经济政策，以解决经济中比较突出的矛盾和抑制经济运行中不健康不稳定的因素，具体可归纳为 5 个方面的相关政策：（1）中央银行两次提高商业银行的存款准备金率；实行差别存款准备金率制度；扩大贷款浮息幅度，中国人民银行对金融机构实行窗口指导。（2）清理各地未经审批的各种开发区，国土资源部实行土地管理部门的省以下垂直领导，严格土地保护制度；加强土地和环境保护法的执法力度；对部分行业和城市实行了农用地停止审批半年的措施等。（3）限制对钢铁、电解铝、水泥等过热行业的贷款；银监会严查过热行业和地区的贷款，全面清理金融机构对在建、拟建项目已发放或已承诺的固定资产的使用；国家发改委发布关于控制钢铁、电解铝、水泥三行业投资的意见；严肃处理"铁本"事件等。（4）同家推出了各种促进农业生产的政策措施，增加粮食播种面积，提高保护收购价格；积极增加煤电油运的供给能力等。（5）控制财政支出；调减国债发行量；调整国债资金使用结构等。

通过新一轮的宏观调控，避免了经济的大起大落，避免了物价的过度上涨，保持了经济平稳、较快发展的良好势头。

（1）经济保持了较快增长，没有出现大的起落。全年国内生产总值136515亿元，比上年增加9.5%。分季度看，4个季度的国内生产总值分别增长了9.8%、9.6%、9.1%、9.5%。

（2）粮食生产出现重要转机，农业结构调整继续推进。粮食播种面积扭转了连续5年下滑的趋势，恢复到10161万公顷，比上年增长2%左右。粮食总产量达到4695亿公斤，增产388亿公斤。

（3）遏制了投资过快增长的势头，固定资产投资增幅逐季回落。全社会固定资产投资总额70073亿元，增长25.8%，增幅比上年回落1.9个百分点。其中，城镇固定资产投资58620亿元，增长27.6%，回落1.5个百分点；农村固定资产投资11452亿元，增长17.4%，回落4.4个百分点。

（4）货币信贷增势减缓。12月末广义货币（M2）253208亿元，比上年末增长14.6%，同比回落5个百分点；狭义货币（M1）95971亿元，增长13.6%，回落5.1个百分点；流通中现金（M0）21468亿元，增长8.7%，回落5.6个百分点。金融机构人民币各项贷款比年初增加22648亿元，比上年少增4824亿元。各项存款增加33315亿元，比上年少增3871亿元。全年累计货币净投放1722亿元，比上年少投放746亿元。

（5）消费市场稳中趋活。全年社会消费品零售总额53950亿元，比上年增长13.3%，扣除价格因素，实际增长10.2%，比上年增长1个百分点。其中，城市消费品零售总额35573亿元，增长14.7%；县及县以下消费品零售总额18377亿元，增长10.7%。

（6）对外贸易跃上新台阶。全年外贸进出口总额11548亿美元。其中，出口5934亿美元，增长35.4%；进口5614亿美元，增长36%，进出口贸易顺差320亿元。中国已成为世界上的第三大贸易大国，年末外汇储备达到6099亿美元，比年初增加2067亿美元。全年外商直接投资合同金额1535亿美元，比上年增长33.4%；实际使用金额606亿美元。

（7）市场物价涨幅有所提高。全年居民消费价格比上年上涨3.9%，涨幅比上年提高 2.7 个百分点，其中第四季度同比上涨 3.2％，明显低于第四季度上涨 5.3％ 的水平。受国内需求旺盛和国际原油价格大幅上涨的影响，原材料、燃料、动力购进价格比上年上涨 11.4％，工业品出厂价格上涨 6.1％，固定资产投资价格上涨 5.6％，房屋销售价格上涨 9.7％。

二　当前经济存在的主要问题

进入 2005 年以来，中国经济社会发展总体形势良好，继续保持了 2004 年高增长、低通胀平稳增长的态势。但当前的经济生活中仍然存在一些问题和矛盾。主要是：宏观调控的成果还不巩固；粮食进一步增产和农民进一步增收的难度加大，特别是生产资料价格上涨的幅度大了；固定资产投资需求膨胀出现反弹的压力很大；资源环境约束矛盾日益突出；煤电油运供应仍然相当紧张，1 月和 2 月，电力增长 12％，但是却有 25 个省、市、区出现拉闸限电的现象，这就反映了经济、生活这根弦绷得还很紧；生产资料价格继续上扬，价格总水平上涨压力较大；就业状况仍然严峻；居民收入差距扩大问题需要改善；国企改革和金融体制改革亟须突破；经济结构不合理、经济增长方式粗放等问题没有得到根本解决等。

这些矛盾和问题有的是短期经济波动问题，可以通过加强和完善宏观调控来进行调节；有的是深层次体制性问题的表现，需要通过深化改革逐步加以解决。

目前特别需要注意的是以下几个问题：

（一）防止固定资产投资反弹

2004 年中国经济运行中出现的一个主要的不稳定不健康的因素就是固定资产投资膨胀。经过一年多的加强和完善宏观调控的工作，某些部门的盲目投资状况得到了抑制，与上年相比全社会固定资产投资增速有了一定回落。但是，2005 年第一季度，全社会固定资产投资在 2004 年同期增长 43％ 的高速度基础上，又增长 22.8％，与 GDP 和消费相比增长率明显偏高，特别是目前在建和新上项目过多，各地投资冲动仍很强烈。有统计显示，目前中国在建项目超过 7 万个，2004 年 12 月新开工的项目就有 2 万多个。在建规模约为 20 万亿元，为历史较高水平，差不多相当于 3 年的固定资产投资工作量。2004 年在总投资中，扩建和改建项目投资仅增长了 16% 左右，而新建项目投资增长了 36% 以上。2003 年总投资中新建项目投资比重为 55%，而 2004 年这一比重上升到了 59%。这样大的在建规模加大了 2005 年控制固定资产投资规模的难度。

在固定资产投资规模增长较快的同时，行业投资结构仍然存在不合理的问题。目前工业投资增长仍然较快，一方面，钢铁、水泥、电解铝等过热行业的投资规模仍然偏大；另一方面，又出现了一些地方和企业违规开工建设电站等新的盲目投资。投资需求膨胀又造成了"煤、电、油、运"更为紧张，引致有关行业的投资增加，导致新的投资结构失衡。

目前各地发展经济的积极性仍然很高，具有投资反弹的内在动力，这是出现反弹的制度条件。同时，国内各方面蕴藏着相当数量的资金，可以为投资反弹提供资金条件。财政方面，财政政策性质虽然已由扩张转向稳健，但是仍然带有一定的扩张性特点，2005 年将继续发行相当规模的长期建设国债，并且财政预算仍然安排了 3000 亿元的赤字，资金使用方向需要严格控制。金融方面，银行仍然是存款增长快于贷款增长，存贷差在扩大。此外，大量民间资本不断积聚，力量日益壮大，需要寻找出路。我们在做好防止投资反弹的工作中，需要高度重视这些制度条件和资金条件对可能形成的投资反弹产生的影响。2005 年宏观调控的中心任务是继续保持经济的平稳较快发展，避免经济出现大起大落。要实现这一目标，就必须及时控制投资的过快增长，注意积极调整投资结构，控制过热部门的投资，同时加强薄弱环节。

（二）化解价格上涨压力

自 2003 年下半年以来，中国宏观经济增长进入了经济周期的上升阶段，同时由于粮食供求关系趋紧，固定资产投资膨胀，"煤、电、油、运"紧张等新问题的出现，价格上涨压力日益增大。目前形成 2004 年价格上涨压力的因素仍然存在，而且又出现了一些新的可能引起价格上涨的因素，需要我们密切关注。

第一，虽然 2004 年消费价格指数上涨仅为 3.9%，较上年的上涨幅度只提高了 2.7 个百分点，但是由于投资需求膨胀拉动的影响，上游产品的价格大幅度上涨，必然要向下游产品传导，引起消费价格水平的上升。目前由于受到消费品市场供求关系的制约，这一传导受到很大抑制，但是必然还会有一部分上游产品的涨价要传导下来。

第二，目前生产资料价格依然在继续上涨。2005 年年初，随着投资反弹压力的增大，生产资料价格又出现了上扬的趋势。一季度虽然居民消费价格指数上升 2.8，但是生产资料价格却上涨了 61%，原材料、燃料、动力购进价格上涨了 10.1%。就目前的投资需求形势来看，生产资料价格的这种上升趋势，在短期内是难以得到根本遏制的，对成本推动型通货膨胀压力仍然不可掉以轻心。

第三，"煤、电、油、运"以及供水的紧张是 2003 年下半年以来价格水平上涨的一个重要原因，2005 年"煤、电、油、运"供求关系紧张的局面仍然难以完全改变，供求关系的紧张必然产生涨价的压力。

第四，国际市场上原油的价格持续走高，对中国生产成本提高和生活费用的上升将带来越来越大的影响。据有关方面预测，油价走高的趋势还将在相当长的时期内持续下去，因此会对国内总体价格水平的上涨形成较长期的压力。

上述 4 个问题是自 2003 年下半年就已经存在的形成价格上涨的因素，目前我们还面临着新的可能形成价格上涨压力的问题。

第一，房地产价格的上涨以及某些地方房地产泡沫的扩大。2004 年全国商品房平均销售价格上涨呈加速之势。2005 年涨幅继续扩大，一季度商品房价格同比上涨 12.5%，其中住宅价格上涨 13.50%。由于钢铁、水泥等生产资料价格继续上升，同时土地交易价格也在继续上升，房地产价格的继续上涨是难以避免的，其对总体价格水平上升的影响也将越来越明显。

第二，近来一些地区出现的民工荒说明劳动力成本呈现上升趋势。据统计，2004 年前三季度，城镇就业人员的平均劳动报酬分别增长了 12.5%、14.1% 和 14.5%。劳动力成本的上升有其提高居民收入水平的积极一面，同时也需要我们注意可能产生的对总体价格水平的影响。

第三，为了建设和谐社会，实现可持续发展，我们越来越注意加强环境保护工作，要求生产企业更加注重对环境保护的投入。为了提高安全生产水平，也需要加大对安全生产的投入。这些新增投入都是十分必要的，但同时也必然会在一定程度上影响价格水平。

总的来看，2005 年我们面临的价格上涨问题的程度可能不会比 2004 年更严重，但是价格水平继续上升的总趋势对宏观经济平稳快速增长产生的可能影响是必须予以充分重视的。2005 年不仅应该保持当年的消费价格上涨水平不超过 4%，而且应该努力进一步化解通货膨胀因素，为 2006 年经济社会全面发展创造更为有利的环境条件。

（三）粮食价格与产量

中国解决"三农"问题的基本方针就是增加农民收入。而影响农民收入最基本也是最主要的因素就是农产品价格。2003 年以来，由于粮食供给不足，带来了粮食价格的大幅上涨并带动了绝大部分农产品价格的上涨，较大幅度地增加了农民的收入。

目前，应稳定促进粮食增产和农民增收的政策和措施。解决"三农"问题的重点应放在着力建设农村的公共财政体系上，以公益事业优先为原则，保证不同地区、不同阶层的公民可享受大体相同的公共服务，建立规范、透明、公正的财政转移制度，首先要在界定乡镇和村两级各自的职能（事权）的基础上满足基层政权建设的需求。这一点在减免农业税后显得特别重要。

（四）抑制房地产市场过热

从行业的角度来看，2003 年、2004 年固定资产投资的主要推动力量就是房地产投资。目前，这种格局并无改变。因此，2005 年政府宏观经济调控的主要着力点应该依然是房地产投资，必须毫不动摇地通过各种手段把房地产投资的增长速度降下来。为此，政府有必要对房地产市场进行干预。

目前采取的措施主要是加息。但 2004 年以来的经验说明，加息虽然增加了还款成本的压力，但目前不少地方房价的上涨幅度大于利率的上涨幅度，仅仅凭借货币政策的力量，恐怕还不足以抑制对房产的需求。

应根据不同的供求关系，采取不同的调控措施。

首先，对于工薪阶层，特别是对广大普通劳动者，应大规模发展住宅租赁包括廉租房租赁。应全面理解住房商品化的含义，住宅租赁同样是住宅商品房的一种形式，而且应该是主要形式。在中国目前的发展水平，追求100％的自有住宅率是超越发展阶段的。同时，在中国目前的条件下，由于要素市场不发达，住宅租赁业具有公共产品的性质，需要政府介入。政府应掌握一定数量的房源，投入住宅租赁市场，平抑房租水平，最终达到平抑房价的结果。因为房价归根结底是房租的资本化。这会从根本上抑制房地产投资的过快增长，防止房地产泡沫的形成。

其次，应制定累进式的不动产税，限制过多高档豪华住宅的建造，增加普通商品住宅的供给。

（五）限制高耗能、资源型产品的生产能力

根据有关统计，中国目前钢铁行业投资所形成的生产能力已达到5亿多吨。而2004年中国消费钢总共不到3亿吨，过剩的产能势必要到国际市场寻找出路。从大部分产品看，中国的钢铁产品目前在国际上还是有价格竞争力的。但是，由于中国目前市场机制不健全，钢铁这类的高耗能的资源型产品的价格并未反映它的社会成本，特别是环境成本。因此，对高耗能的资源型产品的出口应予以限制，以减缓中国的资源环境压力。同时，这也是控制固定资产投资增长过猛的一个重要措施。

三　当前宏观经济政策的走向

当前宏观调控仍处于关键时期，宏观调控的成果还不巩固，稍有松懈，就可能出现反复，千万不能掉以轻心。同时，2005年是全面完成"十五"任务、为"十一五"发展打好基础的关键一年。所以，宏观调控不仅要保持当年国民经济的持续平稳较快的健康发展，还要为中长期的经济社会发展创造更好的条件。

2005年在宏观调控的政策取向上，要实行稳健的财政政策和稳健的货

币政策，加强各项宏观经济政策的协调配合，更好地贯彻区别对待、有保有压的原则，更加注重发挥市场机制的作用，更加注重运用经济手段和法律手段；在宏观调控的着力点上，继续控制固定资产投资规模，并积极扩大消费需求；在宏观调控的体制基础上，要继续推进经济体制改革；力争在较高水平，比如说7%—9%的区间平稳运行，走出一条延长经济周期上升阶段的新轨迹。

（一）注重为解决中长期的经济结构问题创造条件

目前除了投资与消费、居民收入差距，第二、第三产业的结构问题之外，还需要注意工业内部的结构问题。2004年中国重工业增长速度高出轻工业3.4个百分点，在工业增加值的结构中，重工业所占比重高达67%，而轻工业产值所占比重不足1/3。重工业成为目前工业增长的主导，也是造成"煤、电、油、运"供求关系紧张、生产资料价格过快上涨的重要原因。重工业增长具有较强的自我循环特点，因而也具有较强的惯性。工业内部结构比例失调，会加深经济波动对经济平稳增长的负面影响。重工业增长一旦启动，会在一定时期内成为经济增长的带动力量。但是一旦重工业增长陷入萎缩，又会形成螺旋式下降趋势，启动起来十分困难。工业内部的结构问题与投资和消费的结构问题交织起来，在中长期会造成供给能力没有足够的有效需求支持，导致生产能力过剩，出现通货紧缩问题。

（二）落实好稳健的财政政策

稳健的财政政策，是在新形势下加强和改善宏观调控的一项新任务，是加强和改善宏观调控的重要举措。它不是简单地单纯调控总量，而是要在总量调控的同时承担和实现调整结构的任务。在实行过程中更要认真谨慎，密切注意执行效果，防止各种可能出现的问题，保证政策实行收到实效。

第一，面对当前物价水平上涨压力，宏观调控更多的是要防止通货膨胀。而继续发行国债的措施仍具有一定的扩张性特点，因此，稳健的财政政策在执行过程中，一方面，要注意政策转向不能过猛，做好扩张性财政政策与稳健的财政政策的转换衔接，实现较平稳的政策过渡；另一方面，更要把握好财政政策扩张性的度，根据形势变化，及时进行进一步调整，继续减少扩张性特点，弱化扩张性性质，以适应经济周期上升阶段的总趋势。

第二，目前中国宏观经济运行中，投资率过高、投资增长速度偏快，以致投资与消费结构失衡的问题日益严重。稳健的财政政策的实行应该有效发挥其宏观经济政策的导向作用，通过财政分配，积极解决或改善投资率长期过高，投资与消费的结构失衡的问题。

第三，虽然稳健的财政政策的主要内容之一，是将继续适当发行的国债资金用于"三农"和发展社会事业，但是从长期看公共财政对"三农"和发展社会事业的投入和支持，主要还是应该通过规范的财政转移支付来解决。

（三）充分发挥货币政策作用

在控制投资需求膨胀，缓和价格上涨压力方面，货币政策能够更有效地发挥作用。在一年多的加强和完善宏观调控的工作中，货币政策确实发挥了重要的作用。在宏观调控实践中，中国的货币政策的间接调控机制正在逐步形成。货币政策的导向作用日益明显。

为了控制投资反弹和有效抑制价格上涨压力，目前应考虑再次释放提高利率的货币政策信号，更好地发挥利率杠杆作用。从货币供给和需求两方面，乃至宏观经济的供给和需求两方面进行宏观调控。在目前情况下，实际利率，特别是居民存款的实际利率基本处于负利率状态。长期如此不利于保护居民储户的利益，不利于理顺经济关系，不利于建立正常的市场经济秩序。

（本文是 2005 年 6 月 18 日在莫斯科召开的第五届
中俄经济学家论坛上发表的演讲稿）

当前我国固定资产投资存在的几个问题

今年一季度以来，党中央、国务院继续完善宏观调控政策，巩固了去年以来的宏观调控成果，我国的经济形势总体看是好的，经济保持了持续快速发展，GDP 达到 9.5%，财政收入等其他指标都表现得比较好。当然，我国经济也面临一些亟待解决的问题。固定资产投资增速过高、投资规模过大就是其中急需认真解决的问题之一。

一　近几年，我国固定资产投资增速过快，投资总体规模过大

从 2003 年以来，我国的固定资产投资率每年都以高于 20% 的速度增长。2003 年是 27.7%，2004 年是 25.8%，今年一季度为 22.8%，全年也可能保持在 20% 以上。这在历史上是高速增长时期之一，扣除价格因素的影响，仅低于 1992—1994 年经济整体过热时期的投资增长率。

高速增长的投资率使投资占国民生产总值的比重急剧上升，投资总规模急速扩张。2003 年，按照资本形成总额占 GDP 的比重计算，投资率为42.8%，2004 年是 45.2%，预计今年也会在 40% 以上；按照全社会固定资产投资完成额占 GDP 的比重计算，2002 年为 41.4%，2003 年投资率达到 47.3%；2004 年投资率为 51.4%，是历史上最高的时期之一。从1978—2002 年，按照前一种核算方式，只有 1993—1995 年投资率超过40%，1993 年为 43.4%，1994 年为 41.2%，1995 年为 40.8%。这个时期是经济整体过热，伴随着高通货膨胀的时期。

与世界其他国家比，我国投资率更高。2002 年，世界平均水平是19.9%，低收入国家为 19.7%，中等收入国家为 22.9%（其中上中等国

家为 19.0%，下中等国家为 25.2%），高收入国家为 19.0%。再如，2002 年与我国发展水平相当的国家（即人均 GDP 在 1000 美元左右）：菲律宾、印度尼西亚、泰国的投资率分别为 19.3%、14.3% 和 23%。由此可见，目前我国投资率大大高于世界平均水平，也明显高于各主要发达国家和发展中国家水平。

我国高投资虽然有一定的客观性，但毕竟水平太高。根据统计资料分析，我国的投资率不要超过 40%，投资增长率不要超过 20%。投资增长率超过 20%（1984—1988 年，1991—1994 年，2002 年后），投资率超过 40%（1993—1995 年，2002 年后），就会造成经济的整体或局部过热。

在我国当前投资构成中，国有和地方项目占了很大比重，国有投资虽然增长率比其他经济成分低，但其比重仍比较大，控制国有和地方投资仍是主要矛盾。在城镇投资中，国有投资仍占 40% 以上（2004 年国有投资为 39.1%，国有独资公司为 2.8%）；在全社会投资中地方投资为 90% 左右。由于我国目前缺乏对政府投资范围的合理界定及健全的机制，导致一些地方政府为片面追求 GDP 的增长或改变城市面貌的政绩工程和形象工程而过度贷款。其借款方式不少是通过国有的城市建设公司向银行举债，而由政府担保。据一些专家估计，目前全国地县乡三级政府负债总额在 3 万亿元左右，而且债务总量还在增加，负债的政府层级正在从县乡级上升到地市级。银行贷款对城市建设等公共设施管理业的作用在加强。例如，开发行 2004 年发放的中长期贷款 3667 亿元，安排了总投资规模 37000 亿元的项目，其中开发银行承诺贷款 16700 亿元。在这些项目的投资中，城市建设等公共设施管理业的贷款占发放贷款的比例高达 31%。中央对产业盲目投资、房地产盲目投资相继采取一系列调控政策，也收到了较好的效果，但是城市建设特别是地方政府举债搞城市建设还没有采取有效的措施。而这一块是地方政府利用行政手段最多的地方，也是潜伏着很大金融风险的投资领域。

从历史看，我国每一次经济整体过热或局部过热都是由于投资规模过大、投资增长速度过快引起的。改革开放以来，我国三次经济整体过热或局部过热都是由于投资规模过大、投资增长速度过快而引起的。第一次是 1985—1988 年，投资率平均高达 37.5%，比 1978—1984 年这 3 年平均上升了 3.3 个百分点，在此期间，GDP 的增长速度超过 10%，并引发了高的通货膨胀率；第二次是 1992—1994 年，投资率平均高达 41%，在此期间，GDP 的平均增速也超过 10%，引发了高的通货膨胀率；第三次是 2002 年以来，投资率连续超过 40%，创了历史新高。

我国的投资增速过快，引起经济整体或局部过热还具有明显的行政性周期。从 1982 年以来，除 1997 年和 1998 年这一次受亚洲金融危机影响外，每次党和政府换届都会产生经济波动。比如，1981 年是 5.2%，1982 年和 1983 年的换届年分别上升到 9.1% 和 10.9%；1986 年是 8.8%，1987 年和 1988 年的换届年分别上升到 11.6% 和 11.3%；1991 年为 9.2%，1992 年和 1993 年的换届年分别上升到 14.2% 和 13.5%；2001 年为 7.5%，2002 年和 2003 年的换届年分别上升到 8.3% 和 9.3%。

投资增速过快、规模过大也不利于经济增长方式的转变。近几年，投资结构没有大的改善，投资效益下降。1993 年，国有投资中，新项目比例为 30.5%，扩建项目的比例为 33.4%，外延性投资比例高达 63.9%。与 90 年代相比，近些年外延投资不仅没有减少，反而大幅度上升。不少项目是盲目建设和重复建设的项目，从宏观看，我国的投资效益呈下降趋势。如投资效果系数，1994 年为 0.71，1997 年下降为 0.26，2002 年更下降为 0.15；投资弹性系数从 1997 年的 1，到 2002 年下降为 0.47；投资的边际产出率也从 1997 年的 3.34 下降为 2002 年的 1.20。

二　当前控制投资增长速度和规模的任务还很艰巨

经过一年多的加强和完善宏观调控的工作，某些部门的盲目投资状况得到了抑制，与上年相比全社会固定资产投资增速有了一定回落。但是，2005 年第一季度，全社会固定资产投资 10998 亿元，同比增长 22.8%，虽然增幅比去年同期和全年分别回落 20.2 个和 3 个百分点，但是它是在去年同期增长 43% 的基础上实现的高速增长，而且比去年 12 月提高了 1.5 个百分点，已经出现反弹的征兆。第一季度，商品房、商品住宅投资同比增长 27.6% 和 27.4%，第一季度市政公用设施建设增长 27% 左右，增长速度仍较高。投资与 GDP 和消费相比增长率明显偏高，特别是目前在建和新上项目过多，各地投资冲动仍很强烈。有统计显示，目前我国在建项目超过 7 万个，第一季度全国新开工的项目 22776 个，同比增加 1176 个，施工项目计划总投资超过 9 万亿元，增长 26.7%。目前全社会投资在建规模已超过 20 万亿元，为历史较高水平，差不多相当于 3 年的固定资产投资工作量。2004 年在总投资中，扩建和改建项目投资仅增长了 16% 左右，而新建项目投资增长了 36% 以上。2003 年总投资中新建项目投资比重为 55%，而 2004 年这一比重上升到了 59%。这样大的在建规模加大了 2005 年控制固定资产投资规模的难度。

在固定资产投资规模增长较快的同时，行业投资结构仍然存在不合理的问题。目前工业投资增长仍然较快，一方面，钢铁、水泥、电解铝等过热行业的投资规模仍然偏大；另一方面，又出现了一些地方和企业违规开工建设电站等新的盲目投资。投资需求膨胀又造成了"煤、电、油、运"更为紧张，引致有关行业的投资增加，导致新的投资结构失衡。

目前各地发展经济的积极性仍然很高，具有投资反弹的内在动力，这是出现反弹的制度条件。同时，国内各方面蕴藏着相当数量的资金，可以为投资反弹提供资金条件。在财政方面，财政政策性质虽然已由扩张转向稳健，但是仍然带有一定的扩张性特点，2005 年将继续发行相当规模的长期建设国债，并且财政预算仍然安排了 3000 亿元的赤字，资金使用方向需要严格控制。在金融方面，银行仍然是存款增长快于贷款增长，存贷差在扩大。此外，大量民间资本不断积聚，力量日益壮大，需要寻找出路。我们在做好防止投资反弹的工作中，需要高度重视这些制度条件和资金条件对可能形成的投资反弹产生的影响。2005 年宏观调控的中心任务是继续保持经济的平稳较快发展，避免经济出现大起大落。要实现这一目标，就必须深化政府职能的改革和国有企业的改革，逐步消除造成经济出现行政性周期的体制因素。同时加强和改善宏观调控，及时控制过高的投资率和过快的投资增长速度，注意积极调整投资结构，控制过热部门的投资，同时加强薄弱环节的投资，努力提高投资效益。

（原载《中国社会科学院院报》2005 年 6 月 9 日）

完善调控体系   促进经济健康增长

2003 年下半年以来，中央出台了一系列宏观调控措施。特别是 2004 年 4 月中央政治局会议和国务院第 47 次常务会议之后，各地区、各部门积极落实这些措施，已经见到了初步成效：全国城镇固定资产投资增长幅度趋缓；货币信贷增幅明显回落；土地市场的整顿见到了一定的成效；部分过热行业生产能力和产量增势减缓，产品的价格涨势减缓，有的已经回落到正常水平。但是，我们也应该看到，经济运行中的一些基本矛盾还没有解决，绝不可掉以轻心。在目前的宏观调控中，还有许多值得关注和研究的问题。

一   要进一步研究宏观调控的目标，掌握好宏观调控的力度

不同时期宏观调控的目标和重点，是不一样的。前几年，由于受亚洲金融危机和世界经济不景气的影响，中国经济处在低速增长阶段，我们宏观调控的目标是促进经济增长，对抗通货紧缩。因此，采取了积极的财政政策和稳健的货币政策，以及其他相关的政策措施。现在，中国经济进入了新一轮高速增长阶段，经济出现了局部过热的局面，宏观调控的目标和重点发生了变化。宏观调控的任务是要遏止经济的超高速增长，防止经济由局部过热发展为全面过热。这就提出了两个问题。

一是宏观经济政策必须调整，积极的财政政策应该淡出。年初讨论政府工作报告时，我就提过这个意见，并建议在报告中不要出现"保持宏观经济政策的连续性和稳定性"这样的话。现在中央的有关文件虽然没有讲积极财政政策淡出的问题，但在实际工作中已经在调整这一政策。因此，

现在再讲实行积极的财政政策已经不适宜；待经济"软着陆"后，应该实行温和的宏观经济政策。

二是宏观调控的目标问题。目前中国经济到底应该保持在多高的发展速度才合适？按照 2004 年的计划，GDP 的增长率应保持在 7%。投资增长 12%，出口增长 8%。上半年这些指标都大大超过，GDP 增长达到 9.7%，投资增长为 28.6%，出口增长也超过 36%。如果要按照原先确定的目标去进行宏观调控，经济必然严重下滑，重新出现经济不景气的局面。GDP7% 的发展速度，是根据 20 年中国国民经济总量再翻两番推算出来的，缺乏科学根据。依据中国现有的经济实力和历史经验，我认为在现阶段，中国 GDP 的年增长率保持在 8%—9% 之间比较合适。

此外，还有一个物价问题。2003 年，一些人之所以不承认中国经济出现了过热的现象，其重要依据之一就是中国的消费品价格指数还比较低。但是，2004 年上半年的这种情况已经有了很大变化。上半年 CPI 虽然预计只有 3.6%，但趋势是逐步增加的，前 5 个月的涨幅分别为 3.2%、2.1%、3.0%、3.8% 和 4.4%，呈 V 字形变动。预计下半年 CPI 同比增幅还将继续扩大，将突破全年价格调控目标，达到 4% 左右。经验表明，像我们这样的发展中国家，5% 以内的物价上涨，应属于温和的、可以接受的，对经济的发展也是有利的。换句话说，如果经济发展速度超过 9%，CPI 超过 5%，就应视为进入了全面过热阶段，我们应该防止这种情况的发生。

二　要注意合理地使用调控手段

当前，上上下下对宏观调控手段有颇多议论，焦点是如何看待使用行政手段的问题。不少地方同志埋怨，中央有关部门还是习惯于使用行政手段管理经济；而在北京听得多的，则是埋怨地方政府采用行政手段直接干预经济。就我们掌握的情况看，这两种现象都存在，在不少地方这种现象更严重。我们要建立的是社会主义市场经济体制，调控经济当然主要依靠经济的和法律的手段。但是也必须看到，中国的市场经济还不成熟，政府的行为还不规范，政府直接干预经济的现象还较普遍，尤其是在政府换届时，这种现象更为严重，往往使经济出现新一轮行政性周期。因此，在必要时适当采取行政手段，也是应该的。但是行政手段只能是辅助的、暂时的，只是在上级政府为了纠正下级政府的不正确的行政行为时才能使用，也才能有效。

三　把宏观调控工作的着力点放在产业，结构调整和转变经济增长方式上

中国的第一、第二、第三产业关系不协调。农业发展滞后，"三农"问题将是长期困扰中国经济快速发展的主要障碍，不要因为粮食减产了大家才去关注农业问题，要研究解决"三农"问题的长效机制。现在要重视"三农"问题已经形成共识，但是一些地方政府低价征收、征用农村土地的问题应该引起我们的足够重视。

据调查，一些地方征地时，补偿费很低，一般一亩只有 3 万元左右，最高也只有 6 万元，而这些钱也只有小部分能到农民手里。政府征来的土地稍加整理，用几十万元一亩的高价卖出，大笔大笔地赚钱，以至于一些发达地区的土地转让费已经超过地方的财政收入。这些钱又没有纳入预算，用得不好，不少钱都用去搞政绩工程、形象工程，是投资规模扩张的重要来源。有些地方被征地农民无地可种，也没有失业保险、养老保险，造成了严重的社会问题。随着工业化城市化的推进，征用一部分农村的土地是不可避免的，但是必须考虑农民的利益，要把农民的社会保障问题解决好，同时要加强对土地基金的管理，提高使用效益。

我国第二产业规模已经很大，主要应解决盲目建设、低水平重复建设问题，努力发展支柱产业，特别是要重视发展高水平的装备制造业，发展高新技术产业和高附加值的产业。同时，要大力促进第三产业的发展。

中国经济的粗放式经营方式不仅没有改变，近两年还更加明显了，突出的表现是主要依靠投资和消耗大量资源来维持高速增长。发达国家的投入产出比为 1∶1，世界平均为 2.9∶1，中国 2003 年为 5∶1。中国虽然是一个资源大国，但是人均拥有的资源量大都低于世界平均水平，特别是对人类生存和中国工业化具有战略意义的淡水、耕地、森林等资源的人均拥有

量，仅占世界水平的 1/4、1/3 和 1/6；能源储量和矿产资源潜在价值，人均只占世界平均水平的 1/2，除煤炭外的大宗矿产基本难以满足需要。同时资源消耗量大和浪费严重。2003 年，按照汇率计算，中国 GDP 占世界GDP 的 3.8%，但消耗的钢材、煤炭、水泥则分别相当于 2001 年世界总产量的 36%、3% 和 55%。中国单位产值能耗是发达国家的 3—4 倍，能源平均利用率仅有 30%，比发达国家低 10—20 个百分点；主要产品单位用水量比发达国家高出 500 多倍，工业用水重复利用率比发达国家低 3.5—4倍；木材利用率只有 40%—45%，综合利用率只相当于发达国家的 1/8；耕地"八五"期间年均减少 211 万亩。这种发展模式已经走到了尽头。近些年来，中国经济发展越来越受到资源、环境等因素的约束；走可持续发展的道路，发展集约型经济、节约型经济是中国将来经济发展的唯一选择。

四　如何防止中国经济不断出现行政性周期

　　长期以来，行政性的冲动是造成中国经济大起大落的根源。要解决这个问题，关键是深化改革。要深化计划、金融制度、投资体制和土地征收征用制度的改革，特别要加快商业银行改革的步伐。从这次投资规模扩张看，中国商业银行在风险控制方面还存在很大问题。同时，也要深化政治体制的改革，须加强法制建设。经济出现行政性周期的根本原因，还在于政企不分，政府职能没有发生根本转变。另一个重要原因，是法制不健全、法制观念不强，政府不依法行政。只有这些方面的改革取得重大进展，才有可能减少和最终避免中国经济出现大起大落的行政性周期。

　　　　　　　　　　　　（原载《中国社会科学院院报》2004 年 8 月 3 日）

控制固定资产投资规模
减少盲目投资重复建设

2003 年，我国经济出现了多年未见的高速增长，GDP 比上年增长 9.1%，进出口、财政收入等也都出现了高速增长的局面，这些成绩值得充分肯定。但与此同时，也出现了一些值得关注的问题。其中，固定资产投资速度增长过快、投资总体规模过大的问题尤其需要我们采取有效措施，认真加以解决。

当前我国固定资产投资规模已经过大

2003 年，我国全社会固定资产投资达到 55118 亿元，增长 26.7%，增速比上年加快 9.8 个百分点，其中基本建设投资增长 28.7%，加快 12.3 个百分点。在建项目的固定资产规模为 16 万亿元左右，投资率达到 40%，投资对 GDP 的贡献率接近 70%。由于投资增长持续快于消费增长，我国固定资本形成率由 1998 年的 35% 上升到 2002 年的 39.2%，2003 年可能达到 40% 以上。

固定资产投资的高速增长，是通过多种渠道形成的：一是企业自有资金。去年企事业单位自有资金增长 47% 左右，同比增长超过 20 个百分点。二是银行贷款。去年金融机构本外币贷款增加 2.9 万亿元，同比增加 1.07 万亿元；其中人民币贷款增加 2.77 万亿元，同比多增 0.92 万亿元。金融机构本外币贷款余额 16.97 万亿元，同比增长 21.4%；其中人民币贷款余额 15.90 万亿元，同比增长 21.1%。从贷款用途看，增加最快的是固定资产投资，增长幅度在 45% 左右，其中基本建设贷款增加 6373 亿元，同比增加 3199 亿元。三是外商直接投资。去年外商直接投资增长 34.4%，增幅大体与上年持平。四是国债。1998—2002 年，国家共发行长期建设国债6600 亿元，加上银行贷款和社会投资，共安排项目投资 32800 亿元。2003年，又发行长期建设国债 1400 亿元，带动了相当大的投资规模。五是行政手段推动。据不完全统计，目前全国共有各类开发区 3837 个（有的资料说有 5000 多个），其中经国务院批准的只有 232 个，占 6%；省级批准的 1019 个，占 26.6%；其余的都是省级以下未按规定程序批准的，占开发区总数的 67.4%。为了追求经济增长速度，一些地方不顾当地资源和环境的承载能力，新上了一批高耗水、高耗能、污染严重的项目。这些项目大多是通过银行贷款建设的，有些项目根本就没有资金保障，或者资金缺口很大，只能采取低价强行征购农民耕地、拖欠施工单位的资金和农民工工资等办法支撑。

固定资产投资规模过大给经济发展带来严重的负面影响

我国经济发展中的许多深层次问题，如结构不合理、粗放经营、旧体制的束缚等尚未解决，经济运行中又出现了许多新情况，其中不少是由于固定资产投资规模过大引发的。

造成能源、交通、主要原材料供应全面紧张。去年，我国的原煤产量已经达到 17 亿吨，但供应仍很紧张，部分企业煤炭库存大幅度下降；发电量增速是改革开放以来最快的一年，电能的利用率也已达到近 60% 的超高水平，但电力供应仍很紧张，主要电网拉闸限电现象时有发生。我国原油消耗量已达到 2.5 亿吨左右，其中 1/3 以上需要依靠进口弥补。铁路运力也再趋紧张，去年 11 月铁路日均车辆满足率只有 55%，全年平均也只有 68.2%，明显低于上年 73.5% 的水平。除煤、电、油、运外，一些重要基础原材料如氧化铝、铜、铁矿石等也出现明显短缺，大量依靠进口。加剧了一些行业的盲目扩张和重复建设。受高速增长的投资需求特别是基建投资需求的拉动，钢材、水泥、电解铝等行业盲目扩张和重复建设的现象加剧。去年钢铁行业投资达到 1400 亿元，比上年增长 100% 以上。钢生产能力已达到 2.5 亿吨，加上超过 0.8 亿吨的在建能力，预计到 2005 年年底将形成 3.3 亿吨的生产能力。此外，据不完全统计，各地拟建能力还有 0.7 亿吨左右，如果全部建成，总能力将超过 4 亿吨。即便不考虑拟建项目，现有能力加上在建能力就已大大超过 2005 年 2.7 亿吨钢的市场预期需求，生产能力明显过剩。去年电解铝的生产能力超过 700 万吨，已经产大于销，但在建和拟建项目的生产能力超过 500 万吨。按照目前的趋势，2005 年将形成 1000 万吨的生产能力，而市场需求预计只有 600 万吨左右。

对转变经济增长方式构成了极大冲击。集约化经营是经济发展的基本要求，也是我国经济建设的重要方针。盲目投资、重复建设造成低水平重复，浪费资金、浪费资源。据初步匡算，去年我国钢材消耗量已达到世界总消耗量的 25%，水泥约占 50%，煤约占 30%，发电量约占 13%，而国内生产总值折合成美元还不足世界的 1/30。一些行业的盲目扩张和重复建设，将进一步恶化产业组织结构和产品结构，从长期看将影响经济效率的提高。

增大了通货膨胀和金融风险的压力。由于投资需求的拉动，主要生产资料价格全面上涨。黑色金属冶炼及延压加工业价格比上年上涨 10.1%，其中的中厚钢板上涨 20.4%，线材上涨 16.5%，普通中型钢材上涨 15.4%。原油出厂价格上涨 19.8%，汽油、柴油分别上涨 17.1% 和 16.3%。有色金属冶炼及延压加工业产品出厂价格上涨 5.1%，其中的镍、氧化铝分别上涨 22.4% 和 19.9%。受减产和国际市场行情变化等因素的影响，粮棉油等生活资料的价格也呈现出快速上涨的趋势。2003 年前三个季度，居民消费品价格只上涨了 0.7%，而 10 月、11 月、12 月三个月分别上涨 1.8%、3% 和 3.2%。2004 年物价总水平有可能继续上涨，通货膨胀的压力在逐步加大。贷款规模迅速扩大，从短期看对银行的呆坏账有稀释作用。但从长期看，由于有不少贷款支持了盲目投资和重复建设，经济增长速度放缓后，势必造成生产能力的闲置、浪费，影响企业的正常经营，甚至使一些企业破产倒闭，形成新的银行呆坏账，金融风险的压力增大。

采取多种措施把固定资产投资控制在合理规模

解决上述问题，治本的办法是控制固定资产投资增长速度和建设规模。根据历史经验和我国当前经济发展的客观情况，我国固定资产投资增长率和 GDP 增长率保持在 2.0：1—2.5：1 比较合适。也就是说，如果 GDP 计划增长 8%，固定资产投资率应该保持在 16%—20% 较为合理。因此，对于当前固定资产特别是基本建设投资增长过快的问题，应加强宏观调控，坚持以市场为导向，主要运用经济手段、辅之以必要的行政手段来加以解决。

继续控制贷款规模。由于采取票据的公开市场操作、提高准备金率、加强窗口指导等措施，去年第四季度，银行贷款增长速度有所下降，但减少的主要是短期贷款，而基本建设等中长期贷款继续增多。去年中长期贷款占全部金融机构贷款比重的 40%，比 1997 年年末提高了 18 个百分点。看来，中央银行还应继续采取多种措施对货币信贷总量进行有效控制。同时，其他有关部门应密切配合，通过产业政策、市场准入条件等措施，对投资进行引导，对某些行业的新建项目加以严格限制。

调整国债的规模和使用方向。当前的经济形势与开始发行国债时已经有了很大不同，为了控制投资规模特别是固定资产投资的过快增长，应该调整建设国债的规模。同时，国债的投资重点也应该由前几年的扩大投资需求、拉动经济增长，转向集中用于促进结构调整和经济社会协调发展，并以此引导民间资金的投向。

规范各级地方政府的行为，严格财经纪律和审批权限。进一步清理和整顿开发区建设，严格土地使用审批程序，禁止乱占耕地和强行低价征用耕地的现象。坚决制止无资金保障、无市场前景、无经济效益、无社会效益的"四无"工程。坚决制止用拖欠干部、教师工资的办法搞各种建设项目，坚决制止各种各样的"形象工程"、"政绩工程"。

（原载《人民日报》2004 年 2 月 24 日）

改善积极就业政策

近些年来，实施积极的就业政策和再就业工程越来越受到社会的普遍关注，国务院陆续出台了一系列鼓励再就业的政策，各地建立了不同层次和规模的劳动力市场。从1998—2002年12月底，上千万人接受了再就业培训，1800多万人实现了再就业，超过同期下岗总人数的50%，效果十分显著。2002年9月，中央召开了"全国再就业工作会议"，强调就业和再就业工作是维护改革发展大局、实现国家长治久安的一项长期的战略任务和重大的政治任务，要求各级领导要高度重视。尤其要把解决国有企业下岗失业人员的再就业问题，作为整个就业工作的重中之重，抓紧抓好。同时，国务院对过去已经出台的一些鼓励再就业的政策进行了完善。党的"十六"大明确提出："就业是民生之本，扩大就业是我国当前和今后长时期重大而艰巨的任务。"从而确立了积极就业政策的长期性和战略性的地位。为了认真贯彻"十六大"和全国再就业工作会议精神，使积极就业政策更好地发挥作用，针对当前就业和再就业工作中存在的问题，提出一些自己的看法和建议。

一　实施积极就业政策要与宏观经济政策协调进行

就业问题不是孤立的，而是与经济增长、经济周期、结构调整和体制转轨等诸多因素相关联的。因此，就业和再就业政策的有效性在很大程度上取决于宏观经济政策是否与之紧密配合。为了给推行积极再就业政策提供一个较好的宏观环境，从宏观经济决策的角度把握就业和再就业政策，我们认为要处理好四方面关系。

（1）处理好积极就业政策和经济增长的关系。中国人口占世界的

21%，劳动力资源占世界的 26%。但是自然资源、资本资源不足世界总量的 10%。1978—2001 年，中国人口总量净增加 3.14 亿人，年均增加 1364 万人；从业人员总量净增加 3.3 亿人，年均增加 1435 万人。城镇每年有 800 万新增劳动力进入劳动力市场，每年城镇需要就业的人数达到 2200 多万，再加上有 1.5 亿的农村富余劳动力需要逐步从农村中转移出来，解决就业问题将是我们长期面临的艰巨任务。再就业是相对于失业而言的，通过各种措施促进失业人员再就业无疑是一种积极的政策，但是，相对于保持一定经济增长速度，提供更多的就业岗位来说，它又是比较消极的政策，或者说，后者比前者更为积极。经济学家早就通过实证研究表明，在 3% 的 GDP 增长基础上，GDP 增长速度每提高 2 个百分点，失业率便下降 1 个百分点；反之，GDP 每下降 1 个百分点，失业率便上升 1 个百分点。无论发达国家的经验，还是我国经济发展的实际情况，也都基本上支持经济增长与失业率这种负相关的变动关系。改革开放以来，正是由于中国经济保持了长期的高速增长，才提供了大量的就业岗位，一定程度上缓解了就业难的矛盾。有关资料显示，1980—2001 年，中国城镇从业人员从 10525 万人增加到 23940 万人，增长 1.27 倍；乡镇企业从业人员从 3000 万人增长到 13086 万人，同期还有上亿农民进入城市打工。虽然由于种种原因，近几年我国就业弹性系数有所降低，但要缓解中国的就业矛盾，在今后 20 年保持 7% 以上的增长速度仍然是十分必要的。

（2）处理好积极就业政策和经济结构调整的关系。在进行产业结构调整的过程中，在大力发展高新技术产业，不断进行技术创新，用新技术、新设备、新工艺对传统产业进行改造，促进我国产业结构升级的同时，要重视适用技术的采用和第三产业的发展。统计资料显示，1991—2001 年，第一产业减少 2585 万人；第二产业增加 2269 万人，第三产业增加 7850 万人。在现阶段，第二产业产值增加 1 个百分点可增加就业岗位 17 万个，第三产业产值增加 1 个百分点可增加就业岗位 85 万个。我国第三产业从业人数占全部从业人数的比重只有 27%，而美国为 74.5%，法国为 74%，英国为 72.8%，日本为 63.1%，德国为 62.6%，印度、马来西亚也达到 50% 左右。发展第三产业既有很大的空间，又能吸收更多的劳动力就业。在调整所有制结构中，要积极鼓励个体私营企业的发展。国家统计局的资料显示，2001

年与1991年相比，在城镇从业人员中，国有集体净减5361万人，私营个体净增1.18亿人。要重视劳动密集型产业的发展。劳动密集型产业多为中小企业，这些年我国新增就业岗位的80%是由这类企业提供的。

（3）处理好积极就业政策和经济体制改革的关系。我国建立社会主义市场经济体制的任务还没有完成，行政管理体制、国有企业、金融体制等方面的改革任务还很艰巨，特别是国有企业改革的深化，还会产生大批的失业人员，增加就业和再就业的难度。在深化经济体制改革、出台改革措施时，必须统筹兼顾，考虑到社会稳定和社会公平，把改革的力度和社会所能承受的程度协调起来。在这方面，应该注意深化收入分配体制改革。其中，深化垄断行业的改革，规范分配秩序，合理调节少数垄断行业的过高收入，从而创造一个公平的社会环境，使竞争领域国有企业下岗职工心态平和，尤为关键。现阶段，由于垄断领域国有企业改革的滞后，出现了两种极端情况，一方面，在竞争领域中的国有企业中存在大量下岗职工，生活十分艰辛；另一方面，我国行政和部门垄断（不包括网络性业务如电网、自来水、煤气管道、电话线，铁路干线等自然垄断）还相当严重，这些领域的大量国有企业虽然效率不高，但是其员工收入却很高，这种情况不仅不利于公平竞争的市场环境的形成和提高企业效率，而且还对竞争领域的国有企业下岗职工非常不公平，会影响到下岗职工的择业观念和心态，不利于下岗职工再就业政策的有效实施。因此，大力反对行政和部门垄断，深化垄断领域国有企业改革，不仅对提高垄断领域企业效率十分必要，而且还有助于再就业政策的有效实施。

（4）处理好积极就业政策和工业化、城市化的关系。我国还处在工业化的中期阶段。随着工业化的发展，城市化的进程会加快，将会有更多的农业人口转移到城市来。有资料显示，根据现在的农业劳动生产力发展水平，我国农村就有1.5亿—2亿劳动力可以转移出来。随着城市化水平的提高，从农村转移出来的劳动力还会增加。在考虑城市化发展进程和方式时，也必须考虑就业和再就业问题。首先，应继续坚持城乡统筹的就业发展方向，解决我国的就业问题要与"三农"问题结合起来统筹考虑，从激活城乡之间劳动力流通角度入手、通过市场机制寻找解决办法。其次，发展非农产业与城市化进程结合起来，通过城市规模的扩大带动产业的发展，通过产业的发展促进中小城市规模的升级，从而解决农村剩余劳动力的问题。最后，在推进城市化和工业化的进程中，还不应该忽视农业作为消化农村劳动力的"蓄水池"作用，在一定时期还要继续着眼于有效扩大农村内部的就业容量。

二　改进和完善实施积极就业政策的组织体系

为实施积极的就业政策，推行再就业工程，近些年我国已经初步建立起一个从中央到地方的组织体系，并发挥了较好的作用，但是，还必须进行改进和完善。随着下岗职工从企业再就业服务中心的退出，企业再就业服务中心完成其历史使命后将逐步撤销。以大中城市为依托的社会化再就业服务机构将成为实施积极就业政策组织体系的主体。然而，迄今为止我国社会化的就业服务机构有待建立和完善。据劳动和社会保障部 2001 年 5 月在全国 10 个城市进行调查的结果显示，下岗职工寻找工作的主要渠道是依靠亲朋好友介绍，其比例高达 46.2%，靠职业介绍机构的占 20.8%；通过报刊媒体的占 13.1%；从事个体经营的占 11.2%；其他方式占 7.7%，单位安排占 12.8%。为此，我国应该加大以下方面的工作力度。

（1）加强基层服务体系的建设。在一个城市，再就业培训一般是通过市、区、街道和社区四级网络来组织实施的，大量的工作是在街道和社区。然而随着下岗失业人员的增加，街道、社区劳动服务机构的工作量和工作难度大大增加，现有的街道社区劳动服务机构的管理机制、人员配备、人员结构、人员素质、经费状况等都很难适应形势发展的需要。资料表明，全国公共就业服务工作人员编制相对较少，每名工作人员约服务劳动者 1.2 万人，是发达国家的 2—40 倍。大力加强服务机构的人力、物力投入十分必要。

（2）完善现有公共服务机构的服务功能。重点完善公共就业服务机构的政策咨询、职业指导、创业指导、就业信息提供、技能培训、接续社会保险关系等功能。尤其是各个公共服务机构要能够提供求职登记、职业指导、职业介绍、培训申请、鉴定申报、档案管理、社会保险关系接续"一站式"就业服务。

家的社区就业份额一般为 20%—30%，发展中国家的社区就业份额为 12%—18%，而我国只有 3.9%。社区就业方式灵活多样，大多属于非正规就业范畴。非正规就业相对正规就业而言，是指未签订劳动合同，无法建立或暂无条件建立稳定劳动关系，但能够提供合法的商品和服务的一种就业形式。虽然各国对非正规部门的界定不同，但在发展中国家，非正规部门具有强大的就业吸纳力。1990—1993 年，拉丁美洲国家 83% 的新就业岗位是由非正规部门创造的。在发达国家，灵活就业形势很普遍，英国、荷兰、挪威、新西兰、澳大利亚、丹麦和瑞典等国 1996 年非全日制就业占总就业的 20% 以上。我国自改革开放以来，一直存在非正规就业形式，只是当时非正规就业人员只占就业总量的很少一部分。随着市场导向就业机制的建立，以及家庭小型化、住房单元化、人口老龄化和生活现代化的一系列变化，社区服务中的临时性和非固定性的工作岗位日益增多，非正规就业比例逐渐上升成为一种必然趋势。

为此，一是要根据社区服务业的发展特点，制定和实施促进社区服务业发展的政策和优惠措施。具体包括放宽从事社区服务业的准入政策，鼓励人们根据需要进行创业，对于从事社区服务业的组织和个人给予帮助、指导和扶持，等等。二是要加强社区建设，完善社区管理。逐步建立起政府统一领导、部门各负其责、社会广泛参与的社区管理体制，承担为非正规劳动组织及从业人员提供服务、指导、管理等职能。但应明确区分社区服务中的政府职能与市场职能，区分公益性项目与经营性项目。居民委员会不能既作为社区的管理者，又作为社区服务企业的法人参与社区经营性服务。三是要设计与灵活就业形式相适应的安全保障方式。要很好地解决社区服务人员的养老保险和失业保险问题，解除从事社区服务人员的后顾之忧，保障劳动者合法权利的实现。

五　为实施积极就业政策提供有效的资金保障

为贯彻落实《中共中央国务院关于进一步做好下岗失业人员再就业工作的通知》，财政部、劳动和社会保障部在 2002 年 12 月 3 日颁发的《关于促进下岗失业人员再就业资金管理有关问题的通知》中，就再就业资金的来源、支出项目、管理办法做出了详细规定，为再就业政策实施的资金保障问题奠定了政策基础。在此基础上，我们认为应该进一步做好以下三方面的工作。

（1）加大再就业资金的投入，提高财政预算内就业费用支出占 GDP 的比例。中央和地方都要通过预算内外各种资金渠道积极筹措资金，较大幅度提高财政预算内资金用于促进就业和再就业政策的投入。一是因为我国已经把增加就业作为政府宏观调控的主要目标之一，要实现这个目标必须加大预算资金的投入。二是由于随着我国经济体制改革的深入，大量国有企业下岗职工问题仍将在一段时期内存在。三是由于面向市场的就业机制还没有完全建立，劳动力市场建设和完善还需要相当的初始投入。国外资料表明，1990—1991 年、1998—1999 年，就业政策费支出占 GDP 的比率，美国为 0.7%、0.43%；英国为 1.54%、1.19%；德国为 2.15%、3.43%。我们认为，基于上述三方面原因，我国未来几年内的财政预算内就业费用支出占 GDP 的比重不应该低于 1%。

（2）逐渐调整再就业资金支出的结构，增加再就业培训、劳动力市场建设等具有长期效果的费用支出。根据财政部和劳动和社会保障部的规定，再就业资金主要用于促进下岗失业人员再就业的社会保险补贴、小额贷款担保基金和从事微利项目的小额担保贷款贴息、再就业培训和职业介绍补贴、公益性岗位补贴、劳动力市场建设等项目支出。这些项目支出中，有些具有立竿见影的短期效果，如公益性岗位补贴，而有些项目支出在短期内有一定扩大需求的效果的同时，还会有改善就业结构和提高就业质量的长期效果，如培训、劳动力市场建设等。政府要避免短期行为，再就业资金支出要逐渐向具有长期效果的项目倾斜。

（3）加强再就业资金的管理，提高再就业资金的使用效率。一方面，要对再就业资金坚持专款专用的原则，严格按照规定的范围、标准和程序管理使用，切实加强再就业资金预、决算管理；另一方面，要寻求对就业具有较大的牵引作用的产业给予必要的资金支持。例如，对于社区就业、一些薄弱领域和新兴服务领域的发展初期，政府的资金支持是必要的，能够有效地带动就业的增加。

六　要把推行积极就业政策和完善
　社会保障制度结合起来

激烈的就业竞争，使下岗职工与失业人员的再就业问题十分突出。1998 年以来，国有企业下岗职工再就业率逐年下降，1998 年是 50%，1999 年是 42%，2000 年是 35%，2001 年是 30%，2002 年上半年为 9%。根据调查，目前国有企业下岗职工下岗三年以上的占 51%，平均年龄 40岁，初中文化以下程度的占 40%，初级工及没有技术等级的占 50%。这部分人在劳动力市场几乎没有竞争力，自谋职业又缺乏起码的条件，是就业最困难的群体。换句话说，即便我们的培训和再就业工作做得非常好，也不可能保证下岗失业人员能百分之百地实现再就业，还会有一部分人要进入长期领失业保险金的行列，有些人甚至会成为社会救济的对象。有关资料显示，到 2002 年年底，我国参加失业保险人员已经达到近亿人；城镇低保人数达到 2052 万人，基本实现了"应保尽保"的目标。可以预计，随着经济体制改革和经济结构调整的深化，工业化、城市化进程的加快，在一段时期领取失业保险金和社会救济金的人数还会大幅度增加。因此，必须完善社会保险制度，扩大失业保险的覆盖面，提高征缴率；完善社会救济制度，各级财政要增加这方面的支出，保证其有较充足的资金来源。从而为就业和再就业政策提供社会保障基础。然而，从西方福利国家的教训和我国长期发展趋势来看，在完善失业保险与失业救济制度的同时，还应看到高福利制度可能导致就业政策低效率的一面。因而，我们还不能单纯强调社会保障制度建设与完善，必须把社会保障制度建设同积极的就业政策有效地结合起来。

（原载《经济管理》2003 年第 5 期）

经济发展篇

加强农田水利建设的若干问题思考

我国是一个水资源相对短缺的国家，水资源总量排在世界第 6 位，但是人均水资源只排到世界第 12 位，而且水资源的空间分布不均，地区间差异和季节差异很大，北方水资源仅占全国水资源总量的 19%，南方却占 81%。

从总体上看，水资源的总量和人均拥有量都呈下降趋势。2000—2009年，全国水资源总量从 2.77 万亿立方米下降至 24180 亿立方米，下降了16.3%，人均拥有量从 2193.9 立方米下降至 1816.2 立方米，下降了17.2%（见表 1）。

表 1　　　　　　　　　　全国水资源总量和人均水资源占有量

年份	水资源量（亿立方米）	降水量（亿立方米）	人均水资源量（立方米）
2000	27701	60092	2193.9
2001	26868	58122	2112.5
2002	28261	62610	2207.2
2003	27460	60416	2131.3
2004	24130	56876	1856.3
2005	28053	61010	2151.8
2006	25330	57840	1932.1
2007	25255	57763	1916.3
2008	27434	62000	2071.1
2009	24180	55959	1816.2

资料来源：国家统计局网页。

根据缺水原因划分，水资源短缺可分为以下四种类型：

一是资源型缺水，即本地资源总量不足以支撑经济社会的发展，如北京、天津等大城市。

二是工程型缺水，如西南部分地区，年降雨量并不少，一般在 1000—2000 毫米，但是分布不均匀，缺乏调控工程，带来洪水或干旱。

三是水质型缺水，指原有的水资源总量能支持当地经济社会的发展，但是由于水质污染等原因造成缺水。

四是管理型缺水，指由于用水粗放，造成水资源浪费，而使水的使用产生了短缺。

水是人类生命之源，是人们生活必不可少的基本物质，但水有时也会给人类的生存和发展带来困难甚至灾难。新中国成立后，党和政府对水利建设十分重视，在这方面取得了很大成就，当然也存在不少问题，需要进一步改进和加强。

一　当前我国农田水利建设面临良好的机遇

在我国水资源总量中，农业用水是大头。有关资料显示，到 2011 年，我国的各种用水比例是：农业用水 61.3%，工业用水 24%，生活用水 12.7%，生态补水 2%。所以加强农田水利建设是具有重要战略意义的大事。当前，加强和改善农田水利建设也面临良好的机遇。

（一）农田水利建设取得很大成绩

我国农田水利建设取得的成绩为加强和改善农田水利建设打下了良好的基础。据统计，60 多年来我国建成了江河堤防近 30 万公里，水库 8.7 万余座，水利工程年供水能力超过 7000 亿立方米，发展有效灌溉面积 9.05 亿亩，治理水土流失面积 110 万平方公里，水电装机容量达到 2.3 亿千瓦。我国占世界 6% 的淡水资源、9% 的耕地，解决了世界 21% 人口的吃饭问题。农田水利建设发挥了重要作用。

（二）具备加强农田水利建设的雄厚经济基础

我国经济和财政收入的高速增长是加强和改善农田水利建设的雄厚经济基础。这些年我国经济快速发展，经济总规模已经跃居世界第二位，虽然人均 CDP 还不高，按照国际货币基金组织计算，2011 年也达 5414 美元，已进入中等收入国家的行列。近些年来，我国财政收入状况良好，财政收入增长快，我国财政收入突破 1 万亿元用了 50 年时间（1999 年为 1.14 万亿元），突破 1 万亿元后增长到 2 万亿元用了 4 年的时间，由 2 万亿元增长到 3 万亿元用了两年时间，由 3 万亿元增加到 4 万亿元只用了 1 年时间。之后，差不多一年左右就增加 1 万亿元，2011 年已达到 10.3 万亿元，足见经济基础比较雄厚。

（三）进入工业反哺农业、城市带动乡村发展新阶段

新中国成立以来，国家对农村的政策经历了三大阶段：

第一阶段是从 1949 年中华人民共和国成立一直到改革开放前。这一阶段国家采取的是农业支持工业、农村支援城市的政策。这期间国家从农村集中了大量资金用于工业和城市建设。在"五五"之前，国家从农村拿走的资金比支持农业的资金要大得多。这种情况主要发生在"一五"到"四五"期间，在这 20 年间国家大概共从农村净拿走 1100 亿元左右，平均每年 55 亿元左右，其中"二五"和"四五"时期拿走的最多，共932.4 亿元，约占全部拿走资金的 84.8%。

第二个阶段是从改革开放到 2000 年，国家对农村的政策是减轻税负，加大投入，"多予、少取、放活"，这期间国家一方面减轻农村的税负，另一方面加大对农村、农业、农民的支持，对"三农"投入的资金已经大于从农村拿走的资金。粗略计算，这 25 年间国家对农村的净投入达到5395.66 亿元。

第三阶段是从"十五"开始，国家对"三农"的基本政策是只予不取，全面支持。国家免除了农业税，开始对农村农业进行大规模投入，对"三农"进行全面补偿。据财政部提供的资料，2006 年财政的支农资金达到 3517 亿元，2007 年和 2008 年分别达到 4318 亿元和 5955.5 亿元，2009年达到 7253.1 亿元。"十一五"前四年达到 21043.6 亿元，超过前 50 年支农资金的总和，2011 年已经突破 1 万亿元。

（四）加强和改善农田水利建设面临新要求

当前扩大内需、保持经济平稳较快增长的方针为加强和改善农田水利

建设提出了新要求。

首先，保持农业丰收、粮食增产是抑制通货膨胀的重要手段。多年来的经济运行实践证明，我国的 CPI 上涨与粮食、蔬菜、肉和肉制品以及其他相关食品有直接关系，加强和改善农田水利建设，确保农业丰收、粮食增产，无疑对抑制 CPI 的过快上涨有重要作用。

其次，加强和改善农田水利建设对增加投资需求也有重要作用。近年来，我国经济高速增长主要靠投资拉动，由于国际经济金融环境动荡的因素，出口对经济增长拉动作用降低，我们必须扩大内需，特别是消费需求对经济的拉动力。但是扩大消费涉及分配体制改革的一系列问题，短期还很难见到成效。

因此，还必须保持投资增长有一定速度。不过，投资结构需要改善，不能把重点总放在增加工业生产能力上，也不能总放在"铁公鸡"上，即铁路、公路和城市基础设施建设上，而加强和改善农田水利建设既是迫切需要，又是改善投资结构的重要措施。

（五）党中央、国务院对加强农田水利建设十分重视

2011 年中央专门颁布 1 号文件，召开全国首次水利工作会议，不断完善政策体系，加大各项工作力度，推动农田水利建设进入新的阶段。2012年 2 月国务院又出台了《关于实施最严格水资源管理制度的意见》，全国人大 2012 年 4 月 7 日召开常委会专门听取了水利部部长所作的关于农田水利建设工作情况的汇报，并和相关部委领导一起接受了常委们的询问，对农田水利建设也起到了督促和推动作用。

二　当前我国农田水利建设面临的严峻形势

（一）农田水利建设远远落后于现代农业发展的需要

目前，全国仍有近半数的耕地是"望天田"，现有灌溉排水设施大多建于 20 世纪 50—70 年代，普遍存在标准低、配套差、老化失修、效益减退等问题，特别是农田灌排"最后一公里"的问题日益突出。中小河流治理、小型病险水库除险加固、山洪灾害防治等防洪薄弱环节建设亟待加快

实施。目前，全国仍有 2.42 亿农村居民和 3314 万农村学校师生存在饮水问题。

据全国人大农业与农村委员会调查，大型灌区 10% 的工程不配套，40% 的建筑物损坏，70% 的田间工程未改造。现有的重点中型灌区续建配套和节水改造主要以骨干渠道建设为主，末级渠系配套建设跟不上，田间网络不完善，工程建设效益不显著。比如广西，现有末级渠系渠道防水渗透率仅为 45% 左右，完好率为 50% 左右。安徽省全省水利机电设备完好率只有 60%，塘坝工程完好率仅 30%，灌溉泵站的实际灌溉保障率不足 70%，排涝工程只有 3—7 年一遇的标准。

（二）投入不足，资金上仍有很大缺口

"十一五" 期间，中央财政通过水利口安排农田水利建设资金达 465.54 亿元，中央财政其他专项资金中用于农田水利建设的资金 889.8 亿元，地方财政投入农田水利建设的资金约 1600 亿元，利用银行贷款和社会资金约 200 亿元，合计 3155.2 亿元，年均 631.04 亿元。据统计，农村 "两工" 取消后，全国年投工数量由最高时的 130 亿工时减少到目前的 30 亿工时，年净减少 100 亿工时。如果按照每个工时 10 元钱计算，相当于减少 1000 亿元的投资，如果按每个工时 20 元计算，相当于减少了 2000 亿元的投资，这意味着把目前农田水利建设的全部投入加在一起，还补不上因取消 "两工" 给农田水利建设造成的缺口。

（三）农业用水方式粗放，水资源利用效率低

目前我国用水总量 6000 亿立方米左右，而农业用水总量高达 3720 亿立方米。不少地方还存在大水漫灌的现象，水资源的利用效率很低，浪费了大量的水资源。据统计，我国农田灌溉水有效利用系数是 0.51，远低于 0.7—0.8 的世界先进水平，如果达到国际先进水平，可以节约 1/3 的用水，即 1200 亿立方米左右的水，等于两条黄河水量。分水生产率（单位用水的粮食产量）不足 2.4 斤/立方米，而世界先进水平为 4 斤/立方米左右，如果达到世界先进水平可以节约 40% 的用水。

（四）体制机制改革滞后

大中型灌区、泵站等改革进展缓慢，公益性人员基本支出和维修养护经费未落实到位。小型农田水利工程产权制度改革滞后，存在产权不清晰、管护主体不明确、责任不落实和经费无渠道等问题。农业水价综合改革推进困难，水费实际收取率低，影响工程的正常运行维护。一些乡镇水利站被撤并，抗旱服务队、水利科技队伍、灌溉试验站等专业服务组织建设困难重重，农用水合作组织缺乏必要扶持。

三 加强和改善农田水利建设要重视的几个问题

中共中央、国务院对加强和改善农田水利建设提出了明确的目标：到2020年，基本完成大型灌区、重点中型灌区续建配套和节水改造任务。结合全国新增千亿斤粮食生产能力规划实施，在水上资源条件具备地区，新建一批灌区，增加农田有效灌溉面积。实施大中型灌溉排水泵站更新改造，加强重点涝区治理，完善灌排体系。要实现这一宏伟目标需要重视以下几个问题：

（一）加强统一规划，制定科学的发展战略

水利部已制定一个农田水利建设的县域建设规划，但是仅有这样的规划是不够的，还应该制定更高层次的规划和发展战略，同时应该处理好以下关系。

1. 全国的水利建设和农田水利建设的关系。水利建设和农田水利建设既有联系，又有区别。水利建设是个大概念，它包含农田水利建设。有些水利建设和农田水利建设的关系并不直接。比如三峡工程的主要功能是防洪和发电，南水北调工程主要是解决北方特别是北京的用水短缺问题。适当搞些这样的工程也是必要的。但是从现阶段看，应该把水利建设的重点转到农田水利建设上来，投入更多资金、花更大的精力来加强农田水利建设。

2. 大型项目和中小型项目的关系。过去，我们存在着重视大型项目忽

视中小项目的倾向。比如三峡工程主体项目已经基本完成，但是三峡库区本应该于 2010 年年底前完成的 14 条长江支流的综合治理工程尚未纳入投资计划。农田水利建设也是如此。建设一些大中型项目是完全需要的，但是项目建成后没有为数众多的小项目配套，特别是最后"一公里"的问题不解决，效益也发挥不出来。

3. 区域间的协调关系。我国的水资源南方多，北方少。北方仅为南方的 1/4，历史上形成了南粮北运的格局。1953—1959 年年均调出 330 万吨；1960—1969 年年均调出 170 万吨；1970—1975 年年均调出 190 万吨；80 年代后转为北粮南运；到 20 世纪末每年南运 1400 万吨。这和南方先搞工业化、城市化占了一些耕地，工业用粮增加，人口南迁等有关系，但是还有一个常常被人们忽略的问题，就是南方的农田水利建设大大落后于北方。

数据显示，1988 年南方的有效灌溉面积只比 1980 年增加了 1700 万亩，其中东南沿海地区还减少了 900 万亩，同期南方有效灌溉面积猛增到 4.06 亿亩，增加了 9600 万亩。最终导致供需格局的大变化。问题是我们是在水资源并不丰富的北方扩大种植面积，生产粮食。据最新一轮全国地方水资源调查评估，全国地下水资源多年平均为 9200 亿立方米，其中地下淡水资源为 8800 多亿立方米，南方约为 6000 多亿立方米，约占 69%；北方约为 2700 亿立方米，约占 31%。北方不少地方是超采地下水种粮，出现了不少地下水位"漏斗"，地面沉降等生态环境问题。如华北平原，截至 2009 年年底，浅层地下水水位累计、平均已经下降 10—20 米，最大超过 40 米，有些地方更为严重。按我国现在的"分水生产率"，南运 1400 万吨粮食，相当于南运 120 亿立方米的水，几乎与南水北调东、中线一期工程新增的调水量，或者相当于总调水量的 70%，实际上就是把南水北调的水又送回了南方。北煤南运和北粮难调也加大了运输的压力。

（二）健全资金投入和使用机制，提高资金使用效益

1. 要加大资金投入总量。中央要求，要多渠道筹集资金，力争从 2011—2020 年全社会水利年平均投入比 2010 年高出一倍，即总量达到 4 万亿元，年均 4000 亿元。其中大头应该用于农田水利建设。中央和地方财政 2011 年投入农田水利建设的资金超过 1267 亿元，各地从土地出让收益中计提 270 亿元用于农田水利建设。仅这两项已达到 1537 亿元，但离要求还有很大差距。这就需要按照中央需求，建立健全以公共财政为主的多元化投入机制，继续大幅度增加中央和地方财政对农田水利建设的投入；要确保各种农田水利建设的专项基金的投入；尽快出台土地出让金收益用于农田水利建设的具体办法，认真落实从土地出让金收益中提取 10% 用于农田水利建设的政策，确保足额计提，定向使用；完善金融支持政策，鼓励和支持符合条件的地方政府融资平台通过直接、间接融资方式，拓宽水利建设渠道。完善农业补贴政策，进一步落实抗旱、节水灌溉补贴政策。

2. 要对各家资金进行整合，统筹安排。人们批评农田水利建设是"九龙治水"，从资金渠道看这种批评不无道理。在现有体制下，农田水利建设的资金渠道有 8 个：（1）中央财政农田水利建设的补助基金，包括小型农田水利建设重点县建设基金；（2）中央固定资产水利建设投资中用于农田水利建设的投入，包括新增千亿斤粮食生产能力的资金投入；（3）国家农业综合开发用于农田水利建设的投入；（4）农村土地整治用于农田水利建设的资金；（5）一事一议、以奖代补，调动农民投工投劳的积极性的资金；（6）现代农业生产发展资金、产粮大县奖励资金用于农田水利建设的资金；（7）各地扶贫开发用于农田水利建设的资金；（8）烟草、糖业，实施烟水工程等的资金。这些资金的管理部门涉及发改委、财政部、水利部、农业部、国土资源部、扶贫办等。因此应该积极探索，按照"渠道不乱、用途不变、优势互补、各记其功、形成合力"的原则，对农田水利建设资金进行整合，统筹安排。提高资金的使用效益。

3. 要重视资金的使用效益和安全。在用于水利建设的 4 万亿元资金中，到 2020 年大部分要用于农田水利建设，如何用好管好需要高度重视。要做好项目和工程的论证，确实保证把钱用到社会效益和经济效益好的项目和工程上去，避免出现大的失误和浪费；选择承建单位要严格按照法律程序办事，规定要招投标的一定要严格按照法定程序进行，防止腐败行为发生；提高资金使用的透明度，加强监督，不仅要发挥各级政府监督部门的作用，也要发挥社会监督特别是舆论的监督作用。

（三）节约用水，提高利用效率

2012 年年初，国务院出台了关于实施最严格水资源管理制度的意见，确立了水资源开发利用控制的三条红线。一是用水总量控制红线。到 2030 年全国用水总量控制在 7000 亿立方米以内（其中，2015 年为 6350 亿立方米以内，2020 年为 6700 亿立方米以内）。二是用水效率控制红线。到 2030 年用水效率达到或接近世界先进水平，万元工业增加值用水量（以 2000 年不变价）降低到 40 立方米以下（其中，2015 年降低 30%，2020 年降低到 65 立方米以下）；农田灌溉水有效利用系数提高到 0.6 以上（其中，2015 年提高到 0.53 以上，2020 年提高到 0.55 以上）。三是水功能区水质达标红线。到 2030 年水质达标率 95% 以上（其中 2015 年 60% 以上，2020 年 80% 以上）。

控制住这三条红线是一个系统工程，需要全面推进节约型社会建设，开源节流。对于农田水利建设来说，主要是大力发展高效节水灌溉农业。农业是用水大户，在现有的 9.05 亿亩的有效灌溉面积中，节水灌溉面积只占 4.3 亿亩，还不到一半。另外，在节水灌溉面积中利用如配额喷灌、微灌、管道输水灌溉等高效节水灌溉技术，目前还不到两亿亩，这方面的潜力还很大。

（四）改革体制机制

目前涉及农田水利建设重点环节的改革有七个方面：一是小型农村水利工程产权制度的改革。二是水利工程管理体制的改革。三是水资源管理体制的改革。四是水利投融资体制的改革。五是水利工程建设管理体制的改革。六是农业水价综合改革。七是水利基层服务体系的建设和改革。

关于小型农村水利工程产权制度的改革，目前全国共有小型水利工程 2000 多万处，已经进行产权改革的接近 1/3。要加快改革的步伐，盘活存量水利资产。要明晰产权主体，鼓励所有权的转让、拍卖；要用活经营权，落实管护主体和责任，实现良性运行和滚动发展。特别要加快以农民用水协会为主的农民用水合作组织发展，目前全国已经有这类组织 7.8 万个，还应该大力发展，发挥这类组织在管好、用好小型农田水利工程中的重要作用。

关于农业水价综合改革。一是要统一认识，农用灌溉水不能再免费。二是合理确定水价。通过建立合理的水价形成机制来促进节约用水，促进水资源的利用效益和效率的提高。三是财政上要给予一定补贴。健全财政对农业排灌工程运行管理费补助政策，促进节约用水，降低农户的用水成本，保障灌排工程良性运行。

参考文献

1. 中华人民共和国国家统计局：《中国统计年鉴》（2011），中国统计出版社 2011 年版。

2.《中共中央国务院关于加快水利发展改革的决定》（中发〔2010〕1 号）。

3.《国务院关于实施最严格的水资源管理的意见》（国发〔2012〕3 号）。

4. 陈佳贵：《工业化进程与财政收支结构的变化》，《中国工业经济》2010 年第 3 期。

（原载《西南金融》2012 年第 8 期）

我国发展战略性新兴产业的思考

战略性新兴产业具有知识技术密集、物质资源消耗少、成长潜力大、带动性强、综合效益好等特征，是未来国家竞争力的重要体现。发展战略性新兴产业对转变经济发展方式，推动产业转型升级，提升我国产业未来的国际竞争力具有重要的战略意义。

金融危机后，世界主要国家正在加快抢占新一轮发展的战略制高点。战略性新兴产业的培育和发展已在世界范围内展开。世界主要国家都展开了对未来主导产业选择的竞争，纷纷进行战略部署，推动节能环保、新能源、信息、生物等新兴产业快速发展，努力抢占新一轮发展的战略制高点。

美国奥巴马政府虽然财政困难，仍十分强调新能源、航天航空、宽带网络的技术开发和产业发展，积极推行"绿色经济复苏计划"，期待着"绿色技术"革命；日本把重点放在信息技术应用、新型汽车、低碳产业、新能源（太阳能）等新兴行业；欧盟旨在提高"绿色技术"和其他高技术领域，并决定在 2013 年之前投资 1050 亿欧元用于"绿色经济"的发展。

一　我国发展战略性新兴产业的历史机遇与现实基础

我国科技发展已数度同历史机遇失之交臂，错过了蒸汽机、电气和电子时代。当前，正处于新一轮科技和产业革命的前夜，新技术的出现将会赋予产业发展巨大空间，蕴涵着更加良好的发展机遇。当前全球经济竞争格局的变化为我国在未来经济竞争中抢占战略制高点提供了历史性机遇。

首先，发达国家的经济复苏面临诸多困难。美国经济的发展方式面临严重挑战，双赤字加重了其债务负担，金融危机极大地削弱了其经济实力，经济复苏乏力；欧洲国家主权债务危机还在加剧，经济不景气，想在战略性新兴产业投资力不从心；日本经济本来已经长期处于低增长阶段，加上核电站事故的影响，经济增长如雪上加霜，恢复增长的前景不明，在战略性新兴产业发展方面困难也很大。

其次，从现在的情况看，在战略性新兴产业领域，世界发达国家的竞争优势地位还没有确立。

我们要紧紧抓住这一有利时机，抓住这一稍纵即逝的"机会窗口期"，充分利用我国在新兴产业领域同发达国家差距不大的有利条件，实现跨越式发展。

中国经济历经几十年的发展，特别是改革开放以来经过持续高速发展，现在我国已初步具备加快战略性新兴产业培育和发展的现实基础。

具有较雄厚的经济基础。这些年我国经济快速发展，经济总规模已经跃居世界第二位，人均 GDP 虽然还不高，按照世界银行的计算 2010 年只有 4260 美元，但是也进入了中等收入国家的行列；近些年来我国财政收入状况良好，财政收入增长快。2010 年已经超过 8.3 万亿元，2011 年将突破 10 万亿元。经济基础比较雄厚。

拥有牢固的产业基础。我国已经建立了较为完备国民经济体系和工业体系，配套能力强，全世界 500 种左右的工业品中我国有 220 种产量居世界第一位，联合国统计的八大类工业制成品全球贸易中，中国有三类产品的出口占全球市场的份额超过 1/4，中国已经成为世界上的工业大国。大规模的生产，既产生了对战略性新兴产业的需求，也为战略性新兴产业的发展奠定了良好的基础。

具有一定科技创新基础。近些年来高技术产业发展较快，2010 年，从事高技术产品生产的企业 3 万家左右，高技术产业的职工超过 1000 万人，在规模以上工业企业中，高技术企业的工业增加值占其全部工业增加值的比重达到 9% 左右。我国在不少战略性新兴产业领域的技术与发达国家差距相对较小，有些领域具有同发优势，甚至局部领域取得领先优势。为战略性新兴产业的培育和发展奠定了较好基础。

具有一定人才基础。改革开放以来，我国培养了大批的科学研究人员和工程技术人员，许多人都有留学和出国进修的经历，不仅有丰富的实践经验，而且对世界科技发展动态比较了解。

具有物质资源基础。我国具有丰富的有色金属、稀土等发展战略性信息产业的资源，在生物、太阳能、风能和关键原材料资源方面具有一定的比较优势。

具有较好的制度基础和政策基础。我国的制度优势是可以集中力量办大事。国际金融危机发生以来，中央多次明确提出要发展战略性新兴产业，并制定了自主创新和发展战略性新兴产业的相关规划和配套政策。

我国计划到 2020 年，科技研发投入占 GDP 的比重从现在的 1.35% 提高到 2.5%，科学技术进步对 GDP 的贡献率从现在的 39% 提高到 60%，中国的专利和论文被引用数目从现在世界第 20 位上升到第 5 位。

此外，我国具有广大的市场，对发展战略性新兴产业具有强烈的吸引作用。

二　我国发展战略性新兴产业面临的问题

根据国务院的规划，在"十二五"乃至今后一个相当长的时期内，我国已把节能环保、新一代信息技术、生物、高端装备制造、新能源、新材料和新能源汽车七大产业作为战略性新兴产业，在这些领域加大投入，抢占先机。同时要深化科技体制改革，加快成果转化，快速形成产业和产业链。到 2015 年，战略性新兴产业形成健康发展、协调推进的基本格局，对产业结构升级的推动作用显著增强，增加值占国内生产总值的比重力争达到 8% 左右。

到 2020 年，战略性新兴产业增加值占国内生产总值的比重力争达到 15% 左右，吸纳、带动就业能力显著提高。节能环保、新一代信息技术、生物、高端装备制造产业成为国民经济的支柱产业，新能源、新材料、新能源汽车产业成为国民经济的先导产业；创新能力大幅提升，掌握一批关键核心技术，在局部领域达到世界领先水平；形成一批具有国际影响力的大企业和一批创新活力旺盛的中小企业；建成一批产业链完善、创新能力强、特色鲜明的战略性新兴产业集聚区。

再经过 10 年左右的努力，战略性新兴产业的整体创新能力和产业发展水平将达到世界先进水平，为经济社会可持续发展提供强有力的支撑。

近几年，在发展战略性新兴产业方面我们已经做了不少工作。例如，2011 年，18 个省市出台了推动战略性新兴产业发展的指导意见，6 个省市制定了行动计划和方案，9 个省市设立了专项资金。又如，2011 年 12 月，由工信部牵头制定的战略性新兴产业分类目录已基本制定完毕，分类目录分为 7 大类、100 余个子类、400 余个小类与 24 个重点方向，在进一步论证后投入试运行。到 2012 年，工信部实施新一代信息技术、高端装备制造、新材料、新能源汽车 4 个专项规划以及物联网、智能制造装备等 15 个细分领域规划。另外，2012 年 1 月 30 日起，发改委、商务部颁布《外商投资产业指导目录（2011 年修订）》，鼓励外商投资战略性新兴产业，比如，高端制造业、战略性新兴产业；取消新能源发电设备等领域的外资股比限制，有股比要求的条目比原目录减少 11 条；增加了新能源汽车关键零部件、基于 IPv6 的下一代互联网系统设备等条目。

虽然在发展战略性新兴产业方面取得了一定进展，但是也存在一些需要注意的问题：

盲目跟风现象。一些地区不充分考虑本地的实情、发展基础和比较优势，盲目发展。以风电为例，2010 年全国风电装机容量超过了 3000 万千瓦，已经达到 2020 年的规划指标，预计 2011 年年底将达到 4500 万千瓦，但是目前有 1/3 左右的发电机组不能并网发电。又如光电产业，2011 年以来，由于国家市场需求萎缩，多晶硅、硅片等光伏产品价格下跌 40%—50%，不少企业陷入亏损状态。

各地发展趋同性。全国规划发展七大战略性新兴产业，不少省市不考虑本地实情，照猫画虎，照葫芦画瓢，也要发展七大战略性新兴产业，造成结构的趋同性。

对产业发展的关键技术、重点环节重视不够，投入不足。战略性新兴产业和新兴产业是有区别的，新兴产业是指已经成熟正在大力发展的产业，战略性新兴产业意味着它还不成熟，还需要突破某些关键技术、关键环节，只有解决了这些问题，它们将来才有可能成为主导产业。比如电动汽车、风能等都存在这样的问题。但是，对解决这些关键技术、关键环节企业动力不足，国家投入也不够，而更多的是急于量产，急于产业化，这样企业可以多拿国家财政补贴，政府官员也显得有政绩。这种做法继续下去，会带来很大风险和浪费，即便有的产品勉强产业化了，其关键技术还是掌握在人家手里，还得花钱去购买，这就违背了发展战略性新兴产业的初衷。

对发展战略性新兴产业的风险和带来的副作用认识不足。战略性新兴产业既然是不成熟的产业，必然面临风险，也可以说战略性新兴产业是风险较大的产业，但是现在不少企业对面临的机遇考虑多，对面临的风险考虑少，一旦风险来临，不知所措。政府部门对个别产品的发展需要考虑多，对产业链的发展所带来的新问题考虑不够。

三　推进战略性新兴产业需统筹协调的问题

面对发展战略性新兴产业的复杂性和高风险性，需要统筹协调好五个方面的关系。

市场调节与政府引导的关系。要充分发挥我国市场资源比较优势，通过创新和转变消费模式，加快新兴市场的培育，调动企业主体的积极性，促进产学研用结合。同时，要注重政府引导作用的发挥，尤其是对关系战略性新兴产业发展的重要领域和关键环节，要发挥政府作为产业引导者和公共产品提供者的作用，营造鼓励产业创新发展的氛围，降低战略性新兴产业发展的风险和不确定性。

中央政府和地方政府的关系。战略性新兴产业的培育和发展，离不开中央和地方政府的共同努力和紧密配合。既要充分发挥中央政府宏观调控和统筹规划的作用，又要充分调动地方政府的积极性、主动性和创造性；既要执行中央政府的战略规划安排，又要充分考虑地方实际，因地制宜，量力而行，避免盲目发展，避免地区结构趋同；既要防止传统产业的重复建设，也要防止战略性新兴产业的重复建设。

战略性新兴产业和传统产业发展的关系。战略性新兴产业与传统产业发展密不可分。一方面传统产业是战略性新兴产业发展的基础，既为战略性新兴产业提供一定的配套，又提出新的产业需求；另一方面战略性新兴产业发展将会带动传统产业的技术改造和升级，提升传统产业技术水平。在战略性新兴产业培育和发展壮大的过程中，需要以产业融合发展观念强化两者的互动和结合。

科技创新和产业化的关系。战略性新兴产业发展既离不开科技创新的推动，也离不开产业化的牵引，需要两者紧密结合。一方面科技创新为产业化发展引领方向，并提供知识和技术成果支持；另一方面又需要产业化将科技创新成果转化为现实生产力，需要产业化提出更加具体的需求，为科技创新指明方向。

科技创新成果的产生到形成产业化有一个过程，有时这个过程还很长，一种技术还不够成熟时，重点是要集中力量进行技术攻关，不能急于产业化，更不能急于全面开花，否则就要付出沉重的代价。

国内和国际创新资源的关系。战略性新兴产业培育和发展是在开放的环境下进行的，面对国内和国际两种创新资源。一方面需要提升技术引进、消化、吸收、再创新和集成创新能力，整合利用好国内外的创新资源；另一方面需要充分认识到，决定战略性新兴产业未来竞争制高点的原始创新和核心技术又必须依靠自身创新能力的提升来解决。

（原载《中国经营报》2012 年 1 月 9 日，标题为《把握战略性新兴产业的"时间窗"》，收录时做了修改）

"金砖四国"经济发展特点比较

　　"金砖四国"作为新兴市场经济体的最主要代表，已经在世界舞台上崭露头角。尤为重要的是，在面临此次百年一遇的国际金融危机时，"金砖四国"的表现要远胜于世界上的发达经济体，成为推动全球经济复苏不可或缺的重要力量。

　　根据国际货币基金组织（IMF）的估算，按购买力平价（PPP）衡量，新兴市场经济体占全球产出的比重，从20世纪80年代的36%增加到2009年的46%，上升了10个百分点；并且，到2014年，新兴市场经济体的规模将达到全球产出的51%，首次超过发达经济体。其中，"金砖四国"占全球产出的比重则从20世纪90年代初（1992年）的14.4%，上升到2009年的22.3%，接近全球产出的1/4①。另外，"金砖四国"占世界人口的40%，占世界土地资源的1/3。这些都注定使"金砖四国"成为世界关注的焦点。

　　在相对意义上，这次金融危机造成了全球权力的再分配，那就是，以"金砖四国"为代表的新兴市场经济体的力量在增强，而发达经济体的力量在减弱。这对未来全球发展格局与全球治理都有着非常重要的意义。不过，"金砖四国"能否在全球发展中产生更大的影响，还要取决于"金砖四国"自身的可持续发展。"金砖四国"虽然都属新兴市场，但发展模式各不相同，特别是与发达经济体比较起来，"金砖四国"还有很多不成熟

---

　　①　按现价美元衡量，新兴市场经济体占全球产出的比重，从1980年至今有一个先下降后上升的过程（这应该与美元汇率变化有较大关系），由1980年的30.36%下降到1992年的16.43%，再回升到2009年的30.74%，到2014年，将进一步上升到36.35%。其中，"金砖四国"按美元衡量的产出占全球产出的比重，则从1992年的5.28%（此前的俄罗斯数据缺失）上升到2009年的15.27%，到2014年将上升到19.39%。

的地方。因此，比较"金砖四国"发展模式的特点，讨论各自的潜力与不足以及如何促进可持续发展成为本文的主旨。

一 "金砖四国"的增长动力

从拉动 GDP 增长的消费、投资与净出口这三驾马车看，"金砖四国"的增长动力各有千秋。

（一）巴西：内需为主，外需贡献较小；内需以消费为主，投资率偏低

巴西增长动力基本上是内需。其中，消费需求对 GDP 的贡献达到八成左右，而外需（即净出口）的贡献则只有 2%—3%，有的年份更低甚至为负。与其他新兴国家相比，巴西的投资率一向偏低，不到 20%（见表 1）。这主要是由于巴西的实际利率和赋税很高，导致投资成本高而产生的"挤出效应"（见表 2）。2007 年卢拉政府开始推行"加速经济增长计划"（PAC, la Programa de Aceleração do Crescimento），努力将投资率提升至 25%。

表 1 巴西：三大需求对 GDP 的贡献 单位:%

项目＼年份	2001	2002	2003	2004	2005	2006	2007	2008
消费	—	74.00	75.00	80.70	81.30	81.50	81.50	—
投资	18.90	17.20	15.80	17.10	16.00	16.80	17.20	—
净出口	—	1.90	3.20	2.90	3.10	1.70	0.01	—

资料来源：UN, CEPAL, Amuario estadistico de América Latinayel Caribe。

表 2 巴西实际利率一览 单位:%

项目＼年份	2002	2003	2004	2005	2006	2007	2008
实际利率	10.30	9.90	10.00	12.48	9.30	8.62	6.73
赋税 GDP	35.86	35.54	36.80	37.61	34.20	35.60	36.56

资料来源：http://br.mofcom.gov.cn。

（二）俄罗斯：内需为主，外需也很重要，增长绩效严重依赖于能源出口

俄罗斯的增长动力主要靠内需，但外需也很重要。其中，消费占 GDP 的比重在60%—70%，投资占20%以上，而净出口则在10%上下（见表3）。这里需要特别强调的是，俄罗斯的增长绩效严重依赖能源出口。国际上能源价格高的时候，往往是俄罗斯财政与增长绩效好的时候。

表3　　　　　　　　　　　　俄罗斯：三大需求对 GDP 的贡献　　　　　　　　　单位：%

项目 \ 年份	2001	2002	2003	2004	2005	2006	2007	2008
GDP 总计	100.0	100.0	100.0	100.0	100.0	100.0	100.0	100.0
最终消费性支出	65.8	68.9	68.1	66.9	66.4	66.6	66.0	66.0
投资	21.9	20.1	20.8	20.9	20.1	20.3	24.3	26.2
商品和劳务的净出口	12.7	10.8	11.3	12.2	13.6	12.7	8.6	8.9

资料来源：Российская экоиомика в 2006 году：теидснцни ипсрспективы（выпуск No 28），Ииститут экономики переходного псриода.

从财政角度看，近年来，俄罗斯税收收入的大幅增长主要得益于良好的国际资源市场行情。首先是石油、天然气以及各类金属材料的国际市场价格上涨。这导致俄罗斯预算体系对能源出口的依赖性越来越大。如果将俄罗斯经济划分为两个部门，即石油天然气部门和非石油天然气部门，则按照世界银行和俄罗斯工业与能源部估计，2003 年，俄罗斯石油天然气部门在其 GDP 中所占比重为23%，2004 年约占30%。按照俄罗斯能源有效利用中心执行主任巴什马科夫的估计，这一比重在 2003 年占24.7%，2004 年占32.7%，2005 年占37.2%，2006 年这一数字更高[1]。世界银行还将俄罗斯的联邦预算划分为石油天然气部门预算和非石油天然气部门预算。计算结果表明，尽管 2000 年以来俄罗斯联邦财政一直保持盈余，但如果将来自油气部

---

[1] Бащмаков．И，Ненефтегазовый ВВП как индикатор динамкки российской экономики，*Вопросы экономцкц*，*No* 5，2006z．

门的收入排除在外，则联邦财政却是连年赤字，而且 2005—2006 年中还呈现出财政赤字扩大的趋势。如果排除油气收入，2005 年，俄罗斯联邦的财政赤字与 GDP 之比为 5.9%，2006 年进一步增加到 7.4%[①]。

从俄罗斯的出口结构看，能源产品出口占其总出口增量的 80%。如果说 1992 年石油、石油制品、天然气出口占总出口的 28.4%，那么到 2006 年，这一比重已上升到了 60.3%（见表 4）。

表 4　1992—2006 年俄罗斯石油和天然气的出口价值量及其在总出口额中所占比重

年份	石油		石油制品		天然气	
	百万美元	比重（%）	百万美元	比重（%）	百万美元	比重（%）
1992	6662	12.4	2202	4.1	6389	11.9
1993	8061	13.5	3061	5.1	6964	11.7
1994	8948	13.3	3398	5.0	7939	11.8
1995	12297	15.2	4108	5.1	13381	16.5
1996	15578	17.6	7442	8.4	14683	16.6
1997	14346	16.2	7145	8.1	16420	18.6
1998	10254	13.7	4262	5.7	—	—
1999	14101	18.8	4713	6.3	—	—
2000	25284	24.1	10938	10.6	16644	16.1
2001	24576	24.1	9402	9.4	18303	18.3
2002	28950	27.0	11227	10.5	15897	14.9
2003	38816	28.6	14064	10.5	19981	15.0
2004	55024	30.0	18998	10.5	20918	11.5
2005	79216	32.5	33650	13.6	30424	12.9
2006	96675	31.7	44217	14.5	42160	14.1

资料来源：Российская экономика в 2006 году: тенденции и перспективы（выпуск No 28）. Ииститут экономики переходного периода.

正因为如此，普京承认："俄罗斯经济增长首先归功于近几年有利的世界市场行情，由于对外贸易条件的空前改善，俄罗斯获得了相当大的经济优势和很多额外收入……很显然，如果没有这些资金，我指的是没有良好的外

① Иистнтут экоиомики переходного периода，Российская экономика в 2006 году: тенденции и перспективы（выпуск No 28）.

贸行情,我们在社会经济发展中的成就在很多方面都会是微不足道的。"[①]

(三) 印度:依靠消费、投资带动增长,服务业出口有明显优势

总体来讲,印度的宏观数据波动较大,呈现的规律性不够明显。但通过表5也能发现,印度的增长主要也是靠内需。但内需中,消费所占比重较高,私人消费加政府消费,对 GDP 的贡献常常会超过50%。与其他"金砖四国"相比,相对发达的金融体系是印度经济高增长的重要支撑因素,而经济内部结构的调整,尤其是消费部门的现代化也是一个不容忽视的因素。

表5 印度:三大需求对 GDP 的贡献 单位:%

年份 项目	2002— 2003	2003— 2004	2004— 2005	2005— 2006	2006— 2007	2007— 2008
消费(私人)	45.5	44.2	39.0	56.6	43.9	45.8
消费(政府)	-1.1	3.6	3.5	6.2	6.5	6.2
资本形成	—	59.5	65.4	64.3	37.5	NA
固定资本形成	40.5	38.5	56.3	51.2	45.5	55.2
净出口	40.5	-17.5	22.3	-51.7	-18.2	-3.2

资料来源:Economic Survey 2008, http://indiabudgel. nic. in/es2007 - 2008/esmain. htm。

近年来,印度的投资增速很快,投资对印度 GDP 的贡献也较大。其中,固定资本形成对 GDP 的贡献也在40%—50%。印度净出口方面的波动较大,常常是负贡献。值得注意的是,印度服务业出口有明显优势。IDG 的统计数据表明,2004 年全球软件外包市场规模已达 1000 亿美元。在服务业外包的国际化浪潮中,印度以其独特的优势成为全球最大的软件外包业务承接国,并垄断了美国市场。根据印度全国软件和服务公司协会提供的最新数据显示,2004 年外包业务为印度公司带来了 172 亿美元的销售收入,占全球同类市场的44%。预计到2008 年,印度在全球软件和后端办公服务外包市场所占份额将达到51%。

[①] В. Путин, Посдание преэидента России Владимира Путина Федералъиому собрнию Россиясякой Фсдерацин, Денъги и кредиты. No5, 2003г.

（四）中国：主要靠投资与出口拉动经济，扩大居民消费任务艰巨

中国经济增长由投资与出口带动的特点非常明显。表 6 显示，在对 GDP 的贡献中，投资一直占有最重要的比重，资本形成对 GDP 的贡献往往大于消费对 GDP 的贡献。图 1 显示，在"金砖四国"中，按 1996—2006 年平均，中国的投资率最高为 40%。近几年投资率实际上更高。如果说，在亚洲国家中靠资本积累来促进增长的特点较为普遍的话，那么在"金砖四国"中，中国是这一特点的典型代表。

表6　　　　　　　　　　中国：三大需求对 GDP 的贡献　　　　　　　单位:%

项目＼年份	2001	2002	2003	2004	2005	2006	2007	2008
最终消费	50	43.6	35.3	38.7	38.2	38.7	40.6	45.7
资本形成总额	50.1	48.8	63.7	55.3	37.7	42	39.7	45.1
货物和服务的净出口	-0.1	7.6	1	6	24.1	19.3	19.7	9.2

资料来源：《中国统计年鉴》。

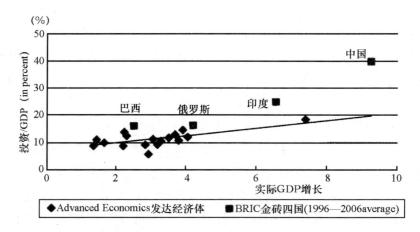

图1　"金砖四国"的投资率：与发达经济体的比较

资料来源：Feyzioglu, Tarhan, "Some Growth Trends in China", China Limited Partner Forum-Beijing September 23. 2007。

投资率的上升使得消费率处在一个相对下滑的态势，因此，如何扩大居民消费成为推动中国经济增长的重要课题。

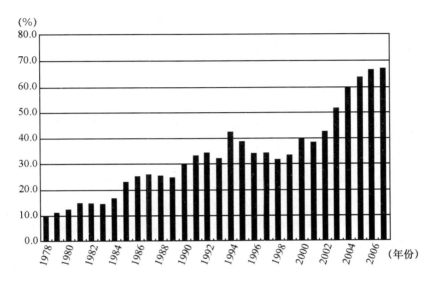

图2 中国的外贸依存度

资料来源：《中国统计年鉴》。

外需方面，近年来中国净出口对 GDP 的贡献大增。2005—2007 年，净出口对 GDP 的贡献率平均达到 21%。并且，中国的外贸依存度近年来也上升得非常快。2003 年超过 50%，2007 年上升到 66.8%。

相对于"金砖四国"中的其他成员，中国的最终消费需求比重最低，而投资需求比重最大。

二 "金砖四国"的工业化与城市化发展

一般而言，工业化与城市化往往是一个发展中国家经济增长的重要引擎。从工业化与城市化的角度来看，"金砖四国"分别处在不同的发展阶段上。巴西与俄罗斯的城市化水平已经很高，但工业化则显得滞后；中国的工业化水平较高，但城市化还有进一步的发展空间；印度的工业化与城

市化都相对落后。因此，下一个阶段，从增长引擎角度考虑，城市化仍将
是中国经济增长的重要动力；工业化和城市化对推动印度的经济发展同等
重要；对巴西和俄罗斯而言，主要是工业化（或再工业化），而城市化的
发展则应侧重于基础设施建设的完善以及服务业的升级。

（一）"金砖四国"的工业化

从三次产业对 GDP 的贡献来看，印度作为农业大国的特点还非常明
显，农业增加值对 GDP 的贡献达到 17.8%，而其他国家都在 5% 以下。印
度的工业化比较落后。从工业增加值占 GDP 的比重看，从来没有超过
30%。制造业占 GDP 的比重也是"金砖四国"中最低的，为 16%。

不过，1990 年以后的经济自由化改革和信息技术的广泛应用，不仅
促进了现代服务业在印度的建立和发展，而且也推动了国内传统服务业
的现代化进程，使服务业在过去 20 年中成为引领印度经济增长的火车
头。这造成印度经济的另一个显著特点是服务业所占比重较高。这与印
度所处的发展阶段（用人均 GDP 来衡量）有些不相称。特别是与中国
比较，中国的服务业所占比重为 42.4%，而印度则达到 52.83%，高出
中国约 10 个百分点。尽管相对于巴西和俄罗斯而言，印度服务业对
GDP 的贡献也不算高，但巴西与俄罗斯的人均 GDP 却要高很多，这是需
要我们关注的。

表 7　　　　　　　　　　三次产业的贡献比较（2007 年）　　　　　　　单位:%

	中国	巴西	印度	俄罗斯
农业	3.3	4.95	17.75	4.76
工业	54.2	30.58	29.42	38.57
其中制造业	48.7	17.52	16.38	19.10
服务业	42.4	64.47	52.83	56.67

资料来源：中国数据来自国家统计局（其中数据为"第二产业及工业"），其他数据来自 WDI（世
界发展指数）。

再从工业增加值来看，在 1990 年，俄罗斯的工业增加值曾经占到其

GDP 的 48%，但此后这一比率逐步减少，2007 年只占到 39%。因此，俄罗斯面临着一个再工业化的过程。

巴西的情况与此有些类似。在 1980 年的时候，工业增加值占巴西 GDP 的比重为 44%，2007 年只有 31%，出现了所谓"工业化的倒退"。这与 20 世纪 80 年代开始的拉美债务危机有关。巴西自 90 年代起，工业产值占 GDP 的比重下降，其中制造业占 GDP 的比重下降幅度最大，严重影响了巴西经济的国际竞争力。

2002—2004 年，巴西工业曾有所恢复，但仍比 20 世纪 80 年代的水平低得多。但是，自 2005 年起，这一进程中断了。2005—2007 年，巴西制造业占 GDP 的比重下降为 15% 左右（见表 8）。这主要是由于中国等新兴发展中国家的发展需要扩大了对巴西初级产品的需求，导致巴西初级产品部门的繁荣和工业及制造业部门在一定程度上的衰退。

表8 　　　　　　　　　　　　巴西工业和制造业占 GDP 比重 　　　　　　　　单位:%

产业＼年份	1985	1990	1995	2000	2001	2002	2003	2004	2005	2006	2007
工业	42.3	33.0	34.5	36.1	35.9	36.0	36.8	37.2	29.3	30.1	28.7
制造业	31.6	22.7	22.5	21.6	21.5	21.9	22.9	23.0	15.5	15	14.9

注：2007 年工业与制造业数据与表 7 中的 WDI 数据有出入。

资料来源：UN，CEPAL，Anuario estadistico de América Latina y el Caribe 2008.

从工业增加值占 GDP 的比重来看，中国的工业化水平达到了 54.2%，这个份额已经很高。从制造业对 GDP 的贡献来看，中国所占的比重最高，达 48.7%，而其他国家则都不到 20%。中国今后的工业化发展，应该不再是提高其在 GDP 中的比重，而是不断地提升产业结构，同时大力发展服务业，这样才有利于改善产业结构、增加就业，以及促进节能减排，发展低碳经济。

（二）"金砖四国"的城市化

从城市化水平与人均 GDP 的国际比较看（见图 3），很少有国家在城市化率未到 60% 之前人均 GDP 达到 10000 美元。因此，城市化水平，实际上是一国经济增长与人均收入提高的重要途径。

表9					城市化水平比较						单位:%	
年份 国家	1960	1970	1980	1990	2000	2001	2002	2003	2004	2005	2006	2007
中国	16	17	20	27	36	37	38	39	39	40	41	42
巴西	45	56	67	75	81	82	82	83	84	84	85	85
印度	18	20	23	26	28	28	28	28	28	29	29	29
俄罗斯	54	62	70	73	73	73	73	73	73	73	73	73
世界平均	33	36	39	43	47	47	47	48	48	49	49	50

资料来原：World bank WDI database。

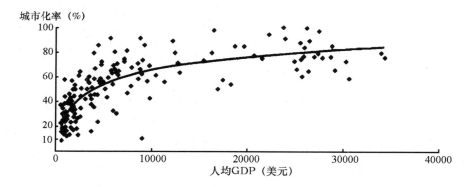

图3 城市化水平与人均 GDP 的国际比较

资料来源：WDI（世界银行发展指数）。

从 2007 年的数据来看，印度的城市化率仅 30%，中国也只是 40% 多一点。与此同时，巴西的城市化率达到 85%，俄罗斯的城市化率也有 73%。仅从数据看，中国与印度在城市化方面还有很大的发展空间，城市化是这两个国家未来经济增长的重要引擎。而巴西，可以说是已经过度城市化。特别是与滞后的工业化相比，巴西的城市和工业化之间显得非常不协调。过度城市化与滞后工业化所带来的问题是不能通过工业化创造大量的就业机会来提高人们的收入水平，从而出现大量的城市贫困。巴西的发展，更现实的选择恐怕需要某种程度的"去城市化"，同时，加快工业化的发展。

俄罗斯的城市化程度也已经很高。相对于中国与印度，俄罗斯与巴西在城市化方面都应侧重于基础设施建设，以及如何大力发展现代城市服务业，以便在服务业占 GDP 比重不断提高的同时，提升服务业的层次和水平。

三　"金砖四国"经济发展中的政府与市场

鉴于各国在经济发展上的不同特点，政府和市场在各国经济中所发挥的作用也是不一样的。而次贷危机的爆发，让人们对政府和市场的经济作用有了进一步的反思。下面通过分析"金砖四国"中政府与市场作用，从制度层面刻画经济增长的动力，以及如何通过制度性变革来推动国民经济的可持续发展。

（一）俄罗斯、中国作为转型经济国家，政府力量还很强，政府干预经济的色彩还很浓

"金砖四国"都是发展中经济体，因此都面临着发展问题。但需要指出的是，俄罗斯与中国除了发展问题外，还有从计划经济体制到市场经济体制转型的问题。俄罗斯的体制转型采取的是休克疗法，结果出现了较长时间的增长停滞，甚至一度出现负增长。

中国在体制转型上采取的是渐进式战略，从而能够较好地处理改革、增长与稳定的关系，保持了经济的较快增长与社会的稳定。正由于中俄两国都是转型经济国家，因此不可避免都保留了较强的政府干预色彩。在这两个国家中，政府对经济发展的影响要明显强于巴西与印度。

普京上台以来，俄罗斯经济中的国有成分明显提高。据估算，2003 年前，国有经济成分占 GDP 的 34%，近年来已达到 50% 以上，并且继续呈上升之势。在全俄罗斯 10 个最大的公司中，有 6 个是国有或国家控股公司。俄罗斯 10 大国有公司的销售额超过了其 GDP 的 20%。最突出的是天然气工业公司，俄罗斯联邦预算收入的 8% 来自该公司。根据经合组织的

资料，在俄罗斯，国有油气公司目前已控制了石油开采量的 33%，天然气开采量的 80%。在俄罗斯的金融行业中，国有银行占银行体系总资产的 40%。其中，储蓄银行吸收居民储蓄占总储蓄的 54%。

表 10　　　　　　　　2004 年以来俄罗斯国有经济成分的扩大　　　　　单位：%

股份公司中的国有成分	占股份公司的比例				
	2004 年	2005 年	2006 年	2007 年	2008 年
国有股占企业法定资本 100% 的企业	4	10	30	45	54
国有股占法定资本 50%—100% 的企业	15	13	12	10	7
国有股低于法定资本 50% 的企业	81	77	58	45	39

　　资料来源：中国社会科学院俄罗斯东欧中亚研究所。

　　就中国而言，1998—2005 年，全国的国有企业数从 23.8 万家减少到 12.6 万家，减少了 47.1%。但是，国有企业数目的减少并不意味着国有经济在国民经济中的主体地位受到了削弱。相反，通过全面的战略改组，中国国有企业的实力大大提升。在 1998—2005 年期间，全国国有企业的资产总额逐年增加，即使是企业数目大幅度减少的地方国有企业，其资产总额也保持了强劲的上升势头。根据 UBS 的估计，中国由国家管理的机构，包括市政服务、医疗护理和科学教育，占 2006 年 GDP 的 11%；国有企业和国有控制企业创造了当年 GDP 的 26%。两者合计，国有经济占 GDP 的比重达到 37%。而从控制的社会资产而言，则达到 54%。之所以会这样，原因在于政府主动放弃在劳动密集型行业中的主导地位，而牢牢控制着资本密集型行业，持有着这些重要行业中企业的大量股份。总体来讲，中国国有经济及与之相关政府的影响力还非常大。

（二）印度和巴西政府干预经济的力量相对较弱

　　印度与巴西也在不断改革。不过，这种改革基本上是在市场经济框架内进行。尽管不同时期，也有对于政府干预的不同认识，从而也导致政府力量与政府干预色彩的时强时弱。但总体上，政府力量在印度与巴西经济中体现得相对较弱。

比如印度，除金融领域外，中央政府目前拥有 214 个国有企业，资产总额接近 1500 亿美元，生产总值占到印度 GDP 的 11%。主要分布于粮食、发电、能源、交通等国民经济重要领域。其中，工业制造型企业为 27%，这些企业生产了全印度 95% 的煤、66% 的成品油、83% 的天然气、32% 的成品钢、35% 的铝和 27% 的氮肥。240 家中央企业中，仅印度铁路公司就雇用了 160 万名工人，为全世界最大的商业雇主。巴西在华盛顿共识的影响下，私有化进程推进较快，是对早先结构主义发展经济学强调政府干预的一种"反动"。这大大削弱了政府力量对经济的影响。1980 年初，巴西国企数量为 800 多家，1998—2002 年，巴西国企数量平均为 108 家。

（三）"金砖四国"的社会保障都还处在较低水平

作为发展中国家，"金砖四国"的社会保障总体上都还处在较低的水平。不过，不同国家之间也还存在差距。

在教育支出方面，各国差距较小。其中，中国 2005 年的政府教育支出占到 GDP 的 4.6%，而同期，其他三国的政府教育支出占比都不到 4%（见表 11）。在医疗卫生支出方面，各国差距较大。其中，2005 年巴西与俄罗斯的政府医疗卫生支出占 GDP 的比重分别为 3.48% 和 3.22%，中国不到 2%，印度更是不到 1%（见表 12）。

表 11　　　　　　　**"金砖四国"政府教育支出占 GDP 比重**　　　　　　单位：%

年份 国家	2001	2002	2003	2004	2005
中国	4.23	4.55	4.57	4.53	4.60
巴西	3.88	3.78	—	4.01	—
俄罗斯	3.11	3.84	3.67	3.54	3.77
印度	—	—	3.66	3.75	3.25

资料来源：中国教育支出数据来自《中国统计年鉴》，其他均来自 WDI。

表12   "金砖四国"政府医疗卫生支出占 GDP 比重   单位:%

年份 国家	2001	2002	2003	2004	2005
中国	1.64	1.72	1.74	1.79	1.82
巴西	3.08	3.23	3.10	3.33	3.48
俄罗斯	3.35	3.54	3.29	3.10	3.22
印度	0.94	0.92	0.89	0.87	0.95

资料来源：WDI。

需要指出的是，由于发展程度的差异（巴西与俄罗斯的人均 GDP 均高于印度和中国），巴西与俄罗斯的政府社会保障支出（仅以教育与卫生支出总量来衡量）要略高于中国和印度。

（四）从经济自由度来看，"金砖四国"的市场化水平都还有待进一步提高

表13 是经济自由度的国际比较。从表中可以看出，相对于印度与巴西，中国与俄罗斯的经济自由度较低。但总体上，"金砖四国"的自由度

表13   经济自由度的国际比较（2009 年）

国家和地区	总指数	企业 自由	贸易 自由	财政 自由	政府 规模	货币 自由	投资 自由	金融 自由	产权	远离 腐败	劳动 自由
俄罗斯	50.8	54.0	60.8	78.9	70.6	65.5	30.0	40.0	25.0	23.0	60.0
中国	53.2	51.6	71.4	70.6	88.9	72.9	30.0	30.0	20.0	35.0	61.8
印度	54.4	54.4	51.0	73.8	77.8	69.3	30.0	40.0	50.0	35.0	62.3
巴西	56.7	54.4	71.6	65.8	50.3	77.2	50.0	50.0	50.0	35.0	62.7
法国	63.3	87.4	80.8	50.9	14.5	71.7	60.0	70.0	70.0	73.0	54.5
日本	72.8	85.8	82.0	67.5	61.1	93.6	60.0	50.0	70.0	75.0	82.5
芬兰	74.5	95.1	85.8	64.3	28.6	87.4	70.0	80.0	95.0	94.0	44.8
英国	79.0	89.2	85.8	61.0	40.3	80.4	90.0	90.0	90.0	84.0	78.5
美国	80.7	91.9	86.8	67.5	59.6	84.0	80.0	80.0	90.0	72.0	95.1
中国香港	90.0	92.7	95.0	93.4	93.1	86.2	90.0	90.0	90.0	83.0	86.3
世界平均	—	64.3	73.2	74.9	65.0	74.0	48.8	49.1	44.0	40.3	61.3

资料来源：The Heritage Foundation，2009 INDEX of Economic Freedom。

都是相对较低的。在分项指标中，这四个国家的大部分指标都低于世界平均水平。可见，尽管在四国中，政府或国有经济力量在经济中的作用各有不同，但"金砖四国"的市场化水平都有待进一步提高。进一步推进市场化改革，是"金砖四国"未来的发展方向，也是未来增长的重要源泉。

四　"金砖四国"未来增长面临的挑战

从生产函数角度来看，一国的经济增长取决于资本、劳动与技术这三大因素。如果将技术理解成 TFP（全要素生产率），那么体制因素也可以纳入进去。探讨"金砖四国"在资本、劳动、技术（狭义的技术，指劳动生产率）与体制方面存在着什么样的潜力与挑战，将直接关系到"金砖四国"的未来增长是否具有可持续性。

一般认为，"金砖四国"在以下方面具备潜在优势：

（1）作为后发国家，有较大的发展空间及较快的增长速度。

（2）人口较多，劳动力资源相对丰富。

（3）经济规模大，有利于产业的扩张和升级。

（4）中产阶级在崛起，支持了消费市场的扩大。然而，"金砖四国"的未来发展也面临很多挑战，比如对外依存度较高、贫富差距较大，以及市场制度不够完善等。当然，在不同国家里，这些问题的体现也会有所差异。

以下将侧重于从资本（以储蓄来衡量）、劳动（以人口与劳动力资源来衡量）、技术（以劳动生产率来衡量）以及体制（以市场化的水平来衡量）这几个方面，来探讨"金砖四国"所存在的不足。

（一）巴西：储蓄率较低，基础设施薄弱，劳动生产力落后

拉美国家依赖外资以及高消费的现象较为普遍，这是与它的低储蓄相对应的。从国际比较看，巴西的储蓄水平不到20%，是"金砖四国"中最低的（见表14）。

表 14　　　　"金砖四国"及世界平均储蓄水平比较（总储蓄占 GNI 比重）　　　单位:%

国家＼年份	1970	1980	1990	2000	2001	2002	2003	2004	2005	2006
中国	27	33	40	37	38	41	44	47	51	54
巴西	19	18	19	14	14	15	16	19	17	18
印度	15	17	22	26	26	27	29	32	33	34
俄罗斯	—	—	30	37	33	29	30	31	32	31
世界平均	25	23	22	22	21	20	20	21	21	22

资料来源：World bank，World Development Indicaton（WDI）database。

　　巴西的基础设施领域薄弱。首先是物流基础设施落后。由于长期缺乏资金，巴西的交通基础设施如公路、港口、机场、航道等长久失修，设备陈旧，达不到现代高效、快速的物流要求。另外，巴西的能源基础设施（主要涉及发电、输变电线路的架设、石油、天然气、新能源的开发和利用）以及城市基础设施都较为落后，成为制约经济发展的"瓶颈"问题。

　　巴西的劳动生产率也显著落后（见表15）。2000—2008年，巴西的平均劳动生产率增长只有0.9%，而中国则超过10%，俄罗斯与印度在这方面的增长也都比巴西高很多。劳动生产率落后的主要原因是教育质量低下、教育开支上的低效率以及过时的劳动法。

表 15　　　　　　　　"金砖四国"劳动生产率增长的比较　　　　　　　　单位:%

国家＼年份	巴西	俄罗斯	印度	中国
1987—1995	0.2	− 6.8	3.8	6.2
1995—2008	0.8	4.4	4.7	7.7
其中：2000—2008	0.9	5.9	4.9	10.4
2005	− 0.1	5.8	6.8	9.4
2006	1.5	6.7	7.0	10.7
2007	2.3	7.3	6.1	12.1

续表

年份 \ 国家	巴西	俄罗斯	印度	中国
2008	3.7	6.0	4.4	7.7
2009	4.3	3.5	3.9	9.1

资料来源：The Conference Board，Total Economy Database，January 2009。

（二）俄罗斯：劳动力资源短缺，高度依赖能源出口，政府干预较多

总体上，俄罗斯在人力资本方面具有优势，同时，俄罗斯的劳动生产率较高，储蓄资源也较丰富，但它在体制方面还有待进一步完善。具体来说，俄罗斯未来增长需要面对以下的挑战。

从人口增长与劳动力的供给方面看，俄罗斯存在问题。尽管目前俄罗斯从业人员中受过高等和中等教育的人达到从业人员总数的87%，受过高等教育的占11.8%，但从劳动力的供应总量上，俄罗斯却面临短缺的问题。联合国关于《俄罗斯人口调查报告》中指出，俄罗斯的人口结构将逐步恶化。目前，俄罗斯每1000个劳动者可养活578个孩子和老人，而到了2025年，每1000人需养活800个孩子和老人。这是由于俄罗斯劳动力人口将从9000万人减少到7600万人，而领养老金的人将从3800万人增长到4300万人。

俄罗斯的经济增长引人注目，但它的增长很大程度上依赖于能源出口。这使得俄罗斯的增长绩效在很大程度上受制于国际能源市场甚至油价的变化。在国际高油价的支撑下，大量的能源出口，使俄罗斯经济和社会状况得以恢复和好转，从而可以提高工资、扩大消费，但这对于制造业的发展、科技进步并没有直接的推动。而此次国际金融危机之后，在油价暴跌的情况下，使得过度依赖能源出口的俄罗斯经济显得非常脆弱。

正是由于俄罗斯经济严重依赖能源出口，俄罗斯政府对这一关键行业的干预也非常强。除能源外，近年来俄罗斯政府还明显加强了对航空、电力、汽车以及金融等关键行业的控制。从长远发展角度看，这些做法是否符合市场化改革的方向以及是否有利于俄罗斯经济发展模式的转换，都需要认真评估。

（三）印度：失业与收入差距，基础设施落后，制造业发展不足等

相对稳健而有效的金融部门以及丰富的人力资源是印度经济增长的源泉。印度在资本供给（即储蓄水平）与劳动生产率方面具有一定的潜力，但人力资本积累还有差距（例如教育水平）。除此之外，印度的未来发展也面临其他一些挑战。

（1）人口过多、失业问题严重、收入差距过大。从前面的分析可以看出，居民消费是促进印度增长的重要因素。造成这一现象的原因，除了由于印度经济持续发展所带来的购买力增强以外，还很大一部分是由于印度庞大的人口基数，以及每年大量的新增人口。印度人口的迅速增长损耗了大量的新增财富。据世界银行统计，印度每年全部投资的 2/3 被用于新增人口的身上。印度大量而且快速增长的人口导致了社会普遍而且长期的贫困。另外，在印度，失业问题也是长期困扰政府的一大难题。据估计，印度的失业率达到了 9.21%，但是吸收就业能力最强的第二产业占国民经济的比重只有 24%，这对解决印度的失业问题是非常不利的。除此之外，印度的贫富差距问题也十分严重，其收入最高的 20% 的人口的收入占总收入的 41.8%，而收入最低的 20% 的人口收入仅占总收入的 8.7%。贫富差距过大不仅影响了印度居民的购买力，而且容易造成社会的不稳定。但是，解决这一问题需要做长期的努力，印度的宗教习惯阻碍印度实行像中国一样的人口政策，因此印度需要一套符合印度国情的方案来解决人口过剩带来的问题。

（2）基础设施落后阻碍了印度经济的发展。印度的商用能源匮乏、运输"瓶颈"严重、电力供应不足。世界银行的报告显示，印度有 1/3 的企业主表示印度的机场、港口等基础设施落后，是影响企业发展的重要障碍。印度落后的基础设施降低了投资回报率，也阻碍了外国直接投资的进入。

（3）印度制造业落后。前面提到，印度制造业占 GDP 的比重仅为 16%，是"金砖四国"中最低的。印度政府实际上也意识到，未来的可持续发展不能绕开制造业，单靠服务业。相反，制造业的发展对于创造就业、推动技术创新以及为服务业发展奠定基础都是不可或缺的。

（四）中国：投资与消费不平衡，收入分配不均，服务业发展滞后等

从标准的生产函数来分析，中国未来增长面临如下挑战：①资本积累方面，高储蓄在短期内不会有大的改变，但随着发展方式的转变，以及扩大消费成为主导，特别是人口年龄结构的变化（老龄化），高储蓄的水平将不如以前。②尽管劳动力资源还相当丰富，农村劳动力的转移及城镇化仍是推动经济增长的重要引擎，但"人口红利"对增长的积极效应会逐步减弱直至消失。③各类要素成本上升、资源能源价格调整、人民币升值，以及环保成本、社保成本的上升，令企业负重前行，也影响到劳动生产率的提高。④改革的边际收益在递减。

此外，中国还面临着发展不平衡的问题。

（1）投资消费的不平衡。中国增长依靠投资拉动的特点非常明显。连续多年投资率（投资额占 GDP 的比重）超过 40%，甚至接近 50%。而一些快速增长的经济体，在投资高峰的时候，投资率也不过 40% 多一点。因此，过高的投资率使得其可持续性存在问题。与之相关的，过高的投资率就会带来过低的消费率。这两者的不平衡成为中国经济突出的结构性问题。

（2）收入分配不均。造成中国消费率低的原因很多，其中一个就是收入分配差距带来的问题。中国目前的基尼系数在 0.45 左右。分配差距使得扩大消费较为困难：富人的一般性需求（如大件：住房、汽车等）已经得到满足，但更高层次的消费（如多样化的服务）还缺少供应；穷人的潜在消费很大，但缺乏实际购买力的支持。

（3）中国服务业发展滞后的特点也很明显。扩大内需特别是居民消费需求是中国未来发展的重要任务。而这一点，与产业结构的变迁，比如服务业的发展有很大关系。一方面，服务业发展能够带动就业从而促进收入的上升，有利于扩大消费；另一方面，随着城市化的推进，城市服务业的发展，这些也能够满足人们日益增长的对于服务的需求。其实，在未来消费项目的增长中，服务的消费将占主导。发达国家提供了这样的先例。

（原载中国社会科学院经济学部编《中国经济研究报告（2010—2011）》，

经济管理出版社 2011 年 5 月）

积极应对世界经济变化与挑战

国际金融危机给全球经济带来了深远影响，世界经济政治格局继续发生深刻变化，但经济全球化深入发展的大趋势没有改变。同时，世界经济也呈现出一些新特征，世界经济发展模式的调整在加快，世界主要国家抢占未来发展战略制高点的步伐在提速，全球气候变化的压力在加大。我们需要以国际视野和战略思维来统筹国内、国际两个大局，认清未来发展道路上的机遇和挑战，科学把握发展规律，推动我国经济社会发展和综合国力更上新台阶。

经济全球化将在曲折中前行

积极应对经济全球化新挑战。国际金融危机对各国经济带来了冲击，对经济全球化发展也带来了一些负面影响。贸易投资保护主义的倾向有所增强，给经济全球化带来新阻力。特别是有的发达国家加强了贸易保护主义措施，不断采取反倾销、反补贴甚至使本国货币贬值等措施保护本国市场和就业，并对能源领域和重要产业的跨国并购设置更多障碍。在经济衰退和就业压力下，各国也更多地寻求双边或者区域合作，而双边或区域合作的排他性也会对全球范围内的贸易投资自由化和便利化带来一定的影响。可以说，面对国际金融危机的压力，经济全球化将在曲折中前行。

经济全球化深入发展大趋势没有改变。一些国家所采取的贸易保护主义措施遭到国际组织和其他国家的强烈反对，遵守多边经贸规则和寻求国际经济合作仍是国际社会的主流，国际经济合作全方位、多层次的基本特征没有发生根本变化。经济全球化已经在生产、市场、贸易、投资、金融和科技等领域全方位展开，世界各国经济在各个层面上相互渗透、相互交织、相互依存、相互融合。全球资本流动、技术进步和市场开放决定了经济全球化发展的基本动力依然存在。世界各国无论是发达国家还是发展中国家都在参与经济全球化进程中受益，伴随着国际金融危机的逐步复苏，推动贸易投资自由化和多边贸易体制建设，仍将是世界各国实现经济发展和繁荣的重要战略选择，经济全球化的大趋势不可逆转。

中国经济国际化的步伐在加快。我国已经成为世界主要贸易大国，利用外资规模位居世界前列。中国经济国际化进程已经走过了资金、技术的"引进来"和商品"走出去"两个阶段。近年来，中国经济国际化出现了一些新动向，我国企业"走出去"步伐在加快，对外投资明显增加。

"十二五"时期，中国经济的"引进来"和"走出去"都将提升到新的层次和高度。一方面，提高利用外资的质量将是"引进来"工作的重点。从中国经济的现实出发，需要发挥外资在转变经济发展方式、调整产业结构，以及促进产业转型升级方面的积极作用。另一方面，"走出去"将是未来中国经济国际化的一个重要环节。相对于"引进来"的工作而言，这方面的工作任务更重、难度更大。我国正在成为对外投资大国，会有更多的企业"走出去"开展跨国经营。但面对投资保护主义措施的干扰和阻碍，中国经济"走出去"必将面临更大挑战。可以说，从"走出去"到"走进去"、"走上去"，中国经济国际化还有很长一段路要走。

不断提高中国经济对外、对内开放水平。"十二五"时期，需要积极利用好国内外两种资源和两个市场，不断提高对外、对内开放水平，形成经济全球化条件下参与国际经济合作和竞争的新优势。

一是要加快形成对外、对内双向开放格局。在优化结构、注重质量和提高效益的基础上，进一步扩大对外开放领域，更多地鼓励外资投向高技术产业、节能环保产业和服务业，提高引进外资的质量，优化利用外资的产业结构。同时，鼓励和引导外资更多地投向中西部地区和经济欠发达地区。

二是要加快形成互利共赢的经贸关系。在充分发挥我国比较优势的基础上，与发达国家、发展中国家建立优势互补、互利共赢的经贸关系，与世界各国共同创造更为广阔的市场空间。企业在"走出去"过程中，无论是对外直接投资办厂、承包海外工程项目和劳务输出，还是进行海外并购、参与海外资源合作开发，都要充分考虑自身与东道国的共同利益，寻求互利共赢的长期发展。

三是要进一步提升金融全球化的参与程度。

应对世界经济发展新变化

世界发达国家也在深刻反思经济发展模式。国际金融危机在虚拟经济层面爆发，但是深层次问题还在实体经济的发展。在社会信用过度扩张的前提下，虚拟经济的规模迅速扩大，"泡沫化"趋势极为严重。虚拟经济与实体经济、消费与出口、负债和权益之间的严重不平衡，最终导致了国际金融危机全面爆发。破解国际金融危机的关键环节是实体经济的发展，是经济发展模式的转变。目前，在实体经济层面上，仍然存在发展的不确定性，或者说存在对于未来主导产业选择的不确定性，也就最终导致国际金融危机的复苏将是一个缓慢的过程。

面对国际金融危机造成的严重冲击，美国等发达国家开始反思"过度负债消费、过度依赖虚拟经济"的发展模式。发达国家重新重视实体经济，出台了再工业化和扩大出口等政策，全球供需结构正在发生变化。2010年8月，美国总统奥巴马签署《制造业促进法案》，旨在帮助制造业降低成本，恢复竞争力，创造更多就业岗位。该法案是美国"经济再平衡"的必要举措，它的重点是实现经济发展模式转变，促使经济发展从过度依赖消费转向依赖出口，而出口则主要依靠制造业。

"再工业化"将会促使其他国家经济发展模式转变。世界发达国家以"再工业化"为特征的经济发展方式转变，既是针对工业在国民经济地位不断降低、工业品国际竞争力下降、大量工业投资转移海外提出的一种"回归"战略。同时，又是一种寻求经济社会发展新工业基础的"布局"战略。21世纪以来，世界经济在某种程度上形成了依靠美国等发达国家消费，其他国家过度依赖出口带动经济增长的不平衡格局。世界发达国家从"负债消费推动型"向"出口推动型"发展方式的转变，势必会带来全球供需结构的变化，促使其他国家正确认识传统增长模式的可持续性，加快自身"出口推动型"经济结构调整和发展方式转变。

可以预见，世界发达国家为了保证"再工业化"目标的实现，贸易政策将会在保护国内市场和开拓国际市场之间寻求平衡。在实施"再工业化"政策的初期，贸易保护主义政策将会加强，伴随着再工业化调整的深入，扩大出口的贸易政策将会加强。这就要求其他国家在短期内要积极应对贸易保护主义带来的负面影响。在国际产业转移方面，也会出现一些新变化。短期内，美国可能会采取一些优惠政策吸引一些产业向美国转移，特别是一些州政府为了解决就业压力和提高经济活力，将会加大优惠政策力度，吸引一些高端制造业向美国转移。这也就要求其他国家在高端制造业发展过程中，不能够完全将希望寄托在国际产业转移上。

中国经济结构调整和发展方式转变迫在眉睫。加快经济结构调整既是应对国际金融危机的重要举措，更是加快经济发展方式转变的主攻方向。"十二五"时期是经济发展方式转变的攻坚时期，各个方面的结构性问题交织在一起，处理起来非常复杂和困难，需要正确处理好经济增长与结构调整的关系、局部与全局的关系、市场与政府的关系、近期与长远的关系、国内与国际的关系。在调整需求结构上，需要在保持投资适度增长和稳定外需的同时，着力扩大内需，特别是消费需求对经济增长的拉动作用。在调整三次产业结构上，需要在继续加强农业基础地位、推动工业由大变强的同时，着力提高服务业的比重。在调整城乡结构上，需要在继续加强农村建设的同时，着力推进城镇化和城乡发展一体化。在调整区域经济结构上，需要继续实施区域发展总体战略，着力促进区域良性互动、协调发展。

积极抢占未来发展战略制高点

世界主要国家正在加快抢占新一轮发展的战略制高点。战略性新兴产业的培育和发展已在世界范围内展开。世界主要国家都展开了对未来主导产业选择的竞争，纷纷进行战略部署，推动节能环保、新能源、信息、生物等新兴产业快速发展，努力抢占新一轮发展的战略制高点。美国奥巴马政府十分强调新能源、航天航空、宽带网络的技术开发和产业发展，积极推行"绿色经济复苏计划"，期待着"绿色技术"革命；日本把重点放在信息技术应用、新型汽车、低碳产业、新能源（太阳能）等新兴行业；欧盟旨在提高"绿色技术"和其他高技术领域，并决定在 2013 年之前投资 1050 亿欧元用于"绿色经济"的发展。

全球经济竞争格局正在发生深刻变革，这为我国在未来经济竞争中抢占战略制高点，实现跨越式发展提供了历史机遇。当前，正处于新一轮科技和产业革命的前夜，新技术的出现将会赋予产业发展巨大空间，蕴涵着更加丰富的发展机会。在新的产业竞争领域，世界发达国家的竞争地位还没有得到确立，我国要紧紧抓住这一有利时机，抓住这一稍纵即逝的"机会窗口期"，充分利用我国在新兴产业领域同发达国家差距不大的有利条件，实现跨越式发展。

我国初步具备战略性新兴产业培育和发展的现实基础。从科技创新基础看，我国在不少战略性新兴产业领域的技术与发达国家差距相对较小，有些领域具有同发优势，甚至局部领域取得领先优势。从产业基础看，我国已经建立了较为完备的产业配套体系，高技术产业快速发展，为战略性新兴产业培育和发展奠定了较好基础。从资源基础看，除了在生物、太阳能、风能和关键原材料资源方面具有一定的比较优势外，我国还具有市场和人才资源的比较优势。从政策基础看，国际金融危机爆发以来，中央多次明确提出要发展战略性新兴产业，相关规划和配套政策的制定正在展开。

战略性新兴产业是新兴科技和新兴产业的深度融合。科技创新对产业发展的引领和支撑作用更加明显。一方面科技创新是驱动战略性新兴产业发展的根本动力，另一方面战略性新兴产业的发展又充分体现了科技创新的方向。19 世纪，电磁学发展成为电气革命的知识基础，使电力、化工等工业部门得到了发展。20 世纪初，半导体物理和材料的发展、现代计算机理论和模型的突破等，成为电子革命的知识基础，使电子、信息等新兴产业快速发展。未来科技创新将为生产力发展打开新空间，引发新一轮产业变革，推动战略性新兴产业成为主导和支柱产业，引领人类进入绿色、低碳、智能时代。

加快培育和发展战略性新兴产业。战略性新兴产业具有知识技术密集、物质资源消耗少、成长潜力大、带动性强、综合效益好的特征，对转变经济发展方式，推动产业优化升级，提升产业国际竞争力，扩大内需和创造就业具有重要的战略意义。面对复杂和不确定的发展环境，我国战略性新兴产业的培育和发展需要统筹协调好以下几个方面的关系。

一是市场调节与政府引导的关系。要充分发挥我国市场资源比较优势，通过创新和转变消费模式，加快新兴市场的培育，调动企业主体的积极性，促进产学研用结合。同时，要注重政府引导作用的发挥，尤其是对关系战略性新兴产业发展的重要领域和关键环节，要发挥政府作为产业引导者和公共产品提供者的作用，营造鼓励产业创新发展的氛围，降低战略性新兴产业发展的风险和不确定性。

二是战略性新兴产业和传统产业发展的关系。战略性新兴产业与传统产业发展密不可分。一方面传统产业是战略性新兴产业发展的基础，既为战略性新兴产业提供一定的配套，又提出新的产业需求；另一方面战略性新兴产业发展将会带动传统产业的技术改造和升级，提升传统产业技术水平。在战略性新兴产业培育和发展壮大的过程中，需要以产业融合发展观念强化两者的互动和结合。

三是科技创新和产业化的关系。战略性新兴产业发展既离不开科技创新的推动，也离不开产业化的牵引，需要两者紧密结合。一方面科技创新为产业化发展引领方向，并提供知识和技术成果支持；另一方面又需要产业化将科技创新成果转化为现实生产力，需要产业化提出更加具体的需求，为科技创新指明方向。

四是国内和国际创新资源的关系。战略性新兴产业培育和发展是在开放环境下进行的，面对国内和国际两种创新资源，一方面需要提升技术引进、消化、吸收、再创新和集成创新能力，整合利用好国内外创新资源；另一方面需要充分认识到，决定战略性新兴产业未来竞争制高点的原始创新和核心技术又必须依靠自身创新能力提升来解决。

探索应对全球气候变化

全球气候变化对世界经济发展的压力进一步加大。气候变化问题是21世纪人类社会面临的最严峻挑战之一，事关人类生存和发展。工业革命以来，人类大量消耗化石能源、砍伐森林，造成温室气体大量排放，是引起当前全球气候变化的主要原因。面对全球气候变化的压力，世界经济发展正受到越来越大的制约，世界各国都将面临转变发展方式和实现可持续发展的挑战。

世界各国加快向低碳发展方式转变。面对气候变化不利影响带来的严峻挑战，世界各国一直都在寻找公正合理地控制温室气体排放、解决气候变化问题的途径，并取得了一定的进展。同时，也在促进经济发展向低碳方向转变。

积极应对全球气候变化是我国加快经济发展方式转变的内在需求。我国作为最大的发展中国家，正在进行着人类历史上最大规模的工业化、城镇化过程，目前正处于工业化中期后半阶段，重化工业在工业中占有相当比重。"十二五"时期，是我国工业化和城镇化加快发展的关键阶段，我国已不能像发达国家工业化时期一样无限制排放温室气体。这就要求我们要抓住全球气候变化的契机，变挑战为机遇，加快经济发展方式转变，切实提高我国的可持续发展水平。

探索符合中国国情的低碳经济发展模式。中国未来的低碳经济发展模式选择，必须立足基本国情，综合考虑节能减排、能源结构调整、低碳技术发展、低碳消费模式培育和增加碳汇等方面的工作。一是重视节能减排。要通过优化产业结构，降低高耗能产业比重，继续推进重点行业和耗能大户的节能技术改造，加强节能管理。二是优化能源结构。要通过政策引导和资金投入，积极发展水电、核电和风电，推进太阳能光伏发电的商业化进程，因地制宜开发利用生物质能，提高非化石能源在一次能源消费中的比重。三是加快发展低碳技术，建立以低碳排放为特征的工业、建筑、交通体系。要大力发展高新技术产业和现代服务业，推动低碳技术产业化。四是发展低碳产品，倡导低碳消费模式。五是加强林业建设，增加森林碳汇。

（原载《经济日报》2011 年 2 月 22 日）

调整和优化产业结构　促进经济可持续发展

产业结构是经济结构的重要组成部分，调整和优化产业结构，是深入贯彻落实科学发展观、转变经济发展方式的要求；是应对世界后金融危机和全球气候变化的要求；是使我国企业在国际经济的激烈竞争中始终保持较强竞争力，促使我国经济保持长期可持续发展的要求。在这个问题上，我们既要有紧迫感，力求短期内有所突破，又要做好长期作战的准备，打一场攻坚战、持久战。

一　调整和优化产业结构、促进经济发展方式转变是一项长期而艰巨的战略任务

2009 年，我国三次产业的产值结构是 10.3∶46.3∶43.4；2008 年，我国三次产业的就业结构是 39.6∶27.2∶33.2[①]。我国在产业结构方面存在的主要问题是：

（一）第一、第二、第三产业发展不协调

主要表现是：

一产不稳。在第一产业的发展中，国家对农业基础设施投入不够，农业特别是水利的基础设施薄弱，还不能从根本上解决靠天吃饭的问题；科技投入不够，科技服务体系不健全，科技服务力量薄弱；经营单位规模小，经营分散，现代化农牧业比重小、水平低；我国农业的劳动生产率低，占 40% 左右的劳动力只提供了 10% 的国内生产总值。

---

① 国家统计局编：《中国统计年鉴》（2009），中国统计出版社 2009 年版。

二产不强。我国工业已经形成庞大的生产能力，我们已经是工业大国，但是还不是工业强国。我国的主要工业产品产量居世界前列，钢材、水泥、原煤、化肥、发电量、棉纱、棉布以及主要的家用电器等近 200 种产品的产量位居世界第一。我国制造的玩具占全球产量的 70% 左右，鞋类产品占全球产量的 50% 左右，彩电占全球产量的 45% 左右，空调占全球产量的 30% 左右，纺织品服装贸易占全球的 24% 左右。但是我们的工业现代化水平还不高，根据我们的测算，我国的工业现代化水平只有 30%—40%，详见表 1。

表 1　　　　　　　　　　　我国工业的现代化水平测评

具体指标	2004 年实际值	关于 2004 年实际值的说明	标准值	2004 年实际值/标准值	权重（%）	2004 年中国工业现代化综合指数
制造业中每个员工的增加值（全员劳动生产率1990 年美元/年人）	7733.1	《中国统计年鉴2005》	50000	0.16	35	36.7
主要生产设备达到国际水平比例（%）	27	根据福建 2004 年工业企业抽样调查资料推算	80	0.34	8	
制造业信息能力	10.5	根据《2003 中国制造业信息化指数报告》调整	50	0.21	8	
工业增加值与原材料工业增加值比例（%）	3.14	《中国工业统计年鉴 2004》	6.7	0.47	7	
工业品贸易竞争指数	0.109	《中国统计年鉴2005》	0.5	0.22	8	
高技术出口品占制成品出口比例（%）	27.3	《中国高技术产业统计年鉴2004》	30	0.91	7	
研发投入强度（%）	0.71	第一次经济普查	3	0.24	7	
每千克能源产生 GDP（1995 年美元）	3.6	《中国统计年鉴2005》	5	0.72	10	
每千克二氧化碳排放量对应的 GDP（1995 年美元）	1.6	世界银行报告	2.5	0.64	10	

资料来源：陈佳贵、黄群慧等著《中国工业现代化问题研究》，中国社会科学出版社 2004 年版。

三产发展不足。我国第三产业在国民生产总值中所占的比重多年来徘徊在 40% 左右，最高年份是 2009 年，达到 43.14%，但是 2010 年又有所下降，未达到"十一五"规划要达到的 43.5% 的预期目标。今后现代服务业，特别是生产性服务业还有很大发展潜力。

（二）各个产业内部结构，特别是工业内部结构很不合理

一是轻、重工业的比重不协调。1978 年我国的轻工业在工业中的比重只有 43%，经过几年调整上升到 1985 年的 47.14%，之后的十多年，轻重工业的比重分别在 50% 左右波动，基本上保持了协调发展的态势。到 20 世纪末，我国的工业结构出现了较为明显的重化工业发展趋势，在 1999—2008 年的十年间，轻工业产值比重由 41.9% 下降到 28.9%，重工业由 58.1% 上升到 71.1%。重工业的比重比改革开放前还要高①。

二是一些行业产能严重过剩。钢铁、电解铝、水泥、造船、汽车制造、纺织服装等行业的产能都严重过剩。高耗能产业发展过多、过快，高耗能产业用电占全部工业用电的 80% 左右。

三是传统产业技术水平低。多数传统产业都没有自主技术。截至 2005 年，我国自主产业生产率水平只有 20%，而且 99% 以上的企业都没有自主核心技术。我国的一些支柱产业核心技术与产业主导权更严重"空心化"。在汽车（轿车）、重大装备制造等产业中，我国自主产业的国内市场份额只有 20% — 30%。我国是微波炉生产大国，但在微波炉生产的 200 多项专利技术中，我国只拥有 20 多项，每出口一台微波炉还需交 3—5 美元的专利费。四是高新技术产业发展慢。高新技术产业增加值在国民生产总值中的比重还不到 15%，在制造业中的比重还没有超过 20%。

（三）产业组织结构很不合理

"大而全"、"小而全"的现象仍然严重，大企业不强，小企业不专、不精、不特；在区域间的配置不合理，有趋同化的趋向。产业结构存在的这些问题在经济发展方式方面凸显出来我国企业自主创新能力不强，核心竞争力

---

① 《中国统计年鉴》（2000—2009）。

弱，产品的附加值不高，缺乏知名品牌。多数企业过度依靠工人的低收入、能源与原材料的低价格和环境保护的低投入获得利润，维持生存和发展。

（1）据统计局的数据，1992—2008 年，我国劳动者报酬占 GDP 的比例呈下降的趋势，年均为 50.8%。1992 年的比重为 54.6%，之后逐年下降，2008 年的比重降到 1992—2008 年间的最低点，为 47.8%。这一水平比这期间的年均水平低 3 个百分点，比最高的 1992 年下降 6.8 个百分点，①明显低于成熟市场经济国家 54%—65% 的水平。而同期企业利润占 GDP 的比重从 21.9% 增加到 29.6%。一些垄断行业职工收入特别是企业高管人员的收入过高。另根据国际组织测算，目前我国制造业劳动力成本仅相当于发达国家的 3% 左右。1996—2005 年的 10 年间，全国职工工资总额年均增长 9.15%，不足同期企业利润增幅（28.62%）的 1/3，农民工工资增长更慢。

（2）资源消耗高、浪费大。目前我国钢铁、电力、水泥等高耗能产业单位产品能耗比世界先进水平平均高 20% 左右；矿产资源总回收率为 30%，比国外先进水平低 20% 以上；木材综合利用率为 60%，比国外先进水平低 20%。再生资源利用量占总生产量的比重，比起国外先进水平也低很多，其中，钢铁工业年废钢利用量不到粗钢总产量的 20%，国外先进水平为 40%；工业用水重复利用率比国外先进水平低 15%—25%。以上问题严重制约了我国未来的发展，需要在科学发展观指导之下，通过推进循环经济等途径加以解决。

（3）环境破坏和污染严重。据环保部监测，我国水污染物排放总量居高不下，水体污染相当严重。2005 年全国七大水系的 411 个地表水监测断面中有 27% 的断面为劣 V 类水质，全国约 1/2 的城市市区地下水污染严重，一些地区甚至出现了"有河皆干、有水皆污"的现象。我国部分流域水资源的开发利用程度过高，加剧了水污染的恶化趋势。据最新《水资源调查评价结果》，淮河开发利用率为 53%、辽河开发利用率为 66%、海河开发利用率为 100%，导致这些河流枯水期基本没有生态流量，大大降低了流域水体的自净能力。

---

①　全国人大财政经济委员会调研组：《国民收入分配若干问题研究》，中国财政经济出版社 2010 年版。

　　从长期看，因为上述问题的存在，当前这种发展方式是不可持续的。如果不进行调整，今后我国经济将遇到重重困难，甚至使我国陷入中等收入陷阱，影响现代化的进程。

　　但是，我们也必须看到，要调整产业结构、转变经济增长方式并不是一件轻而易举、一蹴而就的事情，它存在许多"两难"的选择。比如，经济增长速度与效益、就业的关系。统计资料和事实都证明，由于当前我国经济是一种粗放型经济，只有保持一定经济增长速度，企业才能获得高额的利润，国家才能有高增长的财税收入，就业难的问题才能得到缓解。远的不说，2003—2007年这5年间，我国经济保持了10%以上的增长速度，企业生产的东西能顺利销售出去，利润大幅度增加，投资回报率高，政府财税收入高速增长，城乡居民就业率也很高，收入增长快，大家的日子都好过。在这种皆大欢喜的情况下，既缺乏外在的压力，也无内在的动力，要调整产业结构、推动经济发展方式的转变只能是纸上谈兵。2008—2009年经济增长速度下来了，这本来是调整和优化结构，特别是调整优化产业组织结构的好时机，但是我们为了不使经济增长速度回落过快，又不得不出台一些措施去保增长、保速度，使一些本来应该破产的企业又活了过来，也使投资和消费的结构更趋恶化。如何既能保持一定的增长速度，又能促进产业结构的调整和经济发展方式的转变，始终是我国经济发展面临的"两难"选择。

　　除了增长速度和效益的关系外，我国在发展劳动密集型产业和资金、技术密集型产业上也面临"两难"选择。我国的人口多，劳动力充足，工资成本低；企业的整体技术水平低，研究和开发能力弱，特别是核心技术和关键技术缺乏。很显然，在相当长的时期内我国发展劳动密集型产业比发展资金、技术密集型产业更具优势。但是，我国是一个大国，经济的国际化程度越来越高，为了国家安全和国计民生的需要，为了保持经济的可持续发展、实现工业化和现代化，为了增强国际竞争力，我们又必须发展资金、技术密集型产业，促进产业的升级，在这个问题上我们同样面临"两难"的选择。

　　还有在扩大内需和增加出口、发展重化工业和节能减排、发挥地区优势和区域协调发展等问题上，我们也都面临"两难"选择。它们增加了我们调整和优化产业结构、促进经济发展方式转变的难度，决定了这项战略任务的长期性、复杂性。

但是，经济发展的历史告诉我们：必须有所失才能有所得，要想舒舒服服地进行产业调整、转变经济发展方式是根本不可能的，这无异于熊掌和鱼都要兼得。我们在处理短期利益和长远利益、处理短期高速发展和长期可持续发展的关系时，要统一思想、排除困难，下决心牺牲一点短期的发展和短期的利益，推进产业结构的调整和经济发展方式的转变，从而促进经济可持续发展。

二　调整和优化产业结构、转变经济发展方式要考虑的主要因素

既然是一项长期的战略任务，我们在强调它的紧迫性的同时，也必须清醒认识到它的长期性和复杂性，在提出任务、确定目标、编制规划和制定政策时要充分考虑以下因素：

（一）要正确分析我国的经济特点和经济发展阶段

经济结构是发展变化的，它和各个国家的经济特点、经济发展阶段存在着密切的联系。比较英国、美国、德国、日本、韩国和中国台湾地区的情况，大体上可以分为两种类型：第一种类型是英国、美国、日本、韩国和中国台湾地区，可以概括为以三产为主体的发展类型，即在整个工业化进程中，二产和三产都在高速增长，但是它们的三次产业结构维持了3∶2∶1类型；第二种类型是德国，它在工业化进程中二产和三产也同时高速增长，但是却维持了2∶3∶1类型。

不过，它们的共同特点是，在实现工业化后，第三产业继续保持高速增长的态势，比重更进一步增大，而第二产业的比重开始降低，都逐步转变成了3∶2∶1类型的发展模式。美国在20世纪60年代二产比重才开始下降，三产继续上升，完成了这一转变；英国1955年后二产比重开始下降，三产继续上升，完成了这一转变。正是由于有了这些变化，美国学者丹尼尔·贝尔在1959年提出了后工业社会的概念，1962年和1967年分别发表了《后工业社会：推测1985年后的美国》和《关于后工业社会的札记》

两篇论文,之后他把这些文章中的观点系统化,1973 年出版了《后工业社会的来临》的著作①。德国是制造业大国,1980 年以后二产比重才开始下降,三产继续上升,也完成了这种转变;日本也是制造业大国,工业化也比欧美国家晚,直到 1990 年以后二产比重才开始下降,三产继续上升;韩国 1990 年后二产的比重开始下降,三产比重继续上升;中国台湾地区 1985 年后二产比重开始下降,三产比重继续上升。详见图 1 至图 6。

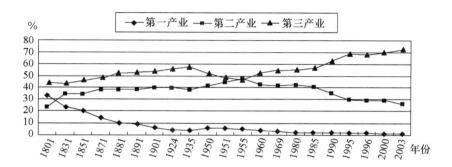

图 1 英国三次产业结构的变化

资料来源:中国社会科学院世界经济与政治研究所编:《主要资本主义国家经济统计集(1848—1960)》,世界知识出版社 1962 年版;汪斌:《国际区域产业结构分析导论》,上海人民出版社 2001 年版;世界银行编:《世界发展报告》(1997—2008)。

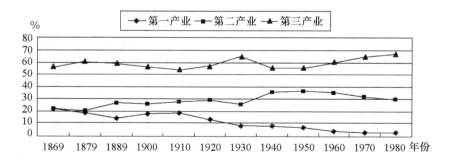

图 2 美国三次产业结构的变化

资料来源:同图 1。

---

① [美]丹尼尔·贝尔:《后工业社会的来临》,高铦译,商务印书馆 1984 年版。

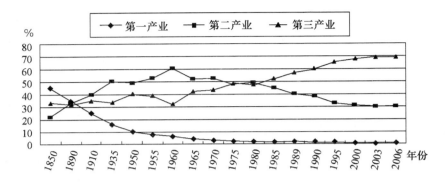

图 3   德国三次产业结构的变化

资料来源：同图 1。

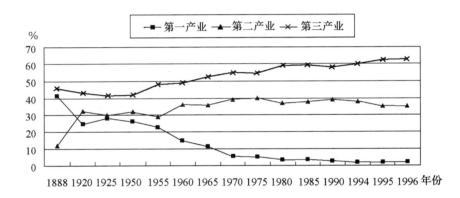

图 4   日本三次产业结构的变化

资料来源：同图 1。

我国正处在工业化的中后期阶段，农业的比重会进一步降低。其他工业化国家的发展进程说明，在这一阶段第二产业仍有较大的发展空间，服务业特别是生产性服务业有很大潜力。只有了解这种发展规律和正确认识我国的经济发展阶段，才能提出切合具体实际的目标。

（二）要充分考虑我国区域经济发展不平衡的因素

从整体上看，当前我国已经进入工业化的中后期阶段，但是各地区经济发展很不平衡。据我们研究，全国有 7 个省、直辖市已经实现了工业化

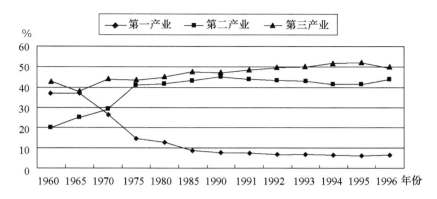

图 5　韩国三次产业结构的变化

资料来源：方甲主编：《产业结构问题研究》，中国人民大学出版社 1997 年版，第 196—223 页。

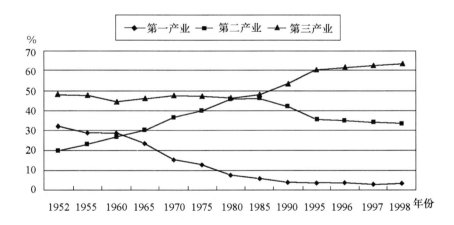

图 6　中国台湾地区三次产业结构的变化

资料来源：同图 1。

或进入工业化后期阶段；有 12 个省、直辖市、自治区处于工业化中后期发展阶段；有 11 个省、自治区还处于工业化的初期阶段；西藏还处于工业化的前期阶段。详见表 2、表 3。

表 2   工业化不同阶段的标志值

基本指标		前工业化阶段 (1)	工业化实现阶段			后工业化阶段 (5)
			工业化初期 (2)	工业化中期 (3)	工业化后期 (4)	
1. 人均GDP（经济发展水平）	1995 年美元	610—1220	1220—2430	2430—4870	4870—9120	9120 以上
	2000 年美元	660—1320	1320—2640	2640—5280	5280—9910	9910 以上
	2005 年美元	745—1490	1490—2980	2980—5960	5960—11170	11170 以上
2. 三次产业产值结构（产业结构）		A > 1	A > 20%，且 A < 1	A < 20%，1 > S	A < 10%，1 > S	A < 10%，1 < S
3. 制造业增加值占总商品增加值比重（工业结构）		20% 以下	20%—40%	40%—50%	50%—60%	60% 以上
4. 人口城市化率（空间结构）		30% 以下	30%—50%	50%—60%	60%—75%	75% 以上
5. 第一产业就业人员占比（就业结构）		60% 以上	45%—60%	30%—45%	10%—30%	10% 以下

资料来源：陈佳贵、黄群慧等：《中国工业化蓝皮书——各省市工业化进程分析》，社会科学文献出版社 2007 年版。

表 3   2007 年我国整体和各地工业化进程

区域阶段		中国大陆	四大经济板块	七大经济区域	31 省市区
后工业化阶段 (5)					上海 (100)、北京 (100)
工业化后期 (4)	后半阶段			长三角 (76)	天津 (94)、广东 (83)
	前半阶段		东部 (68)	珠三角 (68) 环渤海 (67)	浙江 (80)、江苏 (80)、山东 (73)
工业化中期 (3)	后半阶段	中国大陆 (52)			辽宁 (63)、福建 (59)
	前半阶段		东北 (49)	东北 (49)	山西 (45)、内蒙古 (43)、吉林 (42)、湖北 (40)、河北 (40)、重庆 (37)、黑龙江 (36)、宁夏 (36)、陕西 (33)、青海 (33)

续表

区域阶段		中国大陆	四大经济板块	七大经济区域	31 省市区
工业化初期（2）	后半阶段		中部（24） 西部（18）	中部六省（24） 大西北（19） 大西南（17）	河南（32）、湖南（30）、 安徽（28）、四川（28）、 江西（27）、新疆（26）、 甘肃（23）、云南（22）、 广西（21）、海河（19）
	前半阶段				贵州（16）
前工业化阶段（1）					西藏（0）

资料来源：陈佳贵主编：《中国经济发展："十一五"中期评估和"十二五"展望》，中国社会科学出版社 2010 年版。

说明：（1）表示前工业化阶段（综合指数为0）；（2）表示工业化初期（综合指数值大于0，小于33）；（3）表示工业化中期（综合指数值大于等于33，小于66）；（4）表示工业化后期（综合指数值大于等于66，小于等于99）；（5）表示后工业化阶段（综合指数值为大于等于100），表3中又把（2）、（3）、（4）阶段分为前后阶段。

由于各地所处的工业化阶段不同，对产业结构的要求也是不同的，它们面临的任务也应该有所区别。对于已经实现工业化和处于工业化发展后期阶段的地区来说，它们面临的主要任务是如何促进产业结构升级的问题；而对于处于工业化初期阶段的地区来说，它们面临的主要任务则是加快工业化进程的问题。从这种意义上说，产业结构调整与经济发展一样，也有一个梯度转移的过程。而且有少数地区并不一定非要经过工业化的全过程不可，如海南、西藏等。因此，产业结构的调整、优化也不能搞"一刀切"、对全国提出一个统一的要求、推行一个统一的产业结构调整政策，而是应该实行共同而有区别的政策。

此外，还要考虑各个地区资源禀赋等特点，发挥各地的优势，形成自己的产业特点。对于全国和省、直辖市和自治区一级来说，毫无疑问要强调第一、第二、第三产业的协调发展，但对于省级以下地区来说，更多地是要强调发挥自己的优势，突出特色产业的发展，并围绕它形成相关的产业链。也只有这样，才能减少区域产业结构趋同化的趋向。

（三）要考虑世界经济发展的大趋势

这次国际金融危机，表面看是由美国的房屋次贷引起的，但是仔细研究就会发现一些更深层次的原因。比如国际经济失调的问题，至少有三方面的原因：一是发达国家特别是美国居民的低储蓄、高消费，政府的高负债；二是新兴工业化国家经济的高速增长带动了出口的高速增长，对美国等形成了大量的贸易顺差和债权；三是资源供给型国家依靠资源的高价格获得了大量外汇，维持了经济的繁荣。这次金融危机发生后，各国都在反思自己的经济发展模式，并已经在着手调整，如美国等发达国家都在强调提高居民储蓄率、减少政府的赤字、增加出口，有的甚至提出了再工业化的口号。他们这种调整必然影响到我国的出口，过度依靠出口拉动经济增长的做法必须改变，我国出口企业将面临很大压力，必须改变以大批量、低价格竞争的格局，树立自己的品牌，增加出口产品的附加值。

（四）要十分重视在节能减排和环境保护方面面临的压力

我国已经是能源消费国和碳排放大国，节能减排的压力越来越大，环境保护的压力越来越大。在这方面，除加快开发新能源，采用先进技术节能减排外，产业结构调整方面也大有可为。比如，轻重工业结构的变化对我国的能源生产和消耗产生了重大影响。2003 年前的 15 年，我国能源消耗弹性系数大体上为 1：0.6；也就是说，GDP 增长 1%，能源消耗只增长 0.6% 就够了；2003 年后，能源消耗弹性系数达到 1：1 左右，即 GDP 增长 1%，能源消耗也要增长 1%。工业结构的重化工业化和我国的工业化已进入中后期阶段，与出现了消费升级有一定关系，但是与近些年来我国居民消费在国民收入中所占的比重减低、消费对经济增长的拉动不够强、过度依靠投资拉动经济和把大量的高耗能产品销售到国外去也有很大关系。所以我们应当调整分配结构，增强消费对经济增长的拉动力，以促进轻重工业结构的调整，优化工业的内部结构，减轻节能减排的压力。

（五）要密切关注世界技术发展的新动向，特别要关注新技术革命的进展和战略性高技术产业的发展

目前，我国高新技术产业的比重还比较低，用高新技术改造传统产业的任务也很重。近现代历史表明，科学的快速进步，技术的重大突破和创新，不仅会大大发展和提高社会的生产力，改变社会的生产方式和人民的

生活方式，也必然引起经济结构的大调整。这次国际金融危机以来，世界主要国家都更寄希望于科技进步，培育战略性新兴产业，加快经济结构调整和升级，抢占新一轮国际竞争的先机和优势。新兴产业不仅技术含量高、产品的附加值高、消耗的能源少、对环境的污染小、能对传统产业进行改造、促进其升级换代，而且有些新兴产业直接就是增加清洁能源的供给和有利于节能减排的，如太阳能、风能、生物质能源以及许多节能减排技术的运用等。所以我们必须高度重视节能环保、新一代信息技术、生物、高端装备制造、新能源、新材料和新能源汽车等战略性新兴产业的发展，高度重视基础科学的重大进展与突破，在这些领域加大投入、抢占先机。同时要深化科技体制改革，加快成果转化，快速形成产业和产业链。

三　调整和优化产业结构、转变经济发展方式既要依靠政府政策，更要发挥市场配置资源的基础作用

毫无疑问，政府的政策对调整和优化产业结构、转变经济发展方式是有很重要作用的。它们主要表现在以下几个方面：一是制定正确的宏观经济政策，保持经济的总量平衡，保持各种主要关系的协调，使国民经济平稳较快发展，避免大起大落，为调整和优化产业结构创造适宜的宏观环境。二是通过财政政策的导向引导新兴产业、弱势产业的发展，培养新的经济增长点；引导企业进行技术改造，淘汰落后生产力，鼓励企业进行技术创新和开发新产品，增强市场竞争力。三是通过税收政策的调整，鼓励企业进行技术改造，采用新技术、新工艺。四是通过制定法律、法规和政策，促进企业进行产业结构的调整和升级，促使企业节约资源、能源和保护环境，等等。

但是，产业结构的调整和优化、经济发展方式的转变最终还要靠市场的力量，既要靠市场配置资源的基础作用来推动，也要靠市场的最终反应来检验。政府的政策只能是因势利导，加大其助推力。为此，我们必须深化改革，完善有利于市场机制充分发挥作用的体制和机制。要深化财政体制改革，调整中央和地方的利益关系，理顺省以下的财政体制；完善公共财政体制，规范转移支付制度，实现公共财政均等化；要深化预算制度的

改革，把各种专项基金、国有企业的收入、社保基金等都纳入国家预算，增强预算的约束力、权威性；要深化税收制度的改革，全面实施增值税的转型，加快资源税的改革和其他税制的改革；要深化投资体制的改革，特别要改革国有投资无人负责的制度；要深化国有企业的改革，特别是加快推进垄断行业的改革；要推进行政管理体制的改革，简政放权，增强服务职能，大力减少政府对微观经济的干预。

总之，只有深化改革，完善社会主义市场经济体制，使市场在资源配置中发挥基础性作用，才能在宏观经济政策的指导下，顺利推进产业结构的调整和经济发展方式的转变，才能巩固调整、转变的成果，促进经济可持续发展。

（原载《中国社会科学院研究生院学报》2011 年第 2 期）

稳步推进城乡一体化建设
促进城乡协调发展

一　我国经济社会已进入以工促农、以城带乡的发展新阶段，在中共十六届四中全会上，胡锦涛总书记提出了"两个趋向"的重要论断，强调我国总体上已进入工业反哺农业、城市支持农村的发展阶段

我们的研究表明，这个新阶段是从"十五"开始的。主要有以下五点依据：

（一）进入 21 世纪后，我国工业化、城市化的步伐明显加快

据测算，到 2005 年，我国工业化水平综合指数已经达到 50，进入中期的后半阶段。其中，上海、北京、天津、江苏、浙江、广东、山东 7 个省、直辖市已经实现了工业化或进入工业化后期阶段；辽宁、福建、山西、吉林、内蒙古、湖北、河北、黑龙江、宁夏、重庆 10 个省、直辖市、自治区处于工业化中后期发展阶段；陕西、青海、湖南、河南、新疆、安徽、江西、四川、甘肃、云南、广西、海南、贵州 13 个省、自治区还处于工业化的初期阶段。与此同时，我国城市化的进程也明显加快。到 2005 年，我国城市化率达到 42.99%。其中，北京、天津、辽宁、吉林、黑龙江、上海、江苏、浙江、广东 9 个省、直辖市城市化率达到 50% 以上。

（二）财政收入增加很快，财政规模迅速扩大

"九五"期间（1996—2000）我国财政收入年均增长 16.49%，"十五"期间（2001—2005）年均增长 20.43%，"十一五"的头三年（2006—2008）年均增长 21.81%。这一时期，我国财政收入远远高于1979—2008 年年均增长 14.2% 的水平。更重要的是，伴随工业化的加速推进，我国财政收入的规模扩大得很快。我国财政收入突破 1 万亿元用了50 年时间（1999 年为 11444 亿元），突破 1 万亿元后，增加到 2 万亿元用了 4 年的时间，由 2 万亿元增加到 3 万亿元用了 2 年时间，由 3 万亿元增加到 5 万亿元也只用了 2 年时间，由 5 万亿元增加到 6 万亿元，只用了 1年的时间。今年有望接近或突破 10 万亿元大关。

（三）财政支农资金快速增长，规模扩大

国家开始对"三农"进行大规模投入，对"三农"进行全面补偿。国家对农民实行了种粮直补、良种补贴、购买农机具补贴和农资综合补贴。此外，国家还加大了对农村基础设施建设和社会事业建设的投资。据财政部提供的资料，2000 年后，财政用于支农的资金绝对数增长很快，2000 年只有 1231.54 亿元，2005 年达到 2450.31 亿元，增长近 2倍。"十五"期间，支农资金的平均增长速度达到 14.9%，比"九五"时期加快 1.6 个百分点。2006 年财政的支农资金达到 3517 亿元，2007年和 2008 年分别达到 4318 亿元和 5955.5 亿元，2009 年又达到 7253.1亿元。"十一五"前 4 年达到 21043.6 亿元，超过前 50 年支农资金的总和。

（四）全面取消了农业税

进入 21 世纪后，随着工业化步伐的加快，我国逐步由农业大国转变为工业大国，国家的财政收入主要依靠工业和为工业服务的现代服务业。在三次产业中，农业提供的财政收入比重大大降低，农业税占全国财政收入的比重已经从 1950 年的近 40% 降到 2000 年的 3% 左右。这表明，全面取消农业税对财政收入已不再构成重大影响。为此，在逐步减轻农民负担

的基础上，2006 年我国全面取消了农业税，以及除烟叶外的农业特产税，减轻农民负担 500 亿元左右，使 7 亿多农民受益。这标志着我国延续了2600 多年农民缴纳"皇粮国税"历史的终结。

（五）提出了建设社会主义新农村的构想，农村基础设施建设和社会文化事业发展加快

2005 年 10 月，中共中央提出"十一五"规划《建议》，明确了建设社会主义新农村的目标和任务。之后，中央政治局、国务院都先后专题研究了建设社会主义新农村问题。中央出台的一系列文件和政策措施都一致强调，要加大对"三农"的投入，努力减轻农民负担，千方百计增加农民收入，逐步把农村建设成为"生产发展、生活宽裕、乡风文明、村容整洁、管理民主"的社会主义新农村。

以上事实说明，我国经济社会总体上已进入工业反哺农业、城市支持农村的新阶段。也正是因为我国进入这样一个新的发展阶段，党中央、国务院才适时提出了推进城乡一体化建设，统筹城乡发展的要求。但我们也应看到，由于我国经济社会发展不平衡，各地推行城乡一体化建设的条件是存在差异的。对那些已经进入工业化后期或已经实现了工业化，且城市化率达到 50% 以上的地区来说，它们已经具备了实现城乡一体化建设的条件，应该一方面促进产业结构的升级，一方面加快推进城乡一体化建设；对于那些还处于工业化初期和中期阶段的地区，且城市化率还在 40% 以下的地区来说，它们面临的主要任务仍然是加快工业化和城市化的步伐，同时选择一些具备条件的城市进行城乡一体化的试点，待条件成熟以后再全面推进城乡一体化的工作。

二　推进城乡一体化建设必须解决几个关键问题

近两年，有关部门批准了一些地方进行城乡一体化建设的试验，各省、直辖市、自治区也在努力推动这项工作，许多专家学者对这一问题也进行了广泛的讨论。实践和理论研究都表明，要使城乡一体化建设真正卓有成效，除工业化和城市化要达到相当高的水平外，在具体工作中还必须在以下几个关键问题上取得突破：

（一）公共财政均等化问题

近些年，国家加大了对"三农"的投入，这是应该肯定的，但是，与对城市的投入比较，差距还很大。同时，这几年财政对"三农"投入的绝对额虽然在扩大，但是增长率还低于财政的增长速度。此外，这些年来，国家对农业基础设施投入还很不够，许多水利设施年久失修，对农村社会事业特别是社会保障的投入也很不够，城乡收入差距、城乡生活环境差距还很大。

（二）户籍制度改革问题

这始终是困扰城乡一体化建设的一大难题。不仅1亿多到城里务工的农民工的身份问题没有解决，就连从农村出来的大专毕业生，如果他们在城里找不到工作或已经就业而没有找到落户的单位，户口也还要转回农村。由于城乡户口有严格区分，农村户口的居民在教育、就业、工资待遇等方面受到诸多限制。中央对户籍改革虽然也有一些要求，但由于这是一个综合性问题，仅靠某个部门、地方的努力是很难推进的，必须要有统一部署，进行综合配套改革。

（三）土地制度改革问题

法律上虽然规定农村土地属于集体所有，并承包给农民长期经营使用，但在实际工作中土地所有权和经营权很难落实。不少地方政府侵犯农民利益，低价征收农村土地，转手卖给开发商，获得了大量的土地基金，大部分用于大中城市的建设。过去政府是靠剪刀差积累资金搞城市建设，现在不少地方政府是靠征收农村土地搞城市建设。土地流转中也存在规模效益差、劳动生产率低等许多问题。国家统计局的统计数据表明，2009年，在农村就业的劳动人口占总就业人口的38%以上，但第一产业提供的GDP只有10.3%。

（四）城乡社会保障全覆盖问题改革开放以来，我国农村原有的社会保障体系解体了，新的社会保障体系长期未建立起来

近几年，中央开始重视新型的农村社会保障体系的建设，"新农保"开始在部分地区试行，但是覆盖面还比较窄，保障水平比较低，国家对农村社会保障体系建设的投入还很少。在城市务工的农民工不少也还没有参保，参保人的养老保险也还不能正常流转。

（五）城乡劳动力统一市场形成问题

由于户籍的限制，我国的劳动力市场实际上是分割的，形成了城市和农村两个劳动力市场，就业结构很不合理。从产值结构看，2008 年，我国第一、第二、第三产业的产值结构为 11.3：48.6：40.1；而就业结构却为 40.0：26.8：32.4。发达国家产值结构和就业结构基本上是同步变化、大体协调的。由于户籍制度的障碍和劳动力市场的分割，我国不少产业的工人都是以农民工为主体，这是世界上绝无仅有的。由于城乡劳动力市场的分割，农民工很难获得与城市户籍工人相同的待遇。

（六）加快中小城镇建设问题随着我国工业化和城市化进程的加快，还会有数额巨大的农村人口转移到城市来

由于大中城市和小城镇的承载力有限，多数转移出来的农村人口将聚集在中小城市特别是小城镇，而国家对中小城市和小城镇建设投入不足，产业集聚效果差。因此，如果不解决中小城市和小城镇的产业发展和居住环境问题，要想把农村转移出来的农村人口稳定在这些地方定居非常困难。

（原载《中国社会科学院要报领导参阅》2010 年 10 月 25 日）

工业化进程与财政收支结构的变化

工业化进程改变了解放初期财政收入主要来源于农业和传统的商业流通业的状况。从"九五"时期（1996—2000）开始，我国由农业大国向工业大国加速转变，国家财政收入主要来源于工业和现代服务业，财政收入状况大大改善，开始大力度减轻农民负担，2006年我国全面取消了农业税，从此，农民种地不仅不再交税，而且还能得到种粮食直接补贴、良种补贴、化肥补贴、购买农具补贴及其他补贴，国家还加大了对农村水利、道路等基础设施建设和其他社会、文化建设的支持力度。这标志着我国已经全面进入工业反哺农业、城市支援乡村的新阶段。

一　工业化进程与财政收入的增长

根据我们的研究，我国的工业化进程是从1992年以后才开始加速推进的，1995年中国工业化水平综合指数达到18，表明我国已经进入工业化初期的后半阶段，到2000年，中国的工业化水平综合指数达到了26，工业化水平综合指数年均增长达到1.6，这表明1995—2000年的整个"九五"期间，中国工业化进程开始加速，进入了加速期，但仍处于工业化初期的后半阶段。到2005年，中国的工业化水平综合指数达到50，这意味着工业化进入中后期阶段。也就是说，"十五"期间，中国工业化进入了高速推进期，工业化水平综合指数年均增长接近5（陈佳贵、黄群慧，2004）。

随着工业化进程的加快，第二产业特别是工业在国民经济中的地位更加突出，更加重要，与此同时，我国财政收入也进入了加速和高速增长期，第二产业对财政收入的贡献也越来越大（见表1）。

从表1和图1可以看出，1981—2008年的28年中，我国财政收入增长可以划分为以下两个大的阶段：

表1　　　　　　　1981—2008 年我国财政收入与财政收入增长速度

年份	财政收入（亿元）	财政收入增长速度（%）	年份	财政收入（亿元）	财政收入增长速度（%）
1981	1175.79	1.4	1995	6242.20	19.6
1982	1212.33	3.1	1996	7407.99	18.7
1983	1366.95	12.8	1997	8651.14	16.8
1984	1642.86	20.2	1998	9875.95	14.2
1985	2004.82	22.0	1999	11444.08	15.9
1986	2122.01	5.8	2000	13395.23	17.0
1987	2199.35	3.6	2001	16386.04	22.3
1988	2357.24	7.2	2002	18903.64	15.4
1989	2664.90	13.1	2003	21715.25	14.9
1990	2937.10	10.2	2004	26396.47	21.6
1991	3149.48	7.2	2005	31649.29	19.9
1992	3483.37	10.6	2006	38760.00	22.5
1993	4348.95	24.8	2007	51322.00	32.4
1994	5218.10	20.0	2008	61330.00	19.5

资料来源：根据《中国统计年鉴》的数据整理。

第一阶段是 1981—1992 年，可以称为不稳定增长阶段。最高增长年份的 1985 年达到 22.0%，次高年份的 1984 年达到 20.2%，

但是 1981 年只有 1.4%，1982 年只增长 3.1%，1986、1987 年分别只有 5.8% 和 3.6%，1988 年只有 7.2%，其他年份也只有 10% 左右。在这 12 年间有一半的年份在 10% 以下。其中："六五"期间（1981—1985）年均增长 11.6%，"七五"期间（1986—1990）年均增长 7.9%。

第二阶段是 1993 年以后，可以称为高速稳定增长阶段。在这 16 年中，增长速度低于 15% 的只有两年，1998 年是 14.2%，2003 年是 14.9%，有 9 年在 20% 左右，最高的 2007 年达到 32.4%。其中："八五"期间（1991—1995）年均增长 16.3%，"九五"期间（1996—2000）年均

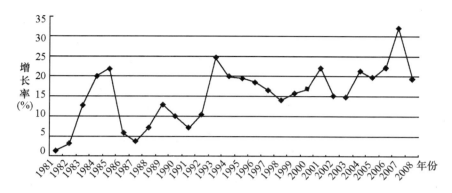

图 1　1981—2008 年财政收入增长率

增长 16.49%，"十五"期间（2001—2005）年均增长 20.43%，"十一五"的前 3 年（2006—2008）年均增长 21.81%。"八五"以来，也正是我国工业化进程加速和高速推进期。这期间我国的财政收入远远高于1979—2008 年年均增长 14.2% 的水平，也远远高于"六五"期间年均增长 11.6% 和"七五"期间年均增长 7.9% 的水平（见图 2）。

　　更重要的是，伴随工业化的加速和高速推进，我国财政收入的规模扩大得很快。我国财政收入突破 1 万亿元用了 50 年时间（1999 年为 11444亿元），突破 1 万亿元后，增加到 2 万亿元用了 4 年的时间，由 2 万亿元增加到 3 万亿元用了 2 年时间，由 3 万亿元增加到 5 万亿元只用了 2 年时间，由 5 万亿元增加到 6 万亿元，只用了 1 年的时间（见图 3）。

　　如果不考虑价格因素的影响，1993 年的财政收入（4348.95 亿元）比整个"四五"时期的财政收入（3919.7 亿元）还要多 10%，1994 年的财政收入（5218.10 亿元）超过"五五"时期的财政收入（5089.61 亿元），1996 年的财政收入（7407.99 亿元）与"六五"期间财政收入（7402.75亿元）大体相当，2000 年的财政收入（13395.23 亿元）是"七五"时期财政收入（12280.60 亿元）的 1.09 倍，2004 年的财政收入（26396.47亿元）是"八五"时期财政收入（22442.10 亿元）的 1.18 倍。2008 年的财政收入（61330 亿元）相当于"九五"时期财政收入（50774.39 亿元）的 1.21 倍。

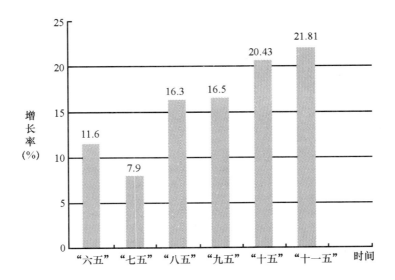

图2　"六五"时期到"十一五"前3年财政收入增长率

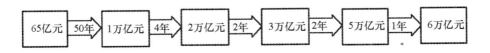

图3　1950—2008年我国财政收入规模扩张情况

二　工业化进程与财政收入结构的变化

从财政收入结构的变化，也可以看出我国工业化的进程和我国经济国情的变化。财政收入结构可以从多个角度考察。本文是研究工业化进程对财政收入结构的影响，所以我们主要从财政收入的部门结构和产业结构角度来加以考察。

（一）财政收入的部门结构变化

财政收入的部门结构是指由工业、农业、商业、交通运输业、建筑业等部门提供的财政收入形成的收入结构。1996年以前，国家统计局提供了这方面的完整统计资料（见表2和表3）。

表2　　　　　　　　　　　**各部门提供的财政收入**　　　　　　　单位：亿元

时期	财政总收入	农业	工业	建筑业	商业	运输	其他
1950	65.20	25.54	19.70	0.36	10.71	1.00	7.88
1951	133.10	33.70	41.69	0.79	27.98	5.17	23.81
1952	183.70	37.06	62.24	0.85	41.73	9.54	32.30
1950—1952	382.00	96.30	123.63	2.00	80.42	15.71	63.99
"一五"（1953—1957）	1354.90	201.88	602.58	6.50	305.31	102.33	136.32
"二五"（1958—1962）	2116.70	176.92	1244.62	4.03	375.62	230.50	84.93
"三五"（1966—1970）	2529.10	176.83	1813.52	-2.90	292.54	188.61	60.50
"四五"（1971—1975）	3919.70	151.63	2907.95	-2.53	463.13	297.45	102.08
"五五"（1976—1980）	5089.61	154.23	3885.52	0.90	364.68	363.69	320.59
"六五"（1981—1985）	7402.75	304.10	5274.87	25.76	-6.78	441.28	1363.52
"七五"（1986—1990）	12280.60	559.75	6474.90	176.10	2476.00	748.08	1845.77
"八五"（1991—1995）	22442.10	1183.91	10364.63	403.75	6837.65	940.14	2712.02

资料来源：根据《中国统计年鉴》提供的资料整理。

表3　　　　　　　　　　　**各部门提供的财政收入比重**　　　　　　单位：%

时期	财政总收入	农业	工业	建筑业	商业	运输	其他
1950	100	39.17	30.22	0.55	16.43	1.53	12.10
1951	100	25.32	31.32	0.59	21.02	3.88	17.89
1952	100	20.17	33.88	0.46	22.72	5.19	17.58
1950—1952	100	25.21	32.36	0.53	21.05	4.10	16.75
"一五"（1953—1957）	100	14.90	44.47	0.46	22.54	7.57	10.07
"二五"（1958—1962）	100	8.36	58.81	0.19	17.75	10.89	4.00
"三五"（1966—1970）	100	6.99	71.71	-0.11	11.57	7.46	2.39
"四五"（1971—1975）	100	3.87	74.19	-0.06	11.82	7.58	2.60
"五五"（1976—1980）	100	3.04	76.35	0.03	7.12	7.15	6.31
"六五"（1981—1985）	100	4.11	71.26	0.35	-0.09	5.96	18.41
"七五"（1986—1990）	100	4.56	52.72	1.43	20.16	6.09	15.04
"八五"（1991—1995）	100	5.28	46.18	1.8	30.47	4.19	12.08

从表2、表3所列的数据可以得出以下几点结论：

（1）在解放初期，我国的财政收入主要依靠农业，1950年，农业是提供国家财政收入的第一大部门（占39.17%），第二是工业（占30.22%），第三是商业（占16.43%），但是从1952年开始这三者之间的排序就发生了变化，工业上升到第一位，商业上升到第二位，农业变成了第三位，这种排序一直延续到"八五"时期结束。

（2）从"三五"到"六五"时期，工业提供的财政收入的比重偏高，超过70%，其中，"三五"时期工业的比重达到71.71%，"四五"时期达到74.19%，"五五"时期达到76.35%，"六五"时期达到71.26%。

（3）从"三五"到"六五"时期，商业提供的财政收入的比重比正常时期降低了10—20个百分点，"三五"时期只有11.57%，"四五"时期只有11.82%，"五五"时期只有7.12%，"六五"时期甚至降为－0.09%，比1950—1952年的21.05%、"一五"期间的22.54%、"七五"时期的20.16%和"八五"时期的30.47%要低10—20个百分点。换句话说，这一时期，并不是由于工业化进程加快了，第二产业所占的比重才提高了，而是由于商业发展大大落后了。商业发展落后的主要原因有两个方面，一是"三五"到"四五"期间，主要是受极"左"路线的影响，把许多商业企业当做资本主义尾巴割掉了；二是在"五五"和"六五"期间，由于改革指导思想的一些偏差，原有的商业流通系统、流通渠道改变了，新的又没有建立起来。如果商业保持正常的发展态势，工业所提供的财政收入比重会降低10—20个百分点，在45%—50%，这应该是比较正常的状况。

（二）财政收入的产业结构变化

财政收入的结构也可按三次产业结构划分，即按第一产业（农业）、第二产业（工业、建筑业）和第三产业（服务、流通部门）划分，形成以产业部门为主的财政收入结构。对财政收入的部门结构进行分析，可以为培植财源、调整结构、提高效益、实现增产增收提供主攻方向的选择。

从表2、表3可以看出，在"八五"时期之前，由于第二产业中的建筑业和第三产业中的运输业等都发展缓慢，它们提供的财政收入的比重很低，不足以改变前面我们得出的结论。

新中国成立初期，我国的财政收入主要是来自第一产业，主要是农业，1950年来自农业的财政收入比重接近40%，随后，第二产业主要是工业的比重逐步增加，成为给国家财政收入做出贡献最大的产业。第三产业所提供的财政收入比重也超过第一产业，成为提供财政收入的第二大产业。

表4 　　　　　　　　　　　**三次产业提供的财政收入** 　　　　　单位：亿元

时期	财政总收入	第一产业	第二产业	第三产业
1950	65.2	25.54	20.06	19.60
1951	123.1	37.70	42.69	42.71
1952	183.7	37.06	63.09	83.55
1950—1952	382.05	96.30	123.99	161.76
"一五"（1953—1957）	1354.9	201.88	609.08	543.96
"二五"（1958—1962）	2116.7	176.92	1248.65	691.05
"三五"（1966—1970）	2529.1	176.83	1810.62	541.65
"四五"（1971—1975）	3919.7	151.63	2905.42	862.66
"五五"（1976—1980）	5089.6	154.23	3886.51	1048.96
"六五"（1981—1985）	7402.75	304.10	5300.63	1798.02
"七五"（1986—1990）	12280.6	559.75	6651.00	5069.85
"八五"（1991—1995）	22442.1	1183.91	10768.38	10489.81

资料来源：根据《中国统计年鉴》提供的资料整理。

表5 　　　　　　　　　　**三次产业提供的财政收入比重** 　　　　　单位：%

时期	财政总收入	第一产业	第二产业	第三产业
1950	100	38.96	30.77	30.27
1951	100	30.63	34.68	34.69
1952	100	20.17	34.34	45.49
1950—1952	100	25.21	32.89	41.90
"一五"（1953—1957）	100	14.90	44.93	40.17
"二五"（1958—1962）	100	8.36	59.00	32.64
"三五"（1966—1970）	100	6.99	71.60	21.41
"四五"（1971—1975）	100	3.87	74.13	22.00
"五五"（1976—1980）	100	3.04	76.38	20.58
"六五"（1981—1985）	100	4.11	71.61	24.28
"七五"（1986—1990）	100	4.56	54.15	41.29
"八五"（1991—1995）	100	5.28	47.98	46.74

三　"剪刀差"对财政收入结构的影响

直接引用统计年鉴的数字来说明各个部门、各个产业对财政收入贡献的大小，往往受到许多专家学者特别是研究农业经济的一些专家学者的质疑，他们认为由于"剪刀差"的原因，农业对财政收入的贡献少计算了。他们的看法是有一定道理的。为了解决这个问题，我们必须尽可能地把"剪刀差"的影响程度考虑进去。

对"剪刀差"的概念，专家学者们有不同的表述，我们的研究目的是弄清农业和工业对财政收入的贡献情况，所以我们这里所讲的"剪刀差"是指政府通过指令性价格和其他行政手段人为压低农产品价格而少计算的农业对财政收入的贡献。这种"剪刀差"主要是在实行统购统销政策开始后到改革开放初期这段时间内，即1953—1983年。

对这个问题，专家学者们已经有许多研究，有许多种不同的计算办法，结果也有不小的差异。

本文采用武力（2001）的计算办法来对农业为国家提供的财政收入数额和比重进行调整（见表6）。这是因为：①其计算比较科学，是通过计划价和市场价的差异来计算的，多数人比较能接受；②得出的结果与多数人研究得出的结果大体相当，年均在147.4亿元；③更重要的是他列出了历年的差额，能与我们的研究相衔接。调整后的三次产业提供的财政收入及比重见表7和表8。

表6　　　1952—1983年农副产品收购价格和数量变动情况除去1962年

年份	集市贸易价格指数（以1952年为100）	农副产品国家收购价格总指数（以1952年为100）	来自农村的农副产品收购量（亿元）	集市价格与国家收购价格指数差额	来自农村的农副产品收购量两种价格差额（亿元）	扣除返销给农民后的实际差额（亿元）
1953	103.9	109.0	155.7	−5.1	−7.9	−7.90
1954	106.3	112.4	179.2	−6.1	−10.9	−10.90
1955	106.1	111.1	180.9	−5.0	−9.0	−9.00

续表

年份	集市贸易价格指数（以1952年为100）	农副产品国家收购价格总指数（以1952年为100）	来自农村的农副产品收购量（亿元）	集市价格与国家收购价格指数差额	来自农村的农副产品收购量两种价格差额（亿元）	扣除返销给农民后的实际差额（亿元）
1956	105.9	114.5	180.6	−8.6	−15.5	−15.50
1957	108.9	120.2	208.1	−11.3	−23.5	−23.50
1958	117.5	122.9	222.2	−5.4	−11.9	−11.90
1959	119.0	125.1	265.2	−6.1	−16.2	−16.20
1960	136.6	129.4	208.0	7.2	14.9	9.83
1961	491.8	165.6	196.0	326.2	639.4	422.0
1962	319.6	164.6	203.0	155.0	314.7	207.70
1963	241.2	159.9	232.0	81.3	186.9	123.50
1964	167.8	155.8	263.0	12.0	31.6	20.86
1965	173.2	154.5	299.3	18.7	55.9	36.89
1966	175.3	161.0	336.9	14.3	48.2	31.81
1967	178.2	160.8	335.4	17.4	58.4	38.54
1968	178.2	160.5	328.9	17.7	58.2	38.41
1969	178.1	160.3	314.7	17.8	56.0	36.96
1970	178.1	160.4	337.7	17.7	59.8	39.47
1971	193.8	163.1	358.0	30.7	109.9	72.53
1972	209.6	165.4	364.3	44.2	161.0	106.26
1973	220.7	166.8	421.3	53.9	227.1	149.89
1974	224.8	168.2	430.9	56.6	243.8	160.91
1975	233.8	171.6	457.3	62.2	284.4	187.70
1976	243.1	172.5	448.8	70.6	316.9	209.15
1977	237.2	172.0	478.0	65.2	311.7	205.72
1978	221.6	178.8	530.1	42.8	226.9	149.75
1979	211.6	218.3	677.6	−6.7	−45.4	−45.40
1980	215.8	233.9	797.7	−18.1	−144.4	−144.40
1981	228.3	247.7	908.0	−19.4	−176.2	−176.20
1982	235.8	253.1	1031.0	−17.3	−178.4	−178.40
1983	245.7	264.2	1206.0	−18.5	−223.1	−223.10

注：最后一列是笔者加上的。

资料来源：《中国贸易物价统计资料（1952—1983）》，中国统计出版社1984年版。

表7	调整后三次产业提供的财政收入			单位：亿元
时期	财政总收入	第一产业	第二产业	第三产业
1950	65.2	25.54	20.06	19.6
1951	123.1	37.70	42.69	42.71
1952	183.7	37.06	63.09	83.55
1950—1952	382.05	96.30	123.99	161.76
"一五"（1953—1957）	1288.10	135.08	609.08	543.96
"二五"（1958—1962）	2728.13	788.35	1248.65	691.05
"三五"（1966—1970）	2717.30	362.02	1810.62	541.65
"四五"（1971—1975）	4596.89	828.92	2905.42	862.66
"五五"（1976—1980）	5464.52	529.05	3886.51	1048.96
"六五"（1981—1985）	7098.65	−273.00	5300.63	1798.02
"七五"（1986—1990）	12280.60	559.75	6651.00	5069.85
"八五"（1991—1995）	22442.10	1183.91	10768.39	10489.81

注：考虑"剪刀差"因素计算出的财政收入，比实际的财政收入数要大。

　　武力同志计算的价格差价包含了返销给农民的25%—30%的价差，在表的最后一列中我已经进行了扣除。他在提供这个表格所列数据时，有一个分析。他认为，如果根据经验和史料来看上述数据，有以下五点需要说明：①假设统购统销前的1952年集市价格与国家收购价格是一致的。实际上，当时市价确实是围绕国家牌价上下小幅度波动的。②1960年以前国家收购价格高于集市价格，在1953—1957年，是出于两种考虑：一是减少农民对统购统销和合作化的抵触，顺利实现社会主义改造；二是吸取苏联教训，主动缩小工农产品"剪刀差"。但是1958年和1959年，则可能是由于实行"一大二公"，集市贸易萧条所致。③"三年困难时期"（1961—1963）农产品集市价格与国家收购价格严重背离，是因大饥荒造成的，不应看做常态。④这里所用的集市贸易价格指数，在短缺的条件下，由于可供交易的农产品很少，价格应该是高于开放条件下的市场价格。⑤1979年以后，随着国家提高收购价格和农产品供给的增加，集市价格与收购价格之比重新回到1957年以前的状态，很难再说是国家依靠人为定价来获取"剪刀差"收益。

表8   调整后三次产业提供的财政收入比重   单位:%

时期	财政总收入	第一产业	第二产业	第三产业
1950	100	38.96	30.77	30.27
1951	100	30.63	34.68	34.69
1952	100	20.17	34.34	45.49
1950—1952	100	25.21	32.89	41.90
"一五"(1953—1957)	100	10.49	47.29	40.17
"二五"(1958—1962)	100	28.30	45.77	32.64
"三五"(1966—1970)	100	13.32	66.63	21.41
"四五"(1971—1975)	100	18.03	63.20	22.00
"五五"(1976—1980)	100	8.31	71.11	20.58
"六五"(1981—1985)	100	—	74.67	25.33
"七五"(1986—1990)	100	4.56	54.16	41.28
"八五"(1991—1995)	100	5.28	47.98	46.74

从表8和图4、图5我们至少可以得出以下三点结论:

(1)调整后三次产业提供的收入结构有所变化,变化大的是第一产业。"二五"时期,第一产业的比重达到28.3%,比调整前提高19.94个百分点;"三五"时期比重达到13.32%,比调整前提高6.33个百分点;"四五"时期,比重达到18.03%,比调整前提高14.16个百分点;"五五"时期,比重达到9.68%,提高6.64个百分点。与此同时,第二产业和第三产业的比重都有不同程度的降低。第二产业降低幅度大于第三产业。调整后,"二五"时期第二产业比重由59%下降到45.77%,下降13.23个百分点;"三五"时期比重由71.6%下降到66.63%,下降4.97个百分点;"四五"时期比重从74.13%下降到63.20%,下降10.93个百分点;"五五"时期比重从76.38%下降到71.11%,下降5.27个百分点。

(2)即便进行这种调整,并没有改变农业提供的财政收入是一个逐步降低的趋势,以工业为主的第二产业所提供的财政收入是逐步上升的趋势。

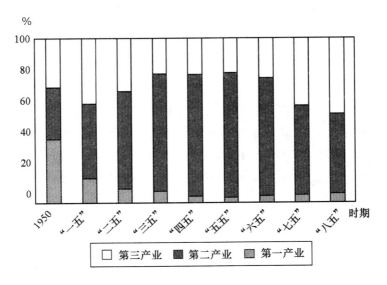

图 4　调整前三次产业提供的财政收入比重

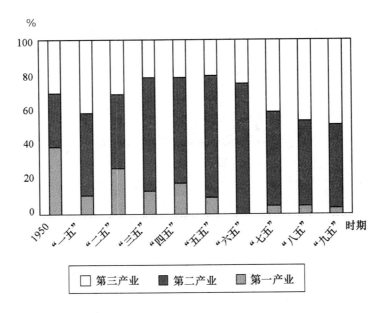

图 5　调整后三次产业提供的财政收入比重

（3）如前面我们已经分析过的，从"三五"时期到"六五"时期，第二产业提供的财政收入比重偏高，达到70%以上，主要原因是第三产业中的商业大幅度下降，比正常时期要下降20%左右，如果扣除这种因素的影响，第二产业提供的财政收入应该在45%左右。"七五"、"八五"期间，既没有剪刀差因素的影响，商业又恢复到了正常的增长速度，三次产业提供的财政收入比重是比较符合实际的。

"九五"、"十五"和"十一五"时期是我国工业化加速发展时期，也是我国财政收入高速增长时期，在此期间，财政的收入结构也肯定会有较大变化，不对这一时期财政收入结构进行研究，就是本文的一大缺陷，遗憾的是从1996年起，《中国统计年鉴》不再提供分部门、分产业创造财政收入的数字，好在《中国税务年鉴》从"十五"时期起，开始提供各个产业上交税收的数字。在我国财政收入中，税收收入占财政收入的比重已经达到90%以上。比如，"十五"期间我国税务总收入为107033.08亿元，我国财政收入为115050亿元，税务收入占财政收入的93%，"十一五"时期前3年，我国税务总收入为143386.27亿元，我国财政总收入为151412亿元，税务总收入占财政总收入的94.7%。因此，计算出各产业上交税收的比重，也基本上能反映各产业提供的财政收入水平（见表9、表10）。

表9   "十五"时期和"十一五"时期前3年三次产业上交的税收收入额

单位：亿元

年份	总收入	第一产业	第二产业	第三产业
"十五"时期	107033.08	23.64	63160.42	43836.31
2001	14910.68	1.46	8489.32	6407.20
2002	16633.03	6.29	9858.54	6768.20
2003	19991.80	4.81	11844.18	8142.81
2004	25188.80	4.72	15002.52	10181.55
2005	30308.78	6.37	17965.86	12336.54
"十一五"时期（2006—2008）	143386.27	40.41	77978.58	65253.48
2006	36949.59	14.22	21293.15	15642.22

年份	总收入	第一产业	第二产业	第三产业
2007	48574.92	13.54	26041.68	22519.70
2008	57861.76	12.64	30643.76	27091.56

资料来源：根据《中国税务年鉴》提供的数据整理。

表10　"十五"时期和"十一五"时期前3年三次产业上交的税收收入比重　单位：%

年份	合计	第一产业	第二产业	第三产业
"十五"时期	100	0.03	59.01	40.96
2001	100	0.09	56.94	42.97
2002	100	0.04	59.27	40.96
2003	100	0.02	59.25	40.73
2004	100	0.02	59.56	40.42
2005	100	0.02	59.28	40.70
"十一五"时期（2006—2008）	100	0.03	54.38	45.51
2006	100	0.04	57.63	42.33
2007	100	0.03	53.61	42.33
2008	100	0.02	52.96	46.82

这些数字说明：

（1）"十五"和"十一五"期间，随着工业化步伐的加快，第一产业上交财税的比重在进一步降低，特别是免除农业税后，第一产业上交财税的比重已经非常少，如果考虑到国家对农业的补贴，已经是负数。

（2）"十五"和"十一五"期间，第二产业特别是工业提供的税收收入已经成为我国财政收入的最大来源，并且比较稳定地保持在50%以上，其中"十五"期间达到59.01%。这说明"十五"期间工业化的高速推进，使财税收入也高速增长，第二产业提供的财税收入的比重也大幅度提高，比"十五"时期之前要高出10多个百分点。

（3）从2006年起，第二产业提供的财税收入虽然仍在50%以上，但是比重开始下降，2006—2008年比"十五"时期平均分别下降1.38、5.4

和 6. 05 个百分点；相反第三产业的比重却开始上升，这是不是工业化进程进入中后期所表现出来的特征，还需要进一步观察。

四　工业化进程与财政支出结构的变化

以下我们来考察工业化进程与财政支出结构的关系，重点考察财政支农资金的变化。

从图 6、表 11 可以看出，2000 年后，财政用于支农的资金绝对数增长很快，2000 年只有 1231. 54 亿元，2005 年达到 2450. 31 亿元，增长近 1 倍。"十五"期间，支农资金的增长速度虽然波动很大，但是平均增长速度达到 14. 9%。比"九五"时期加快 1. 6 个百分点。2006 年一年的支农支出相当于"八五"时期的 1. 4 倍，相当于"九五"时期的 64%。

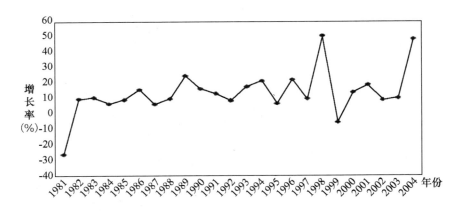

图 6　支农资金增长速度

表 11　　　　　1981 年以来我国财政支农资金数量及其增长速度

年份	财政用于农业的支出（亿元）	支出增长速度（%）	年份	财政用于农业的支出（亿元）	支出增长速度（%）
1981	110. 21	− 26. 3	1994	532. 98	21. 0
1982	120. 49	9. 3	1995	574. 93	6. 4
1983	132. 87	10. 3	1996	700. 43	21. 8
1984	141. 29	6. 3	1997	766. 39	9. 4

年份	财政用于农业的 支出（亿元）	支出增长 速度（%）	年份	财政用于农业的 支出（亿元）	支出增长 速度（%）
1985	153.62	8.7	1998	1154.76	50.7
1986	184.20	15.2	1999	1085.76	-6.0
1987	195.72	6.1	2000	1231.54	13.4
1988	214.07	9.4	2001	1456.73	18.3
1989	265.94	24.2	2002	1580.76	8.5
1990	307.84	15.8	2003	1574.45	9.7
1991	347.57	12.9	2004	2337.63	48.5
1992	376.02	8.2	2005	2450.31	8.7
1993	440.45	17.1	2006	3172.97	29.5

资料来源：根据《中国统计年鉴》的数据整理。

表 12、图 7 为财政资金用于支农资金的比重。单从支农资金来看"十五"时期财政用于支持农业的比重是较低的，只有 7.5%，但是我国从 2004 年开始进行免除农业税的试点，当年比 2003 年少收农业税 135.51 亿元，少收农业特产税 46.31 亿元，两项共少收 181.82 亿元；2005 年比 2003 年少收农业税 321.42 亿元，少收农业特产税 43 亿元，两项共少收 364.42 亿元。如果将这部分包括进去，"十五"期间支农资金的比重也接近 8%。

表 12	财政资金用于支农资金的比重		
时期	财政总支出（亿元）	农业支出（亿元）	占总支出的比重（%）
1950	68.1	2.74	4.0
1951	122.1	4.19	3.4
1952	176.1	9.04	5.1
1950—1952	366.6	15.97	4.4
"一五"时期	1345.6	99.58	7.4
"二五"时期	2288.7	283.65	12.4
"三五"时期	2518.6	230.45	9.1
"四五"时期	3917.94	401.22	10.2

时期	财政总支出（亿元）	农业支出（亿元）	占总支出的比重（%）
"五五"时期	5282.44	693.55	13.1
"六五"时期	7483.18	658.48	8.8
"七五"时期	12865.67	1167.77	9.1
"八五"时期	24387.46	2271.95	9.3
"九五"时期	57043.46	4938.88	8.7
"十五"时期	128022.85	9579.88	7.5

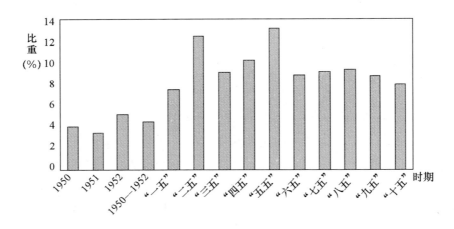

图7 财政资金用于支农资金的比重

表13 **第一产业提供的财政收入与财政用于农业支出的比较**

时期	第一产业提供的财政收入（亿元）	财政支农支出（亿元）	净支出（亿元）
1950	25.54	2.74	-22.80
1951	37.70	4.19	-33.51
1952	37.06	9.04	-28.02
1950—1952	96.30	15.97	-80.33
"一五"时期（1953—1957）	135.08	99.58	-35.50
"二五"时期（1958—1962）	788.35	283.65	-504.70

续表

时期	第一产业提供的财政收入（亿元）	财政支农支出（亿元）	净支出（亿元）
"三五"时期（1966—1970）	362.02	230.45	−131.57
"四五"时期（1971—1975）	828.92	401.22	−427.0
"五五"时期（1976—1980）	529.05	693.55	164.50
"六五"时期（1981—1985）	−273.00	658.48	931.48
"七五"时期（1986—1990）	559.75	1167.77	608.02
"八五"时期（1991—1995）	1183.91	2271.95	1080.04
"九五"时期（1996—2000）	2054.55	4938.88	2884.33
"十五"时期（2001—2005）	23.64	9579.88	9556.24
"十一五"时期（2006—2008）	40.40	13790.50	13750.10

注：①本表所列的第一产业提供的财政收入是除去"剪刀差"因素影响后的财政收入，比实际的财政收入要高；②"九五"时期以后由于统计局不再提供三次产业形成的财政收入数据，本表"九五"时期以后农业的财政收入用的是农业各税收入代替。

　　从第一产业提供的财政收入与支农资金的比较（见表13）更能看出工业化进程与农业的关系。

　　从表13和图8可以看出，国家对农村的政策经历了以下三个大的阶段：

　　第一阶段是从1949年中华人民共和国的成立一直到改革开放前，国家采取的农业支持工业、农村支援城市的政策。这期间国家从农村集中了大量资金用于工业和城市建设。在"五五"时期之前，国家从农村拿走的资金比支持农业的资金要大得多。这种情况主要发生在"一五"到"四五"期间，在这20年间国家大致共从农村净拿走1100亿元左右，平均一年55亿元左右，其中"二五"和"四五"时期拿走的最多，共932.4亿元，约合拿走资金的84.8%。

　　第二个阶段是从改革开放到2000年，国家对农村的政策是减轻税负，加大投入，"多予、少取、放活"，这期间国家一方面减轻农村的税负，另一方面又加大了对农村、农业、农民的支持，对"三农"投入的资金已经大于从农村拿走的资金。粗略计算，在这25年间，国家对农村的净投入

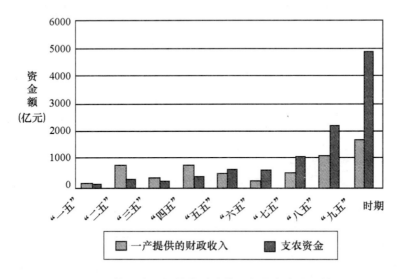

图 8   第一产业提供的财政收入与支农资金比较

达到 5395.66 亿元，平均一年为 215.83 亿元。

第三阶段是从"十五"时期开始，国家对"三农"的基本政策是只予不取，全面支持。国家免除了农业税，开始对农业农村进行大规模投入，对"三农"进行全面补偿。据财政部提供的资料，2006 年财政的支农资金达到 3517 亿元，2007 年和 2008 年分别达到 4318 亿元和 5955.5 亿元，2009 年达到 7253.1 亿元。"十一五"时期前 4 年支农资金达到 21043.6 亿元，超过前 50 年的总和。

五　工业化进程与经济发展新阶段

在中共十六届四中全会上，胡锦涛总书记提出"两个趋向"的重要论断，提出了我国总体上已经进入了工业反哺农业、城市支持农村的发展阶段。我们的研究表明，这个新阶段是从"九五"后期开始的。主要有以下五点依据：一是进入 21 世纪后，我国工业化的步伐明显加快。二是财政收入增加很快，财政规模迅速扩大。三是财政支农资金快速增长，规模扩大。四是提出了建设社会主义新农村的构想，农村基础设施建设和社会文化事业发展加快。五是取消了农业税。

前面三点我们已经进行了分析，下面我们主要分析后两点依据。

1. 提出了建设社会主义新农村的构想，农村基础设施建设和社会文化建设加快

提出建设社会主义新农村的构想上下都有一个认识过程。长期以来，多数人都主张要把农村的富余劳动力转移出来，特别是要转移到小城镇和中小城市，因此对加快小城镇建设比较重视，而对农村建设重视不足。加快小城镇建设无疑是减少农村富余人口的一种较好思路和路径选择，但是无论把多少人口转移到小城镇和中小城市中来，必然还会有数亿人口留在农村从事农副业生产，如何推进农村建设，促进农业的发展，改善农民的生活始终是国家面临的一件大事情。因此，从"九五"后期开始，国家就加大了对"三农"的支持力度，以减轻农民的负担，促进农村经济的发展，增加农民的收入。1998 年用于农业基本建设的资金就达到 460.70 亿元，与整个"八五"时期用于农业基本建设的投资（472 亿元）大体相当。"九五"后 3 年国家用于农业基本建设的投资达到 1232.16 亿元，比"五五"、"六五"、"七五"、"八五"这 20 年用于农业基本建设投资总和（1226.31 亿元）还要多。"十五"时期用于农业基本建设的投资达到 2486.96 亿元，为"九五"时期的 1.6 倍，"八五"时期的 3.25 倍。

2000 年，农民收入问题在党的十五届五中全会上受到高度重视。"千方百计增加农民收入"这句话被写进了中央文件。此后，党的十六大第一次会议提出要统筹城乡经济社会发展，2003 年，中央农村工作会议要求对农业实行"多予、少取、放活"的方针。

2005 年年初，中共中央发出 1 号文件，即《中共中央国务院关于进一步加强农村工作提供农业综合生产能力的若干意见》，对加强"三农"工作作出了部署。10 月，中共中央提出的"十一五"规划《建议》提出了建设社会主义新农村的目标和任务。之后，中央政治局、国务院都先后专题研究了建设社会主义新农村问题。中央出台的一系列文件和政策措施都一致强调，要加大对"三农"的投入，努力减轻农民的负担，千方百计地增加农民的收入，逐步把农村建设成为"生产发展、生活宽裕、乡风文

明、村容整洁、管理民主"的社会主义新农村。

从此，社会主义新农村建设的步伐全面展开。一是推行农村税制改革，减轻农民负担，并最终取消了农业税。二是积极推进农村综合改革试点，加大财政转移支付的力度。三是完善对农民的直接补贴政策。国家把对农民的直接补贴由三项增加到四项（粮食直补、农资综合补贴、良种补贴、农机具购置补贴）。粮食直补、农资综合补贴惠及7.28亿农民；粮食直补达到全国粮食风险基金总规模的50%，水稻良种补贴实现全覆盖，小麦、玉米良种补贴面积逐步扩大；农机具购置补贴范围扩大到全国所有农（牧）业县（场），补贴农机具增加到9大类18个小类50个品种，主要包括动力机械、耕作机械、种植机械、收获机械等，基本上覆盖了农业生产急需的机械种类。四是积极支持农业综合能力建设，重点支持农村"六小"工程等项目建设。五是在农村建立和完善新型的社会保障制度。将新型农村合作医疗改革试点扩大到全国。截至2009年，参加新农合的农民达到8.33亿人，参合率为94%。从2009年开始选择320个县进行建立新型农村养老保险制度的试点，以后逐步扩大，争取在5—10年覆盖全国。最低生活保障制度、农村五保供养制度逐步完善。六是继续加大对农村公共卫生、义务教育、科技发展、环境保护和文化建设的支持力度。从2004年开始，国家开始在部分中西部地区农村推行免费义务教育的试点，全部免除困难学生的学费、书本费和其他收费，并对住校的学生进行生活补贴。2006年开始全部免除西部地区农村义务教育阶段的学费书本费，2007年又进一步扩大到中部和东部。

2. 免除农业税的改革

新中国成立前中国一直是一个农业大国，农业的主体地位决定了农业税的重要历史地位，在漫长的封建和半封建社会的历史进程中，农业税一直是政府财政收入的主要来源，但是税负过重也一直是农民反抗压迫、剥削，甚至发动起义的最重要原因。统治者为了缓解这种矛盾也曾进行过多次农业税制的改革。重大的改革有五次。第一次改革是将贡、助、彻劳役地租改为"初税亩"实物地租制。第二次改革是将秦汉时期的比例农业税制变革为魏晋至唐前期的定额农业税制。把按土地产量分成的税制变革为按土地数量定额交税的制度。第三次改革是将魏晋隋唐时期的租调制变革为唐中后期的两税法，开始把徭役和杂税纳入田亩中征收。第四次改革是将唐后期的两税法变革为明代的"一条鞭法"，将赋役合一，标志着延续了两千余年的丁、产并行的赋税制度朝以物（田）为课税对象的租税制转变，自此，劳役制消失。同时，这次变革规定农业税按亩征银，完成了农业税由实物税制向货币制的过渡。第五次改革是由明代的"一条鞭法"变革为清代的"摊丁入亩"。这次改革是"一条鞭法"的继续，进一步完成了赋役合并，同时使税负与负担能力挂起钩来，丁役并入田亩后，田多则赋税多，田少则赋税少。

在历史上我国也曾六次全免过农业税。其中最长的一次是汉景帝时期，免除期限长达 11 年，其余均为 1—2 年。

在封建社会，之所以不能彻底免除农业税，终极的原因还是由经济国情决定的。在农业社会，国家的财政收入主要来源于农业和传统的商业，免除农业税就切断了国家财政收入的主要来源，所以只能在适当减轻税负上做文章，而不可能彻底取消农业税。新中国成立后，国家也非常重视减轻农民负担这件大事，但是由于条件不具备，也迈不出大的步伐。1999 年，新中国成立 50 周年的时候，中央也曾设想免除一年的农业税，让农民也高兴高兴，感受分享改革开放成果的快乐，但是那时并没有考虑完全取消农业税，害怕暂免一年后，从此征税更困难，也只能放弃这个设想。主要原因还是经济发展的水平还不够高，国家财力还没有达到这个水平。

进入 21 世纪后，随着工业化步伐的加快，我国的经济国情逐步由农业大国转变为工业大国，国家的财政收入主要依靠工业和为工业服务的现代服务业，在三次产业中，农业提供的财政收入比重大大降低，农业税占全国财政收入的比重已经从 1950 年的近 40% 降到 2000 年的 3% 左右。全面取消农业税，对中国财政收入不再构成重大影响。于是从 2000年起就开始从安徽推行农村税费改革的试点。试点内容包括取消乡统筹、农村教育集资等专门向农民征收的行政事业性收费和政府性基金、集资，取消屠宰税，取消统一规定的劳动义务工；调整农业税和农业特产税政策；改革村提留征收使用办法。之后，试点逐步扩大范围，到 2003 年在全国铺开。

从 2004 年开始，国家取消牧业税和除烟叶外的农业特产税；进行取消农业税试点并逐步扩大试点范围，对种粮农户实行直接补贴、对粮食主产区的农户实行良种补贴和对购买大型农机具户的农户给予补贴；吉林、黑龙江等 8 个省份全部或部分免征了农业税，河北等 11 个粮食主产省区降低农业税税率 3 个百分点，其他地方降低农业税税率 1 个百分点。

2005 年上半年，国家对 22 个省免征农业税；2005 年年底 28 个省区市及河北、山东、云南三省的 210 个县（市）全部免征了农业税。

在全国取消农业税的条件已经成熟。2006 年 2 月十届全国人大常委会第十九次会议决定，自 2006 年 1 月 1 日起，《中华人民共和国农业税条例》正式废止。取消农业税、取消除烟叶外的农业特产税，可减轻农民负担 500 亿元左右，使 7 亿多农民受益。这标志着在我国延续了 2600 多年农民缴纳"皇粮国税"历史的终结。同时也标志着中国工业大国的历史地位的巩固，中国全面进入了工业反哺农业、城市支持农村的新阶段。

六 小结

随着工业化进程的加快，我国已经进入工业化的中后期阶段，已经由农业经济大国转变成为一个工业大国，国家基本的经济国情发生了很大变化。由此财政收入结构和支出结构也发生了很大变化。改革开放之前，我们主要采取"剪刀差"等手段依靠农业来积累建设资金，支持国家的工业建设；改革开放后特别是进入 21 世纪后，随着工业化进程的加快，我国的财政收入主要依靠第二产业特别是工业，国家的财政收入稳定高速增长，财力逐步雄厚，国家免除了农业税，加大了对"三农"的投入。我国已经全面进入工业反哺农业、城市支援乡村的新阶段。

（原载《中国工业经济》2010 年第 3 期）

缓解能源供需矛盾　确保我国能源安全

我国能源供需矛盾日益突出

在我国能源消耗中，工业消耗的能源占70%。根据我们的测算，我国正处于工业化的中期阶段，而且各个地区发展不平衡。在31个省、市、自治区中，到2005年只有两个市发展到了工业化的后期阶段，有10个省处于工业化发展的中期阶段，有13个省、市处于工业化发展的初期阶段，个别地区还处于前工业化阶段。也就是说还有24个省、市、自治区处于工业化的中期、初期和前工业化阶段。根据我们的测算，我国要在2018年前后才能基本实现工业化和城市化。只有到那时，能源消费需求才有可能放缓。在这之前，由于重工业发展比重大，高耗能产业的大量存在，企业组织结构不合理，高能耗中小企业的数量还很难减少下来，节能技术的利用还需要有一个过程。因此，工业发展对能源的需求还将很大。再加上城市化的发展和人民生活水平的提高，在今后20年，我国对能源的需求仍处于高增长期。根据测算，如果2007—2010年间我国能源消费弹性系数平均值不低于0.7，2010—2020年能源消费弹性系数平均值不低于0.5，2010年一次能源消费总量将达到29亿吨标煤，2020年将达到38亿吨标煤准煤。但从目前情况看，能源消费弹性系数还没有降下来，仍保持在1.0左右。如果不加快转变经济发展方式，任由这种趋势发展下去，重复发达国家经济社会发展老路，到2020年，我国一次能源消费需求将超过50亿吨标准煤，这是很难满足的。

从供给看，无论资源、环境等各方面都将面临难以克服的困难。据有关方面预测，按目前探明储量和资源开采利用能力，世界平均资源可用年限，煤炭约 230 年、石油约 45 年、天然气约 61 年；而我国资源人均拥有量远低于世界平均水平，上述资源可开采年限分别只有 80 年、15 年和 30 年。实际上，这一估计还是乐观的，例如，从已探明情况看，煤炭目前剩余可采储量 1145 亿吨，即使按 20 亿吨/年、回采率 30% 估算，只有不足 20 年的供给量。如果不加快资源勘察、有效提高资源采收率和利用率，我们很快将面临更为严重的能源资源短缺。

另一方面，由于大量不合理开采利用煤炭和发展高耗能产业（煤炭大多未经洗选直接燃烧），环境污染、水污染也到了难以容忍的程度。2006 年，我国 GDP 占全世界 GDP 的比重只有 5.5%，能源消费超过世界的 10%，但二氧化碳排放已居世界首位，大大超过了我国环境承载能力；二氧化碳排放也居世界前列。据有关专家估计，每开采 1 吨煤就会破坏 2.5 吨地下水，对我国这样一个水资源严重短缺的国家来说，形势十分严峻。

加大国内能源资源勘探开发力度，确保能源供应立足国内

我国目前能源结构以煤为主。按目前不完全的统计口径，2004 年，煤炭在一次能源生产和消费结构中分别占 75.6% 和 67.7%，石油占 13.5% 和 22.7%，天然气占 3.0% 和 2.6%，水电占 7.9% 和 7.0%。而核能及太阳能、风能、生物质能等新能源和可再生能源，在能源结构中所占比重还微乎其微。

今后我国的能源政策仍然要坚持煤为基础。要发展大型火电，优化火电生产结构，发展煤炭液化、气化，鼓励瓦斯抽采利用，高产清洁地开发利用煤炭资源。要稳定增加原油产量，提高天然气产量。要发挥中央和地方两个积极性，加快水电建设。与此同时，要调整能源的生产和消费结构，加快核能及太阳能、风能、生物质能等新能源和可再生能源的发展。

核能是比较清洁可控的现代能源，也是近期比较经济合理的替代能源，随着技术进步，安全保障也很完善。从国际上看，法国等发达国家在

核能开发利用上做得很好。值得借鉴。法国也是传统能源资源短缺国家，通过从战略高度发展核能，法国的能源自给率从 27% 提高到 50%，有效地减少了石油进口依赖。目前，核电已占法国发电装机容量的 75%，占发电量的 85%。我国核能利用起步不晚，但由于技术路线决策迟缓、投资体制制约等种种原因发展不快，目前商业化运营的核电装机容量仅 500 万—600 万千瓦，在能源供给中只占 1%—2%，落后于先进国家约 20 年。在这方面还有很大潜力。

太阳能、风能、生物质能等新型可再生能源，是目前世界上发展快速的新兴能源。尽管目前由于技术和成本等因素制约，还没有形成大范围、大规模的商业化应用，但其前景却不可限量。根据权威国际能源组织预计，由于资源储量限制，世界可用化石类传统能源将在 2020—2040 年间达到生产峰值，并可能在 40—50 年内消耗殆尽，因此其在能源结构中的比重将逐步下降；而以太阳能发电、风能、生物质能为代表的可再生能源的比重将迅速上升。到 2050 年，这些可再生能源的比重将超过 50%，到 2100 年将超过 85%。正因如此，发达国家都把开发利用可再生能源作为占领未来能源制高点的战略举措来抓，争取在清洁、可再生、分布式的未来能源格局中掌握主动权。例如，1999—2003 年仅 4 年时间，德国太阳能光伏发电市场增长了 10 倍，成本下降了 20%。从世界范围看，光伏发电呈急剧加速发展之势，近 10 年年均增长率为 33%，而近 5 年为 43%，2004 年当年则增长 61.2%，而且主要（50% 以上）是并网发电，进军主流市场。据欧洲光伏工业协会预测，光伏发电 2020 年将占全球发电量 1%，2040 年将迅速上升到 21%，成为世界能源主力军。利用风能的情况也很类似，1996—2004 年，世界风能年均增长 30%，累计装机容量已达 4760 万千瓦（2004 年新增 830 万千瓦），风电已占世界总发电量 0.5%。预计到 2020 年，这个比例将达 12% 以上。

在我国，可再生能源也得到一定的开发利用。据估计，目前总体上大约有 3 亿吨标准煤的规模（包括未纳入统计的农村农户自用能源）。然而，与先进国家相比，我国对发展可再生能源的战略定位不够高，政策支持力度不足，总的来看，发展还处于自发、分散、小规模的初级阶段，尚未形成商业化规模应用。

提高能源利用效率,节约能源

与国际先进水平比较,我国节约能源的潜力还很大。在能源开采上,由于小煤窑遍地开花,破坏性开采,不仅本身回采率低（仅10%—15%）,而且严重破坏大矿资源。在利益驱动下,甚至少数国有大矿也"采肥丢瘦"。我国目前煤炭综合回采率平均只有30%左右,远低于国际上60%—80%的先进水平。

在单位产值的能耗方面,2000年按现行汇率计算的每百万美元国内生产总值能耗,我国为1274吨标准煤,比世界平均水平高2.4倍,比美国、欧盟、日本、印度分别高2.5倍、4.9倍、8.7倍和0.43倍。

在单位产品的能耗方面,2005年,我国电力、钢铁、有色、石化、建材、化工、轻工、纺织等行业主要产品单位能耗平均比国际先进水平高39%,如铜冶炼综合能耗高65%,大型合成氨综合能耗高30%,纸和纸板综合能耗高115%。

从主要耗能设备能源效率的国际比较看,2005年,我国燃煤工业锅炉平均运行效率60%左右,比国际先进水平低15—20个百分点;中小电动机平均效率87%,风机、水泵平均设计效率75%,均比国际先进水平低5个百分点,系统运行效率低近15—20个百分点;机动车燃油经济性水平比欧洲低25%,比日本低20%,比美国整体水平低10%;载货汽车百吨公里油耗7.6升,比国外先进水平高1倍以上;内河运输船舶油耗比国外先进水平高10%—20%。

从单位建筑面积能耗的国际比较看,目前我国单位建筑面积采暖能耗相当于气候条件相近发达国家的2—3倍。据专家对北京、哈尔滨与多伦多高层公寓热损失的实际测算,北京建筑外墙热损失是加拿大的4.4倍、窗户热损失是加拿大的2.2倍、屋顶热损失是加拿大的4.2倍;哈尔滨建筑外墙热损失是加拿大的3.6倍、窗户热损失是加拿大的1.1倍、屋顶热损失是加拿大的2.6倍。专家分析,我国公共建筑和居住建筑全面执行节能50%的标准是现实可行的;与发达国家相比,即使在达到了节能50%的目标以后仍有相当大的节能潜力。

从整体能源效率的国际比较看，我国能源效率比国际先进水平低 10 个百分点。如火电机组平均效率 33.8％。比国际先进水平低 6—7 个百分点。能源利用中间环节（加工、转换和储运）损失量大，浪费严重，因此导致在同等物质消耗水平下，我国的整体生产效率和经济效益比国际先进水平低 12—15 个百分点。

根据理论分析和测算，按单位产品能耗和终端用能设备能耗同国际先进水平比较，目前我国的节能潜力约为每年 6 亿吨标准煤。

当然，要把节能的潜力挖掘出来也不容易。它需要全民树立起节能的意识，需要大量的资金投入，需要采用节能的先进技术。需要有先进合理的能源消耗技术标准，需要理顺能源和资源性产品的价格，需要有鼓励节能的经济政策，需要有完善的法律法规。在这些方面我们还有许多工作要做。

总之，缓解我国能源消费需求与供给之间的矛盾，确保我国的能源安全，只有从扩大供给、降低消耗两个方面共同努力，才能有好的成效。

进一步扩大国际能源合作

通过国际贸易和参与上游勘探开发等多种方式适度利用国外资源，是国内能源供应的必要补充。随着我国现代化事业的进展，我国能源对外依存度将不断上升，加强国际能源合作是解决我国能源短缺的重要途径。在这方面，我们已加强了工作力度。近年来，我国政府与一些国家进行了双边或多边关于能源问题的对话，我国的石油企业和一些国家的企业签订了一些共同开发石油、天然气的协议。我们将继续积极参与国际能源双边及多边合作，加强与国际组织和跨国公司的对话与合作，共同维护国际能源市场稳定。

此外，为防范石油供给风险，参照国外建立石油储备的通行做法，我们要加快建立国家石油储备体系。目前，我国正在舟山、宁波、青岛和大连等地建设原油储备基地，组建管理机构，制定相关的法律法规等，争取在短期内形成较大的石油储备能力。

（原载《中国社会科学院院报》2010 年 8 月 7 日）

为经济发展与环境保护提供智力支持

现阶段我国经济发展面临一些资源与环境制约问题，其表现在这样几个方面：一是能源资源不足；二是环境污染；三是生态退化；四是气候变化。这些问题的出现，主要是由一系列国情特点所决定的：

第一，人口众多，人均拥有资源量低。人口国情是首要国情。任何一个总量庞大的资源，为众多人口所分都将变为人均份额很小的资源。长期以来，我们一直以国土辽阔、地大物博而自豪，但我们的国土近多半是生产能力较低或无法利用的高原、荒漠和戈壁，而生态环境良好、资源丰富、宜人居住的国土仅三成多。

第二，工业化与城市化加速推进，经济发展与环境保护矛盾凸显。我国经济发展进入了现代化进程的攻坚阶段，工业化正处于大量消耗自然资源的重化工时期，城市化处于快速推进的中期阶段。每年数以千万计的人口涌入城市，带来居住、交通和基础设施、就业、教育、社会保障等一系列增量需求，并拉动冶金、化工、建材、电力和能源等重化工业的发展。而这些行业，自然资源消耗量大、环境污染较严重，如果不能有效地加以解决，将会产生资源短缺、环境破坏等影响可持续发展的问题。

第三，财政经济实力有限，环保投入强度不足。目前，我国环保基础设施投入占 GDP 比例 1% 左右，环保资金使用效率不高，一些环保设备上马后开工率不足，垃圾综合利用率仍较低等。

第四，经济发展模式粗放，技术创新能力不强。长期以来形成的粗放型经济发展模式仍未得到根本转变，冶金、化工、建材、电力和能源等重化工行业的单位产值能耗较高。这一方面说明这些主要耗能部门节能潜力较大；另一方面说明节能技术较落后，自主创新能力不强。

第五，环保观念意识有待强化，环保体制机制亟须转变。多年来各地出于发展的迫切性，追求短期经济效益而忽略长期可持续发展的现象始终未能得到根本扭转。尽管人们渴望蓝天白云、青山绿木、碧水甘泉，但对破坏环境的经济行为还是予以宽容。

按照十七大提出的要求，树立生态文明观，"建立节约资源、保护环境的产业结构、增长方式和消费模式"。为此，需要开展以下研究工作：

一要积极开展经济发展与资源环境关系领域的基础理论研究，探索经济发展与环境保护的基本规律。重点在产业生态学、资源经济学、环境经济学等领域取得一批高质量的研究成果。

二要积极开展有利于节约资源能源和保护生态环境、实现可持续发展的体制机制研究。要为进一步完善资源环境立法工作、建立责任制和问责制等，提供理论支撑。

三要积极开展跨学科综合研究，加强社会科学工作者与自然科学工作者、工程技术科学工作者的通力合作。经济发展与环境保护是一个复杂的系统工程，要求多学科领域研究人员的密切合作，共同探讨，才能找出解决的良策。

四要积极开展国际交流与合作，从全球视角研究经济发展与资源环境保护问题。资源环境问题已成为全球共同关心的话题，要不断扩大对外学术交流，进行富有成效的对话，与国际社会达成广泛共识，共同探讨实现经济发展与环境保护共赢的方略。

（原载《光明日报》2008 年 5 月 14 日）

努力提高我国制造业国际化
经营的质量和水平

一 我国制造业的国际化已经取得长足进展

随着经济全球化的发展和我国改革开放的深化，我国已经成为对外贸易大国。1980 年，我国进出口总额仅为 570.0 亿元人民币，贸易依存度为12.6%。到 2004 年，我国进出口总额达 9555.1 亿人民币，贸易依存度约为 69.8%；我国进出口贸易总额居世界第 3 位，仅排在美国、德国后。2006 年，我国进出口总额达到 17604 亿美元，进一步巩固了贸易大国的地位。2008 年，我国进出口额有望超过 2 万亿美元，有望超过德国，成为第二大贸易国。在对外贸易规模扩张的同时，我国贸易结构也发生了巨大的变化，制造业的国际化已经取得长足进展。

（一）从出口产品看

首先，出口产品中制成品已经占很大比重。在 1980 年，我国出口商品中，初级产品出口金额占出口商品总额的 50.3%，工业制成品出口额占出口总额的 49.7%。而到 2000 年以后，工业制成品的比重上升到 90% 以上，初级产品的比重则相应下降到 10% 以下。2006 年，前者比重上升到94.5%，后者的该项比例则相应下降到 6% 以下。

其次，在工业制成品中机电产品的比重上升。1995 年为 34.5%，2000 年升至 47.1%，2006 年达到 56.7%。

再次，在工业制品中高新产品的比重在逐步提高。1995 年只有

6.0%，2002 年达到 22.2%，2006 年上升到近 30%。

最后，产品的国际竞争力在逐步提高。自 1994 年以后，我国工业制成品的贸易竞争指数一直为正，1995—2003 年我国工业制成品的贸易竞争指数依次为 0.08、0.06、0.16、0.16、0.11、0.11、0.10、0.09、0.09，而初级产品的贸易竞争指数自 1995 年后一直为负。

我国工业制成品的国际市场占有率逐步提高。在世界的排位 2004 年超过日本，仅次于欧盟和美国，成为世界第三大制成品经济体，占有率达到 8.3%，是美国的 81%，日本的 104%。2003 年和 2004 年，市场占有率的增长速度为 36% 和 37%。

（二）从对外直接投资看

对外直接投资既可以为东道国创造就业机会，推动其经济发展，又能够实现原产地多元化，减少贸易摩擦，是一种互利共赢的策略。2002 年以来，我国政府不断完善境外投资促进及服务体系，积极推进对外投资便利化进程，鼓励和支持有比较优势的各种所有制企业"走出去"，对外投资进入快速发展期。

2006 年年末，我国从事跨国投资与经营的各类企业已发展到 3 万多家，对外投资遍及世界 160 多个国家。我国企业对外投资已从建点、开办"窗口"等简单方式，发展到投资建厂、收购兼并、股权置换、境外上市和建立战略合作联盟等国际通行的跨国投资方式。2006 年年末，我国对外直接投资存量为 750 亿美元，是 2002 年年末的 3.3 倍，净增 520 亿美元。2002—2006 年对外直接投资流量分别为 27 亿美元、29 亿美元、55 亿美元、123 亿美元和 176 亿美元，2006 年的对外直接投资流量是 2002 年的 6.5 倍。

（三）从引进外资看

利用外商直接投资引进了大量适用技术，促进了产业结构优化升级。2003—2006 年，我国通信设备、计算机及其他电子设备制造业累计使用外商直接投资达 293 亿美元，其中 2006 年为 82 亿美元，比上年增长 5.9%。目前，全球主要 IT 制造业企业纷纷在华设厂，有的还将研发中心移师我国，有力地促进了我国电子及通信设备制造业的技术进步，增强了我国产品的国际竞争力。

二　提高制造业国际化水平要重视的几个主要问题

（一）重视标准的制定，争取国际话语权

我国有企业标准、行业标准、地方标准和国家标准。产品要走向国外，就必须提升原有的标准体系，遵守国际标准和国外先进标准。国际标准和国外先进标准主要是指国际标准化组织、国际电工委员会和国际电信联盟制定的标准，以及国际标准化组织确认并公布的其他国际组织制定的标准。加强采用国际标准是我国一项重要技术经济政策，对于促进企业技术进步、提高产品质量、扩大对外开放、加快与国际惯例接轨、发展社会主义市场经济的重要措施。我国在这方面的工作已经取得一定的进展。到2001年年底，我国已经批准发布的19744项国家标准中，采用国际标准和国外先进标准的有8621项，采标率为43.7%。国际标准化组织 ISO 和国际电工委员会 IEC 现有标准16745项，已转化为我国国家标准的有6300项，转化率为38%。显然，我国的标准化水平与国际水平相比，还有一定的差距。而且，随着经济全球化的发展和国内的技术进步，我们不能消极适应国外标准，要争取制定国际标准的话语权和主动权。

（二）重视自主创新，发展核心技术

改革开放以来，我国涌现出了一批勇于自主创新的成功企业。他们中有的通过原始创新成果的产业化，占领了国际市场；有的通过引进、消化、吸收再创新，打造自主品牌，跻身世界，占领市场。但从总体上看，我国企业的自主创新能力还不强，多数企业研发经费投入低，创新的组织机制也不完善，尚未形成自己的核心技术能力。据国家统计局数据显示，2005年我国大中型工业企业的研究开发经费占工业增加值的比重仅为2.6%，约为发达国家的1/3；而美国为8.3%（2000），德国为7.4%（2000），日本为8.6%（1998）。在我国28567家大中型企业中有科技机构的仅占23.7%，有科技活动的仅占38.7%。另据国家知识产权局公布

的数据显示，截至目前，我国国内企业中，拥有自主知识产权的企业只占3‰，仅有1.1%的企业获得授权专利，其中仅0.17%的企业获得发明专利权；在2006年13万件发明专利中，有一半来自国外跨国公司。可以说，在国际范围内，我国企业无论是在科技创新投入上，还是科技创新产出方面，都同发达国家具有较大差距。因此，提升企业自主创新能力，确立企业在技术创新中的主体地位，是我们建设创新型国家的一项重要而紧迫的任务。

我国是家用电器生产大国，但是，许多产品的专利技术掌握在外国公司手里。比如，我国是DVD生产大国，年产6000多万台，出口80%，但该产品涉及的200多项专利技术，我国只有20多项，出口一台要向外国公司交3—5美元专利费。彩电、电冰箱、洗衣机等产品也不同程度地存在类似问题。

近年来，我国政府已经把加强自主创新提高到国家战略的高度来推进：计划到2020年，R&D的投入占GDP的比重从现在1.35%提高到2.5%，科学技术进步对GDP的贡献率从现在的39%提高到60%，中国的专利和论文被引用数目从现在世界第20位力争上升到第5位。

（三）努力增加高质量高附加值的产品

必须看到，我国产品虽然具有一定竞争力，但是面临严峻的挑战。

1. 我产品的竞争力还建立在低价格和高环境代价的基础之上。这种代价可以概括为"三靠"：一是靠能源资源的低价格。我国石油、天然气和煤炭的资源税税率仅为1%，铁、铝土矿为2%，地热为3%，金矿为4%，而国外石油、天然气和矿产资源补偿的标准一般为10%—16%。2005年年底，国际市场原油价格达到每吨420美元时，俄罗斯从中收取180多美元，约占油价的42%；美国从中收取134美元，约占油价的32%；而我国仅收取4美元，不到油价的1%。这近乎于无偿利用资源，助长了高耗能、高污染产业的过度发展，加剧了产业结构的畸形化。同时，也造成能源的浪费。据研究，2000年按现行汇率计算的每百万美元国内生产总值能耗，我国为1274吨标准煤，比世界平均水平高2.4倍，比美国、欧盟、日本、印度分别高2.5倍、4.9倍、8.7倍和0.43倍。二是靠劳动者的低工资。目前我国制造业劳动力成本仅相当于发达国家的 3% 左右。1996—2005 年 10 年间，全国职工工资总额年均增长 9.15%，不足同期企业利润增幅 28.62% 的 1/3，农民工工资增长更慢。三是靠牺牲环境，使内部成本外部化。据环保总局监测，2005 年全国七大水系的 411 个地表水监测断面中有 27% 的断面为劣 V 类水质，全国约 1/2 的城市市区地下水污染严重，一些地区甚至出现了"有河皆干、有水皆污"的现象。

2. 我国出口产品主要由外资企业提供，而且加工贸易性质的产品比重大。2006 年我国机械工业加工贸易产品占出口产品总额的 50% 以上，其中外资加工贸易占机械工业加工贸易出口的 84.4%。

3. 产品的附加值低，缺乏高附加值的产品。我国的出口产品主要集中在劳动密集型产品上，高新技术产品占出口产品的比重还较低。

4. 缺少世界知名品牌产品。经过 20 多年的努力，我国不仅拥有了海尔、联想、长虹等具有一定国际影响力的品牌，同时一些传统的"老字号"也开始走出国门。但是，从总体上看，现阶段我国自主品牌的发展还很薄弱，与我国在世界经济贸易中的地位还很不相称。目前，我国企业主要还是采取低价竞争和低成本的规模扩张的模式，企业从品牌所获利润甚少。虽然我国制造的玩具占全球产量的 70%，鞋类产品占全球产量的 50%，彩电占全球产量的 45%，空调占全球产量的 30%，纺织品服装贸易占全球的 24%，有近 200 种产品的产量位居世界第一，但具有国际竞争力的品牌很少。目前我国各类进出口企业中拥有自有商标的不到 20%，出口产品中拥有自主知识产权品牌的不到 10%，自主品牌发展滞后。另据测算，美国品牌所创造的价值占 GDP 的比重达 60%，而在我国却不足 20%。

（四）重视人力资本，提高劳动者素质

人力资本对提高企业的效益和竞争力具有重要作用。舒尔茨对美国经济的发展作过这样的计算：1890—1959 年的 70 年中，物质资源增加了 4.5 倍，对劳动者进行教育和培训的投资增加了 8.5 倍，而前者使利润增加 3.5 倍，后者使利润增加了 17.5 倍。日本的一份研究资料表明：工人教育水平每提高一个年级，新技术革新者平均增加 6%，而技术革新的建议能降低成本 5%；经过专门训练的技术人员的建议能降低成本 10%—

15%，受过良好教育和培训的管理人员创造和推广先进管理技术可降低成本 30% 以上。经过技术再教育的工程技术人员，工作效率可以提高40%—70%。我国吉林省社会科学院的专家也对职工素质和经济效益的关系作过调查。他们提供的长春第一汽车厂的材料表明：在完成生产定额方面，初中文化程度的工人比小学文化程度的工人要高 26%，受过高等教育的工人比只有初中文化程度的工人生产效率高 20%—30%。据他们对长春客车厂机械车间装配钳工的调查，只有初中文化程度的工人三年出徒时的工作效率，具有高中或中专文化程度的工人一年即可以达到；大学文化程度的工人一年即可以超过，其时间缩短 2/3 以上。理论和实践表明，人力资本是提高劳动者素养和劳动力质量的关键因素，人力资本的形成除了靠正规的学历教育外，还要靠企业的再投入。

总之，要成为制造业的强国，增强其在国际上的综合竞争力，必须要有大批高素质的人才，特别要注意培养大批的高级技工。国家要加大对职业技术教育的投入，教育主管部门要扭转只重视大学教育的趋向，花大力气办好各类技工学校，社会、企业要加强职工的在职培训，不断更新职工的知识和提升他们的工作能力，为我国制造业企业更有效地参与国际竞争创造更好的条件。

（原载《经济管理》2008 年第 5 期）

从数量扩张向提高素质转变

——我国工业发展进入关键时期

经过几十年的建设，特别是改革开放以来的高速发展，现在我国工业已经发展到由数量扩张向提高素质转变的关键时期。这一时期是从什么时候开始的，目前还有不同的看法。有人认为这一转变时期从 20 世纪 80 年代中期就开始了，因为机械、纺织等行业那时的生产能力已经扩张到很大的规模。有人认为是从 90 年代初开始的，1991—1992 年的调整是重要标志。也有人认为应该从提出"两个根本性转变"开始。不管如何分析，这一转折时期的到来已是一个毋庸争议的事实。

现在，我国工业的整体规模已经比较庞大，数量扩张阶段已经基本完成。其主要表现是：

（1）我国的许多工业部门从无到有，由弱变强，现在已经形成了以能源、机械、汽车制造、采矿、冶金、电子、化工、石化、航空航天、造船、建筑建材、医药、纺织服装、家用电器、食品饮料等为主体的门类齐全、完整的工业体系。

（2）我国已经形成了庞大的工业生产能力，但是多数工业行业的生产能力利用率很低，使大批设备闲置，造成了很大浪费。例如，到 1995 年年底，炼钢生产能力已经达到 16900 万吨，生产能力的利用率只有56.2%；汽车的生产能力已经达到 328 万辆，利用率只有44.3%；摩托车的生产能力已经达到 1489 万辆，利用率只有 55.4%；洗衣机的生产能力已经达到 2183 万台，利用率只有 43.4%；电冰箱的生产能力已经达到1821 万台，利用率只有 50.4%；空调器的生产能力已经达到 203 万台，利用率只有 33.5%，棉纺锭已经达到 4190 万锭，利用率只有 77.0%。据有关部门对 80 种主要工业品生产能力的调查分析，利用率在 60% 以下的就有 28 种，占 35%。

（3）我国主要工业品的产量已经达到很高的水平，其中，粗钢、原煤、水泥、棉布、电视机等的产量已经位居世界第一，发电量、化肥、化学纤维等也已经上升到世界第二位。

（4）我国多数工业品已经供大于求，使许多企业的产销率下降，库存增加。统计资料显示，目前纺织、轻工、家电、包装、钢铁、汽车等行业的产品积压严重。1996 年年底，全国积压的手表 1000 多万只，自行车 2000 多万辆，汽车 11 万多辆，家用电器、服装等产品的积压也十分严重。

但是，我国工业的整体素质却不高。集中表现是：

（1）产业结构不合理。能源、原材料等基础产业还比较薄弱；传统产业占的比重大，高技术产业还处在发展阶段；加工工业能力过剩，但水平低、低水平重复的现象比较普遍。

（2）产品的品种还不多，质量还不高，更缺少技术含量高的产品和被消费者广泛认可的名牌产品，产品在国际市场上的竞争力还不强。例如，据对机械工业骨干企业的调查，其主导产品达到 90 年代水平的只占 17.5%，80 年代水平的占 52.0%，六七十年代的占 30.0%；1996 年，我国的钢产量虽然已经跃居世界第一，达到 10110 万吨，但是钢材的质量还不高，达到国际标准的只占 10% 左右，品种还不全，国内市场需要的热轧板卷、冷轧薄板、镀锡板、镀锌板等优质钢材，40% 以上还依赖进口；我国大型石化企业的产品品种只有 1800 种，工业发达国家达到几千种，我国合成纤维差别率只有 10%，国外达到 30%—40%；高技术含量的产品份额小，其产值仅占国民生产总值的 3% 左右，而发达国家一般在 10% 以上。

（3）产业组织结构不合理。产业集中度低，在一些经济规模要求较高的行业，企业规模小而分散，多数企业没有达到合理的经济规模，规模经济效益差。如汽车行业，共有整装车厂 112 家，1996 年生产汽车 149 万辆，平均每家只有 12000 多辆，轿车的经济规模好一些，但与国外的差距也很大。同时，企业间、地区间缺乏合理分工和协作，企业间的"大而全"、"小而全"，地区、部门间的相互分割、自成体系，以及地区间的结构趋同化也很严重。据 1995 年的统计资料分析，全国有 29 个省市区都生产纺纱、塑料、化肥、钢铁、卷烟等产品；有 28 个省市区生产化纤；电视机有 27 个省市区生产；汽车有 26 个省市区生产；自行车、洗衣机有 23 个省市区生产；电冰箱有 19 个省市区生产。而且一些地区还在建设新厂生产这些热门产品。据国家计委测算，目前我国中部和东部地区的产业结构相似系数为 93.5%，西部与中部地区的工业结构相似系数为 97.9%。

（4）企业素质不高。首先，企业的装备水平低。据典型调查，在国有企业中，属于六七十年代水平的设备占 20%，陈旧但仍可使用的占 20%—25%，应该淘汰的占 55%—60%。其次，企业的领导和职工的素质有待提高。有些企业的领导素质不高，他们或缺乏事业心、责任感、无所作为；或知识老化、经营管理能力差；或缺少民主作风、独断专行，或闹无原则纠纷、相互扯皮、拆台。1994 年，某省集中了 158 名企业领导人测试企业管理有关知识，竟有 58% 的人不知道增值税。在职工中，由于一些人对市场经济缺乏正确的了解，滋长了"一切向钱看"的思想，对工作缺乏认真负责的态度，缺乏必要的职业道德、敬业精神和事业心。不少企业缺乏一支思想、技术业务、作风等方面都过得硬的职工队伍。再次，企业管理素质低。我国管理水平本来就不高，近些年又出现了严重的滑坡现象。据调查，有 45% 的企业基础管理滑坡了，有 37% 的企业专业管理滑坡了，53% 的企业现场管理滑坡了。

（5）工业经济效益低。由于片面追求数量扩张，妨碍了我国工业整体素质的提高，工业经济效益低。1996 年，无论是全部工业企业或是国有工业企业资金利税率、产值利税率均比 90 年代初下降 1—2 个百分点；亏损面和亏损额都逐年上升，1996 年乡及乡以上独立核算的工业企业的亏损面达到 23.00%，比 1991 年上升 5.27 个百分点，比 1995 年上升 1.7 个百分点；亏损额占实现利润总额的比重为 24.8%，比 1995 年上升 6.2 个百分点；国有工业企业的经济效益更不理想。1996 年，国有工业企业亏损面接近 40%，其中约 20% 是长期亏损，20% 是近几年才变亏的。上述情况说明，我国工业经济的确已经发展到由数量扩张到提高素质的转折时期。进入这个时期后，我国经济发展将会出现一些新特征。这些特征有的已经初步显示了出来，有的即将显示出来。

其一，商品短缺的现象基本结束，供大于求的买方市场逐步形成。数量扩张的积极成果就是使人们的基本需要得到了满足。商品短缺的现象已经成为历史。随之而来的是人们要求改善生活质量。因此，对商品的供给提出了较高的要求。企业必须依靠产品的质量、品种、服务、信誉等才能取得消费者的认可，"用户是上帝"的时代已真正到来。

其二，经济增长速度将逐步趋缓。进入这一时期后，我国的工业发展速度虽然还会出现波动，但是总的趋势是增长的速度将逐步减慢。据统计，从1978—1996年的17年中，我国工业总产值年均增长率约为19%，其中有12年的工业总产值增长率达到两位数，有6年甚至超过20%。这样高的增长速度是世界经济发展史上的奇迹。可以预料，在相当长的一段时期之内，我国的工业经济和整个国民经济仍会保持较高的增长速度。比如，据中国社会科学院的一个课题组的预测，"九五"时期我国工业增长率有可能达到12.5%，21世纪的前10年有可能达到9%—10%，但都远比改革开放以来的实际增长速度低得多。

其三，企业的生存和发展环境将变得更加险峻。从企业的外部环境看，由于商品供给的充足，买方市场的形成，市场机制作用的增强和我国经济国际化程度的提高，企业之间的竞争将加剧。这种竞争不仅来自国内各类企业，而且也来自国际大型跨国公司。从企业内部看，由于能源原材料的涨价、职工工资的提高，产品成本出现了大幅度上升的趋势，如何加强管理，降低成本是对企业的严峻考验。

其四，企业间的并购将出现高潮，产业组织结构将获得改善。激烈竞争的必然结果是促进企业之间的联合和兼并，在今后3—5年，有可能出现兼并的高潮，生产要素会向优势企业集中，产业的集中度会提高，会出现更多的大企业和大企业集团。

其五，高技术产业、新兴产业将获得快速发展，成为新的经济增长点。20世纪80年代以来，在中国经济的高速发展中，轻纺工业，特别是家电工业的带动起了特殊作用。90年代后期，由于市场的饱和，这些行业的发展速度明显降低。今后，除轿车、建筑材料等的发展可以对我国经济的发展起带动作用外，电子、通信等高技术产业的发展前景也很广阔。它们将成为新的经济增长点，但这些行业的竞争也会十分激烈。

其六，对外贸易的难度加大，增长速度趋缓。随着劳动力成本的增加和其他第三世界国家的竞争，初级产品和劳动密集型产品的出口优势将逐步丧失，出口的难度加大，增长速度放慢，出口产品的升级换代不可避免。进口产品的选择性也会提高。

面对我国工业发展的现状和将出现的上述基本特征，转变增长方式，提高工业的整体素质已经成为我国经济发展的关键问题之一。它是摆在我们面前的一项紧迫而艰巨的任务。提高我国工业的整体素质是一项复杂的系统工程。它的难度大、涉及面广，需要我们长期不懈地从多方面努力工作才能见到成效。

第一，提高工业的整体素质要以实现"两个根本性转变"为重点。经济体制从传统的计划经济体制向社会主义市场经济体制转变，经济增长方式从粗放型向集约型转变，是促进国民经济持续、快速、健康发展的关键，自然也是提高工业整体素质的关键。因此，要提高工业的整体素质，必须深化工业经济体制的改革，特别要深化国有企业改革，加快公司化改造的步伐，建立与社会主义市场经济相适应的现代企业制度，为提高工业的整体素质创造良好的制度环境，以充分发挥市场机制在资源配置中的基础作用，促进结构的调整和效益的提高。要切实转变经济增长方式，坚决改变片面追求量的扩张，忽视质的提高；片面追求高速度，忽视提高经济效益；片面追求多建新企业，忽视对老企业的技术改造；片面追求外延的扩大再生产，忽视内涵的扩大再生产等粗放的增长方式，使我国工业的发展走上集约型经营的健康道路。

第二，提高工业的整体素质要以优化结构为主要内容。要以国家制定的产业政策为指导，以市场机制为主要手段，大力加强能源、原材料等基础产业的发展，努力支持机械、电子、石化、汽车、建筑材料等支柱产业的发展。要大力发展高新技术产业，带动传统产业的升级。要按照市场需求及其变化，遵循"增畅、限平、停滞"的原则，狠抓产品结构的调整，对市场需要的短线产品和畅销产品，要重点扶持；要发展一批技术含量高、市场容量大、出口前景好的高附加值、高关联度的产品，特别要大力培育和发展名牌产品，努力开发新产品、新品种，促进产品的升级换代；同时要实行限产、压库的政策，坚决压缩长线产品和滞销产品，淘汰质次、价高、消耗原材料和能源多的落后产品。要促进企业的联合、兼并，扩大企业的规模，提高规模经济效益；要结合公司制改造，大力推动企业的进一步发展，特别要发展一批跨地区、跨部门的大型企业集团，有条件的还要向跨国公司和跨国集团发展；要加强企业之间的协作、联合，改变大的不好，小的不专、不精、不特的弊病。

第三，提高工业的整体素质要以提高工业企业的素质为基础。工业企业是工业经济的基本单位，工业企业素质的高低对工业的整体素质有主要的直接的影响。因此，必须努力提高工业企业的素质。要通过采用新技术、新工艺和新的机器设备等措施对企业进行技术改造，努力提高企业技术装备的素质；要通过各种教育和培训等手段，提高企业领导和员工的思想、技术和文化素质；要处理好企业改革和管理的关系，将两者紧密结合起来，认真总结推广先进企业的管理经验，学习、借鉴国外的先进管理方法和手段，努力提高我国企业的管理素质和管理水平。

第四，提高工业的整体素质要以提高经济效益为中心环节。经济效益是工业素质高低的综合反映，也是检验提高工业整体素质工作成效的最重要的标准，因此，提高工业整体素质始终要围绕提高经济效益来进行，既要狠抓企业经济效益的提高，又要狠抓整个工业经济效益的提高。

（本文为作者与黄群慧研究员合写，原载《中国社会科学》2003 年第 3 期）

以信息化推动工业现代化的几个问题

党的十五届五中全会提出："继续完成工业化是我国现代化进程中的艰巨的历史性任务。大力推进国民经济和社会信息化，是覆盖现代化建设全局的战略举措。"党的十六大进一步确立了全面建设小康社会的目标，描绘了21世纪头20年我国现代化建设的宏伟蓝图。十六大报告明确指出："实现工业化仍然是我国现代化进程中艰巨的历史性任务"，"信息化是我国加快实现工业化和现代化的必然选择"。正确认识信息化与工业现代化的关系，对21世纪我国的经济建设和社会发展具有极其重要的意义。

一　信息化与工业现代化的关系

（一）关于信息化概念与内涵的探讨

1966年，日本科技界和经济研究机构在探讨信息产业和信息社会的发展问题时，率先提出"信息化"这一概念来描述人类社会的进化过程。迄今为止，人们还没有对这个概念的内涵达成统一的认识。常见的理解有三种：（1）将"信息化"理解成继工业化之后的一种社会经济形态的演变过程。典型的定义如"信息化是人类从有形的物质产品创造价值的社会向无形的信息创造价值的社会的演进过程"。与此相联系的是后工业社会、信息社会等概念。（2）将信息化理解成伴随计算机网络的发展所带来的信息获取和交流方式的革命性变化，与此相联系的是"信息高速公路"、网络时代、网络经济等概念。（3）将信息化理解成以计算机、互联网和移动通信为主要标志的现代信息技术、信息产品、信息获取和交流的手段及方法在社会经济中的运用和普及的过程，以及由此而带来的人们的生产方式、工作方式、生活方式等方面的革命性变革。

我们认为，第三种理解更能反映实际生活。前两种理解虽然有其合理性，但也都存在一定的片面性。将信息化视作继工业化之后的一种生产方式和社会经济形态的演进过程，一个直接推论就是，要么先工业化再信息化，要么跳过工业化直接进入信息化。这一结论来源于发达国家的发展经验，但不符合我国及大多数发展中国家的实际情况和发展需要，是不可取的，甚至会在一定程度上起到误导作用。只把信息化和"信息高速公路"、"新经济"等描述性的经济现象相联系的认识观，显然过于狭窄，对现实实践缺乏解释力和指导性。

无论对信息化的具体定义作何种理解，人们已经通过广泛的讨论就我国信息化及其进程达成以下共识：

第一，抓住信息技术革命的机遇，发展和利用最先进的生产力，是发展中国家发挥后发优势，赶超发达国家和实现跨越式发展的必然选择。在经济全球化和信息化浪潮中，发展中国家处于不利的竞争地位。一方面，全球化趋势下，世界经济发展的不平衡特征非常明显。另一方面，信息化是加速经济全球化的助推器，信息化浪潮正使发达国家与发展中国家的数字鸿沟不断扩大。但是，由于现代信息技术是一种高新技术，发展变化很快，发达国家的信息化也面临不断升级、换代的任务，因此，在采用新技术、新设备和新手段方面，发展中国家和发达国家是在一条起跑线上的。

面对机遇与挑战并存的国际竞争形势，我国只有坚持改革开放，加快信息化建设，才不会游离于经济全球化和信息化趋势之外。我国已经加入了WTO，这是经济走向全球化的组织保障，但是我国经济是否能更好更快地融入世界经济，还取决于许多其他条件，其中非常重要的一个因素就是我国的信息化水平。今天，互联网、电子邮件、电子商务、电子银行、电子海关、电子税务和现代通信等技术的发展和广泛运用，提高了企业克服空间和时间差异的能力，使国与国之间的产品、服务、技术、资金等流动更加通畅，使跨国组织生产更加方便，这为发展中国家实现跨越式发展提供了新的机遇。据联合国工业发展组织估计，到2005年，发达国家制造业占全球制造业的比重，将从1970年的86%下降到67.6%，而发展中国家所占的比重则由 1970 年的 10.3% 上升到 30.6% 。我国一定要抓住这个机遇，积极发展信息技术及其产业，加快我国的信息化建设，争夺国际竞争的制高点，应对经济全球化带来的机遇和挑战。

第二，加快我国信息化建设，是一项涉及国民经济各领域乃至全社会方方面面的系统工程。1996 年，国务院信息化工作领导小组明确将"国家信息化"定义为"在国家统一规划和组织下，在农业、工业、科学技术、国防及社会生活各个方面应用现代化信息技术深入开发、广泛利用信息资源，加速实现国家现代化的过程"。

除国家的统一规划和统一组织外，培育或完善信息资源，国家信息网络，信息技术应用，信息技术和产业，信息化人才，信息化政策、法规和标准这六大要素，加快国家信息化体系建设，还要有全社会的高度重视，要有工业、农业、商贸、金融、保险、文化教育、科研机构、国防、新闻出版、卫生等各领域的积极参与、共同努力和齐头并进。

第三，我国的信息化建设必须紧密结合中国的国情和经济发展的特点走自己的独特道路。我国的信息化与发达国家的信息化的发展起点不同。发达国家的信息化，是在已经实现工业化的基础上进行的。根据产业投资支出的加速理论，在传统产业衰退的情况下，加速从传统产业退出的资本可以通过国民收入再分配的积累部分向信息产业倾斜来实现要素的间接转移[1]。而我国正处于工业化中期和信息化的初始发展阶段，发展基础较差，与发达国家相比有很大差距，却同时面临着工业化和信息化的双重任务。这就决定了我国的工业化不能再走发达国家先工业化、后信息化的传统道路，而要把信息化和工业化、工业现代化紧密结合起来，充分利用具有倍增性、高渗透性和强带动性的信息技术手段，直接切入当前我国工业化和工业现代化面临的难点任务，重点解决企业技术水平低、管理效率低、社会化生产协作水平差、产业结构不合理、市场运作效率低和国际竞争力弱等瓶颈问题，不断提高工业技术水准、扩大经济活动范围、降低交易成本、提高经济效率和推动制度创新。

---

[1]　李继文：《信息化与我国产业结构战略性调整》，《中国经济时报》2002 年 9 月 28 日。

（二）信息化与工业现代化的关系

工业现代化是一个动态的过程，信息化也是一个不断发展的过程，动态发展的信息化不仅与我国的工业化存在着密切关系，而且直接关系到我国工业现代化的发展速度、进程和水平。因此，仅仅提以信息化带动工业化是不完全的，还必须同时强调以信息化推进我国的工业现代化。

1. 信息技术和信息产业的发展程度，是衡量一个国家工业现代化水平的重要标志。工业现代化进程就是产业技术水平升级以及新兴产业发展并在经济结构中所占比重不断上升的过程。信息技术的频繁创新、广泛应用信息资源的开发利用，改变了经济增长方式，加快了经济全球化和市场化进程，催生了大量新兴的产业部门。作为当今世界新兴产业的代表，信息产业连续多年保持了高速增长态势，在各国经济结构中的比重不断提高。这已经成为一国产业结构升级并向工业化高级阶段迈进的重要标志。

在信息技术革命的推动下，世界各国都先后增强了对信息技术研究开发及相关基础研究项目的投入。进入 20 世纪 80 年代，作为全球经济发展中增长速度最快的先导产业，信息产业在发达国家国民经济中的比重逐步超过 20% 并不断上升，日益成为推动经济增长的重要产业、先导产业甚至主导产业。90 年代中期以后，发达国家信息产业对 GNP 增量的贡献已经超过 50%，其中美国超过 75%。2000 年，信息产业对世界经济增长的实际贡献率已超过 30%。

工业现代化程度较高的发达国家，都高度重视信息技术和信息产业的发展，并先后把它们纳入国家战略的重要组成部分。美国是从发展信息技术和信息产业的国家战略中受益匪浅的代表。仅在 1999 年和 2000 年财政预算中，美国政府对信息技术研究开发的投入就增加了一倍以上。该国连续 10 年的经济高速增长，在很大程度上就得益于信息产业的高速发展。正如美国商务部在《2000 年数字经济》中所指出的，信息科技和互联网已成为推动美国经济发展的主力。

2. 信息技术改造传统产业是推进工业现代化的关键任务。传统产业仍然是我国国民经济的支柱产业。当前，信息技术的普及和 20 世纪积累起来的科学知识和技术发明，正使传统工业面貌发生着巨大变化。信息技术正在创立全新的产业，全面改造和提升传统工业，赋予各工业部门全新的内容①。抓住这一机遇，广泛应用信息技术，解决好我国工业经济运行中存在的种种问题，再造传统产业，是增强我国工业国际竞争力的必由之路，也是推进工业现代化的关键任务。

许多产业的发展历史证明，用包括信息技术在内的高新技术对传统产业进行改造，将给传统产业带来新的生命力和竞争力。钢铁工业曾经被一些人称为夕阳工业。70 年代的世界石油危机后，钢铁业进入了广泛利用信息技术的阶段。在这个阶段，新技术、新工艺层出不穷。信息技术的发展为钢铁工业的改造创造了良好的条件，世界发达国家的钢铁企业把计算机广泛应用到生产经营管理的全过程和各个方面，并广泛采用了"炼钢—炉外精炼—连铸"三位一体的新工艺系统，运用了既控制板型精度，又有控轧控冷内涵的轧制新工艺，推广了短流程工艺，采用了超高功率大电炉和薄板坯连铸连轧，等等。从此，发达国家的钢铁工业实现了现代化，摘掉了夕阳工业的帽子。汽车制造业也是一种典型的传统产业，但是当半导体、计算机、现代通信等技术和许多新材料、新工艺被运用到它的生产过程及产品上后，这个传统产业就变成了拉动世界经济发展的支柱产业。

从各国实践看，20 世纪七八十年代，曾是日本取代美国占据世界制造业领先竞争地位的时代。进入 90 年代，信息技术在美国传统产业部门的广泛应用，使其劳动生产率自 1990 年以来保持了 25% 以上的增长速度，传统产业对经济增长的贡献率一直保持在 2/3 以上的水平。② 90 年代中后期，美国传统产业的衰退势头彻底扭转，美国的汽车、计算机等产业重新取得了国际竞争优势。而同一时期，日本却因固守传统制造业，忽视信息产业发展和信息技术在传统产业领域中的广泛应用，从而失去在制造业中

---

① 宋健：《制造业与现代化》，《光明日报》2002 年 9 月 26 日。

② 吕政：《知识经济与农业经济、工业经济之间的渗透融合关系》，《光明日报》2000 年 10 月 17 日。

的竞争优势，造成了国际竞争力的下降和长达十多年的经济不景气。从美日制造业竞争地位的逆转中，我们可以看到，信息技术改造传统产业对一国产业结构调整和国际竞争力起着何等关键的作用。

3. 开发利用信息资源是推进工业现代化的有效途径。材料、能源和信息，是现代社会发展的三大战略资源。与其他战略资源相区别的是，信息资源伴存于国民经济和社会各领域的全部活动中。随着经济的发展和社会的进步，信息资源的重要性将愈益突出。

信息资源的开发利用，为工业现代化进程和经济增长提供了新的可能性，使人类有可能最大限度地摆脱物质资源的限制和束缚。首先，信息是唯一不遵守收益递减规律的生产工具。在信息时代，任何产品的价值都会由于加进去智能和信息的内容以及服务而增加。其次，信息资源消费是可持续性的。那些通过注入信息资源而制造出来的新产品将比原来的产品创造广泛得多的市场机会和可持续的消费行为。最后，信息资源占有还可以实现对未来经济活动的控制。如果将经济领域分为物质能源转换领域和信息转换领域，那么，未来工业现代化的动力将更多地来自于信息领域的信息资源开发与利用，而非大规模的物质转换领域的物质资源消耗。

在信息时代，丰富的信息资源储备及有效的信息资源开发与利用，也是缓解和消除经济结构失衡，长期开发、综合利用其他物质资源以实现经济持续增长的基础。如果一个国家没有丰富的信息资源，或者说大量的信息资源还停留在条块分割、各自为政的多个部门，处于简单、低级、分散使用的状态，无法达到统一开发、资源共享、永续利用的水平，那么，这个国家的信息化和工业现代化就无从谈起。为此，以信息化带动工业化的战略实施必须以信息资源的最广泛共享、最快捷的流通和对信息资源进行的深层次挖掘为前提。制定切合实际的信息资源战略，大力开发利用信息资源，降低单位国民生产总值的材耗和能耗，平衡和不断优化经济结构，是实现工业现代化的有效途径。

4. 企业信息化是推进工业现代化的重要内容。企业是工业社会的微观细胞，基于信息技术应用的企业经营管理现代化是工业现代化的重要内容。作为"以信息化推进工业现代化"在微观经济层面的具体体现，企业信息化不仅有助于解决企业管理中突出问题、带动企业管理工作创新和管理水平提升，它还是推动企业经营管理现代化进程，促进信息技术在各行业的广泛运用和加快关系经济全局重要领域的信息化进程的主要手段，也是我国工业现代化的重要内容。

发达的工业化国家的企业信息化水平都很高。它们将信息技术大量用于企业生产经营的全过程及自内及外的各种经济活动，以实现自身的管理现代化和产业整体竞争能力的提高。

（1）在新产品的研究开发环节，企业可以采用计算机辅助设计（Computer Aided Design）、并行工程（Concurrent Engineering）、产品数据管理（Project Data Management）、仿真（Simulation）和虚拟设计（Virtual Prototyping）等系统对产品研究开发的全过程进行管理，缩短研究开发周期，提高研究开发的成功率，提升新产品的功能和可靠性，降低研究开发的成本。

（2）在采购和制造环节，原材料需求计划（Material Requirement Planning）、生产计划和进度安排系统（Production Planning &scheduling Systems）、计算机辅助工艺编制（Computer Aided Process Planning）、计算机辅助制造（Computer Aided Manufacturing）、计算机辅助质量控制（Computer Aided Quality Control）等信息技术系统的广泛应用，可以显著降低原材料、零部件、设备的库存和在制品数量，大大节约采购成本和降低企业的经营风险。

（3）在经营决策环节，管理信息系统（Management Information System）、决策支持系统（Decision Support System）、经理支持系统（Executive Information System）、办公自动化系统（Office Automation System）等的广泛运用，增强了决策的科学性，提高了决策的效率。

（4）在营销环节，电子数据交换（Electronic Date Interchange）、客户关系管理（Customer Relationship Management）、电子商务（Electronic Commerce）等信息技术手段和方法的综合运用，可以为最好地响应客户需求和最大可能地发掘潜在客户提供及时的信息支持，对稳定客户和扩展新市场起到重要作用。

（5）随着信息技术的进步和企业管理发展的需要，企业信息化正朝集成化、跨企业组织的方向发展，越来越多的企业采用了计算机集成制造系统（Computer Integrated Manufacturing System）、连续获取与全过程支持（Continues Acquisition and Life-cycle Support）、系统光速商务（Commerce at Light Speed）系统，等等。这些综合性信息技术系统的应用，使企业的生产经营过程发生了根本性的变革，为企业管理创新提供了有力的手段，为企业组织结构逐步从集权型的金字塔形的管理组织模式向网络型的分权组织模式转变的变革创造了条件，提高了企业组织的运作效率、适应性和竞争能力。

二　我国信息化的现状及推动工业现代化过程中面临的问题

我国信息化建设起步于 1984 年，当时国务院成立新技术革命对策小组，正式提出推动电子计算机技术的广泛应用，使其成为改造传统工商企业、加速四个现代化建设和促进国民经济发展的有效手段，并发布了"我国电子和信息产业发展战略"。历经 80 年代的萌动阶段，1993 年以来的国家信息化工程启动阶段，我国信息化建设从 2000 年起步入了"以信息化带动工业化"战略方针的贯彻实施阶段。

20 年来，我国信息化建设取得了巨大的成就，信息基础设施基本完善，各领域的信息化重大工程进展显著，企业信息化正稳步推进，电子政务已开始起步。但与发达国家相比，由于受起步晚、底子薄、发展时间短等因素所限，当前我国信息化仍然存在不少问题，不利于以信息化推进我国工业现代化的战略实践。

（一）信息化投入不足

导致我国目前信息化程度低的重要原因是对信息基础设施、部分信息技术和信息产品的投入不足。美国在 20 世纪 90 年代已经基本完成信息化的基础设施建设，这段时期里，美国计算机、软件和与信息化相关的其他产品的投资总额超过 2000 亿美元。以 1996 年为例，美国对信息技术和信息产业的投资是对其他工业设备投资的 16 倍，占美国企业固定资产总额的 35.7%，占世界同类投资的 40%。

在我国，信息化建设资金投入不足的现象仍然非常普遍。根据国家经贸委经济中心对 300 家各国家重点企业的调查，有 70% 的国内企业认为对企业信息化投资不足。截至 1998 年年末，这 300 家企业用于信息技术和设备的投资累计仅占总资产的 0.3%，我国百强企业用于信息化设备的投入累计也仅占资产总额的 2.8%。相比之下，美日等发达国家的企业在信息化方面的投资已经达到企业资产总额的 8%—10%。此外，国际数据中心（IDC）的研究报告也显示，财富 500 强企业中，信息技术投资超过生产设备投资的企业高达 65%。由此可见，我国企业对信息化投入的重视程度离跨国公司的差距是何其大了。

（二）信息技术普及应用程度不高

要使信息技术真正对经济增长起到推动作用，必须待其推广和应用达到一种临界的质量状态。然而，到目前为止，信息技术在我国社会经济各领域的普及率仍然偏低，离信息化全面带动工业现代化的临界点还有较大的差距。将来，能否彻底改变当前我国信息技术普及应用程度不高的现状，将取决于三方面的因素：一是电信基础设施和信息技术产品的价格，二是计算机和互联网渗透率，三是达到一定教育程度的信息技术应用人才以及一定收入水平且有信息消费需求的消费群体。

1. 电话普及率还不高。1998 年，美国、加拿大、日本、德国、法国、英国、意大利 7 个工业发达国家的电话普及率都在 51.7% 以上，而我国至 2002 年年末，电话普及率仅为 33.74%（1995 年、1997 年、1999 年和 2000 年分别是 4.7%、8.11%、13% 和 20%）。此外，固定电话和移动电话的资费水平占居民收入比例为 5%—8% 的水平，远远高于 1%—2% 的国际一般水平，制约了实际话务需求的增长。

2. 人均计算机拥有量低。1998 年，7 个发达国家每百人拥有个人计算机 17 台，美国更达到了人均 38 台的高水平，而我国至 2000 年年末，个人计算机的深度使用率只有 6%；发达国家的家用计算机普及率为 20%，而我国仅为其 1/10 左右的水平。

3. 互联网使用程度低。尽管我国的互联网用户数量增长速度非常高，截至 2002 年 12 月 31 日，已有互联网用户数为 5910 万人，但其数量占全国总人口的比例不到 5%，接近世界互联网用户数量占全球总人口数的比例。但与发达国家相比，仍有较大差距——如美国互联网用户数超过 1 亿，占世界总数的 50% 左右，在全世界遥遥领先，16 岁以上的美国人中有 1/3—1/2 是互联网用户。此外，目前我国互联网用户人均每月近200 元的上网费用，也限制了已有企业或个人用户的网络应用需求的增长及互联网的进一步普及。

4. 电子政务刚刚起步。我国已有 7200 多个政府部门建立了网站，网上办公、网上审批正逐步开展，但是，各级政府部门的日常业务仍然处于手工阶段，绝大多数政府网站只有一般情况介绍，而不能提供在线服务。据有关部门对 2001 年 3 月的情况统计，在政府网站上政府为网络用户提供电子政务的内容只占到整个信息网上内容的 0.2%。这种状况和一些发达国家形成了强烈的反差。美国政府已步入办公自动化阶段，向真正的电子政府迈进。日本中央政府和多数二级政府目前也基本建立了支持主要业务工作的管理信息系统和决策支持系统。英国政府信息网络正在向全天候和快速为民众提供信息服务迈进，现在有 60% 的政府机构的互联网服务站已经开通或正在建设，2002 年全国有 41% 的公众通过政府网站享受到政府部门提供的服务。新加坡 2002 年在网上向公众提供 1000 多项服务，人们不出门就可以与政府打交道。

5. 电子商务仍处于初级发展阶段。从全球发展态势看，1994 年全球电子商务销售额为 12 亿美元，1997 年达到 26 亿美元，增长了一倍多，1998 年销售额达 500 亿美元。据预测，全球电子商务交易额将由 2000年的 3000 多亿美元增长为 2004—2005 年间 6 万亿—7 万亿美元的规模，占全球贸易总额的比重将达到 8%—10% 的水平。其中，美国仅 2003 年的企业间电子商务交易总额就将超过 1 万亿美元，而整个亚洲的电子商务交易总额预计在 2005 年才可能接近 1 万亿美元。

我国电子商务起步较晚，发展程度低，目前尚停留在对安全、保密、认证、法律等技术手段和标准规范是否成熟可靠的讨论上，实际应用较少，基于电子商务交易额计算，发展水平仅为美国的 0.23%，总体上处于初级阶段①。2001 年我国拥有 B2B 网站 1345 个，但能够有效持续运营的只有 667 家，占 49.6%；其中专业网站 1196 个，能够有效持续运营的大约 595 个，占 49.7%。B2C 网站的情况更差些，2001 年我国有 B2C 网站 2056 家，但是能够有效持续营业的只有 659 家，占 32%。网站经营的商品不够丰富、配送费用高、送货时间长、退货不方便、服务不完善。在网上支付的比例仅为 10%。

根据国际数据中心（IDC）的 2001 年报告，2001 年和 2002 年我国电子商务交易额分别为 60 亿元和 150 亿元，2003 年和 2004 年将分别达到 300 亿元和 700 亿元。由于目前我国网上购物主流模式还仅限于企业对消费者，而不是企业对企业的大额网上交易，所以，短期内还无法形成大额的电子商务交易规模。造成这一状况的原因主要有：我国市场经济还不成熟，现货市场和有形市场还不完善，企业信用差，资金拖欠严重，缺乏配套的信息系统、物流系统、支付系统和制度保障，绝大部分企业对发展电子商务缺乏紧迫感，等等②。

（三）信息技术综合应用能力较差

国家统计局国际统计信息中心 1999 年的《中国信息能力研究报告》，以信息技术和信息技术设备利用能力、信息资源开发与利用能力、信息化人才与人口素质、国家对信息产业发展的支持状况这 4 大类共 30 项指标，对包括中国在内的 28 个国家的信息能力进行了比较。其结果显示，美国信息能力总水平得分为 71.76，名列世界第一位；日本得分 69.97，名列世界第二位；而中国得分仅为 6.17，排在 28 名中的倒数第 2 位（见表 1）。

---

① 杨卫东：《全球及中国电子商务现状与发展》，2002 年 4 月 4 日，http//www.chinaren.com。
② 李欣欣：《我国在信息化带动工业化过程中所面临的问题及政策建议》，《经济研究参考》2001 年第 86 期。

表1　　　　　　　　　　28 个国家信息能力总水平排序

排名	国家	分数	排名	国家	分数
1	美国	71.76	15	波兰	21.57
2	日本	69.97	16	墨西哥	17.43
3	澳大利亚	65.59	17	南非	17.11
4	加拿大	59.40	18	巴西	15.34
5	新加坡	57.07	19	罗马尼亚	12.92
6	荷兰	54.06	20	土耳其	12.71
7	英国	53.45	21	菲律宾	11.54
8	德国	53.25	22	埃及	10.64
9	新西兰	52.32	23	印度	9.28
10	法国	49.26	24	印度尼西亚	8.46
11	韩国	40.23	25	泰国	8.34
12	意大利	34.71	26	斯里兰卡	8.19
13	西班牙	33.75	27	中国	6.17
14	俄罗斯	26.21	28	巴基斯坦	5.28

资料来源：郑京平、杨京英：《中国信息年鉴》（2001），中国信息年鉴期刊社 2002 年版。

其中，对世界 28 个主要国家和地区新信息技术和信息设备利用能力的测算表明，我国位于第 21 位，还处于信息化的初级阶段。从表 2 可以看出，发达国家和新兴的工业化国家，信息技术和信息设备的利用能力都达到 30 分以上，美国、澳大利亚、日本、新西兰、加拿大等国家超过 60 分，而我们国家只有 9.39 分，不仅远远落后于发达国家，和一些发展中国家相比，差距也很明显。

表2　　　　　　　世界各国信息技术和信息设备的利用能力比较

排名	国家	分数	排名	国家	分数
1	美国	92.88	12	西班牙	33.92
2	澳大利亚	80.41	13	韩国	33.56
3	日本	66.73	14	波兰	20.02
4	新西兰	63.35	15	俄罗斯	16.83

续表

排名	国家	分数	排名	国家	分数
5	加拿大	60.42	16	巴西	13.59
6	英国	57.96	17	土耳其	13.55
7	德国	53.77	18	墨西哥	10.94
8	荷兰	53.62	19	南非	10.11
9	新加坡	52.12	20	泰国	9.53
10	法国	46.78	21	中国	9.39
11	意大利	38.07	22	印度尼西亚	8.66

资料来源：郑京平、杨京英：《中国信息年鉴》（2001），中国信息年鉴期刊社 2002 年版。

我国企业的信息技术综合应用能力较差，是造成与发达国家巨大差距的根源。在美国，大型企业早在 20 年前就开始了大规模、综合应用信息技术的尝试；今天，有 60% 的小企业、80% 的中型企业、90% 以上的大企业已借助互联网广泛开展商务活动。另据估计，美国企业近 70% 的业务、欧洲企业 50% 的业务，是通过互联网完成的。美国政府甚至做出指导性规定：到 2004 年，没有利用电子商务和供应链管理技术的企业，将失去首选供应商的资格。而在我国，不少企业对信息技术还处于认识不清、了解肤浅、应用不深入的初级状态。据统计：至 2002 年年末，我国上网企业数 21.7 万家，国内大中型企业上网率在 20%—25% 的水平；在工商注册登记的 1000 万家中小企业中，只有不到 10% 的企业拥有一定的信息技术设备。即使是已经进行了所谓信息化建设的企业中，仍有不少企业的信息技术应用仍然处于极低的水平，远未充分运用信息技术手段来提高企业业务能力和运营效率。在主要信息技术系统应用方面，国内实现 ERP 系统的企业不到 3%[①]，实现计算机辅助设计系统、办公自动化系统、信息管理系统的企业不足 10%，企业生产过程的信息化程度更低。有关分析指出，我国在计算机应用方面至少比美国要落后 40 年[②]。

---

① CCID：《中国企业信息化研究报告（2001）》，2001 年 10 月。

② 李欣欣：《我国在信息化带动工业化过程中所面临的问题及政策建议》，《经济研究参考》2001 年第 86 期。

（四）发展不平衡

我国信息化建设发展不平衡的特征非常突出。具体表现在多个方面，如东西部地区之间的发展不平衡，大中型城市和小城镇、农村之间的发展不平衡，大企业和中小型企业之间的发展不平衡，等等。以本节重点阐述东西部地区存在的数字鸿沟问题为代表，一系列与信息化相生相伴的经济结构中失衡的问题，已经成为制约我国信息化和工业现代化进程的瓶颈。

根据中国互联网络信息中心（CNNIC）、中国电子信息产业发展研究院（CCID）和国家信息资源管理南京研究基地三单位 2001 年 6 月联合调查显示，北京、广东和上海三省市与中西部 10 省市在信息资源的拥有上存在着巨大的差距。例如，北京、上海、广东三省市拥有的互联网用户数、网站数、网页数分别占到全国比例的 45%、46.6% 和 54.4%，而中西部 10 省市的对应比例分别是 8%、6.6% 和 3.8%。

从一年半以后，即 2003 年 1 月 CNNIC 发布的《第 11 次中国互联网络发展状况统计》来看[1]：我国西部 10 省、市、区的网站数只占我国网站总数的 7.3%，加上内蒙古、广西也只占 8.6%，只有北京的 42.7%，上海的 45.6%（见表 3）。西部 10 省、市、区的网民数只占我国网民总数的 15.7%，加上内蒙古、广西也只有 18.9%（见表 4）。

表3　　　　　　2002 年年底 WWW 站点在我国各省市的分布情况

省市名	站点数	百分比（%）	省市名	站点数	百分比（%）	省市名	站点数	百分比（%）
北 京	75066	20.2	河 南	6216	1.7	江 西	1971	0.5
上 海	70192	18.9	湖 南	5697	1.5	山 西	1959	0.5
广 东	39667	10.7	天 津	4843	1.3	新 疆	1711	0.5
浙 江	31216	8.4	安 徽	4568	1.2	海 南	1399	0.4
江 苏	29202	7.9	黑龙江	3769	1.0	甘 肃	1333	0.4
山 东	16740	4.5	重 庆	3206	0.9	贵 州	1093	0.3
福 建	13690	3.7	陕 西	3132	0.8	西 藏	947	0.3

---

[1] 《第 11 次中国互联网络发展状况统计》，2003 年 1 月，www.cnnic.net.cn.

续表

省市名	站点数	百分比（%）	省市名	站点数	百分比（%）	省市名	站点数	百分比（%）
辽 宁	12567	3.4	广 西	3082	0.8	宁 夏	691	0.2
四 川	11557	3.1	云 南	2959	0.8	青 海	316	0.1
湖 北	8567	2.3	吉 林	2682	0.7			
河 北	8037	2.2	内蒙古	2014	0.5			

资料来源：《第 11 次中国互联网络发展状况统计》，2003 年 1 月，www.cnnic.net.cn，该项统计范围是在中国大陆开通的 WWW 站点数，本表不包括中国香港、中国台湾、中国澳门。

如表 3 所示，截至 2002 年 12 月 31 日，我国 WWW 站点数为 371600 个。从 WWW 站点数的地域分布可以看出，同历次调查 WWW 站点数的地域分布一致，华北、华东、华南的 WWW 站点数比例仍占 85% 左右，东北、西南、西北 WWW 站点数所占的比例还是严重偏小（见图 1）。截至 2002 年 12 月 31 日，我国的互联网用户总数为 5910 万人，各地互联网用户的分布情况如表 4 所示。从历次调查上网用户的地域分布（见图 2）可以看出，尽管东北、西南、西北等地区互联网用户占全国用户数的比例一直在 30% 以下（华北地区用户所占比例呈现出明显的下降趋势外，其他地区用户所占比例有不同程度的增长趋势）。

表4　　　　　　　　　2002 年底我国互联网用户的地域分布

广东	山东	辽宁	湖南	天津	安徽	内蒙古	青海
9.5%	6.5%	4.8%	2.9%	2.3%	1.9%	1.2%	0.3%
江苏	浙江	福建	河南	陕西	云南	甘肃	宁夏
8.1%	5.5%	3.8%	2.8%	2.2%	1.7%	1.2%	0.3%
上海	湖北	黑龙江	重庆	江西	山西	贵州	西藏
7.1%	5.4%	3.8%	2.5%	2.0%	1.6%	0.8%	0.1%
北京	四川	河北	吉林	广西	新疆	海南	
6.6%	5.2%	3.7%	2.4%	2.0%	1.4%	0.4%	

东西部地区间在经济发展和文化进步水平上的差异，以及它们在拥有信息资源方面的巨大差距，还直接导致了东西部地区在应用信息技术应用

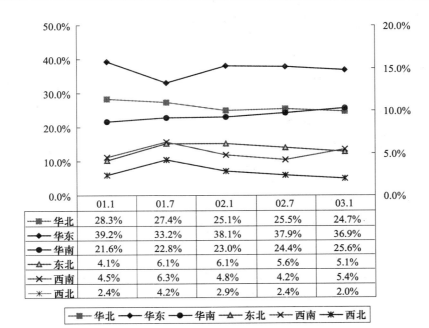

	01.1	01.7	02.1	02.7	03.1
■— 华北	28.3%	27.4%	25.1%	25.5%	24.7%
◆— 华东	39.2%	33.2%	38.1%	37.9%	36.9%
●— 华南	21.6%	22.8%	23.0%	24.4%	25.6%
△— 东北	4.1%	6.1%	6.1%	5.6%	5.1%
×— 西南	4.5%	6.3%	4.8%	4.2%	5.4%
＊— 西北	2.4%	4.2%	2.9%	2.4%	2.0%

■— 华北　◆— 华东　●— 华南　△— 东北　×— 西南　＊— 西北

图 1　历次调查 WWW 站点数地域分布

能力上的巨大差距。根据国家统计局国际统计信息中心（ISIC）和中国互联网研究与发展中心（CII）对电子商务总指数指标体系研究与测算的结果，全国 CII 电子商务总指数为 51.47。从地区分布看，排在前面的省份都集中东部地区，前 5 位依次是：北京为 57.1，广东为 54.6，山东为 51.09，上海为 48.24，辽宁为 47.97。西部地区都在 30 以下。其他调查研究也得出了相似的结论：我国东西部地区之间存在着在短时期内难以有所改观的、巨大的数字鸿沟。

　　除了地区间的数字鸿沟外，在我国经济运行的不同层面上，我们还可以发现经济发达地区、城市和经济欠发达地区、城市之间，不同竞争度的产业之间，不同规模的企业之间，受教育程度不同的个人之间，都存在着各种各样的、与信息化相生相伴的经济结构失衡问题——它们已经构成了制约我国信息化和工业现代化进程的瓶颈。今后，以信息化推进工业现代化，必须充分意识到东西部发展中数字鸿沟问题的严峻性，必须积极打破"信息化是强者恒强的游戏"这一错误观念，兼顾东西部所有地区，兼顾

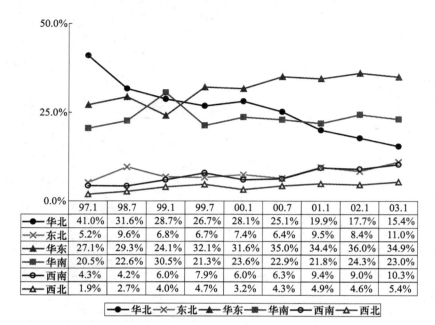

	97.1	98.7	99.1	99.7	00.1	00.7	01.1	02.1	03.1
华北	41.0%	31.6%	28.7%	26.7%	28.1%	25.1%	19.9%	17.7%	15.4%
东北	5.2%	9.6%	6.8%	6.7%	7.4%	6.4%	9.5%	8.4%	11.0%
华东	27.1%	29.3%	24.1%	32.1%	31.6%	35.0%	34.4%	36.0%	34.9%
华南	20.5%	22.6%	30.5%	21.3%	23.6%	22.9%	21.8%	24.3%	23.0%
西南	4.3%	4.2%	6.0%	7.9%	6.0%	6.3%	9.4%	9.0%	10.3%
西北	1.9%	2.7%	4.0%	4.7%	3.2%	4.3%	4.9%	4.6%	5.4%

图2　历次调查上网用户的地域分布

经济发达和欠发达地区，兼顾各种可能失衡的经济结构隐患，抓住信息化的契机，设法扭转经济先进者与经济后进者间的社会经济鸿沟，走出我国二元经济结构的桎梏，真正实现信息化与工业现代化的良性互动、相互渗透和协同并进发展。这既是以信息化推进工业现代化的题中应有之义，也是它对我国经济增长和社会可持续发展应有的、覆盖全局的战略意义所在。

（五）信息产业量大、增长速度快，但关键信息技术和信息产品还比较落后

十几年来，作为市场需求强、收入弹性大和产业关联度高的产业，我国信息产业一直保持2—3倍于GDP增长的速度快速发展，已经成为国民经济的主导产业和新的经济增长点。

1. 我国信息基础设施建设成绩显著，实现了向世界第一大电话网的跨越。自1999年1月固定电话用户突破1亿户后，2002年年底，固定和移

动电话用户超过 4.2 亿户，网络规模居世界第 1 位。

2. 2002 年，我国信息产业工业增加值达到 5726 亿元，占 GDP 的比重由 1997 年的 2.3% 提高到 5.7%。其中，通信业增加值达到 2746 亿元，占 GDP 比重为 2.7%；电子信息产品制造业增加值达到 2980 亿元，占 GDP 比重为 3%。

3. 2002 年，我国电子信息产品制造业全年销售收入已经突破 14000 亿元，约占全球总量的 11%，仅次于美国和日本，位居世界第 3 位。

4. 2002 年，我国电子信息产品出口额超过 925 亿美元，占全国总出口的比重已经达到 30% 左右，对出口增长的贡献率达 46%，成为我国利用外资和出口的最大行业。

尽管我国信息产业已经初具规模，呈现出数量大、增长速度快的良好发展态势，对国内经济增长的影响与日俱增，我们也要看到，从世界信息产业的分工与竞争格局来看，目前国内厂商主要是在 PC 机、硬盘、显示器、通信终端产品等一些附加值相对低、技术含量要求相对不太高的产品领域拥有制造优势，而在服务器、路由器等高技术含量的产品方面，自主研发和供给能力明显不足。缺乏关键信息技术和产业链中高端信息产品的自主创新能力，日益成为制约我国信息产业技术水平升级、产业结构优化和国际竞争力提高的瓶颈。

目前，我国信息领域的关键技术仍然高度依靠引进，国内技术研发能力与国外先进水平差距很大，远不具备与世界先进水平竞争的能力。如大规模集成电路芯片设计制造、高速大容量硬盘技术、超高速并行集群式计算机技术，系统软件、互联网技术、光同步数字系列等信息领域的核心技术及高附加值信息产品的相关技术，都掌握在发达国家手里。从投入看，我国信息技术企业的研究与开发费用占销售额的平均比例连 1% 都不到，而发达国家大企业的这一比例一般为 7%—9%。从技术产业化比例看，我国电子信息技术成果市场化率仅有 15%，而发达国家一般为 75%。以集成电路为例：尽管我国集成电路产量已经由 1997 年的 13 亿块提高到 85 亿块、技术上已具备 0.18 微米芯片设计开发与生产能力，但由于国内技术落后美日等国 10 年以上，相差 2—3 个发展阶段，70% 的产品处于引进和仿制水平，因此，国产集成电路在国内市场仅占 20% 的份额且多集中在低端市场。

在 1998 年世界电子信息产品市场上，美国、日本和欧盟的产销量达全部产销量的 70%，中国仅占 3.5%。当年，我国电子信息产品销售额为 2862.4 亿元，仅为同年美国 IBM 公司 785.1 亿美元销售额的 44%；1998 年，中国电子信息产品销售收入占当年 GDP 的 1.41%，而欧美等国一般为其 GDP 的 3%。1999 年，美国在计算机及外设、控制及仪表、医疗及工业电子、无线电通信及雷达、电信设备、基础类六个领域的产品产值都居世界首位。办公设备和消费类电子领域日本最高。除消费类电子产品外，美、日两国电子类产品产值占世界电子类总产值的比重都高过 50%[1]。

表5　　　　　　　　　　　　1999 年中、美、日的电子产品规模比较

项目　　　　产品	产值（美元）			占世界电子产品总产值的份额（%）		
	美国	日本	中国	美国	日本	中国
计算机及外设产品	835.3	559.7	142.00	27.24	18.25	4.63
办公设备	49.7	51.0	15.56	27.53	28.25	8.62
控制及仪表产品	372.23	73.21	14.00	45.2	8.89	1.70
医疗及工业电子	166.45		9.4	43.3		2.44
无线电通信及雷达	578.41		34.0	42.7		2.51
电信设备	383.56	165.24	40.0	35.58	15.33	3.71
消费类电子产品		167.91	144.60		19.4	16.7
基础类电子产品	747.09	721.71	125.0	25.9	25.0	4.33

资料来源：根据 *The Yearbook of World Electronic Data*（2000、2001）整理。

从表 5 可以看出：我国的计算机及外设产品只相当于美国的 17.0%，日本的 25.4%；办公设备只相当于美国的 31.3%，日本的 30.5%；控制及仪表产值只相当美国 3.8%，日本的 19.2%；医疗及工业电子设备产值只相当美国的 5.7%；无线电通信及雷达产品只相当美国的 5.9%；电信设备只有美国的 10.5%，日本的 24.2%；基础类电子产品只相当美国的

---

[1]　《中国工业发展报告（2002）》，经济管理出版社 2002 年版，第 181 页。

16. 7％、17. 2％。

2000 年以来，我国电子信息制造业的高速增长，使上述竞争局面有所改观。但在自主知识产权的核心技术领域的落后现状决定了，与世界信息强国相比，我国整体上仍然只是一个在制造量上有一定优势的信息大国，缺乏在主要的技术主导型信息产品领域的竞争力。这意味着，在一定时期内，国产信息技术、产品还难以形成全面装备我国信息化建设的必要能力，也会造成国民经济各领域信息化建设成本高、周期长、维护费用高等问题，进而直接影响我国工业现代化的水平。

（六）信息化基础薄弱

从信息资源开发利用水平、信息人才培育机制、信息技术标准及相关政策法规体系等方面考察，我国信息化基础仍然非常薄弱。这一状况与我国国民经济和社会发展对信息化建设的要求是不相适应的，与我国作为一个发展中的大国的地位与形象也是极其不相称的。信息化建设中的基础性问题涉及面广、对长远发展的影响力强，它们已经构成"以信息化推进工业现代化"过程中必须重点解决的难点问题。

1. 信息资源共享程度低，开发利用水平较差。经过 20 世纪 90 年代以来的巨额投资和高速发展，当前我国许多企业和政府部门信息化建设的主要问题，都已不再是通信网络、计算机选型、建设网站的问题，而是如何将分散、孤立的信息资源变成网络化的信息资源，将众多的"信息孤岛"进行整合，实现信息资源的快捷流通和共享问题。

由于条块分割的社会经济管理体制和信息化发展不平衡，我国至今尚未形成一个统一的信息资源市场，造成了国民经济各领域的信息资源开发利用水平和共享程度不尽如人意的状况。在经济运行领域，受部门垄断、地区封锁及信息基础设施的限制，我国工商、税务、银行、商检、海关、外汇、运输、电信、保险、质量监督等经济管理与服务部门无法实现信息资源的有效共享、开发和利用。在这种情况下，企业交易成本增加，运营效益降低，整体资源配置效率受到损害的问题日益尖锐。迫切需要提出应对措施。

2. 缺乏系统的信息人才培育机制。目前我国还没有专门的信息人才培养机制，无论是信息技术专业大学毕业生的社会实践、实习，还是走上工作岗位后的信息人才的培训、再教育，都缺乏成体系的保障制度。根据对28 个国家和地区信息技术和信息设备利用能力的测算，我国信息化人才和人口素质排在最后一位，不仅远远低于发达国家、亚洲四小龙，也低于巴西和巴基斯坦这样的发展中国家。

据有关部门统计，由于我国教育制度改革滞后于经济发展的要求，我国计算机软件和工程技术人员占信息产业就业人员的比例仅为 12.5% 和 6.25%，占全社会就业人员的比例则更低。而发达国家在广义的信息领域就业的技术型劳动力已占全社会劳动力 50% 以上。另据有关部门统计，我国急需的软件开发人才目前只有 15 万人左右，我国每年培养的信息人才只有 4.8 万人，每年培养的计算机博士还不如考古博士多。信息安全方面的技术人才与管理人才尤其匮乏。

缺乏信息技术人才或技术力量不足，也是困扰国内绝大多数信息技术应用部门、企业和社会组织（尤其是中小规模组织）推进信息化建设的难点问题之一。调查显示，我国重点企业中有 2/3 的企业承认信息人才缺乏。

3. 信息技术标准及相关法律、法规和政策体系尚未建立。建立和完善信息技术标准体系，是信息化和工业现代化的前提条件。没有成熟的标准体系，就不会达到工业化大批量生产的经济规模，不可能进行充分的信息资源共享和系统兼容，也不可能形成以信息化推进工业现代化的良性循环。

信息化建设还需要一整套完善的法律、法规和政策支持体系。以发展电子商务为例，为保证电子交易的双方能按照共同的规则进行商务活动，政府必须提供大量的法规保障，具体包括：电子签名的合法性和其他身份辨认程序；知识产权的保护；商标权和域名的保护；企业和个人隐私的保护；电子合同的有效性；有效的电子文件的规范，等等。

我国在信息技术标准和相关法律、法规和政策体系方面的工作较为滞后，统一规划和标准乃至防范手段和措施不完善，以及信用体系还不成熟等种种因素，使全社会在信息化活动过程中所发生的问题和纠纷等难以取证和认证，对引进的信息技术和产品的中文说明缺乏强制性措施，尤其是由于网络的特点，对计算机和网络犯罪缺乏有效的法律和技术防范手段。这种不成熟的制度环境，显然是难以为"信息化推进工业现代化"创造必要的、有序的社会、经济和技术环境的。

三　以信息化推进工业现代化的战略选择

为了贯彻党十六大的精神，切实贯彻以信息化带动工业化、推进工业现代化的战略部署，今后要认真抓好以下具有战略意义的工作。

（一）加强以信息化带动工业化、推进工业现代化的战略规划

中国的现实国情，在纵向上是工业化和信息化的同步交叉发展，在横向上是各地区的发展相当不均衡，错综复杂的基础和时不我待的局面①，要求我们以强有力的国家意志来实施"以信息化带动工业化、推进工业现代化"战略。

我国政府已经意识到在此过程中，加强战略规划与指导的重要性。今后，需要进一步就信息化推进工业现代化，形成总体规划及各项具体的实施计划。各部门、各地区都要从全局性的战略高度提高对"以信息化推进工业现代化"的认识，将这一战略同推进工业化、促进产业结构升级紧密结合起来，同扩大内需、促进经济持续增长紧密结合起来，同应对加入WTO 的挑战和深化体制改革紧密结合起来，同全面建设小康社会、加快现代化进程紧密结合起来，研制相应的目标并贯彻落实。

（二）优先发展信息产业

优先发展信息产业的目标，就是要在未来十年左右的时间里，使我国信息产业从目前以电子信息产品制造业为主体的产业格局，发展成为信息产品制造业、软件与信息服务业均衡发展、良性互动的产业格局；使信息产业总规模达到 10 万亿元人民币的水平，约占国民经济总规模的 40%；

---

① 包冉、海边：《中国信息化的时代宣言——写在国家信息化领导小组第二次会议结束之后》，《计算机世界报》第 26 期，2002 年 7 月 25 日。

使国内企业能够为我国国民经济各领域信息化建设提供80%—90%的必要技术和产品装备，使主要电子信息产品销售量占全球销售收入的比重达到20%—30%以上。

1. 抓住国际产业转移的契机，加快发展电子信息产品制造业。要将我国信息产业的长远发展纳入全球 IT 产业格局中考虑，抓住发达国家将生产制造环节大规模向亚洲各国家，尤其是我国东部沿海地区转移的契机，充分利用我国入世和申办奥运会的国际机遇，进一步制定和实施开放政策，积极吸收国际资本，把我国建设成世界上重要的电子信息产品的制造基地、研发基地，不断巩固我国电子信息产品制造业在世界信息产业分工体系中的竞争地位，推动自身从世界产业链低端向中高端的升级。

2. 落实国务院 18 号文件《鼓励软件产业和集成电路产业发展若干政策》，大力发展集成电路和软件业。集成电路和软件是信息产业的核心和基础。要通过引进、消化、吸收和创新，形成适合我国信息化建设需要的、能体现中国特色的、具有自主知识产权的关键软件和集成电路产品。

3. 大力促进信息服务业的发展。信息服务业是落实和支撑"以信息化带动工业现代化"战略的重要产业体系，它将在社会发展、经济增长、信息安全、国防科技、文化教育、国际交流等众多领域显示出极端重要性。必须积极采取各项措施全面提升我国信息服务业，使其规模和水平都要接近或达到国际先进水平。

4. 加快发展信息安全产业，保障国家信息安全。要实现关系信息和国家经济安全的重要技术和产品的自我开发、自主创新及产业化，形成规模生产能力。加快研究与制定专项政府采购政策，规定关键部门信息系统的国产化比例，逐步改变严重依赖进口或依赖国外技术的局面。

（三）在工业领域普及信息技术应用，加快传统产业改造

我国还处在工业化的中期阶段，原材料、化学、机械、纺织等传统产业在工业经济中还占主体地位。有关资料显示，在我国企业总数中，一般意义传统产业的企业还占全部企业数的 2/3，国内生产总值的 87%，还有

为数众多的手工业企业，它们中的多数还没有得到技术改造①。在这些传统产业中，不少企业的能源、原材料消耗高；单位产品成本高，技术和装备水平低，研发能力低，产品质量、技术含量和附加值低，劳动生产率低。我国能源的综合利用率只有 32% 左右，比发达国家低 10 多个百分点，每万元国民生产总值能耗比发达国家高出 4 倍多，主要产品单位能耗比发达国家高 30%—90%；工业排放污染物超过发达国家 10 倍以上；我国机械工业制造技术及装备水平与发达国家相比大体上还有 15—20 年的差距，在国产金属切削机床中，数控机床仅占 2.8%，而日本 1987 年已经达到30%，德国 1990 年达到 54%；产品技术水平落后，达到国外 80 年代、90年代初先进水平的机电产品只占 40% 左右，达到当代世界水平的产品不到5%；我国企业的专业化水平低，我国机械工业的专业化水平仅为 15%—30%，而美国、日本和西欧的一些国家这一指标达到了 75%—95%；我国企业新产品开发能力低，据测算，2000 年，我国制造业的新产品贡献率为5.9% 左右，新产品开发周期为 12—24 个月，主导产品的平均生命周期为10.5 个月，典型产品中技术的本土化程度为 43%，而美国同类企业这四个指标分别达到 52%、3—6 个月、3 年和 98.4%；劳动生产率的差距更大，1996 年，我国机械工业劳动生产率为 2200 美元/人·年，比发达国家差几十倍②。

造成上述差距的原因是多方面的。其重要原因之一是利用信息技术对传统产业进行改造的工作滞后。信息技术具有关联性、渗透性、拉动性强，附加值高，投入产出大等特征。根据国际电联的测算，一个国家对通信建设的投资每增加 1%，人均国民收入可提高 3%。IT 的应用还极大地改变了劳动力结构，以体力劳动和体力劳动的比例为例，在机械化初期阶段为 9∶1，在半机械化阶段为 6∶4，在以信息化为基础的自动化阶段，这一比例降到了 1∶9③。所以，一些发达国家早就十分重视利用信息技术来改造传统产业。早在 20 世纪 50 年代，美国企业就开始用计算机技术提升

---

① 胡国良：《论新经济时代传统产业的发展问题》，《现代经济探讨》2000 年第 11 期。

② 中国社会科学院工业经济研究所：《中国工业发展报告》（2002），经济管理出版社 2003 年版，第 168 页。

③ 周振华：《信息化改造传统产业：基本内涵及其实现机制》，《天津社会科学》2000 年第 6 期。

传统产业的产品设计生产过程控制，同时用数控技术改造机床和工业设备；70 年代，开始运用计算机技术（CAX）大规模改造生产系统；80 年代，开始运用 CIM 技术提升生产方式；90 年代，开始用 CIC 技术提升经营方式。到 20 世纪末，发达国家传统工业在设计、制造、生产过程控制领域的提升已经基本完成。当然这种改造提升并没有停止，1995 年，德国政府出台了《制造技术 2000 框架方案》，确定了关系 21 世纪德国制造业发展的六大研究重点，并决定斥巨资对没有足够自有资金进行自主研究开发的中小企业给予经济上的资助。资助的 7 项研究重点中，有 3 项（以信息技术为依托，运用模块化开发技术，缩短新产品开发的周期；计算机控制三维实物样品快速加工技术；制造过程中的信息技术）与信息技术有直接关系，其他 4 项也与信息技术有间接关系。

　　加快传统产业改造的目标，是要使我国信息技术投入量、信息技术普及率和信息技术对国民经济的贡献率达到或接近超过发达国家的水平。这意味着，我国的信息技术投入要占到社会总投资的 2%—3%；信息技术普及率要达到 50%；而信息技术对国民经济的贡献率要达到 1/3 以上的水平。

　　在整个工业领域，要通过广泛应用信息技术，改善工业装备，促进工业产品的升级换代。要以经济手段加快关键装备制造业的信息技术改造，推广和深化 CAD/CAM、CIMS、专用芯片、嵌入式软件等信息技术和智能工具的应用，要提高光机电一体化设备和大型成套设备的自给能力和成龙配套能力，提高生产技术和装备产品的信息技术含量，促进工业设备的更新换代，进而带动整个工业提高自动化、智能化水平，实现节能降耗、防治污染和提高劳动生产率。

　　从行业领域看，要以先进的信息技术促进机械、冶金、化工、纺织、建材、家电等传统行业产品的升级换代。加强技术研究开发创新、提高设计水平和工艺水平，加快共性技术、关键技术和配套技术的开发，增加工业产品的品种，改善质量，提高工业产品开发和深加工能力，促进信息产品与传统产品的融合，增加产品的信息技术附加值。通过信息技术在生产经营管理中的应用，改进管理方法，提高管理效率，降低运营成本，增强企业的市场竞争力。

要推进老工业基地的技术和产业结构调整，积极支持和促进老工业基地的信息技术改造，发挥其基础雄厚、人才聚集优势，形成新的优势产业和企业。

此外，还要配合我国国民经济信息化的推进，在能源、交通、电信等公共事业，商业流通、科教文卫及社区服务、市政管理和政府行政管理等各个领域积极普及应用信息技术，为信息化带动工业现代化提供配套的服务与支撑环境。

（四）加快企业信息化进程

第一，提高认识，更新观念，制定有关政策措施，鼓励和引导各领域企业因"行业"制宜，选准信息化建设重点，加大信息化投入。

第二，完善市场竞争机制，引导企业从实际出发，从解决突出问题入手，对短、中、长期的信息化建设进行统筹规划；促进企业信息化建设与引进先进的管理理念，与"三改一加强"、基础管理等各项具体工作的紧密结合。

第三，规范企业信息化咨询与服务市场。通过企业信息化咨询单位资质认定，企业信息化咨询师执业资格管理、评审认定和加强信息披露等方式，培育一批高水平、有信誉的企业信息化服务机构，提高社会对企业信息化的服务能力和水平。

（五）加强国家对信息资源的系统管理，促进有效的开发利用

第一，提高全民信息意识。可以统一的国家信息（资源）政策，加强国家对全社会信息活动、信息资源及其开发利用的统筹规划和管理协调，不断强化其国家信息基础设施和信息资源管理网络的规划职能。

第二，建立和完善国家信息（资源）系统，加强政府信息资源管理，不断改善政府信息资源提供者和使用者之间关系。引导各领域，尤其是综合性大型信息机构（包括各部委信息机构及各高校图书馆等）的信息资源的开发与利用，不断提高全社会信息资源的利用水平，实现国家社会、经济和文化的协同发展。

第三，不断改善社会信息环境，提高信息资源的开放程度，促进信息

资源的市场化，打破地区与部门分割，鼓励信息市场自由竞争。尤其要鼓励社会力量积极参与信息资源的商业性开发，逐步实现信息资源生产和信息服务的分家，鼓励企业结合信息用户需要，不断提高信息增殖服务水平。

第四，增强我国的信息资源网络的安全防护能力、预警能力、发现能力和反应能力，保障国家信息安全和信息主权。

（六）充分发挥信息化在平衡区域经济发展中的作用

第一，充分发挥信息化在平衡区域经济发展中的作用，必须加大"信息扶贫"力度，不断提高东部经济落后地区、中西部地区对信息化重要性的认识，协调安排不同地区的信息化建设资金，实现全国信息化建设的合理布局和优化组合。

第二，加快经济落后地区信息基础设施建设。

第三，鼓励经济落后地区的地方政府、重点工业企业有选择地应用信息技术，加强应用示范。

第四，建议将"以信息化带动工业化、推进工业现代化"与"西部大开发"战略相结合，制定系统解决东西部之间数字鸿沟问题和实现中西部地区跨越式发展的工作规划。

第五，高度重视中西部地区教育水平和人口素质的提高，加强信息人才的培养与开发利用工作。

（七）加快信息技术标准及相关的法律法制体系建设

第一，加强信息产业监管及配套的法律法规体系建设，创造公平竞争的市场环境，预防和严厉打击计算机犯罪和网络犯罪。

第二，加快信息技术应用立法研究，为信息技术的普及应用提供法律法规保障。有关部门要制定信息技术应用的总体技术政策，并会同各产业的主要企业制定相关的技术政策，结合不同行业特点研究制定产品和技术的信息技术含量标准，鼓励信息技术的广泛应用，强制淘汰或限制高能耗、高污染技术和低于技术标准的产品、技术。各地区、各部门要结合各自的实际情况，制定本地区、本行业的技术政策，明确信息技术应用的方向、目标和标准。要鼓励有条件的行业和企业加大信息技术应用力度，提高信息技术在本行业技术含量的比重。

第三，明确信息资源应同其他资源一起受法律保护，逐步建立和完善国家信息资源管理的管理规范、技术标准和政策法规体系。尤其要加快制定科学、可行的国家信息资源目录体系和交换体系，为信息资源建设确定一致的框架结构和技术标准。

第四，加快研究和制定适合我国信息化发展需要的国家信息化标准体系，加快制定和完善电子商务、知识产权保护、政府采购、信息安全、信息资源、"三网融合"等方面的技术标准体系和法律法规体系。

第五，加快研究制定涉及国家安全和重大技术体制的技术标准，鼓励发展具有自主知识产权的信息技术标准和系统，以及符合国际惯例的信息技术产品标准。

第六，积极参与、促成信息化发展国际公约的谈判与制定。

（八）加强信息技术教育，促进信息人才培养与有效利用

第一，切实贯彻国家信息化领导小组提出的《国民经济和社会发展第十个五年计划信息化重点专项规划》，设立专项基金，增加教育投入，以扩大复合型信息人才的培养规模，在全社会普及信息技术知识，提高广大人民群众的信息技术应用能力。引导既有的各级各类学校积极推广计算机和网络教育，在中小学统一设置计算机知识、网络技术基础等信息技术必修课程，增加高等院校新的院系，调整课程设置，加快信息人才培养。加强对在职教师、各类在职人员、政府公务员等的信息技术培训，提高从业人员素质。鼓励国内信息技术和信息管理人才走出国门，学习国际先进信息技术和管理经验。

第二，鼓励民间资本进入，发展多形式、不同层次的信息人才教育和培训机构，特别是职业教育和技术培训、技能培训机构，以形成完善的信息人才培养体系。

第三，促进信息技术人才的有效利用和合理流动。鼓励各省市、各领域制定培养、使用和留住高素质信息技术、管理人才和海外留学人员的政策与措施。完善信息技术、管理和知识产权入股、期权等激励机制。

（九）营造有利于以信息化带动工业化、推进工业现代化的综合环境

第一，要从财政、税收、投融资等方面，为信息化带动工业现代化提供坚实的资金支持。

第二，进一步加强对基础性、涉及面广、跨领域的综合性信息化工程的整体规划，工程示范和实施引导。这些系统包括电子政务系统、公民个人数据查询系统、企业信用查询系统、社区公共服务系统，等等。

第三，适应信息化的发展趋势，建立不同部门、不同地区就开展跨领域、跨地区的沟通与合作机制，打破原有的条块分割、部门壁垒。鼓励民间资本进入信息产业，促进相关信息产业融合和交叉竞争，推动全社会各领域的信息基础设施、信息资源、信息人才的自由流动、有序共享和综合利用。

（本文是作者主持的中国社会科学院重大课题（A）
《中国工业现代化问题研究》的一个子报告）

关于建立环北部湾北部经济区的建议

一　加快广西的工业化进程是一项十分紧迫的任务

近年来，广西自治区党委、政府把发展工业摆到更加突出的位置，提出了"工业兴桂"的发展战略。这是非常正确和十分必要的，是广西经济发展和现代化的必由之路。世界各个国家和地区的经济发展过程证明，没有工业化的推进，也就没有现代化；同样，没有广西工业的大发展，也就没有广西的现代化。在全国工业化进程高速推进 20 余年后的今天，广西加速工业化进程的任务十分紧迫。

改革开放以来，广西工业虽然有了较快发展，但由于基础比较薄弱，广西经济总量不大，经济增长的质量和效益不高，与全国和先进地区相比，还存在较大差距。2004 年，广西全区生产总值 3320 亿元，人均 GDP 约 7196 元，三次产业的比例为 24.4∶38.8∶36.8；而同年中国的国内生产总值 136515 亿元，人均 GDP 约 10319 元，三次产业的比例约为 15.2∶52，9∶31.9，广西明显落后于全国的平均水平。再从工业化的进程看，全国已经进入工业化中期阶段，而广西的工业化还处于由工业化初期阶段向中期阶段的过渡时期，也明显落后于全国的平均水平。其主要表现，一是第一产业增加值比重高。2004 年，广西第一产业增加值占 GDP 的比重高达 24.4，高出全国平均水平近 10 个百分点。二是城镇化率低。2004 年，广西城镇化率仅为 31.7%，比全国 41.8% 的平均水平低约 10 个百分点。三是"广西的工业化水平明显低于先进地区。如果按照农业增加值与工业增加值二者之比来衡量工业化水平，2003 年该比例广西为 1∶1.29，而广东为 1∶5.12，福建为 1∶3.10，这意味着 2003 年广西的工业化率只相当于广东的 22.5% 和福建的 37.1%。可见，广西工业化道路任重而道远，"工业兴桂"战略意义十分重大。

2005 年，广西十届人大三次会议将"工业兴桂"战略具体化为形成"三点一面"，即以制造业为主的柳州老工业基地、以铝工业为主的百色新工业基地、以高新技术产业为主的桂林工业基地，以及以南（宁）北（海）钦（州）防（城港）沿海经济区为主的现代工业基地的工业发展格局。我们认为，这是比较符合实际的。这里我们要强调的是环北部湾北部经济区的建设。

二　建议将环北部湾北部经济区列入国家的"十一五"规划

环北部湾北部经济区主要包括北海、钦州、防城港三市，向北可延伸到南宁地区。我们建议，将环北部湾北部经济区的建设列入国家的"十一五"规划之中，使其不仅成为广西经济发展的增长极，并且成为国家未来一个重要的经济增长极。其主要依据如下：

第一，环北部湾北部地区是中国唯一没有列入国家发展规划的沿海地区。纵观中国的海岸线，从环渤海、长江三角洲到珠江三角洲，都已成为国家重要的经济增长带；近期福建提出建设海峡西岸经济区的规划，得到了国家的认可。环北部湾北部地区，既是中国西部唯一的沿海地区，也是中国唯一没有列入国家发展规划的沿海地区。在国家西部大开发战略实施的今天，我们没有理由不将环北部湾北部地区作为一个独立、重要的经济开发区域列入国家发展规划之中，促进该地区经济的快速发展，使其成为广西乃至全国新的经济增长极和实施西部大开发战略的一个亮点。

第二，环北部湾北部地区大中城市间的距离近，交通便捷，具有许多互补性和共同性，属于理想的经济圈。北海、钦州、防城和南宁之间相距不超过 100 公里，有高速公路相连。上述城市具有一些共同性。例如，大致都处于相同的工业化发展阶段；均提出依靠港白发展工业的战略；有三个城市有港口，并均以装卸资源原材料类产品为主。另外，城市经济又各具特色。例如，南宁的综合实力较强；北海因旅游而闻名；钦州具有丰富的工业土地资源；防城港口规模最大。这些共同性和特殊性，使该地区具备了形成经济圈的天然条件。

第三，促进环北部湾北部地区的经济快速发展，是有效利用沿海区位优势所必需。2004 年，北海、钦州和防城三市的人均 GDP 分别为 10989元、5131 元和 10662 元，北海和防城略高于全国平均水平，钦州则远低于全国平均水平。同年，北海、钦州和防城三市三次产业结构的比例大约分别为 27.9∶29.8∶42.3、32∶34∶34 和 25.9∶37∶37.1，从产业结构而言总体上看来都未进入工业化中期阶段，均落后于全国的平均水平。这显然与沿海城市的地位十分不相称，甚至可以说浪费了沿海地区发展经济的区位优势。当前，东部沿海地区的经济发展，已从工业数量增长转变为工业质量提高的阶段，如果环北部湾北部的经济不能够快速发展，与东部沿海地区的差距必将进一步拉大。

第四，加快环北部湾北部地区经济发展，是发展中国—东盟自由贸易区的必然要求。从国际经验看，一个大自由贸易区的发展，往往需要一个高度发达经济中心的支持，否则其凝聚力和辐射力将大打折扣。因此，如果环北部湾北部不能成为经济高度发达的经济带，仅是西南地区的主要出海口和中国西南、华南与东盟大市场的重要交通枢纽，那么中国—东盟自由贸易区的影响力将减弱，进而影响到中国—东盟自由贸易区对于广西乃至中国整个西南地区经济发展的带动作用。

第五，环北部湾（北部）地区经济具备了快速发展资源工业的条件。一是在区位上，环北部湾北部地区与资源来源地（中东地区、非洲、东南亚、印度和澳大利亚等）距离接近，同时石油、钢铁等产品在西南三省具有稳定的市场需求。二是环北部湾北部地区拥有优良的港口集群资源，与之配套的公路和铁路已较为完善，并具备为资源型工业提供土地和淡水的条件。三是环北部湾北部地区经济发展，正处于由工业化初期阶段向中级阶段过渡的时期，已为快速工业化奠定了基础。

第六，现在正是环北部湾北部地区经济快速发展的大好时机。中国工业发展总体上正处于重化工阶段，对资源需求量很大，尤其是石油石化、钢铁产品的需求旺盛，今后若干年，国家对原油、铁矿石等资源型原料进口将大大增加。这无疑给环北部湾北部地区依托和利用国外资源，大力发

展石油石化、钢铁、电力等为主导产业的临海资源型工业，提供了很好的
机遇。

三　环北部湾北部经济区的发展战略及近期的工作重点

环北部湾（北部）地区的发展战略，可以概括为"依托大腹地，立足
大开放，发展大工业，建设大港口，构建大物流，实现经济大跨越"。

具体而言，当前要重视以下几方面工作。一要搞好环北部湾北部经济
发展的规划，努力使环北部湾北部经济区列入国家规划，以吸引国家投
资、民营资本和外资。二要继续加快以港口为中心的基础设施建设，在交
通路线的设计上，除强调南北向交通外，还要努力增加与广东的联系，形
成完善的环北部湾铁路运输线。三要正确地选择主导产业。一方面要大力
发展能源、钢铁、石化、粮油加工、木浆纸等主导行业；另一方面重视高
新技术产业的发展，要充分利用亚热带农业海洋资源，发展特色的农产品
和海洋产业。与此同时，要重视产业发展配套能力的建设，促进产业集群
的形成。四要加强以物流为中心的服务体系的建设，通过工业发展促进现
代物流业，而物流业发展又为工业发展提供有效支撑。

以上只是我们的一个初步想法。关于环北部湾北部经济区经济发展问
题，还需要做更多更深入的研究。

（本文是 2005 年 5 月参加中组部组织的院士专家西部行

活动时在广西考察后给广西的政策建议）

在新型工业化进程中统筹城乡发展

十六大报告提出，在本世纪头 20 年我国要基本实现工业化。这是一项十分宏伟而艰巨的任务。由我国国情和时代特点决定，我们既不能走西方国家的传统工业化道路，也不能走计划经济时代的工业化道路，而要走新型工业化道路。走新型工业化道路，需要处理好工业化和信息化、工业化和现代化、工业化和城市化、工业化和扩大就业、工业化和推进市场化改革、工业化和生态环境保护、我国的工业化和经济全球化等关系。其中，如何统筹城乡经济社会发展，是需要我们着重研究和解决的一个重大问题。

统筹处理好农村工业化和农业产业化、机械化的关系。大力发展乡镇企业，是加速农村工业化的必然选择。2002 年，乡镇企业实现增加值 31800 亿元，占国内生产总值的 31%，其中工业增加值 22000 亿元，占全国工业增加值的 46.15%；乡镇企业职工已达 13285 万人，占全国农村劳动力总数的 26.8%。乡镇企业的发展，促进了大批农村劳动力向非农产业转移，促进了大批小城镇的产生和发展，为农村工业化开辟了广阔道路。要促进乡镇企业的改组、改制和技术进步，提高素质，鼓励乡镇企业把自身的发展与农业产业化相结合，把农产品加工业作为主营领域，通过发展农产品的深加工带动农业产业化的发展和升级。要稳步推进农业机械化进程，不仅使农民从生活上享受到工业化带来的成果，而且彻底改变农业的生产方式，减轻农民的劳动强度，提高劳动生产率。

统筹处理好城乡就业的关系。我国人口占世界人口的 21%，劳动力资源占世界的 26%，但自然资源、资本资源不足世界总量的 10%。城镇每年约有 1000 万新增劳动力进入劳动力市场，需要就业和再就业的人数达 2400 多万。同时，农村约有 1.5 亿富余劳动力需要逐步转移出来。解决就业问题是我们长期面临的艰巨任务。在工业化过程中，要统筹考虑城市就业问题和农村富余劳动力转移问题，消除农民进城务工的各种歧视性政策。在大力发展高新技术产业，不断进行技术创新，用新技术、新设备、新工艺对传统产业进行改造的同时，还应重视增加就业岗位；在鼓励知识密集的高新技术产业、资金技术密集的重化工业和装备制造业等产业发展，促进工业结构高级化，提升工业现代化水平的同时，还应鼓励劳动密集型产业的发展，充分发挥我国劳动力资源丰富、劳动力成本低的比较优势，扩大出口和增加就业岗位。在对产业结构进行调整时，应努力发展第三产业。现阶段，第二产业产值增加一个百分点，增加就业岗位 17 万个；第三产业产值增加一个百分点，增加就业岗位 85 万个。2002 年，我国第三产业从业人员占全部从业人员的比重为 28.6%，同发达国家 60%—75% 的比例相比差距甚远，同一些发展中国家 40%—50% 的比例也有较大差距。发展第三产业既有很大的空间，又能吸收更多的劳动力就业。在调整所有制结构和企业组织结构时，应积极鼓励个体私营企业发展。2001 年与 1991 年相比，在城镇从业人员中，公有制经济净减 5361 万人，个体私营经济净增 1.18 亿人。在重视发展大企业和大企业集团的同时，应鼓励中小企业的发展，特别是乡镇企业的发展。近些年，我国新增就业岗位的80% 是由这类企业提供的。

统筹处理好发展大中城市和发展小城镇的关系。我国正处在工业化的中期阶段。随着工业化的发展，城市化进程会不断加快，将有更多的农业人口转移到城市。提高城市化水平有三种主要途径：一是随着工业化的展开，农村人口不断向现有城市转移，特别是向大型和特大型城市集中；二是在工业化过程中逐渐形成一些新的大中型城市；三是形成大批新的小城市，吸纳大批从农村转移出来的人口。

西方国家主要是通过前两种途径实现城市化的。毫无疑问，随着工业化水平的提高，我国还会有不少农村人口向特大型、大型和中等城市转移。但我国农村人口众多，不可能都集中在大中城市。而我国小企业特别是乡镇企业发达，多数聚集在小城镇，吸收了大批农村劳动力，这些职工与土地还保持着不同程度的联系。因此，我国不应走西方国家传统的城市化道路，而要把城市化的重点放在发展小城镇上，走出一条中国特色的城镇化道路。

统筹处理好城乡社会发展的关系。应加大对农村教育、文化、卫生、社会救济等方面的投资，鼓励、支持农村社会保障事业的发展，逐步缩小城乡社会发展方面的差距。

统筹处理好城乡经济发展和生态环境保护的关系。无论城市还是农村的经济发展，都不能以牺牲环境为代价。必须坚定不移地实施可持续发展战略，在治理城市环境污染的同时，重视农村生态环境的保护、修复和重建，加速实施天然林保护工程、野生动植物保护和自然保护区建设工程，加大退耕还林、沙漠治理的投资，加快防护林体系建设、生态农业建设的步伐，防止水资源污染和土地资源、矿产资源等的滥用和浪费。

（原载《人民日报》2003 年 10 月 28 日）

对建设海峡西岸经济区的几点看法和建议

　　福建作为大陆、台湾和香港以及长三角与珠三角两个三角洲联结点，拥有独特的区位优势，福建省委、省政府适时提出建设对外开放、协调发展、全面繁荣的海峡西岸经济区，很有创意，可行性强。

一　对海峡西岸经济区建设纲要的简要评价

　　这个建设纲要提出，从 2004 年起，要经过三个发展阶段，完成三个层次的区域布局，构筑七个支撑体系，实现三大目标。

　　三个发展阶段是：从 2004—2010 年为初步形成阶段；2011—2015 为发展壮大阶段；2016 年以后进入全面崛起阶段。

　　三个层次的区域布局是：形成沿海经济密集区、内地经济发展区和周边经济协作区。

　　七个支撑体系是：构建竞争力强的产业支撑体系、现代化的基础设施支撑体系、一体化的城镇支撑体系、以人为本的社会发展支撑体系、外向带动的开放支撑体系、统一开放的市场支撑体系和可持续的生态支撑体系。

　　要实现的三大总体目标是：纲要不仅提出了三个发展阶段的具体目标，而且提出了海峡西岸经济区建设的三大总体目标：把海峡西岸经济区建设成为中国经济的重要增长极；建设成为大陆、台湾和香港经贸合作与科技文化交流的重要地区；建设成为促进祖国统一的重要基地。

　　《建设纲要》还提出了一些重要的经济社会指标。

　　总体看，《纲要》是从经济全球化和区域化协调发展的视野来审视福建的发展，从全国发展大局来把握福建定位，从福建全省"一盘棋"角度来考虑生产力布局。准确把握海峡西岸经济区的内涵和外延，有利于福建的发展和繁荣，有利于促进长三角和珠三角的对接，也有利于促进中央对台工作方针政策的落实，有利于祖国的统一大业。

（一）　这个纲要体现了"五个统筹"和科学发展观的要求

《纲要》提出"建设对外开放、协调发展、全面繁荣的海峡西岸经济区"。从整个纲要看，中央提出的"五个统筹"的思想得到了比较充分和全面的反映。纲要体现了科学发展观的要求，体现了协调发展、全面发展的要求，并且把这些要求具体化了，有很强的针对性和操作性。

（二）　打破了行政区划的界限来发展经济区

1995 年福建提出建设的是福州到漳州的闽东南沿海地区的"海峡西岸繁荣带"，这是一个"行政区战略崛起"的思路。而海峡西岸经济区是一个涵盖福建及周边地区的经济板块，其范围不仅包括福建这一主体部分，还覆盖粤东、浙南、赣南等经济协作区域，是"经济区战略崛起"的发展路线。从"带"到"区"的上升，体现了福建对区域定位的认识在深化，表明海峡西岸经济区已经摆脱了行政区经济的羁绊，摒弃原有的"行政区战略崛起"思路而选择以省际对接和区域整合为内容的"经济区战略崛起"的发展路线，从长远发展的战略眼光和整合发展的思路出发，推动经济资源的合理流动和跨地区的经济合作，以增强区域整体竞争力。

这种"破区而出，联横合纵"的规划既符合区域经济发展规律，又使海峡西岸经济区的发展和竞争力构建同长三角和珠三角这两个国内实力最强、增长最快的经济区域联系起来，同资源丰富、优势突出的内陆省份联系起来，并推动中国东部沿海地区连片繁荣和东中西部互动；进一步密切与台港澳地区的关系，承接来自东岸台湾省的产业转移以实现资源互补，并联手加强与世界各地特别是发达国家的经济往来和技术交流，提高吸纳与消化、生成与创新能力。使海峡西岸经济区有足够的力量与东部其他经济区合作竞争，成为辐射赣、鄂、湘和浙南、粤东的华东南地区对外窗口。

（三）注意发挥福建的区位优势和侨台优势

福建是大陆、台湾和香港和长三角与珠三角两个三角洲联结点，拥有独特的区位优势，其北承长三角，东临台湾省，南接珠三角，西连江西省，拥有全国长度第二的海岸线（3324 公里），境内海洋资源、港口资源丰富，共有 22 个较大港湾、367 个码头泊位（其中万吨级以上 46 个）。福建省还是全国第二大侨乡：有 1000 多万福建籍乡亲旅居海外 100 多个国家和地区，台湾同胞中祖籍福建的占 80%。闽台两地具有"血缘亲、史缘久、文缘深、语缘通、神缘合、俗缘同"的"六缘"特色，两地相近的文化习俗为经济区的融合创造了先天的条件。在地理条件上，福建和台湾一水相隔，闽台之间的往来十分密切，最近，厦门还成为继香港和澳门之后，海峡两岸人员往来的第三通道。福建特殊的侨台优势使得它成为台商投资大陆的首选之地。目前福建有 6 个台商投资区，在闽落户的台资项目有 7 700 多项，累计吸引台资超过 100 亿美元。而且近年来台商投资以及在闽台资呈持续扩大的态势，足以说明福建仍然保持了其独有的吸引力。

除了地利和人和，海峡西岸经济区的提出还拥有"天时"，当前台湾经济持续下滑，与祖国大陆高速增长的局面形成强烈反差。福建在这个时候提出建设"海峡西岸经济区"将得天时、占地利、拥人和，吸引更多台商前来加大投资，把福建的地缘优势和侨台优势更多、更好、更快地转化为区域经济优势和产业融合的优势。

（四）与国家发展规划相协调

国家"十五"计划纲要指出，要进一步发挥环渤海湾、长江三角洲、闽东南地区、珠江三角洲等经济区域在全国经济增长中的带动作用。海峡西岸经济区正是"闽东南地区"概念的延伸和发展，它面对台湾地区，毗邻港澳，北承长三角经济区，南接珠三角经济区，是中国东南沿海具有自身特色和独特优势的地域经济单元，也是全国区域发展战略的重要组成部分。将"闽东南地区"延伸、拓展为"海峡西岸经济区"，将使"长三角"、"海峡西岸经济区"、"珠三角"三个经济区连片发展，推动东部经济板块在资源上的整合，在优势上的互补，推进与长三角、珠三角的产业对接、市场对接、基础设施对接，有利于在区域协作与竞争中优势互补、拓展腹地、增强实力，更好地发挥三个经济区在全国经济增长中的带动作用。此外，加快建设海峡西岸经济区，把福建置于更高层次、更大范围的开放格局中，不仅可以推动环台海经济圈的发展，而且将提升中国东南沿海的整体经济实力，增强参与东亚乃至世界范围的区域经济合作能力。

二　对完善建设纲要的几点建议

（一）打好海峡牌：经济联系为桥梁，抓住民心是根本

《纲要》提出建立"海峡西岸经济区"有利于祖国的统一大业，这也是说西岸经济区要打"海峡牌"，但如何打好"海峡牌"值得深入研究。事实已经证明强化经济联系、带给台商实惠、增大"台独"成本、分化"台独"势力的思路基本是成功的。我们必须坚持贯彻这一方针。同时必须认识到经济联系仅是桥梁，抓住民心才是根本。海峡西岸经济区在强化台闽经济联系的同时，还要以多种方式做好台商的思想工作，强化台商对中华民族共同历史、种族、文化的认同感。具体来讲，政府在工作中要提高效率，树立公正、公开、廉洁高效的形象，增强我们的制度竞争力；党和政府在做好政府层面的统战工作的同时，要引导民间组织的发展，加强民间层面的交流沟通，增强文化、乡情的感召力。

（二）打好内部整合牌：体制上破壁清障，纵向整合沿海经济密集区

提"海峡西岸经济区"，就是因为还有"海峡东岸"，"西岸"要吸引"东岸"的经济辐射，关键是加快自身的建设，建立一个开放式经济区，然后以此吸引更多的台资和其他外资。当前西岸经济区的建设重点还是整合沿海经济密集区，以此为基础再向内地经济发展区和周边经济协作区扩散。而整合沿海经济密集区的关键是打破内部行政分化。由于现行管理体制和行政区划等原因，沿海经济密集区的发展仍旧局限在各自行政区域内，孤立的点优势难以转变为集聚的群优势，尚未形成有机统一的发展整体。要借建设"西岸经济区"的契机打破阻隔区域生产协作和交流的体制

性障碍、组建统一开放的大市场。首先要将各地的发展战略统一到"西岸经济区"的框架之下，统一规划，差别定位，减少内耗，做到区内各发展战略和规划趋合而非趋同，然后逐步调整区域内产业结构的低层次重复，统一规划大型基础设施建设。在短期内强化沿海经济密集区的极化作用，再在中长期内发挥其经济扩散辐射能力。

（三）打好外部整合牌：明确自身区域优势，促进产业结构调整

"海峡西岸经济区"的根本立足点就是发挥福建北承长江三角洲、南接珠江三角洲，东对台湾、毗邻港澳，西联内陆的独特区位优势，发挥其支点和枢纽作用，撬动东部沿海经济板块，也就是说西岸经济区要打"外部整合牌"。能否整合东部沿海经济板块、承接海峡东岸的产业转移，海峡西岸经济区自身的产业选择将是关键，《纲要》提出的建设电子信息产业、机械装备（包括汽车工业、船舶工业和工程机械制造业）和石化产业等具有主导性、支撑性、基础性影响的战略产业。这种产业结构与其上的长三角、其下的珠三角的产业结构有同构化的趋势，相互之间替代性大于互补性、竞争大于合作，难以形成主动扩散、良性互动，而且石化等产业还存在战略安全问题。因此应组织力量辨识清楚自身优势，重点发展具有比较优势、互补性强的产业，寻求从比较优势到竞争优势的跨越。

（四）打好可持续发展牌：大力发展集约型经济、节约型经济

中国经济表现出明显的粗放性特征，主要依靠投资和消耗大量资源来维持高速增长。发达国家的投入产出比为 1:1，世界平均为 2.9:1，我国去年为 5:1。中国虽然是一个资源大国，但是人均拥有的资源量大都低于世界平均水平，特别是对人类生存和我国工业化具有战略意义的淡水、耕地、森林等资源的人均拥有量仅占世界水平的 1/4、1/3 和 1/6；能源储量和矿产资源潜在价值人均只占世界平均水平的 1/2，除煤炭外的大宗矿产基本难以满足需要。同时资源消耗量大和浪费严重。2003 年，按照汇率计算，中国 GDP 占世界 GDP 的 3.8%，但消耗的钢材、煤炭、水泥则分别相当于 2001 年世界总产量的 36%、30% 和 55%。中国单位产值能耗是发达国家的 3—4 倍；能源平均利用率仅有 30%，比发达国家低 10—20 个百

分点，主要产品单位用水量比发达国家高出 500 多倍，工业用水重复利用率比发达国家低 3.5—4 倍；木材利用率只有 40%—45%，综合利用率只相当发达国家的 1/8；耕地"八五"期间年均减少 211 万亩；钢渣、粉煤灰、煤矸石、石油化工废渣的综合利用率只有 83.7%、47% 和 45%。这种发展模式已经走到了尽头，近些年来，经济发展越来越受到资源、环境等因素的约束。走可持续发展的道路，发展集约型经济、节约型经济是中国将来经济发展的唯一选择。海峡西岸经济区要取得成功，也必须把发展集约型经济、节约型经济放在首位。

（本文是作者在 2003 年 10 月参加的"建设海峡西岸
经济区"研讨会上的发言稿）

加快长江中游经济区建设
统筹区域经济发展

　　党的十六届三中全会把统筹区域发展作为完善我国社会主义市场经济体制的一项基本要求，这对于解决我国东西部、东中部发展不平衡问题具有重要意义。解决东西部、东中部发展不平衡的问题，必须充分发挥中部地区自身的作用。因此，我对民盟中央提出的关于加快建立以武汉为中心的长江中游经济区建设的构想，始终给予积极关注，并且保持积极支持的态度。长江中游经济区形成之日，也就是长江经济带兴旺发达之时；中国中部地区崛起之日，也就是中国现代化实现之时。

　　第一，加快长江中游经济区建设，有利于长江流域经济的协调发展。整个长江流域经济带划分为上、中、下游三个经济区：即以重庆为中心的上游经济区，以武汉为中游的经济区和以上海为中心的下游经济区。下游经济区在上海的带动下，已经成为中国经济发展中的重要一级，上游经济区在国家西部大开发战略和重庆变成直辖市的推动下，发展很快，前景很好，而中游地区在改革开放后虽然取得了巨大成就，但是，由于许多因素的制约，如思想观念陈旧体制机制落后要素配置不优等，致使该经济区的发展相对滞后，经济区的形成遇到了不少问题。为了解决这些问题，当前必须加快长江中游经济区的建设，实现长江流域协调发展。

　　第二，加快长江中游经济区建设，有利于发挥其"承东启西、接南转北"的作用。改革开放以来，我国东部地区经济已经有了很大发展，正在为率先实现现代化而奋斗。西部地区实施。"西部大开发"战略以来，随着各项政策的出台和落实，投资大幅度增加，基础设施建设有了较大改善，经济发展势头良好。而广大中部地区的经济发展有被忽视的现象，但从经济发展的规律看，东部发展起来后，不可能跳过中部而孤立地去开发西部。没有中部地区的发展和繁荣，不可能有西部地区的发展和繁荣；没有中部地区的现代化，也不可能有中国的现代化。因此，长江中游是我国中部的一个重要经济发展区域，它对中国区域经济的发展能起到"承东启西、接南转北"的战略支点作用。发展长江中游经济等要素合理流动与配置，从而形成了中国区域总体布局的均衡态势和完整结构。

第三，加快长江中游经济区建设，有利于形成我国经济发展新的增长极。中部是我国发展潜力最大的地区，以武汉为中心的长江中游经济区有可能成为我国经济发展新的增长极。武汉是华中地区最大的经济中心，交通四通八达，素有"九省通衢"之称，是我国南北交汇、承接东西的战略要地，是全国最大的综合性交通枢纽之一。这个区域自然资源特别是淡水资源丰富，腹地市场广阔；这个区域科技教育发达，如武汉是全国第三大科教中心，第二大智力密集区；这个区域有较好的工业发展基础，特别是武汉工业基础雄厚，是我国重要的老工业基地之一，工业门类齐全，现已形成钢铁、汽车、机械、高新技术四大支柱产业；这个区域在自然条件、资本总量、市场容量和基础设施等都明显地具备成为未来区域经济中心或增长极的基础条件。

第四，加快长江中游经济区建设，有利于老工业基地的改造。国家已经把老工业基地的改造提上了议事日程。武汉、黄石、鄂州等城市是老工业基地，冶金、机械、化工、建材、纺织等传统产业占主导地位，为国家作过重要贡献，但是现在改造任务较重。武汉拥有科技人力资源、综合科学技术能力和相对良好的产业基础，具有对老工业基地改造的基本条件，具有发展高新技术产业的优势，这些对于老工业基地的改造具有积极促进作用。

加快长江中游地区的建设，区域内各级政府要解放思想、转变观念、形成共识、加强协作。长期以来，我国都是按照行政区划组织国民经济建设的，各地都强调自成体系，全面发展。随着改革开放的深入，这种情况虽然有了一定程度的改变，但是这种狭隘的地域观念、陈旧的思想影响依然存在，行业垄断、地区封锁等现象还比较严重，他们和建立统一的社会主义市场经济体制的目标相互矛盾，也不符合全球经济区域化、一体化的潮流。因此，必须树立双赢、多赢的观念，在资源的基础上，按照互惠互利、共同发展的原则，建立区域合作机制。在建立长江中游经济区的进程中，实现本地区的联动发展和共同繁荣，争取区域利益最大化。

搞好区域规划，特别是武汉中心城市的发展规划和发展战略至关重要。武汉在长江中游经济区建设中具有中心城市的地位，其作用其他城市很难替代。因此，必须按照建立长江中游经济区的总体目标和要求，树立新观念，开拓新思路，制定新战略，建设新武汉。具体而言，要完善武汉中心城市的功能，发挥武汉中心城市的辐射作用和带动作用，促进武汉与周围城市和地区的协调发展；要优化城市空间布局，按照经济社会协调发展的要求，推进产业空间布局和功能的调整优化，提升城市综合服务能力；要加强基础设施建设，以建设一批现代化市政公用设施为重点，高质量、高标准地建设城市路网、通信网、供电网、给排水网和供气网；要改造和整治旧城环境，完善市域城镇体系，进一步拓展城市空间；要加大环境治理力度，推进城市园林、植树造林等生态工程建设，构建具有江、湖特色的适于人居的生态城市；要改善区域内的投资环境，增强引进内外资的能力，在不断改善硬环境（包括交通、通信、供水、供电等）的同时，还必须加大软环境的改善力度，比如完善和规范各种优惠政策，建立良好的法制环境，精简政府机构，规范政府行为，提高办事效率，加强诚信教育，规范市场主体的行为，整顿市场秩序等。

加快工业化和城市化进程，是推进长江中游经济区建设的重要举措之一。到 2020 年，我国要基本实现工业化。为了实现这一目标，我们从现在起，必须加快工业化的进程，特别要重视发展乡镇工业和民营企业，加快农村工业化的步伐。工业化和城市化是齐头并进的。目前我国城市化水平只有 38%，世界平均 47%。2020 年实现城市化，规划水平达到 57%，城市人口要达到 8 亿—9 亿；每年新增城市人口 1500 万左右，任务很重。发达国家的城市化历史表明：在城市化初始阶段，城市化主要有少数几个大城市来带动；进入加速阶段后，在大城市的数量和人口规模迅速增加的同时，中小城市迅速发展，成为带动城市化水平提高的主要力量。今后的城市化道路要以特大城市或大城市为主导推进，通过其辐射功能带动中小城市的发展。也就是说，要以大城市和特大城市为核心形成不同区域经济的合理分工，同时促进农村人口向城市的转移，农业劳动力向非农业产业的转移。

　　加快长江中游经济区建设，应该积极争取国家的支持。国家的支持，主要有两个方面：一是政策的支持。在财政、税收、国有企业改革、解决社保基金支付问题、老工业基地改造、发展科技教育和其他社会事业等方面，国家对这些地方都应该有一些优惠政策，适当向这些地方倾斜。二是资金和项目的支持。在基础设施建设、技术改造、老工业基地改造、新的大型项目的建设等方面，应多安排一些好的项目。当然，建设长江中游经济区主要应依靠本区域的各级政府和各个方面的努力，但是改革开放以来的各个经济区形成的实践表明，任何大的经济区的形成没有国家的支持也是不可能的。因此，以武汉为中心的长江中游经济区，在争取国家支持方面一定要积极、主动，千万不要错失发展良机！

（本文是作者 2003 年 5 月参加"加快长江中游
经济区建设"研讨会的发言稿）

深化改革为振兴东北等老工业
基地提供制度保证

　　经过"一五"、"二五"及其以后的多年大规模建设，东北等地区形成了以钢铁、重型设备制造、机床、汽车、造船、能源等重工业为特点的老工业基地，奠定了中国工业化的基础，为中国经济发展起过十分重要的作用，作出过重大贡献。然而改革开放以来，由于体制性和结构性矛盾日趋突出，国有经济战略调整、国有企业改革和改造的任务重，下岗职工多，就业和再就业压力大，东北老工业基地经济的进一步发展遇到了较大困难。为了改变这种状况，继西部大开发之后，中央又作出了振兴东北地区等老工业基地的重大战略决策。这对于充分发挥东北地区等老工业基地的巨大潜力，统筹区域经济协调发展，构造中国经济新的增长极和全面建设小康社会具有重大的意义。

　　东北地区等老工业基地的振兴离不开中央在政策和投资等方面的支持，但更需要通过深化改革，完善社会主义市场经济体制为其提供制度保证。有了这种制度保证，才能产生和运用新的机制、获得新的动力、调动各个方面的积极性和创造性，才能不断增强老工业基地的自我发展能力。因此，振兴东北地区等老工业基地，必须认真贯彻十六届三中全会《决定》，按照"五个统筹"的要求和"五个坚持"的原则，推进社会主义市场经济体制的完善。社会主义市场经济体制有五根支柱，即企业制度、市场体系、分配制度、社会保障制度和政府调控，应有针对性地推进这几方面的改革与完善。

　　针对东北地区等老工业基地国有企业比重大、分布广、社会负担重、机制僵化等现状，应继续推进国有企业的战略调整和布局调整，建立国有资本进入和退出的合理机制，优化国有资产的配置。要深化国有企业改革，使之真正成为自主经营、自负盈亏、自我发展、自我约束的生产经营组织。国有大中型企业可以通过上市、引进外资、吸收民间资本参股等措施，加快推进公司化改造，实现投资主体多元化。强化内部管理体制改革，建立规范的法人治理结构。发展一批主业突出、管理水平高、竞争能力强、跨地区、跨行业、跨所有制和跨国经营的大型企业集团。采取多种方式，大力发展混合所有制经济，使股份制成为公有制的主要实现形式。完善发展私营企业的政策法规，营造公平环境，大力促进和积极引导非公有制经济的发展。

振兴东北等老工业基地离不开政府的支持，但不能再沿用计划经济体制下的发展模式和发展办法，而必须尊重客观经济规律，使市场在资源配置中发挥基础性作用。为此，应不断推进市场化改革，着力完善市场体系。打破地区封锁，扩大开放度，进一步发展和完善商品市场；加快培育和发展资本、土地、技术和劳动力等要素市场，改善生产要素价格的形成机制，鼓励和促进生产要素资本化，破除制约生产要素按市场机制合理流动、优化配置的体制性障碍。完善市场竞争规则，整顿市场秩序，维护各类市场主体的合法权益，对市场主体和中介组织的行为实施有效的监督，加强诚信教育和法制教育，加速形成统一、开放、竞争、有序的市场体系。

深化分配制度改革。要完善按劳分配为主体、多种分配方式并存的分配制度。特别是完善生产要素按贡献参与分配的政策和法规，大力吸引外资和民间资本，吸引技术人才和管理人才，充分发挥各类投资者的积极性。同时，整顿和规范分配秩序，保护合法收入，取缔非法收入。加大收入分配调节的力度，调节过高收入，重视提高低收入群体的收入水平，认真解决社会成员之间收入差距过大的问题。

完善社会保障制度。老工业基地国有企业富余人员多，退休职工多，下岗失业人员多。必须把扩大就业放在经济社会发展更加突出的位置，完善积极就业政策，努力改善创业和就业环境。同时，加快社会保障制度改革步伐，建立和完善与社会主义市场经济相适应的社会保障制度。认真总结辽宁企业养老保险制度改革的试点经验，扩大社会统筹的比重，逐步做实个人账户。完善失业保险制度和再就业制度，在大中城市，形成市、区、街道和社区四级失业人员管理体系和再就业服务网络。积极推进和完善城镇医疗制度改革。扩大社会保险的覆盖面，提高征缴率。建立和完善城市居民最低生活保障制度和其他社会救济制度，各级财政要增加这方面的支出，保证其有较充足的资金来源。

深化行政管理体制改革，转变政府职能。精简机构和人员，理顺职能分工，建立严格的责任制。深化行政审批制度改革，规范政府行为，推进依法行政。强化服务意识和服务功能，转变工作作风，提高办事效率。加强廉政建设，树立良好形象。当地政府要把改善投资环境作为工作重点，切实完善和规范各种优惠政策，建立良好的法制环境。

（原载《人民日报》2003 年 11 月 27 日）

中国西部大开发的几个问题

中国的西部地区包括西北的陕西、甘肃、青海、宁夏、新疆和西南的四川、重庆、云南、贵州、西藏，加上广西和内蒙，共 12 个省、市、自治区，面积约 660 万平方公里，为中国国土面积的 68.7%；人口 35 187万，占中国总人口的 28.5%。

实施西部大开发战略，是邓小平同志关于中国现代化建设战略思想的重要组成部分。早在 1988 年，邓小平同志就曾经指出："沿海地区要加快对外开放，使这个拥有两亿人口的广大地带较快地先发展起来，从而带动内地更好地发展，这是一个事关大局的问题。内地要顾全这个大局。反过来，发展到一定的时候，又要求沿海拿出更多力量来帮助内地发展，这也是个大局。那时沿海也要服从这个大局"①。20 世纪末，中国现代化建设第二步战略目标全面实现，并开始向第三步战略目标迈进。在这个关键时刻，中国政府不失时机地做出了实施西部大开发的战略决策。它对于扩大内需，促进经济增长，保持社会稳定，促进民族团结，巩固边防，实现东西部协调发展和最终实现共同富裕等，都具有重大的现实意义和深远的历史意义。

一　做出西部大开发战略决策的背景

西部大开发的战略决策是在 1999 年的中央经济工作会议上做出的，有其深刻的历史背景。

---

① 《邓小平文选》第三卷，人民出版社 1993 年版，第 277—278 页。

（一）东西部经济社会发展差距扩大

新中国成立以来，特别是实行改革开放政策以来，中国的经济有了很大的发展，尤其是东部沿海地区变化更大。由此，沿海和中西部地区的经济发展也出现了很大的差距。1999 年，东部人均国民生产总值、城镇居民人均可支配收入和农村居民人均纯收入分别为 10102 元、7034 元和 2994 元，而西部 12 省区市则分别只有 4294 元、5260 元和 1673 元，西部 12 省区的这 3 项指标只分别相当于东部地区的 42%、74% 和 56%（见图 1）。

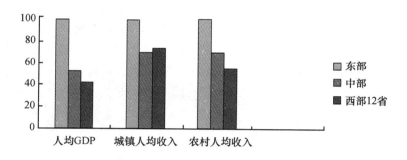

图 1   东部、中部、西部 12 省收入差距

西部主要经济指标不仅落后于东部，与全国平均水平、与中部地区也有很大差距。1999 年，全国人均国民生产总值、城镇居民人均可支配收入和农村居民人均纯收入分别为 6546 元、5854 元和 2210 元，西部 12 省区的这 3 项指标只分别相当于全国平均水平的 65%，90% 和 76%（见图 2）。

在西部 12 省区市中，以人均国内生产总值衡量，只有新疆达到了全国的平均水平，其余地区都只有全国平均水平的 60% 左右；以城镇居民人均可支配收入衡量，只有重庆、云南、西藏超过全国平均水平，其余地区都低于全国平均水平；以农村居民人均纯收入衡量，西部各地区全都低于全国平均水平，其中云南、贵州、西藏、陕西、甘肃、青海、新疆 7 省区不及全国平均水平的 70%（见表 1）。

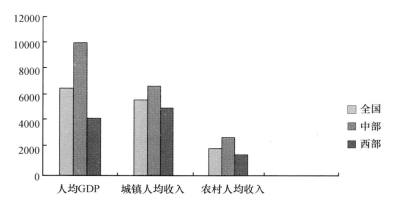

图2　全国、东部、西部收入差距

表1　　　　　　　1999 年西部各省主要经济指标与全国平均水平的比较

指标\地区	人均国民生产总值		城市人均可支配收入		农民居民人均纯收入	
	绝对数（元）	为全国人均的%	绝对数	为全国人均的%	绝对数（元）	为全国人均的%
全国平均	6546	100	5854.02	100	2210.34	100
重庆	4852	74.1	5895.97	100.7	1736.63	78.6
四川	4356	69.3	5477.89	93.6	1843.47	72.1
贵州	2463	37.6	4934.02	84.3	1363.07	61.7
云南	4444	67.9	6178.68	105.5	1437.63	65.0
西藏	4125	63.0	6908.67	118.0	1309.46	59.2
陕西	4107	62.7	4654.06	79.5	1455.86	65.9
甘肃	3595	54.9	4475.23	76.4	1357.28	61.4
青海	4707	71.9	4703.44	80.3	1466.67	66.3
宁夏	4477	68.4	4472.91	76.4	1754.15	79.4
新疆	6653	101.6	5319.76	90.9	1473.17	66.6
内蒙古	4264	65.1	5619.54	96.0	2003.93	90.6
广西	5400	82.5	5169.54	88.3	2048.33	92.7

资料来源：根据《中国统计年鉴》（2000）提供的数据整理。

　　由于经济发展落后于东中部，贫困人口也主要集中在西部。1999 年，全国有农村贫困人口 2412.2 万人，其中西部省区有 1644.1 万人，占全国的 48.18%。

由于经济欠发达，西部地区教育、卫生、文化以及通信、交通等基础设施方面的建设也落后于东部（见表 2、表 3 和表 4）。

表2　　　　1999 年西部各地区主要社会发展指标与全国平均水平的比较

地区 ＼ 指标	人口平均受教育年限	万人中在校高等学校学生数	每百万人口拥有的图书馆数	每百万人口拥有的文化馆数	每千人口拥有的医生数	每千人占有的医院床位数	电话普及率（%）
全国人均	7.18	27.65	2.20	2.30	1.67	2.51	7.00
重庆	6.88	27.19	1.37	1.40	1.43	2.15	5.04
四川	6.66	17.89	1.51	2.00	1.51	2.23	3.30
贵州	6.08	11.63	2.40	2.29	1.21	1.58	2.18
云南	5.82	15.05	3.51	3.03	1.46	2.23	4.54
西藏	2.95	13.68	0.39	18.75	1.95	2.52	2.34
陕西	7.14	41.40	3.12	3.07	1.77	2.67	5.06
甘肃	6.35	21.44	3.58	3.26	1.53	2.32	3.78
青海	5.97	17.28	7.45	8.24	1.96	4.31	4.43
宁夏	6.66	21.03	3.87	4.05	1.84	2.39	6.97
新疆	7.94	26.74	4.45	5.19	2.48	3.78	6.84
内蒙古	7.35	18.11	4.57	4.40	2.33	2.81	5.35
广西	6.84	16.57	2.46	2.08	1.29	1.81	3.39

资料来源：根据《中国统计年鉴（2000）》提供的数据整理。

表3　　　　　　　东西部农村行政村基础设施覆盖率

地区	通电村	通邮村	通电话村	通公路村	通自来水村
全国	97.4	91.6	48.4	88.7	17.7
东部	102.1	100.8	75.8	93.1	33.5
西部	89.5	75.6	19.3	79.8	9.2

注：按行政村委员会数计算。

资料来源：国家统计局农调总队，《中国农村统计年鉴》（2000），第 173 页。

表4   东西部农村乡镇基础设施覆盖率

项目 地区	供水站	汽车站	发电站	电话装机容量	程控电话
全国	20.7	33.2	22.7	93.4	84.2
东部	32.3	41.6	21.8	99.1	97.3
西部	8.2	32.7	24.6	87.9	70.1

资料来源：国家统计局农调总队，《中国农村统计年鉴（2000）》，第177页。

（二）扩大内需的要求

从20世纪90年代中期开始，中国经济基本上告别了商品短缺的时代，进入了阶段性的商品相对过剩时代。具体表现为两个方面：一是工业生产能力过剩，大批企业开工不足。从90年代中期开始，中国绝大多数工业行业的生产能力严重过剩。据有关部门对80种主要工业品生产能力的调查分析，生产能力利用率在60%以下的就有28种，占35%，不少行业生产能力的利用率只有50%左右。二是市场上商品全面过剩。据有关部门在1999年上半年对全国440种主要工业品的调查，供过于求的达到383种，占被调查的工业品数的87%；供求平衡的57种，占13%；没有商品是短缺的。农产品也相对过剩，价格下降，农民增产不增收，农民收入连续多年增长缓慢。到20世纪90年代末，内需有效需求不足，已成为影响中国经济继续高速发展的制约因素。在这种情况下，国内有相当一部分资金、技术和劳动力需要寻找新的生产领域、新的市场、新的发展空间。西部地区幅员辽阔、自然资源丰富，但发展水平较低，蕴藏着巨大的投资机会、巨大的市场潜力和发展潜力。进行西部大开发，能吸纳大批投资，增加西部地区人民的收入，对拉动内需起到一定作用。

（三）促进各民族的团结的需要

中国是一个多民族的国家，共有56个民族，其中80%以上的少数民族分布于西部地区，5个民族自治区全部在西部地区，而30个民族自治州中有27个在西部。所以进行西部大开发，也就是发展少数民族地区的经济，这对于加强民族团结，促进各民族共同富裕和稳定边疆有十分重要的意义。

（四）对外开放的必然趋势

中国的对外开放是从东部沿海地区开始的，20 年来，沿海利用其区位、市场等优势和优惠政策吸引了大量外资和港澳台的资金。据统计，截至 1998 年年底累计，沿海地区实际利用外资和港澳台地区资金总额占全国的 87.83%，而西部地区仅占 3.28%。经过 20 年的改革开放，一方面，沿海经济已经有了很大发展，人民生活大幅度提高；另一方面这些地区劳动力成本也逐步上升，竞争优势也有某种程度的削弱。一些产业也全面需要由沿海向内地转移。加快西部地区对外开放已经成为必然趋势，西部地区必须有更加优惠的政策和良好的环境来吸引国内外的投资。

此外，经过 50 年的建设，特别是经过 20 年的改革开放，国家的综合国力增强，人民生活接近小康水平，国家有能力加大对西部投入的力度。实施西部大开发的基本条件已经具备。

二 西部大开发的重点及其进展

实施西部大开发是一项规模宏大的系统工程，也是一项艰巨的历史任务，需要长时期努力奋斗才能实现。未来 5—10 年，西部大开发将在基础设施建设、生态环境保护和建设方面取得突破性进展，在科技教育、特色经济、优势产业领域实现较大发展。西部地区水利、交通、能源通信等领域一批重大基础设施项目将基本建成，基础设施落后的状况明显改善：重要流域的生态建设与环境治理将全面展开，重点治理地区生态环境恶化的趋势初步得到遏制，污染防治有明显进展；优势农产品、矿产资源产品，旅游业的市场竞争力将明显提高，资源优势向经济优势加快转化；先进适用技术在重点开发领域将普遍得到应用，九年制义务教育基本普及，人才队伍显著壮大；农村贫困人口温饱问题将基本解决，居民生活普遍达到小康水平。到 21 世纪中叶，将建成一个经济繁荣、社会进步，生活安定、民族团结、山川秀美、人民富裕的新西部。

实施西部大开发战略决策的两年来，开局很好。2000 年、2001 年，西部 12 省区市分别完成社会固定资产投资额 6111 亿元和 7343 亿元，分别比上一年增长 15% 和 19%，快于全国 9.3%、13.7% 的平均水平，也高于东部和中部地区的平均增幅。2000 年，国家用于西部的财政性建设资金共 700 亿元，其中国债资金 430 亿元。2001 年，国家用于西部的财政性建设资金超过 800 亿元，其中仅国债资金就增加到 600 亿元。两年来，国家在西部共开工了 20 多个重点工程，总投资 4000 多亿元，已经完成投资 700 亿元。由于投资和消费需求的拉动，近两年西部 12 省区市的 GDP 年均增长 8.5% 左右，比前几年明显加快，也高于全国的平均增长水平。

当前和今后一个时期，主要是集中力量抓好以下几项重点工作：

（一）加快基础设施建设

以公路建设为重点，加快铁路、机场、天然气管道干线建设；加强电网、通信和广播电视等基础设施建设；加强水利基础设施建设，特别要坚持把水利资源的合理开发和节约利用放在重要位置。围绕这些方面的建设，实施一系列大工程。如已开工的青藏铁路工程、西电东送工程、西气东输工程、公路国道主干线建设工程，江（长江）河（黄河）上游水利枢纽工程以及农村交通、电力、通信的改造工程，等等。目前这些工程都进展顺利。截至 2001 年年底，"青藏铁路"已完成投资 10 亿多元；"西电东送"已经开工两批项目和几个大电站；"西气东输"塔里木盆地至长江三角洲管道工程的项目前期工作正稳步进行，5 个接点工程已经于 2002 年初同时开工；"公路主干线"建设，进展明显加快，两年来西部地区新增公路里程两万多公里；"江河上游水利枢纽"工程进展顺利，四川岷江紫坪铺、宁夏黄河沙坡头、广西右江百色、内蒙古尼尔基等水利枢纽工程梯次开工。西部人民多年想干的一些大事，由于实施西部大开发战略而成为现实。

（二）加强生态环境保护加大天然林保护

工程的实施力度，同时采取"退耕还林（草）、封山绿化、以粮代赈、个体承包"的政策措施，由国家无偿向农民提供粮食和苗木，对陡坡耕地有计划、分步骤地退耕还林还草。到 2001 年年底，退耕还林试点工作累计完成退耕还林 124 万公顷，宜林荒山荒地造林 109 万公顷，合计 233 万公顷。2001 年天然林保护工程完成封山育林 43 万公顷，飞播造林 102 万公顷，人工造林 18 万公顷。2002 年计划新增退耕还林 227 万公顷，宜林荒山荒地造林 266 万公顷。

（三）进行经济结构的调整和对外开放

西部地区特色经济快速发展，棉花、优质水果、肉类等特色农副产品增加，水电、天然气、有色金属、钾盐、西土资源开发力度加大，旅游基础设施投入增加，陕西西安、杨林、四川成都、绵阳等高新技术产业基地建设加快。西部地区企业改造、改组和改革力度加大，两年中，国家安排西部技术改造贴息贷款项目 275 个，兼并破产企业 420 多户，核销银行呆坏账约 270 亿元。西部地区非公有制企业发展速度加快，吸收国内外投资增加。

（四）开展科学教育事业

在西部地区实施了贫困县职业教育中心建设、高校基础设施建设、高校校园网建设、中小学现代远程教育扶贫示范。国家加强了对西部人才工程的支持。中央国家机关派出了一大批年轻优秀干部到西部兼职，西部地区和少数民族地区干部到中央机关和东部地区锻炼的干部名额增加。2001年，各部门对口组织培训了西部地区人员约 6000 名。国家科技资金重点支持了西部地区生态环境综合治理、资源综合利用、农业产业化、优势资源增值转化和现代中医药产业化等工程。

三　西部大开发需要处理好几个基本关系

西部大开发是一项复杂的系统工程，需要加强领导、统一规划，分步实施。在开发中要有新思想、新思路、新战略。为此，要特别处理好以下几个方面的关系：

（一）开发与生态环境保护的关系

西部地区居长江、黄河、珠江等大江大河的上游，是国家生态屏障之所在。开发和生态环境保护存在着矛盾。再不能以破坏生态环境为代价来换取经济的发展。因此，西部大开发的"开发"不是单纯地指经济增长，而是要实现经济社会环境的协调发展，也就是走可持续发展道路。要把生态环境保护作为开发的重要内容。为保护中国西部水资源和防止环境污染，要坚决禁止砍伐天然林，大力实施长江、黄河上中游天然林保护工程；要坚决禁止毁林毁草开荒；对坡耕地要有计划、有步骤地退耕还林还草；对荒漠化严重的地区要加快恢复植被。要把以粮换林、换草与扶贫工作结合起来，这既是改善贫困地区生态环境和生产生活条件，又是脱贫致富的有效途径。

（二）政府支持与发挥市场机制的关系

实施西部大开发战略，当然需要政府支持，特别是中央政府的支持，但是不能再沿用传统经济体制下的发展模式，必须尊重客观经济规律，注重充分发挥市场机制的作用。过去国家对西部的投入并不少，但是西部的经济并没有很好地发展起来，究其原因，在很大程度上是因为过去的投资主要是政府行为，是政府在推动工业化，缺乏市场机制和多元化的社会民间资本。今后西部地区的经济发展和工业化的推进，必须转变思路，从主要是政府推动，转变到主要依靠市场机制，要使市场在资源配置中发挥基础作用。对西部地区来讲，要改变过去那种"等、靠、要"的依赖思想，通过培育资本市场，吸引各种社会民间资本尤其是东部和外商投资，来参与地区工业化；对中央政府来说，在支持西部地区基础设施建设、发展教育、保护生态环境的同时，要制定相应的投资诱导政策，诱导国内外各种资本参与西部地区的开发。而各个具体的生产项目则主要依靠社会民间资本。即使是一些公共基础设施项目如公路、桥梁等，政府也没有必要大包大揽，也要广泛吸收各种民间资本参与。

（三）开发自然资源与开发人力资源的关系

西部地区是中国的自然资源富集区，石油、天然气、各种矿产、土地、水利等资源，一直是西部经济发展的特有优势，但是长期以来这种优势并没有得到充分发挥，资源优势未能转变成经济优势。相反，东部沿海地区缺乏自然资源优势，但是它具备人才等优势，经济却取得了高速发展。这说明，一个地区的发展，仅有自然资源的优势是不够的，还必须形成别的优势，特别是人力资源优势。而西部地区丰富的自然资源和短缺的人才资源形成了强烈的反差。据统计，目前西部地区人才总量明显不足，而且现有队伍不稳定。西部地区每万名劳动者中，中专以上学历及初级以上职称人员仅 92 人，还不到东部地区的 1/10。从长期看，这些地区人才缺乏是发挥资源优势的最大制约因素。因此，必须重视对人才的培养和使用。要改变过去见物不见人的开发模式，真正把人才使用、人才开发、人才引进作为一项重要工作来抓。

（四）发展公有经济与发展民营经济的关系

从东部和西部地区经济比较来看，东部地区国有经济比重小，个体私营、三资企业和乡镇企业等非国有经济比重大。而西部地区则相反，国有经济至今仍占绝对统治地位，非国有经济比重很小。从整体看，西部地区非国有经济在其经济总量中至今还不足 50%，而新疆、青海两省（区）甚至不足 25%。据统计，20 世纪 90 年代以来，东部沿海地区每年乡镇企业的产出占当地国内生产总值的份额都在 70% 以上，而西部地区乡镇企业的产出占当地的国内生产总值的份额却在 30% 以下。因此，乡镇企业在不同地带间的发展差异日益成为影响地区经济差距的一个主要方面。事实表明，哪一个地区的非国有经济特别是乡镇企业发展得快，那一个地区的经济整体上发展得就快。西部和东部的经济差距主要不是表现在国有企业这一块，而是表现为非国有企业这一块。因此，加快西部地区经济发展，关键是要加快乡镇企业等非国有经济的发展。西部地区要把扶持乡镇企业发展同增加就业、活跃市场、技术创新、加快小城镇建设和促进工业增长结合起来。

（本文为作者在莫斯科召开的第四届"中俄经济学家
论坛"上的发言，2002 年 6 月）

我国能源的开发利用与环境保护

中国的能源蕴藏量位居世界前列，同时也是世界第二大能源生产国与消费国。能源的开发利用，一方面推动了经济发展，另一方面也引起了严重的环境问题。20 世纪 90 年代中期以来，中国基本解决了长期存在的、严重制约经济发展的"能源短缺"问题，实现了能源总量的基本平衡，能源结构不断改善，能源生产和消费的弹性系数呈现出下降趋势，能源利用效率不断提高。同时，环境保护意识不断增强，环境保护工作受到广泛重视并且取得很大进展，能源开发利用与经济发展开始走向良性循环。

一　中国能源开发利用现状

中国拥有比较丰富而多样的能源资源，能源总量位居世界前列。远景一次能源资源总储量估计为 4 万亿吨标准煤。但是，中国人口众多，人均能源资源占有量和消费量远低于世界平均水平。1990 年，中国人均探明煤炭储量 147 吨，为世界平均数的 41.4%；人均探明石油储量 2.9 吨，为世界平均数的 11%；人均探明天然气为世界平均数的 4%；探明可开发水能资源按人口平均也低于世界人均数。从人均能源消费看，1994 年世界平均为 1433 千克油当量，发达国家为 5066 千克油当量，中国大约为 670 千克油当量。1997 年中国人均拥有电力装机容量 0.21 千瓦、人均用电量 900 千瓦时，仅相当于世界平均水平的 1/3。中国能源开发利用呈现出以下主要特点：

一是能源以煤炭为主，可再生资源开发利用程度很低。中国探明的煤炭资源占煤炭、石油、天然气、水能和核能等一次能源总量的 90% 以上，煤炭在中国能源生产与消费中占支配地位。20 世纪 60 年代以前，中国煤炭的生产与消费占能源总量的90%以上，70年代占80%以上，80年代以来煤炭在能源生产与消费中的比例占75%左右，其他种类的能源增长速度较快，但仍处于附属地位。1995年，世界能源生产总量达到123万亿吨标准煤，固体、液体、气体、水电和核电的比重分别为28.3%、38.4%、23.5%和9.8%。在世界能源由煤炭为主向油气为主的结构转变过程中，中国仍是世界上极少数几个能源以煤为主的国家之一。

二是能源消费总量不断增长，能源利用效率较低。随着经济规模的不断扩大，中国的能源消费呈持续上升趋势。1957—1989年中国能源消费总量从9644万吨标准煤（SCE）增加到96934万吨，增加了9倍。1989—1999年，中国能源消费，从96394万吨标准煤增加到122000万吨，增长26%。受资金、技术、能源价格等因素的影响，中国能源利用效率比发达国家低很多。能源综合利用效率为32%，能源系统总效率为9.3%，只有发达国家的50%左右。1994年单位GNP能耗（吨标准煤/千美元）比较，中国分别是瑞士、意大利、日本、法国、德国、英国、美国、加拿大的14.4倍、11.3倍、10.6倍、8.8倍、8.3倍、7.2倍、4.6倍、4.2倍。

三是能源消费以国内供应为主，环境污染状况加剧，优质能源供应不足。中国经济发展主要建立在国产能源生产与供应基础之上，能源技术装备也主要依靠国内供应。20世纪90年代中期以前，中国能源供应的自给率达98%以上。随着能源消费量的持续上升，以煤炭为主的能源结构造成城市大气污染，过度消耗生物质能引起生态破坏，生态环境压力越来越大。世界银行认为，中国空气和水污染所造成的经济损失，大体占国内生产总值的3%—8%。中国有的学者甚至认为中国环境破坏经济损失占到国民生产总值的10%。

二　中国能源开发利用的环境影响

能源活动产生的环境问题十分复杂，能源的生产和利用无论对大气污染、酸雨、森林减少等区域环境问题，还是气候变化、臭氧层损耗等全球环境问题来说，都是最主要的影响因素。中国是一个能源生产与消费大国，也是一个以煤为主要能源的国家。能源的大量开发利用，引起了严重的环境问题。今后较长一个时期由于经济的发展与能源消费的增加，排放一定的污染物是难以避免的，因此中国未来生态与环境趋势仍然十分严峻。

中国面临的能源环境问题，具有发展中国家的典型特征，形势十分严峻。从对人体健康以及经济社会可持续发展的影响的角度来看，能源环境主要有四个问题：大量燃煤造成的城市大气污染；过度消耗生物质能引起的生态破坏；居民燃煤和柴草造成的室内空气污染；二氧化碳排放问题。另外还有能源发展造成的水污染及固体废物的污染。这里我们着重讨论能源开发利用对大气的污染问题。

大气中二氧化碳浓度增加以及由此引起的温室效应导致气候变暖，将对周边地区甚至全球经济社会发展产生重大影响。中国能源使用排放的二氧化碳约占各种温室气体总排放量的80%。根据美国能源信息局1997年测算的数据，1995年全球化石燃料燃烧排放的碳为62.41亿吨，中国达8.21亿吨，占世界的13.2%，仅次于美国（14.24亿吨）。20世纪80年代以来，中国碳排放量增长率远高于世界平均值，主要是煤炭消费大幅度增加，1990—1995年，中国新增碳排放量1.96亿吨，占世界新增排放量的85.6%。

根据我们的计算，中国碳排放量增长的趋势在1996年以后发生了根本变化。在1996年以前，中国碳排放量每年都有大幅度增加。但是，1996年以后，中国碳排放量出现了下降的趋势，从1996年的90854.9万吨，下降到1997年的89019.34万吨，1998年的84477.21万吨，1999年的77390.58万吨。1996年以后中国碳排放量增长趋势发生根本变化的原因有两个方面，一个原因是由于1996年以后中国能源消费总量发生了下降趋势，从1996年的138948万吨标准煤，下降到1997年的138173万吨标准煤，1998年的132214万吨标准煤，1999年的122000万吨标准煤。另一个原因是中国能源消费结构发生了明显变化。我们知道，由于煤、油、天然气的二氧化碳排放因子差别较大（我们使用的煤、油、天然气二氧化碳排放因子分别为0.725、0.583、0.409），所以，煤消费量的比重下降也会减少碳排放总量。20世纪90年代以来，在中国能源消费结构中，煤消费量的比重基本呈现下降的趋势，而且在1996年以后，这一下降趋势进一步加快。1996 年以前，煤消费量的比重每年下降的幅度不超过一个百分点，一些年份甚至还略有上升，而 1996 年以后煤消费量比重每年下降的幅度平均超过 2.5 个百分点。

1998 年，中国二氧化碳排放量达 2090 万吨，居世界第 1 位，其中约85% 是燃煤排放的，1995 年，全国二氧化碳排放量达 2370 万吨（含乡镇工业），其中火电站占 33.2%，工业锅炉 34.4%，工业窑炉 11.4%，民用炉具 11.8%，其他 9.2%。据 88 个城市监测，二氧化碳年日均值为 2 微克/立方米—424 微克/立方米，北方城市平均 81 微克/立方米，南方城市平均为 80 微克/立方米。有 48 个城市超标，南方以重庆、贵阳、宜昌和宜宾市最为严重，北方以太原、淄博、大同、青岛和洛阳较为严重。近几年，全国二氧化碳排放总量呈现下降趋势，从 1995 年的 2370 万吨下降到1998 年的 2090 万吨。城市二氧化碳浓度年均值也有明显下降，从 1995 年的 80 微克/立方米下降到 1998 年的 56 微克/立方米。

NOx 主要是燃料燃烧时空气中的氮与氧作用产生的 NOx 和少量 NO_2，发达国家主要来自汽车尾气，中国主要来自燃煤设备，北京、广州等大城市，汽车已成为主要来源，NOx 也是酸雨的前奏。近年来，中国城市大气中 NOx 污染，呈加重趋势，据 88 个城市监测，1995 年 NOx 已成为北京、广州冬季的首位污染物。近几年，城市 NOx 浓度年均值呈现下降趋势，从1995 年的平均 47 微克/立方米下降到 1998 年的平均 37 微克/立方米。而且北方城市 NOx 浓度年均值也出现一定下降，但是，平均来说，北方城市NOx 浓度年均值仍明显高于南方城市。

尽管中国因受以煤炭为主的能源结构的制约，城市大气污染目前仍呈现出明显的煤烟型污染特征，但随着汽车尾气激增，NOx 污染呈加重趋势。大城市日均值都已超标，广州市在 1992 年 NOx 已成为该市的首要污染物，"八五"后期，北京市 NOx 日均值超标率已接近 50%。兰州、郑州、大连、上海、成都、沈阳、鞍山、太原、重庆和深圳等城市 NOx 处于较高污染水平，个别城市已明显表现出煤烟型大气污染向汽车尾气型（即光化学烟雾型）大气污染的转化。汽车尾气排放出的污染物除大量的 CO、NOx 和 NMHC 气体外，还排放出铅和多环芳烃 PAH 颗粒物。CO 和 NOx 能大大阻碍人体的输氧功能，铅能抑制儿童的发育，造成肝功能障碍，PAH

对人体有致癌作用。汽车排放对行人特别是交通警有严重的危害作用。不仅如此，汽车排放的 CO、NOx 和 NMHC 气体在太阳的照射下会在大气中反应，形成光化学二次污染，污染范围更广，对人体健康，生态环境的危害更大。

一些大城市大气中的铅污染明显加剧。1995 年，广州市车用汽油向大气中排放的铅达 303 吨，占全国总排放量的 1/5，大气中铅的平均浓度由 1988 年的 0.097 微克/立方米，增至 1995 年的 0.113 微克/立方米，给居民健康带来严重危害。大气中的铅 90% 以上来自机动车辆。目前，绝大部分汽油车使用含铅汽油，含铅量很高，90 号汽油每升含铅 0.22—0.45 克，比国际标准 0.08 克高 1.8—4.6 倍。

1995 年全国烟尘排放量达 1744 万吨（含乡镇工业），其中约 70% 来自燃煤。据 87 个城市监测，有 45 个城市超过国家二级标准，京、津、沪、渝、沈阳、济南、太原等均属世界烟尘污染最严重的城市之列。据近几年的监测，中国烟尘排放量已初步得到控制，全国煤炭消费量大幅度增长，而全国烟尘排放量略有减少，由 1995 年的 1744 万吨减至 1998 年的 1452 万吨。但是仍有半数的城市超过国家二级标准，大城市 TSP 浓度远远超过国家标准。

大气污染中产生的烟尘、硫化物、氮氧化物、一氧化碳与其他污染物直接影响人类健康，如导致肺癌、肺心病、哮喘病、慢性气管炎等呼吸道疾病发病率的上升。中国社会科学院环境研究中心的计算结果表明，1993 年全国因大气污染造成城市人口健康损失（直接损失与间接损失）在 78 亿元左右（当年价），有些大气污染物，如酸雨和温室效应的影响涉及整个区域乃至全球。

酸雨的主要危害为对人体健康的影响和对生态环境的影响，土壤酸化会造成生态系统的长期不良后果。中国酸雨危害最敏感的生态系统是处于南部的亚热带常绿林地区、西藏及青海的部分高纬度冻原、东北地区的针叶林区以及西南和华东部分地区。中国的南方，尤其是四川、贵州、广西和湖南等省区由于消耗大量的高硫煤，造成硫化物排放量较高，特别是重庆周围地区，年酸沉降已比临界值高出 11000 毫克/平方米以上。估计目前中国酸雨对农作物和森林造成的损害每年约为 50 亿美元（世界银行，碧海蓝天）。1995 年在中国划定的酸雨及二氧化碳控制区排放的二氧化碳占全国的 89%，二氧化碳和酸雨造成的经济损失达 1165 亿元（农作物、森林、人体健康）。如不加快采取措施，此项损失还在扩大。

三　合理利用能源、保护生态环境

一直到 20 世纪中叶，人类才开始认识到，由于长期经济、社会发展中采用不适当的生产与消费方式，尤其是在全球工业化过程中过度地消耗地球上的自然资源，不加治理的大量排放污染物质的生产方式和高度消费的生活方式，造成全球生态和环境的污染，严重阻碍着经济的发展和人民生活质量的提高，继而威胁着全人类的未来生存与发展。

中国是一个能源生产与消费大国，也是一个以煤为主要能源的国家。能源的大量开发利用，引起了严重的环境问题。随着国民经济的发展，能源消耗带来的环境污染将会越来越严重。中国在发展经济的过程中不能选择发达国家走过的先污染后治理的发展之路，而是要根据中国国情，走出一条具有中国特色的环境保护之路。

（一）节能是中国今后的一项长期的根本性任务

中国人口众多，能源资源相对匮乏。随着中国经济的快速发展和人民生活水平的不断提高，中国年人均能源消费量将逐年增加，但常规能源资源尤其是石油和天然气相对不足，是中国经济、社会可持续发展的一个限制因素。

目前中国的能源生产和消费基本上是平衡的，但未来中国能源供需的缺口将越来越大。据预测，在采用先进技术、推进节能、加速可再生能源开发利用以及依靠市场力量优化资源配置的条件下，2010 年约缺能 8%，到 2040 年将短缺 24% 左右。

考虑到中国近年来能源消费总量有减少的迹象以及现行的节能措施，未来年份中国能源消费年均增长 2.8%（国内生产总值年均增长率为 7%，能源消费弹性系数为 0.4）的速度推算，2001 年、2005 年、2010 年、2015 年、2040 年中国能源消费总量分别为 14.4 亿吨、16.5 亿吨、18.9

亿吨、21.7 亿吨和 43.4 亿吨标准煤。即使按照以上增长，到 2040 年中国能源消费总量仍将大大超过国内外能源专家的预测值（中国工程院的专家预测，到 2040 年中国的能源消费量应在 30 亿吨标准煤左右）。因此，中国今后的能源消费年均增长率必须大幅度降低！而且应越来越低，到 2040 年降到零增长。可见，国民经济的发展和人民生活水平的提高都只能走高效利用能源的节能型之路。

20 世纪 80 年代以来，中国节能工作取得了显著成效。1981—1999 年，中国经济保持快速增长（年均增长 9.7%），而能源消费的增长速度（年均增长 4.6%）却远低于经济的增长速度。在过去的 20 年里，按国内生产总值计算，中国累计节约能源 9.5 亿吨标准煤，单位国内生产总值能耗下降了 60% 左右，节能率达 4.5%，相当于减排粉尘 1200 万吨，减排灰渣 2.5 亿吨，减排二氧化硫 1900 万吨，减排二氧化碳 4.2 亿吨，节能同时也成为中国环保和减排温室气体的有效措施。

即使如此，中国的节能潜力仍然具有很大空间。一是产品能耗高。中国主要用能产品的单位产品能耗比发达国家高 25%—90%，加权平均高 40% 左右。中国国内企业主要耗能产品的单耗，落后的与先进的相差 1—4 倍。经对 15 个行业节能潜力的分析，近期技术措施节能潜力约 1 亿吨标准煤。二是产值能耗高。中国的产值能耗是世界上最高的国家之一。产值能耗高即单位能耗创产值低，中国每公斤标准煤能源产生的国内生产总值为 0.36 美元；日本为 5.58 美元；法国为 3.24 美元；韩国为 1.56 美元；印度为 0.72 美元；世界平均值为 1.86 美元；日本是中国的 15.5 倍，法国是中国的 9 倍；世界平均值是中国的 5.2 倍；韩国是中国的 4.3 倍；连印度也是中国的 2 倍（注：这里有汇率、能源结构、气候条件等不可比因素）。经测算，通过产业结构调整、产品结构调整、降低高能耗行业的比重、增加高附加值产品的比重以及居民生活用能优质化等措施，近期国民经济产值能耗节能潜力达 3 亿吨标准煤左右。因此中国"十五"期间总的节能潜力约为 4 亿吨标准煤，到 2015 年中国节能潜力约为 9 亿吨标准煤。

"十五"期间，中国国内生产总值年均增长率计划为 7.0% 左右，如果能源消费弹性系数按 0.38—0.42 计算，年均节能率按 4.0%—4.4% 计算，总节能量将达到 3.0 亿—3.6 亿吨标准煤（注：此为环比累计节能量。

其中通过固定资产投资、技术进步形成的节能能力约 1.0 亿—1.5 亿吨标准煤左右，其余为结构调整带来的节能量。定比节能量将达到 3.3 亿—4.0 亿吨标准煤）。每万元国内生产总值能耗降至 2.3—2.5 吨标准煤，每万元工业增加值能耗降至 3.35—3.45 吨标准煤（暂按 1990 年不变价）。能源供应还有少量能源缺口，需要通过进口能源来解决。要不断提高能源利用效率和效益，到 2005 年全国能源利用效率提高到 36%，比 1997 年提高 4 个百分点。主要耗能产品能耗逐年降低，到 2005 年降低 5—10 个百分点，万元产值能耗到 2005 年降低 15%—17%。

（二）大力发展洁净煤技术

在今后相当长的时期内，煤炭还将是中国的主要能源。目前煤炭的开发与利用对环境产生巨大压力。因此，发展洁净煤技术在中国能源发展中具有重要的战略意义。

中国围绕提高煤炭开发利用效率、减轻对环境污染开展了大量的研究开发和推广工作。1995 年国务院成立了"国家洁净煤技术推广规划领导小组"，组织制定了《中国洁净煤技术"九五"计划和 2010 年发展纲要》，1997 年 6 月获国务院批准。

中国洁净煤技术计划框架涉及 4 个领域（煤炭加工、煤炭高效洁净燃烧、煤炭转化、污染排放控制与废弃物处理），包括 14 项技术，即：煤炭洗选、型煤、水煤浆；循环流化床发电技术、增压流化床发电技术、整体煤气化联合循环发电技术；煤炭气化、煤炭液化、燃料电池；烟气净化、电厂粉煤灰综合利用、煤层甲烷的开发利用、煤矸石和煤泥水的综合利用、工业锅炉和窑炉。

中国发展洁净煤技术的宗旨是"提高煤炭利用效率，减少环境污染，促进经济发展"。由于洁净煤技术的研究、示范及推广涉及面广，技术难度大，需要大量的投入，通过掌握和推广一批适合中国国情的洁净煤技术，并开发和跟踪一批国际先进技术，使中国的洁净煤技术发展有一个良好的起步。2001—2010 年，中国的洁净煤技术要有大的发展，煤炭的终端消费结构要不断优化，在洁净煤技术的主要领域要接近国际水平，并大面积推广应用。

（三）积极开发天然气等清洁能源

天然气作为优质清洁燃料和重要的化工原材料，已成为当今世界能源的三大支柱之一。中国天然气工业一直保持稳定发展的势头，自 1983 年以来，多数年份天然气的产量增长率在 4%—6%，1998 年达到 223 亿立方米。中国发展天然气工业具有比较雄厚的资源条件。根据中国第二轮油气资源评价结果，中国常规天然气的总资源量为 38 万亿立方米。按照当前技术水平和经验，最终可探明天然气地质储量约为 13.2 万亿立方米。估计 2000 年中国天然气资源的探明程度接近 6%。这一比例近年来一直在增长。中国的天然气资源主要分布在中、西部地区和近海地区。80% 以上的资源集中分布在塔里木、四川、陕甘宁、准噶尔、柴达木、松辽等盆地及东南海域。

由于资源勘探滞后，天然气资源未能有效利用，以及政策不配套，造成用气结构不合理，都在一定程度上制约了中国天然气的产业化发展。随着中国的社会进步和经济发展，天然气成为主要能源将是一个必然的趋势。加快天然气的开发利用也是缓解中国能源供需矛盾和优化能源结构的一项重要措施。中国已将天然气开发和利用作为 21 世纪初能源结构优化和石油工业产业升级的重点。新世纪初中国将迎来天然气开发生产的高峰，中国天然气探明储量将保持在年均增长 1200 亿立方米左右。21 世纪初期的前 5—10 年将是中国天然气加速发展的时期。加大探明程度、加快包括"西气东输"工程在内的输气干线建设、培育天然气消费市场是 21 世纪初期这一产业发展的重点。

（四）加速可再生能源的开发和利用

中国可再生能源资源丰富，但目前开发利用程度很低。水能的可开发装机容量为 3.78 亿千瓦，年发电量 1.92 万亿千瓦时，居世界首位；但水电装机容量 6507.4 万千瓦，水能的利用率仅 10%，低于发展中国家水资源平均利用率 11.5%。太阳能在 2/3 的国土上，年辐射量超过 60 万焦耳/平方厘米，每年地表吸收的太阳能大约相当于 17 万亿吨标准煤的能量，开发利用前景广阔；风能资源量约为 16 亿千瓦，可开发利用的风能资源约 2.5 亿千瓦，风力发电装机容量 22.36 万千瓦（1998 年全世界风力发电装机容量达 960 万千瓦）；地热资源的远景储量为 13711 亿吨标准煤，探明储量为 3283 人万吨标准煤（可供高温发电的约 5800 兆瓦以上，可供中低温直接利用的约 2000 亿吨标准煤以上。现已开发利用地热折合 200 万吨标准煤，开发利用比例很小）；生物质能资源亦十分丰富，秸秆等农业废弃物的资源量每年有 3.1 亿吨标准煤，薪柴资源量为 1.3 亿吨标准煤，加上城市有机垃圾等，资源总量可达 6.5 亿吨标准煤以上；其他如海洋能可供开发的就有 4.4 亿千瓦以上（其中：潮沙能 1.1 亿千瓦，潮流能 0.18 亿千瓦，海流能 0.3 亿千瓦，波浪能 0.23 亿千瓦，温差能 1.5 亿千瓦，盐差能 1.1 亿千瓦）。

今后 10 年，中国可再生能源发展的总目标是：提高转换效率，降低生产成本，增大在能源结构中所占比例。新技术、新工艺有大的突破，国内外已成熟的技术要实现大规模、现代化生产，形成比较完善的生产体系和服务体系；实际使用数量要达到 39000 万吨标准煤以上（包括生物质能传统利用方式和利用量），为保护环境和国民经济持续发展作出贡献。为了实现上述目标，中国可再生能源开发利用的主要任务是要在 21 世纪初的 10 年间，选择一批对国民经济和生态环境建设具有重大价值的关键技术进行研究开发，其工作重点是加强这些技术的试点示范和科技成果的转化工作，促进产业形成，尽快实现商品化生产和推广应用。

（原载《国际技术贸易市场信息》2001 年第 2 期）

深化改革篇

深化经济体制改革　建设成熟的市场经济

　　2012 年 1 月，我院接到中央布置的"深化经济体制改革研究课题"任务。院长陈奎元同志亲自布置，从全院抽调科研骨干组成了调研组，由我任组长。

　　调研组成立后，春节前我们对这个课题要研究和解决的问题进行了梳理，对中央十四大以来关于经济体制改革的重要文件进行了学习，对理论界关于深化经济体制改革的一些主要思路和和主张进行了整理，在此基础上，我们拟定了较详细的调研提纲，调研组内部进行了分工，并选择了调研的地方，确定了工作进度。

　　从 2 月 5 日到 2 月中旬，调研组先后到广东、安徽和浙江省进行了调研，分别与广东省、安徽省和广州市、合肥市、温州市的有关政府部门的负责人，以及企业家和理论界的同志们进行了座谈，听取了他们的意见和建议。

　　调研组回到北京后，经过一段时间研究，形成了五篇分报告，在此基础上又形成了总报告。然后，课题组召开了两次小型的内部研讨会。参加者除调研组全体成员外，还有院内外少数专家学者。大家对这些研究报告提出了不少修改意见。根据这些意见，调研组四易其稿，于 3 月初完成了全部研究报告的定稿。

　　调研组认为，今后五至十年，我国深化经济体制改革的目标和主要任务是建设成熟的社会主义市场经济体制，这成为我们此项研究结果的核心判断，也成为我们这项研究成果的总标题。

　　完成交办任务后，课题组又花了半年多时间，进一步充实资料、完善理论，对我国在建设成熟的社会主义市场经济体制上所面临的战略性挑战进行了全面的分析，就相应的对策思路作了系统的阐述。眼前呈现给读者的这部著作就是我们后续扩展研究的成果。我们的基本认识大致可分为三个组成部分。

一 中国已进入建设成熟的社会主义市场经济体制新阶段

改革开放以来，我国始终坚持市场取向的改革。党的十四大明确提出了经济体制改革的目标是建立社会主义市场经济体制，党的十四届三中全会具体勾画出了社会主义市场经济体制的基本框架。此后，经过多年的改革，到 20 世纪末，社会主义市场经济体制的框架已基本形成。进入新世纪后，党的十六大进一步做出了"完善社会主义市场经济体制"的部署；党的十六届三中全会对建成完善的社会主义市场经济体制和更具活力、更加开放的经济体系做出了专门的安排，提出了深化改革的一系列任务。

经过 30 多年的改革开放，我国基本实现了由传统计划经济向社会主义市场经济的重大转变，社会主义市场经济体制的基础得到确立。但一些深层的体制性障碍依然存在，与社会主义市场经济体制完善、定型的最终目标相比，还有不小的距离。面对发展方式转型升级的巨大压力，以及利益关系和社会矛盾多元交织的复杂局面，深化改革面临着新的形势和要求。邓小平同志在 1992 年的南方谈话中指出："恐怕再有三十年的时间，我们才会在各方面形成一整套更加成熟、更加定型的制度。在这个制度下的方针、政策，也将更加定型化。"① 小平同志将我国社会主义市场经济体制的成熟和定型时间大致指向 2020 年。小平同志的预期，与我国改革开放的进程，以及我们当前改革开放面临的形势和任务，大体是吻合的。因此，未来十年中国完善社会主义市场经济体制的任务将进入建设"成熟社会主义市场经济体制"的新阶段。在成熟的社会主义市场经济体制建成以后，社会主义市场经济体制仍然还有一个不断完善的过程。

成熟的社会主义市场经济体制，是能够自我调整、自我完善和自我演

---

① 邓小平：《在武昌、深圳、珠海、上海等地的谈话要点》，《邓小平文选》第三卷，人民出版社 1994 年版。

进的经济制度。其标志主要体现在以下七个方面：

第一，社会主义基本经济制度定型，微观基础充满活力。公有制为主体、多种所有制经济共同发展是我国社会主义初级阶段的基本经济制度。在此制度基础上，形成各种所有制经济平等使用生产要素、公平参与市场竞争、同等受到法律保护并接受监督管理的格局。在国有经济内部，拥有开放的产权结构，国有资本有进有退、合理流动，非国有资本能够参与国有资本置换。个体私营经济转型升级、提高素质，国有资本和各类非国有资本相互渗透和融合，形成以股份制为主要形式的混合经济格局。国有企业真正成为适应市场的法人实体和竞争主体。个体私有经济等非国有经济和国有经济共同构成社会主义市场经济的基础。

第二，现代市场体系形成，市场在资源配置中的基础性作用充分发挥。拥有发达的商品和生产要素市场，充分实现市场化的要素价格形成机制。拥有完善的市场准入和退出机制，打破行业垄断和地区封锁，实现商品和各种要素在全国范围的自由流动和充分竞争。

第三，具有完备的与社会主义市场经济相适应的法律体系，以法治为基础的市场经济制度形成。市场经济条件下的基本财产制度更加完善，保护社会组织、公民的合法财产不受侵害，保证各类性质的不同产权在市场交易中的平等权利。市场经济条件下的契约关系和信用关系更加完善，确保社会正常的信用秩序。

第四，政府与市场的边界清晰，服务型政府形成。按照政企分开、政资分开、政事分开以及政府与市场中介组织分开的原则，合理界定政府职责范围。政府在提供优质公共服务、维护社会公平正义中发挥基础性作用。在调节经济方面，主要运用经济和法律手段进行间接调控。在监管市场方面，反对垄断，消除市场壁垒，为市场公平竞争创造和维护必要的制度环境。在社会管理方面，通过政府和社会协同治理，维护社会公正、社会秩序和社会稳定。

第五，利益分配格局和社会福利制度充分体现社会公平和正义。实现按劳分配与生产要素按贡献参与分配相结合。生产要素按其在财富形成中的贡献参与分配，在保证机会均等和规则平等的前提下正向激励个人的努力程度，充分激发要素供给者的积极性和创造性。拥有健全的再分配调节机制，规范的收入分配秩序，形成合理稳定的社会结构，中等收入者的比重达到总人口的 60% 以上。

第六，建成和谐的公民社会。充分激发社会活力，发挥社会组织和社会成员的创造力。广泛吸收社会组织参与公共政策的制定，鼓励其承担更多的公共服务供给职能，形成广大公民自我管理、自我服务的社会自治规则。顺应经济成分多元化和社会力量多元化的趋势，建立与市场化相适应的社会秩序。

第七，改革和开放相互协调、相互促进的新格局形成。通过一套既坚持对外开放，又保护国家利益的平衡机制，确保对外开放在更高水平上推进，并确保改革与开放互动渠道的畅通。

建设成熟的社会主义市场经济体制，要从全面制度创新的高度，谋划改革的方略、路径和动力问题：一是重聚改革共识，增强改革动力。二是注重顶层设计和顶层推动。三是尊重地方和企业的改革首创精神。四是突出改革的整体性，推动改革的多层次协调配套。

为了强化顶层推动，推进改革的协调配套，需要设置高层次、跨部门、利益相对超脱的统揽改革全局的机构。该机构的主要职能是为中央提供改革决策的建议和意见；指导地方和部门的改革；协调各部门、各地区改革机构；督促地方和部门按中央部署进行改革，及时反馈改革动向和意见。

二　加快政府行政管理体制改革是建设成熟的社会主义市场经济体制的关键

党的十六届五中全会提出，加快行政管理体制改革是全面深化改革和提高对外开放水平的关键。未来建设成熟的社会主义市场经济体制，要在企业—市场—政府的关系中实现协调与平衡。从当前整个经济体制改革的进程看，企业和市场这两个环节的改革已经取得了比较大的进展。而行政管理体制改革明显滞后，是最大的"短板"。由于它的滞后和牵制，很多关键领域和重要环节的改革陷入胶着状态，有的甚至处于"不进则退"状态。这就需要尽快"补短"，寻求行政管理体制改革的突破性进展。

应着力推进大部门制改革。应按照精简、统一、效能的原则，探索新的行政管理体制架构，优化政府组织结构。在推进大部制改革的过程中，应结合审批制改革，减少或撤并直接从事或干预微观经济活动和社会事务的机构；同时加强和完善从事公共服务和社会管理的机构。

在实行大部门体制基础上，针对某些方面权力过于集中、缺乏有效监督，以及执行不力的问题，应创新完善行政运行机制，建立行政决策权、执行权、监督权既相互制约又相互协调的权力结构，形成权责一致、分工合理、决策科学、执行顺畅、监督有力的行政管理体制。

政府组织机构的重组和优化，应坚持"统筹联动"的原则，即：政府部门与党群部门改革联动、行政机关机构改革与事业单位改革联动、中央与地方以及地方各级政府机构改革联动。现阶段在理顺上下级政府机构设置，实现（条）与地方（块）联动方面显得尤为迫切。

行政管理体制改革应与政府职能转变相结合。推进大部门制改革，不是单纯的合并、分拆或精简，必须以政府职能的科学合理界定作为主要的前提。如果没有政府职能转变，仅仅在行政管理体制架构上做文章，只能是流于形式。

政府一切行政活动的终极目标是以最小的负担，让居民获取最大的福祉，即税负和公共服务的最佳组合。"以经济建设为中心"并不意味各级政府直接从事生产经营活动。在政府职能界定中，应始终坚持能由市场做的交给市场；能由企业做的交给企业做；能由社会完成的交给社会组织完成的原则。政府需要从一个无所不包的系统，逐步变为一个有限并有效地提供公共服务的系统，让市场、社会机制在资源配置和社会有序化方面发挥更多的主导作用。

事业单位改革的基本思路是，进一步减少事业单位数量，缩小规模。凡是承担行政职能的事业单位，应逐步回归政府系统；凡是从事生产经营活动的事业单位，应逐步转为企业。对于剩下的真正的公益性单位，国家应全部承担起职责。只要是各级政府直接举办的公益性的事业单位，其公益性质应该是一样的，不应对其公益性质进行区分，也应该一视同仁地保障职工薪酬、福利待遇，并通过公共财政提供事业发展所需的各类条件，而不能逼迫公益单位自主创收解决其薪酬和福利待遇问题。如果政府财力和其他条件不足，可以适当收缩公益性事业单位的范围、战线和机构数量。允许和鼓励引导社会力量广泛参与公益性服务领域，大力兴办社会资本投资的非营利社会服务组织，形成服务提供主体多元化、提供方式多样化的社会服务新格局，努力为人民群众提供广覆盖、多层次的社会服务。

加快中央直属事业单位尤其是中央各个部委所属事业单位的统一改革。一是建立中央直属事业单位的创收上缴制度，尽快实现"收支两条线"；二是中央各个事业单位的名义工资收入水平及收入结构应当尽快一体化，实现同城同待遇、同级别同待遇，同时根据工作业绩实行差别化的绩效工资；三是整合中央单位离退休管理机构，建立中央直属部门和直属单位统一的养老金制度和社会保险管理机构；四是加快剥离事业单位内部经营单位，转换为独立的市场主体；五是为了减少事业单位的数量和人员，避免研究成果的部门化倾向和低水平重复，应整合部门研究咨询机构，把它们整合成综合性的研究决策咨询机构。

三　建设成熟的社会主义市场经济体制，需推进重点领域、关键环节的改革

继续对国有经济布局进行战略性调整，深化国有企业改革。首先，要继续推进国有资本有进有退的布局调整。第二，建立新型国有企业制度。在全民所有的实现方式上，很好地体现民有民享的性质，使全体人民更切实地、直接地分享国有企业发展成果。第三，启动垄断行业新一轮改革。第四，继续深化国有资产管理体制改革。进一步强化政府的国有资产出资人职能，健全国有资本经营预算、收益分配和国有企业经营业绩考核制度，扩大国有资本经营预算实施范围，逐步提高国有资本收益上缴比例，国有资本收益全部纳入公共财政预算。人大应加强对国有企业预算的审查、收益分配和使用的监督。

继续大力发展个体私营经济。第一，必须进一步明确个体、私营经济的社会属性和发展定位。第二，为个体、私营经济大力发展创造条件。加大对小微型企业的融资支持力度，鼓励和积极引导私营企业通过资本市场进行直接融资，支持民间资本参与银行和非银行金融机构发展。要继续坚

持结构性减税，进一步清理和规范涉企收费，切实减轻小微型企业的税费负担。第三，进一步提升个体、私营经济的整体素质。

建立健全公共财政制度。第一，以公共化为目标，以逐步消除二元财政体制为主线，致力于促进发展方式的转变；第二，健全财税的收入分配功能；第三，从改善民生入手，大力调整财政支出结构；第四，坚持预算的完整性、科学性和严肃性原则；第五，加快新一轮税费制度的改革步伐；第六，进一步明确各级政府之间的事权和支出责任，通过税权划分、转移支付机制改革等措施确保事权、支出责任与财力相匹配。

全面推动金融改革、开放与发展。第一，坚持金融服务实体经济的本质要求，构建多层次、多样化、适度竞争的金融服务体系，为经济社会发展提供更多优质金融服务；第二，加快金融市场的改革，完善市场化的间接调控机制，逐步增强利率、汇率等价格杠杆的作用；第三，加强和改进金融监管，切实防范系统性金融风险；第四，加快多层次资本市场体系建设，证券发行实行登记制，加快发展债券市场，为不同规模、不同类型、不同成长阶段的企业提供多元化多层次金融服务。

（本文是《建设成熟的市场经济体制》一书的序言，该书由经济管理出版社 2012 年出版）

改革以投资驱动为主要特征的经济发展方式
增强消费对经济的拉动力

转变经济发展方式是"十二五"以及今后相当长时期我国经济发展面临的最重要任务。转变发展方式涉及许多方面的问题，其重要内容之一就是要改革政府主导的投资驱动体制机制增强消费对经济的拉动力。

一　投资驱动是我国经济发展方式的主要特征

改革开放以来，我国经济保持了年均近10%的增长速度。国内生产总值由世界第6位上升到第2位，对外贸易总额由第7位上升到第2位。经济实力、综合国力有了大幅度提高，取得了举世瞩目的成就。与此同时，我国经济也面临发展方式粗放、经济结构严重失衡、经济增长质量不高等深层次问题。

就经济增长的驱动力看，我国经济的高速增长主要是靠投资拉动的，它是我国经济发展方式的主要特征。从"十一五"期间GDP的构成看，投资占GDP的比重在逐年上升，2006年占50.9%，2010年上升到69.3%；资本形成率2006年为41.8%，2010年上升到48.6%；从投资增长速度看，"十一五期间投资年均实际增长21.9%，远高于GDP年均11.2%的增速；从对经济增长的贡献率看，2006年，投资对经济增长的贡献率为43.9%，2010年达到54.0%，其中2009年甚至高达91.3%（见表1）。

表1　　　　　　　　"十一五"期间投资占 GDP 的比重及对经济增长的贡献

年份	固定资产投资占 GDP 的比重（%）	资本形成率（%）	资本形成增长率（%）	资本形成对经济增长的贡献率（%）	拉动经济增长百分点
2006	50.9	41.8	23.9	43.9	5.6
2007	51.7	41.7	24.8	42.7	6.1
2008	55.0	43.9	25.9	47.5	4.6
2009	65.9	47.5	30.0	91.3	8.4
2010	69.3	48.6	23.8	54.0	5.6

资料来源：《中国统计摘要》（2011），中国统计出版社2011年版。

由于投资成了拉动经济增长的主要动力，使消费对经济的拉动作用减弱。从三大需求对经济增长的拉动和贡献来看，"十一五"期间，消费需求对经济增长的年均贡献率仅为41.4%，而且呈现下降的趋势，2006年为40.0%，2010年下降到36.8%，下降了3.2个百分点（见表2）。

表2　　　　　　　　　　三大需求对 GDP 增长的贡献率

年份	最终消费		资本形成		净出口	
	贡献率（%）	拉动（百分点）	贡献率（%）	拉动（百分点）	贡献率（%）	拉动（百分点）
2006	40.0	5.1	43.9	5.6	16.1	2.0
2007	39.2	5.6	42.7	6.1	18.1	2.5
2008	43.5	4.2	47.5	4.6	9.0	0.8
2009	47.6	4.4	91.3	8.4	-38.9	-3.6
2010	36.8	3.8	54.0	5.6	9.2	0.9

资料来源：《中国统计摘要》（2011），中国统计出版社2011年版。

2011年，经济增长速度达到9.2%，消费对经济增长的贡献达到了51.6%，从数字上看比2010年提高了14.8个百分点，但这并不能说明投资与消费结构有了很大改善，这和经济增长速度下降、出口对经济的拉动是负数有一定关系。从社会消费品零售总额增长速度看，这年只增长17.1%，如果扣除物价因素的影响只增长了11.6%，比2010年还降低了

3.2 个百分点，比平常年份增长 13% 左右的速度也要低。

正因为投资对我国经济的增长贡献起主要作用，而且较大一部分投资来源于各级政府的直接和间接投资、来源于国有企业事业单位投资，所以政府往往把投资作为宏观调控的一种手段使用。经济增长速度下降时，就想办法增加投资，刺激经济增长；经济增长过快时就想办法压缩投资，抑制经济增长。投资似乎成了政府调节经济增长的一种灵丹妙药。

二 以投资驱动为主要特征的发展方式不可持续

在经济基础薄弱时，加大投资，为经济发展打好基础是完全必要的，但是长期依靠投资来拉动经济，既使经济结构畸形，降低经济增长的质量，又不可持续。

首先，它使投资和消费的比重严重失衡。"十一五"期间，我国固定资产投资与 GDP 的比值逐步增高，2006 年为 50.9%，2007 年升高到 51.7%，2008 年升高到 55.0%，2009 年升高到 65.9%，2010 年又攀升到 69.3%，比 2006 年提高了 18.4 个百分点，平均每年提高 4 个百分点以上。从固定资产形成率看，"十一五"期间，只有前两年在 42% 以下，后三年也快速上升，2008 年达到 43.9%，2009 年达到 47.5%，2010 年达到 48.6%。与此相反，居民消费率在逐步下降。2006 年，居民消费率为 36.9%，2007 年之后就下降到 36% 之下，2010 年只有 33.8%（见表 3）。

表 3　　　　　　　　　　"十一五"支出法 GDP 构成　　　　　　　　单位：%

年份	固定资产投资/GDP	资本形成率	居民消费率	城镇居民消费率	农村居民消费率
2006	50.9	41.8	36.9	27.4	9.6
2007	51.7	41.7	36.0	26.9	9.1
2008	55.0	43.9	35.1	26.4	8.7
2009	65.9	47.5	35.0	26.8	8.4
2010	69.3	48.6	33.8	26.0	7.8

资料来源：《中国统计摘要》（2011），中国统计出版社 2011 年版。

从深层次看，投资和消费结构的严重失调，挤压了居民收入，使居民收入在国民生产总值中的比重逐年降低，国民收入分配严重向资本倾斜，居民家庭收入占 GDP 的比重不断下降（见表4）。按照宏观经济学的基本原理，居民消费是居民收入的函数。这样，就不难理解为什么居民消费占 GDP 的比重呈连年下降的势头，进而形成了投资与消费的比例失衡。

表4　　　　　　　　　　　　　城乡居民家庭收入总额占 GDP 的比重

年份	城乡居民家庭收入	
	总额（亿元）	占 GDP 比例（%）
2001	51798	47.2
2002	58047	48.2
2003	64526	47.5
2004	73373	45.9
2005	83247	45.0
2006	94786	43.8
2007	113190	42.6
2008	131991	42.0
2009	146322	42.9
2010	167716	41.8

资料来源：根据《中国统计摘要》（2011）中城乡居民人均收入及人口数测算，中国统计出版社 2011 年版。

其次，它使产业结构失衡。我国目前的产业结构除第一、第二、第三产业不协调外，各个产业的内部结构也十分不合理，以工业为例，这种以投资驱动为主要特征的经济发展方式使轻重工业比例严重失衡，改革开放初期，我国工业化程度低，人们日常需要的日用工业品十分短缺，这是我们长期片面强调发展重工业，忽视轻工业发展造成的。当时调整产业结构的最重要的任务就是调整轻重工业的结构，经过多年的努力，轻工业在工业中的比重从 1978 年的 43%，上升到 1985 年的 47.4%，之后的十多年，轻重工业的比重分别在50%左右波动,基本上保持了协调发展的态势。到20世纪末,我国的工业结构出现了较为明显的重化工业发展趋势,在1999—2008年的10年间,轻工业产值比重由41.9%下降到28.9%,重工业由58.1%上升到71.1%,近三年重工业的比重一直还保持在70%以上。重工业的比重比改革开放前还要高。这种变化既与我们工业化的发展阶段有关,也与我们形成的投资驱动型经济增长方式有直接关系,大规模、快速增长的投资对钢铁、水泥、石化、船舶、能源等重化工业产生了巨大的市场需求,刺激了它们的发展。有些行业产能已经严重过剩,比如钢铁行业由于产能过剩,竞争激烈,钢铁主业已经全行业亏损。而旺盛的需求把不少技术落后,原材料消耗高,浪费严重,管理水平低,经营不善,严重污染环境的企业也保护了下来,使产业结构的调整和升级进行很难。

第三,它使资源与环境不堪重负。由于投资是拉动经济的重要动力,消耗的资源越来越多,不少资源不得不依靠进口,我国的石油、铁矿石、铜、铝等资源的对外依存度已经超过50%,而且还在继续攀升,不仅造成输入性通胀,而且使经济的安全性受到很大影响。

经济的高速增长、资源的大规模消耗和环境损害的低成本,使空气、水资源、土地等的污染和破坏越来越严重。有关资料显示,全国七大水系的411个地表水监测断面中有30%左右的断面为劣V类水质,全国约1/2的城市市区地下水污染严重,一些地区甚至出现了"有河皆干、有水皆污"的现象;大气的污染十分严重,我国的碳排放量已居世界第一位,2010年全国17.2%的城市空气质量未达到国家二级标准;土地的污染问题也十分突出,初步统计,全国受污染的土地约有1.2亿亩。尽管国家投入了大量资金来治理污染,但是收效并不明显。

第四,它使投资效益下降。投资效果系数是反映一定时期内单位固定资产投资所新增加的GDP,等于GDP增加额除以固定资产投资额。它是衡量经济效果的重要指标,近年来,投资效果系数不仅大幅度地劣于历史平均水平,而且在波动中下滑的趋势十分明显(见表5)。

表5　　　　　　　　　　　　历年固定资产投资效果系数 （％）

年份	系数	年份	系数	年份	系数
1996	45.2	2001	28.1	2006	24.0
1997	31.3	2002	24.6	2007	36.0
1998	19.1	2003	27.9	2008	27.9
1999	17.7	2004	34.1	2009	12.0
2000	29.0	2005	26.1	2010	21.7

资料来源：根据《中国统计摘要》（2011）测算，中国统计出版社2011年版。

到2009年，投资效果系数为12.0％，处于有历史数据的最低水平，即每一亿元的固定资产投资，GDP只增加0.12亿元，比1996年减少了3320万元。而且凡是大量增加投资的年份，投资效率下降得更加明显，比如，1998年和1999年这两年分别只有19.1和17.7，2009年和2010年这两年分别只有12.0和21.7。说明在投资规模增大的同时，资本投入的生产效率却在降低，高投入、低效益的问题较为突出。部分资金投入后并未得到充分、有效地运用，投资资金的低水平运作，严重影响了投资效益和质量的提高。

三　深化改革,促进经济发展方式的转变

以上分析说明，以投资驱动为主要特征的发展方式带来了许多问题，是不可持续的。因此，必须深化改革，转变这种发展方式，增强消费对经济的拉动力，保持消费、投资、出口对我国经济的协调促使我国经济平稳、协调和持续发展。

首先，要改变政府、国有企事业单位的软预算约束问题。

要增强政府预算的全面性、严肃性和权威性，提高政府预算的公开透明度。要加快修改完善预算法。政府预算必须覆盖政府收支的各个方面和各种项目，要由现在形式上的全覆盖预算管理尽快过渡到实质上的全覆盖预算管理；必须要有法定的赤字规模和全部债务余额规模管理目标，不经人大通过不能突破；当年的财政结余的使用必须经过人大批准，除可以用

于冲减赤字、转入预算风险调节基金和弥补社保基金不足外，原则上不能用于增加预算拨款；政府和人大绝不能为任何经营单位提供债务担保。预算经人大批准后，政府和财政主管部门必须认真执行，未经批准不能调整变动；人大应该用更多的时间、更多的精力加强对预算审批和监督；要提高预决算的透明度，主动接受公民和新闻媒体对预算执行情况的监督。

国家要加强对国有企事业单位的预算管理。要把国有企业的收入纳入预算管理，并提高利润上缴的比重；要严格控制国有企业的负债率；严禁国有企业把资金投向生产能力过剩的行业、非主营业务领域，特别是非实体经济领域。近些年来，软预算约束的问题正在向事业单位蔓延。比如全国高校已经借债数千亿元，不少连利息都难以支付，更不要说归还本金。医院等事业单位也存在类似的情况。其实，许多单位贷款时就压根儿没想要还这部分借债。在现行的财政体制下，它们把还款的责任完全转嫁到政府身上。政府如果不想办法替它们还，就会形成银行的呆坏账，形成潜在的金融风险。从改革的方向看，国家必须举办的非营利性的公益性的事业单位，应该实行全额财政拨款；有收入的单位，要严格实行收支两条线管理。这些单位要量入而出，不要追求规模扩张，盲目发展。

其次，要认真落实中央关于加快促进民营经济发展的各种政策，加快民营企业的发展。

在控制政府投资规模的同时，要加快垄断行业的改革，鼓励和引导民间投资进入到铁路、石油、电信、电力、城市公用事业以及金融等领域，形成公平有序的竞争局面，提高投资效益，增强经济的内生动力。

再次，要加快收入分配体制改革，增加居民收入，增强消费对经济的拉动力。

2012年，由于受发达国家的经济增长乏力，进口需求减少和贸易保护主义趋向增强等因素的影响，还很难改变出口对我国经济增长负贡献的局面。如果消费需求不能增强，经济增长幅度下降过快过大，比如低于8%，社会上要求刺激经济增长的呼声会加大，政府有关部门很可能会放松对投资的控制，甚至出台鼓励投资的政策，从而继续沿着以投资驱动为特征的经济发展方式的老路子走下去。由此带来的后果必然是经济结构的进一步失衡，经济发展质量的进一步下降。这是需要十分警惕和防止出现的一种结果。

但是，从 2012 年第一季度公布的数据看，消费增长的速度并不令人满意。消费品零售总额为 4.9 万亿元，同比增长 14.8%，剔除价格因素实际增长 10.9%，分别比 2011 年同期低 1.5 个百分点和 0.7 个百分点。而且实际增长速度既低于 2011 年 11.6% 的增长速度，也低于以往正常年份 13% 左右的增长速度。因此，是否能改变以投资驱动为主的增长方式刺激消费需求就成了最关键的问题。

为了增强消费对经济增长的拉动力，必须加快收入分配体制的改革，尽快出台收入分配体制改革的方案。要使居民收入与经济发展同步，提高居民收入在国民总收入中的比重，提高劳动者报酬在初次分配中的比重。努力提高低收入群体的收入，逐步增加中等收入者人群的规模和比重。继续完善社会保障制度和体系，提升社会保险统筹层次，逐步提高保障水平，减轻居民的后顾之忧。加快构建扩大消费的长效机制，优化消费环境，增加和完善鼓励引导居民合理消费的政策。积极推进基本公共服务均等化改革，努力提升政府公共服务能力。

（原载《经济体制改革》2012 年第 4 期）

我国改革开放的主要特点

我国从 1978 年开始的改革开放，是 20 世纪 70 年代以来世界上最重大、最壮观、最令人瞩目的事件之一。改革开放的 30 年，是近代以来我国社会生产力发展最迅速、综合国力上升最快、人民得到实惠最多、国际地位提高最显著的 30 年，使我国实现了由计划经济向社会主义市场经济的转变、由农业大国向工业大国的转变。我国改革开放是在中国特色社会主义理论体系指导下进行的，具有鲜明的特点。深入研究我国改革开放的特点，对于我们在新的历史起点上把改革开放伟大事业继续推向前进具有重要意义。

在改革的性质上，坚持社会主义制度的
自我完善和发展

改革开放是根据我国的基本国情进行的，这个基本国情就是我国正处于并将长期处于社会主义初级阶段。它包含两重含义：一是我国已经建立起社会主义制度，我们必须坚持这个制度，走社会主义道路；二是我国尚处在社会主义初级阶段，社会主义制度还很不完善、很不成熟，巩固和发展社会主义制度需要几代、十几代甚至几十代人去努力奋斗。改革开放就是巩固和发展社会主义制度的重大战略举措。我国的改革开放是一场"新的伟大革命"，但不是要改变我国的社会主义制度，而是在中国共产党的领导下，通过改革开放，使生产关系更加适应生产力的发展、上层建筑更加适应经济基础的发展，实现社会主义制度的自我完善和发展。

在改革的方向上,坚持市场取向

我国的改革是从在农村推行家庭联产承包责任制、在城市扩大企业自主权开始的。1982 年,党的十二大提出"计划经济为主,市场调节为辅"的改革原则。1984 年,党的十二届三中全会提出社会主义经济是"有计划的商品经济",对社会主义经济的性质作出了基本判断。1987 年,党的十三大进一步提出"国家调节市场,市场引导企业"的新型经济运行机制。1992 年,党的十四大明确提出建立社会主义市场经济体制的改革目标。从这个过程可以看出,我国的改革坚持市场取向,逐步加强市场机制的作用,最终确立建立社会主义市场经济体制的改革目标,肯定市场在国家宏观调控下对资源配置起基础性作用。

在改革的目标模式上,选择建立
社会主义市场经济体制

社会主义市场经济体制是建立在公有制为主体、多种所有制经济共同发展的基本经济制度之上的,既具有市场经济的基本特征,又坚持社会主义方向,是社会主义与市场经济的有机结合。社会主义市场经济体制主要由企业制度、市场体系、分配制度、社会保障制度和政府宏观管理五大支柱支撑:建立"产权清晰、权责明确、政企分开、管理科学"的现代企业制度,使企业成为自主经营、自我发展、自我约束、自负盈亏的市场主体;发展商品市场以及资本、土地、劳动力、技术和管理等要素市场,建立统一开放竞争有序的市场体系,形成有效的市场机制,发挥市场在资源配置中的基础性作用;实行按劳分配为主体、多种分配方式并存的分配制度,强调效率与公平相结合;逐步建立覆盖城乡的社会保障制度,构建完备的社会安全网;政府主要运用经济手段、法律手段调控经济,必要时也可采用少量的行政手段对经济进行管理,使国民经济保持平稳、快速、健康发展。此外,还及时总结改革经验,逐步建立与社会主义市场经济体制相适应的法律法规体系。

在改革的方法上，坚持先易后难、逐步深化、渐进式推进

我国的改革开放无先例可循，没有现成经验可资借鉴。我国是一个发展中大国，承受改革风险的能力较弱。同时，改革开放又是在遭受"文化大革命"严重破坏、国民经济处于极端困难的情况下开始的。这种环境和条件使我国的改革开放只能采取"摸着石头过河"的办法，在探索中前进。先推进见效快的改革，再推进见效慢的改革；先推进难度小的改革，再推进难度大的改革；先着手浅层次改革，再进行深层次改革；先推进竞争性领域改革，再推进垄断行业改革；先缩小政府机构管理权限，再改革行政管理体制；先着力进行经济体制改革，再推进政治、文化、社会体制改革。对于暂时把握不大的改革，先进行试点，在总结试点经验的基础上再逐步推广。沿着这种路径、采取这种方法进行改革，保证了改革开放稳步前进，避免了出现大的失误和挫折。

在改革的总体部署上，坚持统筹兼顾，处理好若干重要关系

处理好农村改革和城市改革的关系。我国改革是从农村开始的。1978年后，在农村迅速推广家庭联产承包责任制，极大地激发了广大农民种田的积极性，迅速解决了我国的粮食问题，并于1993年全面废除实行多年的票证制度。这是一个历史性的巨大变化。农村改革不仅为城市提供了充足的粮食和副食品，也为城市改革和发展提供了大量的原材料和富余劳动力。党的十二届三中全会后，城市改革提上重要议程。城市改革特别是工业的改革和发展、工业化进程的快速推进，为工业反哺农业、城市支持农村创造了经济基础，也为农村改革的深化创造了良好条件。

处理好利益调整和机制创新、制度创新的关系。改革初期，无论是农村推行联产承包责任制，还是城市工商企业推行企业承包经营、建立生产责任制，都主要是进行利益调整，在不根本改变计划经济体制的情况下，

调整国家、企业和个人的分配关系，激发广大群众对改革和发展的积极性。这样做，使改革能够很快见到成效，得到广大群众的支持和拥护，减少了改革的阻力。但是，这种扩权让利不可能使计划经济体制本身发生革命性变化，广大群众由此产生的积极性也不可能持久。随着改革的深入，扩权让利的改革必然发展到机制创新和制度创新阶段。在农村，让农民对土地拥有长期的经营权、允许经营权有偿转让等改革，就是把利益调整和制度创新有机结合起来的尝试。在国有企业改革中，由承包制发展到股份制，对国有企业进行股权多元化、分散化的公司化改造，更是表明企业改革已发展到了企业机制和制度创新的新阶段。

处理好公有制企业改革和发展非公有制经济的关系。在所有制改革上，始终从两个方面推进：一方面，对国有企业、集体企业进行改革，探索公有制的有效实现形式，把大批国有、集体企业改革成为公司制企业，实现所有权主体的多元化；另一方面，大力发展非公有制经济，使之成为社会主义市场经济的重要组成部分。国有企业改革和国有经济战略调整，不仅缩短了国有经济战线，优化了国有经济布局，提高了国有经济素质，而且促进了个体私营经济和混合经济的发展。个体私营经济的发展，繁荣了经济，为社会提供了大量就业岗位，同时也对国有企业、集体企业形成竞争压力，促进了国有企业和集体企业改革。

处理好对内改革和对外开放的关系。我国的经济改革和发展，为外来投资创造了良好环境，使我国在世界上一直处于引进外资的前列。加入世界贸易组织，不仅标志着我国对内改革进入一个新阶段，也标志着我国对外开放进入全面、全方位开放的新阶段。开放一方面促使我们加快改革，使我国经济体制和管理办法逐步与国际接轨；另一方面使我国在制定国际规则方面的话语权得到增强，我国企业的国际竞争力得到提升。

处理好改革、发展、稳定的关系。在改革开放中，我们始终坚持以经济建设为中心，围绕发展推进改革开放。改革是为了解放和发展生产力。改革不仅能激发广大群众的积极性和创造性、为发展提供强大动力，而且能为国民经济又好又快发展提供良好的机制和制度保证。稳定是改革和发展的基本前提，要坚持稳中求进。社会动荡不安，改革很难进行，发展也不可能实现。因此，要把握好改革的力度、发展的速度和社会可以承受的程度之间的关系，使三者相互协调。

在改革的动力上，既依靠党和政府的领导，又尊重人民首创精神，充分发挥理论界作用

中国共产党是推动改革开放的核心力量，我国的改革开放始终是在党的领导下进行的。党的政治权威和政府的行政权威为改革开放创造了良好环境，是改革开放得以持续推进的保障。

基层和群众的创造性是推动改革开放的基础力量。我国的许多改革都是由基层和群众自发做起来的，然后由政府总结经验，逐步推广到全国。例如，安徽的土地承包经营、四川企业扩大自主权的试验以及上海、辽宁等地一些企业的股份制改革，都是这样搞起来的。地方还是许多改革的先行者和试验田，他们对中央提出的一些改革设想和方案先进行试验并有创造性的发展，如广东、福建在引进外资方面做了许多开拓性工作，为在全国推广积累了经验。

理论界也是推动改革开放的一支重要力量。广大理论工作者不断解放思想，把马克思主义和我国实践结合起来，既注意引进国外先进管理理论、方法和手段，吸收现代经济学的有益成果，又深入总结历史的经验教训，及时总结改革开放中基层和人民群众创造的新经验新做法，研究新情况新问题，对深化改革开放进行理论阐述，提出了许多有价值的建议，发挥了思想库和智囊团作用。

在对改革措施、手段和成果的评价上，坚持"三个有利于"标准

用"三个有利于"的标准来评判改革的措施、手段和成果，是我国改革开放克服重重阻力、取得节节胜利的重要经验，是"实践是检验真理的唯一标准"的具体运用。我国30年改革开放的成就震撼了世界，但也存在一些不足，如改革开放的整体配套性还不够；垄断行业改革进展缓慢；

政府职能还没有根本转变；社会管理体制改革滞后，上亿农民工的身份、待遇等问题还没有得到解决；同工业化、城镇化快速发展相比，农村生产方式仍很落后；出现了地区差距、城乡差距、居民收入差距扩大以及经济快速增长付出的资源环境代价过大等新问题。应当认识到，在这场我国历史上从未有过的大改革大开放中出现一些问题和矛盾是难免的，历史正是在不断解决问题和矛盾的过程中前进的。我们既要高度重视这些问题，认真总结经验教训，积极解决这些问题；又要看到这些问题是改革中的问题、发展中的问题，只有坚持"三个有利于"标准，深入贯彻落实科学发展观，进一步深化改革、加快发展，才能逐步解决这些问题。

（原载《人民日报》2008 年 11 月 17 日）

落实科学发展观　加快
社保基金运营与监管体制改革

社会保险基金的安全运营与保值增值关乎国运、惠及子孙；它既是社会保险的物质基础和制度载体，又是制度运行和保障民生的制度支撑和制度安排。党的十七大报告指出，要深入贯彻落实科学发展观，继续解放思想，坚持改革开放，推动科学发展，促进社会和谐，并再次强调要"加强基金监管，实现保值增值"。改革开放 30 年的基本经验告诉我们，只有以科学发展观为指导，才能建立起一个适合中国国情的社保基金运营与监管体制，才能为构建和谐社会作出应有的贡献。

一　深入领会科学发展观的内涵，尊重
社保基金运营的规律

科学发展观的第一要义是发展，核心是以人为本，基本要求是全面协调可持续发展，根本方法是统筹兼顾。科学发展观的内涵对于完善中国社保基金运营和监管体制的建立具有重要的指导意义。要使社保基金健康发展，一是要建立一个科学的投资运营体制，使社保基金不断保值增值；二是要动员社会各种资源，建立一个多元化的筹资制度，千方百计扩大社会基金规模。为了使社保基金的发展体现以人为本，一是要建立一个科学的监管体系，确保社保基金的安全性至高无上，使人民感到放心，正如温家宝总理所指出的"社保基金是高压线"；二是要增强社保基金运营的透明性，使人民感到满意，形成全社会的共识，使社保基金成为社会保险的坚强物质基础和保障民生的一个制度安排。为了使社保基金做到全面可持续

发展，既要通过扩大覆盖面的方式增加制度的缴费收入，在确保基金长期精算平衡的基础上，从根本上解决好"缴费型"社会保险基金的可持续性问题，又要处理好安全性、流动性和增值性三者的辩证关系，不可偏废。社保基金的发展要做到统筹兼顾，一方面要从长期趋势着眼，考虑到中国人口老龄化的发展趋势。中国早在 2000 年就步入了了老龄化社会，到 2040 年前后将达到高峰，社保基金运营体制的制度安排要服从和适应这个发展趋势；另一方面要从多支柱着手，对基本保险制度中统筹基金和个人账户基金、第二支柱企业补充保险基金、战略储备性质的"全国社保基金"的运营管理体制的规划等，都要统筹安排，长远考虑，统一布局。

十七大精神和科学发展观为建立、完善和深化改革中国社保基金运营和监管体制指明了方向，提出了具体的要求；回顾过去，30 年改革开放历程我们已经取得了伟大成就；展望未来，建设中国特色社会主义的社保基金运营体制，任重而道远，机遇与挑战并存。

二　以科学发展为统领，加快社会保险基金运营与监管立法建设的步伐

党的十七大报告中提出建立"分工合理、决策科学、执行顺畅、监督有力的行政管理体制"，建设服务型政府。社保基金运营与监管体系是社会保险体制的核心内容和最重要的组成部分。在社保基金运营与监管体系建设中，"分工合理"是指充分发挥审计监督、财政监督、社会监督及银行、证券、保险等功能监管的作用，形成协同监管机制，共同维护基金安全；"决策科学"是指社会保险制度运转的各子系统要相互配合，建立一套完整和科学的社保基金运营与投资体系；"执行顺畅"是指各级社保经办机构要加强监管队伍建设，建立一个自上而下的有效执行系统；"监督有力"主要是指基金监管体系要符合社保制度架构体系的基本要求，大力加强基金监管的法制建设，使基金监督工作法制化、制度化、规范化。社会保险基金是收入、支出和财政补贴（基金盈余）三支资金流的枢纽，因此，社会保险基金监管体系和社会保险制度、经办体系应构成相互促进、相互协调、密不可分的三位一体的社会保险体制。

在社保基金运营与监管中，要做到有法可依、有据可查、有章可循，做好社保基金监督工作，保障基金安全，就要立法先行，实现社会保障法制化。从国际上看，绝大多数国家都有专门法律对基金监督工作予以规范和明确，赋予基金监管部门相应的法律地位和执法权。

目前，《社会保险法》正在拟议当中。中国社保基金运营与监管体系的法律法规建设，应逐渐建立起一个以《宪法》为基础，以《劳动法》为依据，以《社会保险法》为核心，以《社会保险基金监督条例》和《社会保险基金行政监督办法》等政策办法为支撑的社会保险基金监督法律法规框架，统领基金监管工作，规范基金监管行为。

社保基金运营与监管的立法非常重要。从国外的实践来看，近几十年是社保基金管理立法发展最迅速的历史时期。20世纪90年代以来，全球社会保险制度框架正经历着自创建以来最重要的一次变革，欧美发达国家社会保险基金监管为适应其以结构改革为重要特征的发展趋势，通过构建多层次社会保险制度，实施部分积累制模式，引入个人账户机制，在向市场化的发展中呈现出不同的制度创新趋势。例如，英国、澳大利亚、荷兰、瑞士从20世纪80年代起在社保基金法律监管的市场化方面迈出了较大的步伐，社保基金资产规模发展十分迅速。可以预计，欧美国家社会保险加强基金运营与监管体系建设的趋势仍会继续。同时，拉美、东欧和东亚等新兴经济体加强社会保险基金监管体系建设的步伐亦在加快。例如，由于智利模式的影响，秘鲁、墨西哥、乌拉圭等拉美国家和波兰、匈牙利、捷克等东欧国家以更快的步伐建立起市场竞争性的社会保险制度，组建养老保险基金管理公司，严格立法，严格规范，实施市场化的运作，呈现出远比欧美国家更快的发展趋势，并在带动和影响世界其他国家实施社会保险基金市场化改革方面发挥了重要作用。日本、韩国等东亚国家出于社保基金市场化的改革要求和实际需要，加大了运营与监管体系的力度，强调严格监控限制的市场化管理模式。

中国社保基金运营与监管体系建设应吸取国外的有益经验，着重强调管理、治理和监督。"管理"是指在社保基金内部为了达到一定目的而实施的一系列计划、组织、控制活动；"治理"是指在基金内部通过分解职能、分设机构实现相互制约、相互平衡进而实现组织目标的一系列活动；

"监督"是指为实现一定目标在基金外部根据相应的授权对基金管理和治理结构进行的干涉活动，包括事前的制定法律规章和事中、事后的检查。社会保险基金运营与监管的上述三个层面各有不同的侧重点，即"管理"侧重的主要是可操作性和可执行性，要求实现令行禁止；"治理"强调决策的科学性和透明性，要求实现善治；"监督"强调事前制定规则和事中与事后随机抽查的完美结合，要求实现以点带面的管理效果。

立法的目的是为了实施。在立法完成和有法可依之后，有法必依、执法必严和违法必究就显得尤为重要。法律、法规必须严格执行才能发挥其应有之作用，达到立法之目的，真正规范对社会保险基金的监督行为。在社会保险基金监督法制建设过程中，应当坚持立法与执法并重，克服重立法、轻执法的倾向，优化执法环境，注重执法效果。

三　以科学发展为指导，确立社保基金运营与监管机制的新理念

社保基金运营与监管体系在国外因其社保制度差异性而呈现出设计理念上的多样化。但无论采取何种体制与模式，中国社保基金运营与监管体系建设中至少应体现安全、责任、透明和参与这样4个理念。

一是安全。安全是中国社保基金运营的第一要求。由于各国社保制度融资方式存在差异性，其风险容忍度也就存在差异性。在中国统账结合的制度中，统筹资金和账户资金的风险容忍度是不一样的，因此，其复杂性要高于任何一国社保制度对其社保基金安全性的要求。在安全性与收益性之间，其投资策略宁可保守一些，也要确保社保基金的安全性。构建和谐社会的第一要务是要确保社保制度当期支付能力，处理好安全性和流动性的关系。

二是责任。在中国统账结合制度中，责任主要表现在统筹基金的财政责任和账户资金的信托责任上。统筹基金承担着重要的社会共济责任和一定的再分配效应，国家财政应负起一定的财政责任。账户基金进入金融市场投资之后将发挥相当的受托责任，它主要包括：政府对参保人的受托负责，即在参保人达到法定退休年龄之前，个人缴费余额与账户持有人的分

离带有相当的受托因素，政府机构作为受托人，应提高收益率和降低行政成本，向公众提供优质的服务；带有强烈储蓄性质的账户资金需要较为成熟的资本市场作为其良好的投资环境，甚至政府应提供一定组合供账户基金选择，必要时还应提供一定的安全补偿机制。

三是透明。透明主要指两个方面：一方面是社保基金要以国际惯例提供良好的年度报告制度，包括社保基金的治理结构、投资取向、账目财务筹划、基金收支的执行和报告过程的公开操作、基金账目独立审核的结果等所有信息；另一方面是指退休待遇给付水平应具有良好的预期，以便使参保人理性地烫平其终生消费，为增长方式的转变创造良好的条件。

四是参与。参与主要是指社保基金监督过程中的公众参与度，这既是对社保基金监管体系的必然要求，也是和谐社会的必然结果。社保基金既是政府管理的一个公共物品，也是一支特殊的公共基金，因此，对社保基金的收支、成本、未来支付能力等重要信息的披露程度要远远高于其他一般公共基金的水平，这就要求相关利益主体以适当的方式广泛参与，以获得社会的普遍认同和政治上的大力支持。

上述社保基金运营与监管的四个设计理念是一个有机的整体，每一项都是对实现其他三项的保证，只有四个设计理念的有机结合才能实现稳健的社保基金监管的终极目标。

四 以科学发展为准绳，建立社保基金运营监管体系的基本思路

由于目前中国社保基金以县市级统筹为主，基金管理非常分散，统筹单位多达2000多个，基金监管存在很多不利条件，中央对地方基金管理行为的监督职责和力度之间存在的矛盾十分突出。这种分散管理造成基金管理的层次增多，地方政府对基金违规干预的机会增加，当社保基金的总目标与当地政府的目标不一致或发生冲突时，统筹地区政府可能会舍弃社会保险目标而确保本地政府的目标。而中央监督机构对地方社保部门只是业务指导，并无管辖权，鞭长莫及。概括起来，当前中国社保基金监管体制存在以下三个方面的问题。

一是监管体系的非规范性。由于中国社保基金运营和监管立法滞后，没有全国统一立法制度框架和约束，没有明晰和确定的规定，社保基金的监督机构、行政管理部门、运营机构职责分工存在着职能模糊和交叉重叠的情况。各部委制定的部门立法往往具有明显的局部利益色彩和地方利益特点，推诿扯皮、政出多门和各自为战现象十分明显；个别非法挪用、挤占社保基金的违规甚至犯罪行为难以得到及时的纠正和惩处。社会保障基金涉及征收、管理、运营、支付多个环节，包括劳动保障、财政、税务、银行、邮局、医院、药店、金融机构等多个部门和单位，管理环节很多，协调难度很大。凡是与基金有关的部门或单位，都可能发生违纪违规问题，基金监管的难度越来越大，任务越来越重。这说明中国社保基金立法监督工作相对滞后，监督机构和监督职能没有相关法律法规的支持，极大地影响了监督权威和效果。

二是基金运营的非开放性。目前，中国社保基金的投资品主要是银行协议存款和购买国债。在这个"传统"的投资策略下，全国省级社保基金监督管理机构中的财政、劳动保障、审计等政府部门无疑占主导地位，虽然也吸收了企业代表、职工代表、专家和专业人士，但数量十分有限，在实际运行过程中难以发挥独立作用。在具体事务的协调上，习惯于把社保基金监督当作一般的公共基金来对待，仍按照政府部门的工作程序，而没有将之作为市场的一个组成部分来对待，这不但不利于提高社保基金的收益率，不利于提高退休收入的替代率，而且还不利于社保基金可持续发展，不利于资本市场的繁荣与发展。

三是机构设立的非独立性。虽然各省几乎都设有社保基金监督机构，但一般并没有与行政管理部门、运营经办机构完全分立，存在着"一套人马，多块牌子"的现象，这就必然导致权利不明确和责任不清晰的问题，监督力度十分有限，监督职能形同虚设，行政主管部门事实上成为社保基金运营与监管的主体，即由省政府主管领导来负责，尚未形成一个相对独立的、适合社保基金未来市场化运营的监管体系。

由于上述三方面问题的存在，中国社保基金运营与监管往往容易受到地方政府短期行为和部门利益的影响，社保基金容易被地方有关部门挪用和挤占，社保基金存在的管理风险比较明显。

　　根据中国的国情，借鉴国际经验，构建中国社保基金的运营与监管体系的设想应考虑以下几个主要因素：

　　（1）构建社保基金运营与监管体系的基本目标，应以党的十七大精神为指导，深入贯彻落实科学发展观，建立与中国社保制度统账结合相适应的基金监管体系，形成一个法规完善、机制健全、体制顺畅、职责清晰、力量充实、手段先进、覆盖全面、监管到位的社会保险基金监管体系。

　　（2）构建社保基金运营与监管体系的制度框架，应遵循与中国部分积累制的社会保险制度相适应、与社会保险基金管理体制相结合、与社会保险基金投资运营机制相匹配、与中国历史文化传统相吻合的四项原则。

　　（3）构建社保基金运营与监管体系的目标要求，实现有据、有力、有效、有理的四个目标要求。"有据"就是建立一套健全的基金监管法律法规体系，提高执法能力；"有力"就是建立一套先进的 IT 手段，提高监管的效率；"有效"就是要在保障基金安全完整的基础上，探索完善基金保值增值的办法；"有理"就是吸收外国的先进经验，为我所用，不拘一格。

　　（4）构建社保基金运营与监管的科学体系，中国社保基金应包括统筹基金、个人账户基金、补充保险基金和全国社会保障基金四个范畴。其中，统筹基金主要用于当期发放，对基金的安全性、流动性要求非常高；补充保险基金（主要是企业年金和职业年金）是积累式的，实行专业机构管理和完全市场化运作；个人账户基金既是基本保险基金，又是积累式基金，将逐步在资本市场投资运营；全国社会保障基金是中国社会保障制度的战略储备基金，由全国社会保障基金理事会负责管理和投资运营。这四个基金范畴具有不同的特点，应提出不同的参数要求，采取不同的运营和监管方式与手段。

　　（5）构建社保基金运营与监管制度的子制度，应由事前监管、事中监管、事后监管、现场监管四个子制度构成。"事前监管"是指预防、预测、预警等制度；"事中监管"主要是指用监管制度和监管手段保障基金日常的健康运行等制度；"事后监管"主要是查处、惩治和纠正违规行为等制度；"现场监管"是指会同审计、财政等相关部门定期或不定期地依法进入被监督单位或地区，检查、培训和指导社保基金在运营与监管中的各种行为的制度。

五　以科学发展的眼光，迎接社保基金
运营与监管体制新的挑战与机遇

根据科学发展观的要求，为实现十七大提出的 2020 年基本建立覆盖城乡的社保体系，社保基金运营将面临如下几个挑战：

一是在经济高速增长条件下，应积极探索与之相适应的社保基金运营管理体制。众所周知，1998 年中国五项基本保险基金累计仅为 800 亿元，目前已超过 1.1 万亿元，年均增长 20% 左右①。这既是扩大覆盖面的结果，同时也是经济持续高速增长的结果。在过去的 10 年里，中国经济增长率在 10% 左右，成为世界上增长速度最快的经济体之一。许多经济学家预测，中国还将迎来一个经济高速增长期，这就意味着对快速积累的社保基金的运营管理体制提出了挑战：要积极探索和创新社保基金的运营管理体制，以适应不断扩大的社保基金规模。比如，尽快提高统筹层次，防止社保基金运营管理体制"碎片化"倾向，不断提高集中管理的层次，在增强基金安全性的基础上，加强其"管理风险"的能力和抵御人口老龄化风险的集合能力。

二是在社会平均工资高增长率条件下，应积极探索与之相适应的社保基金投资管理体制。经济高速增长带来社会平均工资快速增长，人民群众的生活水平普遍提高，例如，在过去 10 年里，中国在岗职工平均工资增长率以超过 13.6% 的速度快速增长，从 1998 年的 7479 元增长到 2007 年的 24932 元。但社会平均快速增长为社保基金投资管理体制带来一个新问题：如何提高社保基金的收益率，如何最大限度地避免和防止由于 CPI 攀升等因素导致的"贬值风险"尤其是随着 11 个省份做实个人账户试点的展开，目前做实个人账户资金已高达 800 亿元②，这不但对个人账户基金的投资管理体制提出了挑战，也对统筹基金的投资管理体制提出了严峻的挑

---

① 人力资源和社会保障部、国家统计局：《2007 年度劳动和社会保障事业发展统计公报》，原劳动和社会保障部网站（http://www.molss.gov.cn/gb/zwxx/2008－06/05/content_240415.htm）。

② 同上。

战。积极探索和创新社保基金的投资管理体制，提高其收益率，是一个重要挑战。

三是在不同社会保险项目条件下，应积极探索与之相适应的不同类别的基金投资方式。在五项基本保险基金中，有现收现付制的，也有积累制的；有待遇确定型的，也有缴费确定型的。不同的基金性质对其流动性、风险容忍度、投资收益率基准的确定等因素的要求也是有差别的。例如，失业保险基金与养老保险基金之间存在较大差别，即使在养老保险基金里，统筹基金与账户基金之间也存在较大差别。这就要求社保基金投资方式具有多样性和多元性，要适应不同基金各自的属性要求，积极探索与之相适应的不同类别基金的投资管理方式，使其收益最大化。

四是在构建和谐社会和关注民生的趋势下，应不断优化补充保险基金投资运营环境。我们知道，近十年来，基本养老保险的替代率处于不断降低的趋势之中，从1998年的77.2%下降到2007年的48.3%；机关事业单位与企业之间的退休待遇差距也处于不断扩大之中。为此，2007年中央决定，在已经连续三年提高企业退休职工养老金标准的基础上，将再连续上调三年。企业年金作为补充养老保险，是多层次和多支柱社会保险制度中的一个重要组成部分。企业年金市场化运行已经取得了较大的成就，但仍需不断优化企业年金的投资运营环境，大力发展年金市场，提高其收益率，在职工退休待遇水平和多元化方面做出应有的贡献。

五是在实现2020年建立覆盖城乡社保体系的目标下，应逐渐建立起与之相适应的社保基金监管体制。十七大提出到2020年基本建立覆盖城乡的社保体系。在其他条件不变的情况下，2020年中国GDP总量将达到70万亿元左右，随着社保制度覆盖面的不断扩大，社保基金历年滚存结余将超过10万亿元，大约占当年GDP的15%。规模如此庞大的社保基金滚存结余，需要建立起一个高效的社保基金监管体制。首先，要尽快建立健全与社保基金监管相关的法律法规，加快法制建设，依法监管；其次，要不断补充监管队伍，使其适应不断扩大的基金规模；再次，要建立一个适合5项基本保险基金和多支柱社保基金运营的监管体制模式；最后，要建立起一个多部门协同监管和齐抓共管的监管体系，尤其对市场化投资运营的账户基金、企业年金等基金，吸取美国正在发生的金融风暴的一些教训，防患于未然。

　　六是监管资源严重不足，要尽快加大社保基金监管队伍建设。社会保障制度作为一个大系统，它包括融资制度、缴费征缴制度、投资制度、福利派送制度等，其中监管制度也是社保大系统的一个重要子系统。在过去的十几年里，社保基金的积累总量还没有形成规模，投资回报的压力还不是很大，管理水平和监管资源还能够应付。但 1998 年以来每年递增在 20% 以上，2001 年滚存累积 3000 亿元，此后便一年上一个台阶，一个台阶就是 1000 多亿元的结余。面对这样一个增长速度和这样一个规模，原有的社保基金监管资源就显得相形见绌，原有的监管模式也显得很不适应。从监管资源上看，1.5 万亿元的社保基金（加上企业年金和"全国社保基金"）对只有十几个人的中央监管部门来说形成了极大的挑战，监管负荷严重超载（"监管负荷"指监管机构官员人数与参保人数或资产数量之比）；按资产计算，每个官员人均管理上百亿欧元，而国外的监管机构大多都是相对独立的，具有可比性的墨西哥"国家退休金储蓄监管委员会" 170 人，人均管理 3.2 亿美元；按参保人数计算，中国每个监管官员平均管理上千万参保人员，是国外的成百上千倍，相差悬殊，具有可比性的阿根廷"退休和养老金管理总局"是 183 人，全国参保人数 930 万，人均管理 5.1 万人。在未来社保基金规模成倍扩大的情况下，应增加监管资源，充实各级监管队伍，提高监管力度，以适应社保制度的发展。

（原载《中国人口科学》2008 年第 6 期）

深化改革,规范政府投资资金来源和投资行为

《中共中央关于构建社会主义和谐社会若干重大问题的决定》指出："必须坚持改革开放。坚持社会主义市场经济的改革方向,适应社会发展要求,推进经济体制、政治体制、文化体制、社会体制改革和创新,进一步扩大对外开放,提高改革决策的科学性,改革措施的协调性,建立健全充满活力、富有效率、更加开放的体制机制。"我们要在经济工作中,结合社会经济发展的阶段性特点,切实贯彻十六届六中全会精神。2006 年以来,我国的经济形势总体上运行良好,但也面临着一些亟待解决的问题。固定资产投资增速过高、投资规模过大就是其中的问题之一。从我国经济发展阶段看,当前投资率高有其客观必然性;但从历史经验和国际比较看,近几年我国的投资率已达到历史最高水平,也明显高于发达国家和其他发展中国家。投资表现出的持续"三高"(即投资增长的绝对速度偏高、投资占 GDP 的比重偏高和投资对经济增长的拉动作用偏高)极易造成经济的整体或局部过热。

匈牙利经济学家亚诺什·科尔奈在其《短缺经济学》中分析了社会主义经济中一再出现的投资膨胀问题。科尔奈认为,投资的真正动机是为了扩张,"在社会主义经济中,没有一个企业或非营利机构不想得到投资,不存在饱和问题,投资饥渴是长期的,假如刚刚完成的一项投资暂时满足了投资饥渴,很快又会产生新的饥渴,而且比以前更为强烈。"投资的扩张动机造成投资饥渴,投资饥渴将足以使一种体制转变成为短缺经济。我国在历经近三十年的改革之后,社会主义市场经济制度已基本建立,短缺问题基本得到了解决,尤其是对于一般消费品市场,由于大量非国有经济

的参与和存在着激烈的竞争，基本上形成了供大于求的局面。但是，科尔奈指出的"投资饥渴"问题依旧存在，政府主导的投资冲动依然强势，这与政府职能转换不到位，特别是地方政府投资资金来源和投资行为不规范有很大关系。

有关资料显示，在我国当前投资构成中，国有和地方项目仍占了很大比重。2006年上半年，在城镇固定资产投资中，国有投资占46.5%，地方投资占89.6%。由此可见，虽然我们面临的体制背景发生了深刻的变化，但政府投资仍然是重要方式。政府投资在改善基础设施、拉动经济增长方面的积极作用毋庸置疑。然而，需要指出的是，由于政府投资冲动的形成机制没有根除（例如地方政府政绩考核的压力、行政性周期的作用等），地方政府投资资金来源和投资行为不规范，使政府产生了强烈的投资冲动，政府投资的强烈导向作用也带动了整个社会的投资扩张，这是导致投资率居高不下的基本原因。

第一，地方政府举债搞建设相当普遍。由于我国目前对政府投资资金的来源和范围缺乏严格的界定及健全的监督机制，一些地方政府为片面追求GDP的增长或改变城市面貌的政绩工程和形象工程，巧立名目，通过各种各样的投融资公司搞捆绑贷款，向银行大量举债，并由政府担保，有的还由地方人大担保，大搞基础设施建设，搞培训中心、广场、绿地、办公大楼，不一而足。这些贷款数量大、期限长，现任领导并不担心将来是否有偿还能力，不仅拉动了投资，而且造成了巨大的金融风险。

第二，地方政府获得的巨额土地出让金主要用于固定资产投资。研究资料显示，2005年，全国土地出让总收入达到5875亿元。在一些地方，土地出让金净收入已经占到政府预算外收入的60%以上，有的地方土地出让金甚至超过了本级政府的财政收入。土地出让金成为地方政府可自由支配的预算外收入最大来源。目前，由于土地出让金没有全部纳入预算，缺乏严格的监督管理，它成为一些地方盲目扩大城市建设规模和搞政绩工程、形象工程的主要资金来源。

第三，违规使用专项基金搞建设。近年来，各地违规使用各种专项基金的大案、要案时有发生。"上海社保基金案"的东窗事发，不仅揭露了一些地方政府和官员违规使用各种专项基金以期获取高额回报和权钱交易的腐败行为，更反映出监管方面的漏洞。

第四，政府主导的"过度招商"，使抑制固定资产投资过快增长的宏观调控目标难以实现。无可置疑，招商引资对发展地方经济发展有重要作用。但是，地方政府在招商引资过程中竞相出台优惠政策，已经成为经济发展中一个不容忽视的问题。有的地方政府把招商引资作为经济工作的"第一要务"，甚至把招商引资作为一种政治任务逐级落实，并分配到各个部门、各级官员，并作把它作为政绩考核的重要指标之一。为了招商引资，一些地方违规竞相低价出让工业用地，甚至实行"零地价"，不仅造成恶性竞争、重复建设，而且在土地、税收、资源等方面付出了沉重的代价。

第五，软约束下的大学借债搞扩建。近年来，在"扩招"、建"大学城"、推行"211 工程"等亮丽词语的背后涌动的是高校借债的风潮。据调查，在高校的借款热潮中，各校少者借款 3 亿—5 亿元，多者十多个亿，全国高校借款总规模有几千个亿。2005 年 6 月 28 日，李金华曾在十届全国人大常委会第十六次会议上指出，在对 18 所中央部属高校 2003 年度财务收支情况进行了审计和调查后，发现不少高校大规模进行基本建设，造成债务负担沉重。截至 2003 年年末，18 所高校债务总额 72.75 亿元，比 2002 年增长 45%，其中基本建设形成的债务占 82%。在这场轰轰烈烈的大学借贷扩建过程中，高校、银行、地方政府三方共谋利益。正如有关专家所言："地方政府通过低价出让土地的办法以'支持'教育，利用银行贷款来支持高校扩建，不但解决了教育经费的投入不足问题，还坐收了由高校扩建带来的 GDP 增长以及周围地区的房地产市场的繁荣。而银行在政府的隐性担保下也为多余的存款找到了相对'安全'的去处"。大学借贷搞扩建，不仅成为拉动地方投资扩张的重要因素，而且使大学乱收费屡禁不止，银行也面临巨额的不良债务风险。

第六，国有企业利润转化为固定资产投资也是造成投资率过高的重要原因之一。从 1994 年的财政税收体制改革起，根据有关规定，国有企业就再没有给国家上缴利润。当时，这样规定有其合理性。但是近些年来，国有企业越来越集中到石油天然气、电力、通信、铁路运输、烟草等垄断行业，垄断利润惊人。2006 年前 9 个月，国有及国有控股企业实现利润

5086 亿元，石油天然气就达 2695 亿元，占国有及国有控股企业实现利润总额的 53%。国有企业，特别是国有垄断企业的垄断利润，除部分用作流动资金和企业内部福利外，大部分用于新增投资。由于利润完全由企业自主支配，因而在投资取向和投资决策上也存在很大的随意性，因决策失误造成的浪费、损失和各种形式的流失时有发生。

此外，略带扩张性的财政政策进一步刺激了地方政府的投资冲动。1998 年以来连续六年的积极财政政策对稳定我国经济、保持我国经济持续的增长速度、对西部地区基础设施的改善、区域生产力布局的调整等方面起到了积极的推动作用。但是，长期延续积极财政政策的负面效应不容忽视。特别是，随着政府投资规模的扩大，政府在经济运行中的作用逐步增强，而市场对经济运行的调节作用逐渐减弱。近年来，财政政策性质虽然已由扩张转向稳健，但由于财政支出的刚性，仍需继续安排大量资金进行以前国债项目的续建，因此，财政政策仍然带有一定的扩张性特点。2006 年，长期建设国债发行规模由 2005 年的 800 亿元调减为 600 亿元，增加中央预算内经常性建设投资 100 亿元。中央预算内基本建设投资总规模达到 1154 亿元，与 2005 年基本持平。略带扩张的财政政策信号进一步增强了地方政府的投资冲动。

历史经验表明，中国经济增长的每一次大起大落，都与投资规模过大密切相关。而以政府主导的行政投资扩张对每一次投资波动都起到推动作用。要正确认识转轨体制下政府投资的特征，其导向性作用很容易引致全社会总体投资规模的扩大，投资速度加快。因此，要按照党中央关于构建社会主义和谐社会的原则和要求，落实科学发展观，在运用经济、法律、行政手段的同时，继续深化体制改革，从制度和体制上解决软预算约束问题，消除形成政府投资冲动的机制；要加强对各种专项基金使用的管理；要认真研究解决大学等事业单位不顾偿还能力举债搞建设的问题；认真研究解决垄断行业的国有及国有控股企业的利润上缴和合理使用问题。从各个方面规范政府、国有企事业单位的投资资金来源和投资行为，确保固定资产投资合理增长，促进经济平稳较快发展。

（原载《中国社会科学院院报》2006 年 11 月）

国有经济布局调整要与经济结构调整相结合

　　将国有经济布局调整与经济结构战略性调整结合起来，是进行经济结构战略性调整的重大举措。国有经济布局调整和经济结构战略性调整，是我国经济改革和发展中两项十分重要的战略性任务，它们之间有密切的联系，必须把它们紧密结合起来，统筹规划，分步实施，使它们相互协调，相互促进。

　　为了适应社会主义市场经济和新形势的要求，实现资源的优化配置，需要对国有经济布局进行战略性调整。我国国有经济经历了从无到有、从小到大、从少到多、从弱到强的发展过程，取得了巨大成就，它对奠定和加强我国社会主义经济基础，促进我国经济发展，提高人民的物质文化生活水平，巩固和加强国防建设，保证我国改革开放事业的顺利进行，作出了巨大贡献。但是长期以来，国有经济也存在着战线过长，企业数量多，分布广，组织结构不合理，生产能力利用率低，经济效益差等问题。这种状况不能适应建立社会主义市场经济新体制的需要，与扩大开放的新形势也越来越不适应。因此必须本着有进有退、有所为有所不为的原则，通过公司化改造、建立合资企业、放开搞活小企业、发展大企业集团、兼并破产等措施，对国有经济布局进行战略性调整。要集中力量，加强重点，实现国有资产的优化配置，提高国有经济的整体素质，在提高质量的同时，提高国有经济的控制力。

　　随着经济的发展，我们已经告别了短缺经济时代，温饱问题已经基本解决，城乡居民的消费需求和消费结构已经发生了巨大变化。近年来，经济结构不合理的矛盾越来越突出。在产业结构方面，加工工业的生产能力严重过剩，低水平重复现象十分普遍，高新技术产业发展滞后，传统产业改造的任务十分艰巨，第三产业发展也适应不了经济发展的要求。在组织结构方面，产业的集中度差，大的不大、不强，小的不专、不特、不精、不新、不优，企业的专业化协作水平差，企业的规模结构也不合理。在所有制结构方面，国有经济布局调整的任务十分艰巨，集体经济的发展面临许多新问题，个体、私营经济以及其他所有制形式经济的发展还有许多工作要做，特别是中西部个体、私营企业的发展还十分缓慢。在区域经济结构方面，结构趋同化现象日益严重，东西部差距在拉大。在农村也面临农业和农村经济结构调整的艰巨任务。经济结构战略性调整的主要任务就是：优化产业结构，全面提高农业、工业、服务业的水平和效益；合理调整生产力布局，促进地区经济协调发展；积极稳妥地推进城镇化，努力实现城乡经济良性互动；加强基础设施建设，着力改善生态环境，实现可持续发展。因此，对经济结构进行战略性调整就是要在新形势下实现社会资源的优化配置，提高国民经济的整体素质。

在一定的经济发展阶段，不同的经济组织形式与产业结构之间存在一种相互适应的关系。国有经济在积聚社会资源，进行大规模投资，发展技术先导性和战略性产业，以及协调总体经济平衡方面发挥了巨大作用，为我国现代化建设奠定了坚实的基础。但同时也存在国有经济在产业构成和区域布局上的种种不合理问题。实现国有经济布局调整与经济结构战略性调整相结合，发挥优势，扬长避短，在资本、技术密集，规模效益显著及市场稳定性好的产业中，充分发挥国有经济自身的优势；而在资本、技术进入门槛低，规模效益不显著和竞争激烈的劳动密集型行业中，可充分发挥非国有经济的作用。这要求寓国有经济布局的战略性调整于经济结构的战略性调整之中。

国有经济布局和经济结构的战略性调整都面临一些共同的任务。无论是国有经济布局的战略性调整，还是经济结构的战略性调整都要求对产品没有市场、长期亏损、扭亏无望和资源枯竭的企业，以及浪费资源、技术落后、质量低劣、污染严重的小煤矿、小炼油、小水泥、小玻璃、小火电、小造纸等企业实行关闭、破产，解决低水平盲目建设、重复建设问题；都要求大力发展高新技术产业和对传统产业进行技术改造，促进产品的换代和产业的升级；都强调通过企业的兼并、联合和资产重组，发展大企业集团，改善企业的组织结构；都强调调整所有制结构，完善以公有制为主体、多种所有制共同发展的基本经济制度；都重视基础设施建设和老工业基地的改造，充分发挥它们对经济发展的支撑作用；都重视区域经济和城乡经济的协调发展，缩小东、中、西部之间、城乡之间经济发展的差距。这些共同任务也要求两者必须结合起来进行，发挥国有经济布局调整对经济结构调整的带动作用，发挥经济结构调整对国有经济布局调整的引导和拉动作用，发挥经济结构调整对国有经济布局调整的促进和巩固作用。

对国有经济布局和经济结构进行战略性调整都必须充分发挥市场机制的作用。毫无疑问，完成这两项战略任务必须发挥各级政府的作用，包括提出和制订调整的战略目标、战略重点、步骤和各项具体政策，并保证这些政策能在实践中得到认真贯彻执行。特别是关闭产品质量低、浪费资源、污染严重、不具备安全生产条件的厂矿企业；淘汰落后设备、技术和工艺，压缩部分过剩的生产能力；对长期亏损、资不抵债、扭亏无望的企业实施破产等，政府还要发挥决定性作用。政府除采用经济、法律的手段外，还要采用必要的行政手段。但是，在社会主义市场经济条件下，企业是国民经济的基层单位，是市场的主体，国有经济布局和经济结构战略性调整的任务最终都要落实到企业，由企业去实现。特别是在企业自主权范围内的事情，必须由企业自主决策。企业体制、机制和素质将直接影响到两个战略性调整的进程和实际效果。在现阶段，我国的绝大多数大型骨干企业都是国有企业和国有控股企业。它们在我国经济发展、技术进步、参与国际竞争中发挥着重要作用，在经济结构的战略性调整中也必将发挥主力军作用。因此，一定要把两个战略性调整与建立现代企业制度，转换企业经营机制和提高企业的素质结合起来，与培育和完善市场体系结合起来，形成企业自主优化配置资源的机制，能对市场需求及其变化作出灵敏反应，充分发挥市场机制对企业的引导作用，充分发挥市场配置资源的基础性作用。

体制创新和科技创新是国有经济布局和经济结构战略性调整的动力和源泉。体制创新能冲破旧体制的束缚，使生产关系和生产力更相适应，为解放和发展生产力提供制度保证，为国有经济布局和经济结构战略性调整创造一个好的机制，顺利推进这两个战略调整的进行，巩固其取得的成果。

因此，要深化计划、财政、金融、投资、科技、国有资产管理等方面的改革，改善和加强宏观调控。要深化国有企业改革，使国有企业真正成为自主经营、自我发展、自我约束和自负盈亏的生产经营主体，真正转变经营机制。国有大中型企业要按照建立现代企业制度的改革方向，加快推进规范的公司制改造，推进股份制改革，完善法人治理结构。发展一批主业突出、管理水平高、竞争能力强、跨地区、跨行业、跨所有制和跨国经营的大型企业集团。采取多种方式加快中小企业的改制工作，进一步放开搞活中小企业。

科技创新是保持国民经济旺盛生命力的源泉。国有经济布局和经济结构的战略调整如果没有科技创新和技术进步作支撑，就难以摆脱低水平、低效率的困境，达不到调整的目的。要以科技创新为动力，促进国有经济布局和经济结构的优化，促进国民经济整体素质的提高。要积极推进具有战略意义的高新技术研究，集中力量在信息技术、生物技术、新材料技术、航空航天技术等关键领域取得突破，在一些关系国家经济命脉和安全的高技术领域，提高自主创新能力。通过实施重大高新技术工程项目，提高科技成果的转化率。加快传统产业的技术改造，推进传统产业技术和产品的升级换代。积极推动信息技术在各行业的广泛应用，加快关系国民经济全局的信息化进程。大力开发支持结构调整和产业升级的共性技术、关键技术和配套技术。技术创新的主体是企业，要形成以企业为中心的技术创新体系。建立和完善企业特别是大型企业的研究开发机构，增加企业研究和开发的投入。研究开发有自主知识产权的主导产品，增加技术储备。推进产学研相结合，鼓励科研机构和大专院校的科研力量进入企业和企业集团，强化应用技术的开发和推广，增加中间试验的投入，促进科技成果向现实生产力的转化。采取各种有力措施，促进科技型企业的发展。

（原载《求是》2001 年第 4 期）

研究和解决改革与发展中的
几个重大战略问题

　　经过几十年的艰苦奋斗，特别是经过改革开放以来的持续快速发展，长期困扰我们的商品短缺问题已经基本解决，我国社会正在从温饱型向小康型转变，经济体制正在由计划经济向社会主义市场经济转变，经济发展正在从粗放型经营向集约化经营转变，并取得了巨大的进展。但也出现了一些新情况，带来了许多新的问题。我们必须抓紧研究解决一些具有全局和长远意义的重大问题，以期更好地推动我国和现代化事业不断前进。

加快经济结构的调整

　　随着科学技术的飞速发展和商品短缺问题的基本解决，当前，我国经济结构不合理的矛盾越来越突出，已经成为制约经济进一步发展的重要因素之一。由此，对我国的经济结构进行调整、促进结构优化和产业升级，已成为当务之急，必须统筹规划，抓紧进行，否则在未来激烈的国际竞争中就会陷入被动的局面。总结过去正反两方面的历史经验，并结合研究国际上出现的以强强联合为重要标志的经济结构调整提供的启示，在三五年甚至更长的一段时间内，我国经济结构调整应着重解决以下问题：调整过去重复建设、盲目建设造成的不合理结构，实现生产能力的合理配置；调整过于分散、形不成规模效益的产业、产品结构，解决"大而全"、"小而全"问题，发展专业化协作关系，提高企业的规模经济性，改善产业的组织程度；压缩技术已经落后、生产能力已经过剩，没有销路的产业和产品生产，减少资源的浪费；改造老工业基地，调整其经济结构，使其用新技术、新装备武装起来；在投资和政策优惠上向西部倾斜，缩小东西部在经济发展上的差距，促进区域经济的合理布局和协调发展；运用先进技术和高技术改造、提升传统产业，不失时机地有选择地加快高新技术产业的发展，提高产品的技术含量和附加值；大力发展第三产业，特别要采取有力的政策和扶持措施，加快信息、文化、教育、旅游、社区服务和中介服务业的发展，正确处理技术密集型、资金密集型同劳动密集型产业的关系，以利于既不断提高劳动生产率，又妥善解决劳动就业问题。

总之，要使我们的产业、产品、技术、企业和就业结构等等，朝着适应社会化大生产的方向发展，适应世界产业和技术发展的要求。在调整结构的过程中，要特别注意发挥市场对资源配置的基础性作用，切忌回到计划经济的老方式、老模式上。过去不少的重复建设就是由于计划经济的办法产生的，如果沿袭这类不科学的方法来进行结构调整，不仅已存在的不合理问题难以解决，而且还可能形成新的问题。

提高技术创新能力

在全球市场竞争日趋激烈的情况下，要增强我国经济发展的后劲，提高抗御各种风险冲击的能力，保障我国经济的长远发展，必须依靠科技进步和创新，增强自主创新能力，实现技术发展的跨越。这要求我们完成两个方面的任务：一是用现代技术改造传统产业；二是要发展高科技产业，努力占领科技制高点。这两方面的任务是当前和今后一个时期科技进步的主攻方向。为此，要积极推进国家知识创新体系的建设，选准一些对推动经济和社会发展、维护国家安全、提高生产力和综合国力有重大带动作用的领域，集中力量，大力协同，重点攻关，力求突破。特别要加强基础性、关键性的高新技术领域的创新，加速高技术产业尤其是具有战略意义的新兴产业的发展和应用，积极培育新的经济增长点。同时，要加速推进科技成果向现实生产力转化。

技术进步和技术创新的主体是企业。企业既是研究、开发的主要基地，也是促进科技成果向现实生产力转化的主要基地。大企业和企业集团都要建立健全自己的研究开发机构，并增加投资，充实人员，以便开发出更多的新技术、新产品满足企业不断发展的需要。

要加快行业部门科研院所的改革步伐，使它们尽快以不同形式进入企业，与企业合作，或转变为独立的、新型的、具有强大生命力的科技开发型企业，成为我国技术进步和技术创新的生力军。同时要引导社会资金参与科技开发，建立完善发展高新技术产业的风险投资机制，逐步形成多元化的科技投资体制。

各国高新技术的竞争关键是人才的竞争，必须重视人才的培养，特别要重视青年科技人才的培养，为他们成长和发挥才干创造较好的生活和工作条件。建立科技人才的激励机制，让技术、管理等生产要素参与分配，重奖那些做出突出贡献的科技人员，充分发挥他们的积极性和创造性。完善吸引人才的政策，鼓励留学人员和海外科技人才回国工作或以其他方式为祖国服务。支持科技人员领办和创办科技型企业。进一步树立和发扬尊重知识、尊重人才、崇尚创新的良好风尚，形成有利于科技进步技术创新的社会环境。

缩小收入差距

我们已经确立了按劳分配为主体的多种分配形式的格局，分配上的"平均主义"、"吃大锅饭"现象有了很大克服，但还存在一些突出问题，需要尽快加以解决。突出问题有：（1）社会的收入分配在一些地方和部门出现了向个人过分倾斜的倾向，既影响了国家的财政收入，又造成了分配的不公平；（2）各级党政机关工作人员的工资虽然规定了统一的标准，但在实际执行中存在不规范甚至比较混乱的现象，同时也还存在大量的灰色收入；（3）对个体、私营、外资企业从业人员以及其他高收入者的收入调节不力，存在很大漏洞；（4）一些侵吞公有财产和用偷税、漏税、权钱交易等手段获得高额非法收入的现象，在一些地方、部门、行业严重存在。此外，城乡之间、东西部之间收入差距也不可忽视。

收入分配中出现的这些问题如不加紧研究解决，不仅是一个经济问题，而且会成为一个突出的政治问题、社会问题。如果各部门、各地方、各单位都搞自己分配上的"小金库"，部门保护主义、地方保护主义、

"上有政策，下有对策"、政令不能通，一些腐败现象就会从中滋生。小平同志历来十分重视收入分配问题，他提出要让一部分人一部分地区先富起来，通过先富带后富，最终实现共同富裕。我国现在处在并将长期处在社会主义初级阶段，必须坚持和完善社会主义公有制为主体、多种所有制经济共同发展的基本经济制度，这就要求坚持和完善按劳分配为主体、多种分配形式并存的分配制度。一方面，我们要坚持效率优先、兼顾公平的原则，优化资源配置，促进经济发展，保持社会稳定。另一方面，我们要随着经济的发展不断改善广大工人、农民、知识分子和干部的生活，逐步实现共同富裕。实行按劳分配为主体，并同按生产要素分配结合起来，必然会在社会成员的收入上产生差别。事物的差别性总是存在的，社会就是在矛盾中发展的。解决收入分配问题，不能再搞分配上的"平均主义"、"吃大锅饭"，根本的办法还是要适应发展社会主义市场经济的要求，引入竞争机制，通过积极促进发展来逐步解决问题。同时采取相应的政策措施，保护合法收入，调节过高的收入，取缔非法收入，注意增加低收入阶层和离退休人员的收入，防止收入分配上的过分悬殊，把广大干部群众的积极性充分调动起来。

促进区域经济协调发展

采取切实有效的政策措施，发挥各地区的优势和有利条件，促进地区经济的协调发展，这是全面实现现代化的必然要求，是实现共同富裕的必然要求。沿海地区经过20多年的改革开放，拥有了经济发展的实力，具备了经济发展的不少有利条件，应该抓住机遇继续加快发展，有条件的地方要争取率先实现现代化。这有利于保证和增强国家的经济实力和财力。国家实力、财力的不断增强，就可以更好地支持中西部地区的发展。党中央根据小平同志在八十年代提出的"两个大局"的战略思想，已经作出了开发西部的重大决策。西部地区地域广大，资源丰富，有巨大的发展潜力，也有巨大的市场潜力。实施西部大开发战略，直接关系到扩大内需、促进经济增长，关系到民族团结、社会稳定和边防巩固，关系到东西部协调发展和最终实现共同富裕，具有重要的现实意义和历史意义。我们要把西部大开发同实现第三步战略目标结合起来，把国家对西部地区的支持同发挥市场机制的作用结合起来，把西部经济发展同促进社会进步结合起来，把开发和开放结合起来。西部开发重点要抓好交通、通信、能源等基础设施建设，尤其要把水资源的合理开发和有效利用放在突出位置；搞好综合治理，加强生态环境建设；调整产业结构，发展优势产业，把资源优势转变为经济优势；优先发展科技教育，着力培养人才，提高劳动者素质。

重视生态环境保护

经济越发展，越要重视生态环境保护。这是关系到我国可持续发展的大事，关系到造福子孙后代的大事，要始终放在战略的高度认真对待，纠正"先发展，后治理"的错误做法，坚持经济发展和保护生态环境并重的方针。

我国国土面积虽然很大，但是可耕地面积并不十分富裕，而且人均耕地面积很少，远远低于世界平均水平。要十分节约和合理利用土地资源，特别要坚决制止乱占滥用和毁坏耕地的现象。为了减少水土流失，遏止土地沙化的扩大和防止洪水泛滥，要有计划有步骤地推进退耕还林、退耕还牧、退田还湖的政策。要十分重视矿产资源的合理开采和利用，坚决关闭那些破坏资源、污染环境、缺乏安全保障的各种小矿采掘企业和小加工企业。洪涝灾害虽然历来是中华民族的心腹大患，但水资源短缺也越来越成为我国农业和经济社会发展的制约因素，除要高度重视现有水资源的保护和合理利用外，还要加紧解决一些地区水资源严重短缺的问题。总的要求是开源与节流并举，以节水为主。要从长计议，全面考虑，科学筛选，周密计划，适时进行一些重大的水利工程建设。

大城市是人口密集的地方，我国一些大城市的污染问题已经十分严重，一定要下决心对这些大城市污染问题进行综合治理，并争取尽快见到成效，以提高大城市居民的生活质量，改善经济发展条件。

迎接经济全球化的挑战

由于科学技术的飞速发展，跨国公司数量的增加和影响力的扩大，引起了投资方式和国际分工的变化，加速了贸易、投资、生产、金融的全球化。密切了国际经济联系，同时也加剧了国际竞争。经济全球化是一把双刃剑，既给各国的发展提供了新的条件，也不同程度地带来了风险。发达国家在经济全球化过程中明显占据优势，而广大发展中国家由于经济技术发展水平低，利用机遇和防范风险的能力较弱，相对处于不利地位。如果策略不当，其经济就会面临风险和冲击。因此，面对经济全球化趋势的发展，我们既要积极参与，又要善于保护自己，努力把不利因素变为有利因素。要充分考虑加入世界贸易组织以后，我国经济面临的新机遇和挑战，研究趋利避害的应对政策和措施。要大力发展一批跨地区、跨行业、跨所有制和跨国经营的大企业集团，充分发挥它们在参与国际竞争中的重要作用。在发展国有经济、集体经济的同时，鼓励非公有制经济的发展，利用它们的灵活机制，发挥它们在来料加工、出口创汇等方面的积极作用。要把提高广大企业的素质和竞争力，放在突出的重要位置，从产品开发、工艺技术到经营管理，都要有切实有效的改进措施。还要有效运用世界贸易组织的保护规则，尽最大努力保护我国新兴产业和幼稚产业的发展。

维护国家的金融安全和经济安全

亚洲金融危机警示我们经济越开放越要注意维护国家的金融安全和经济安全。坚持改革开放，建立社会主义市场经济是我们的既定方针，必须坚定不移地推进这一伟大的事业，但同时要认真研究在进一步开放的新形势下维护国家金融安全和经济安全的措施和办法，以防不测。为此，要进一步推进商业银行的改革，理顺体制，完善制度，减少呆坏账，堵住亏损源；继续整顿金融秩序，加强对地方金融机构的整顿、清理，打击金融犯罪活动；进一步完善证券市场，加强监管；加强对现代金融管理人才的培养，加强对领导干部的基本金融知识教育，提高防范金融风险的意识；加强对衍生金融产品、金融手段的研究，做到未雨绸缪。要加强对债务的研究管理，特别要重视对外债的研究和管理，外债规模必须与我国的经济总量和财政收入相适应，外债总类必须形成合理的结构。要加强对外汇的管理，完善结汇制度和经常项目下的可兑换制度，对开放资本市场要持谨慎的态度。在国有经济战略的布局调整中，要保持国有经济在涉及国家安全的行业、自然垄断的行业、提供重要公共产品和服务的行业以及支柱产业和高新技术产业中的骨干企业中的控制地位，发挥国有经济在整个国民经济中的主导作用，同时要把关系国民经济命脉的某些关键高新技术的知识产权牢牢掌握在国家的手里。

（原载《光明日报》2008 年 5 月 2 日）

改革和完善中国城市的社会保险制度

社会保险包含的内容较多，本文主要讨论如何完善养老、医疗和失业保险制度。为国有企业改革创造良好的环境。

一　传统社会保险制度与建立现代企业制度的矛盾冲突

中国传统社会保险制度是计划经济体制的产物，也是中国为了大力推进国家工业化进程，在城镇企业尤其是国有企业中，对劳动者低工资制度实行的重要配套措施。它具有非公平性、非效率性和非社会化等特点，不符合建立以"效率为主、兼顾公平"的社会主义市场经济体制的要求。其运行机制也不符合中国经济体制市场化改革的目标与方向。特别是企业化的社会保险制度，与建立现代企业制度的改革目标发生了很大的矛盾和冲突。

（一）传统社会保险制度与建立优胜劣汰的竞争机制发生了尖锐矛盾与冲突

国有企业改革的主要目标，是提高企业和国民经济的运行效率。市场竞争作为优化资源配置、提高经济运行效率的主要机制和手段，必然造成不同企业之间的剧烈分化。适应市场竞争要求的企业将得到发展壮大，不适应市场竞争要求的企业将萎缩、破产倒闭，被迫退出市场。企业有生有死是市场机制发挥作用的必然结果。只有这样，才能实现资源的合理流动和提高经济运行效率。据测算，中国国有企业资不抵债，扭亏无望的要占国有企业总数的1/3左右，但是由于国有企业对本企业职工担负了社会保险等一系列责任，在没有建立起社会化的社会保险制度的情况下，让这些企业裁减大量冗员和破产倒闭，将使企业职工失去企业提供的保险与保障，直接影响他们的生活和社会的稳定。正因为对传统社会保险制度的改革滞后，国有企业建立现代企业制度和市场化的改革难以深化，裁减冗员难，企业破产更难。

（二）传统的社会保险制度与市场成为配置劳动力资源的主体，促进人员合理流动的企业经营机制存在尖锐的矛盾与冲突

传统的用工制度和社会保险制度造成国有企业内部劳动力总量过剩，亦即人们通常所说的两个人的活由三个人来干的现象。据测算，中国国有企业有冗员 2000 万—3000 万人。在不少国有企业中劳动力的边际生产率甚至为负数。根据华东化工学院经济发展研究所的调查，企业内劳动力总量过剩这一沉疴在国有企业间的覆盖面大致在 78%—98% 的区间内，换言之，几乎所有的国有企业都存在程度不等的劳动力总量过剩的问题。

劳动力的就业刚性，意味着劳动力资源的固态配置。它不仅在制度层面上堵塞了劳动者个人与企业之间双向选择的渠道，更为深层的则是它无法伴随着产业结构的调整和供求结构的变化而进行自我调节。据调查，改革之前每年流进或流出国有企业的劳动力只占企业总人数的 3%—4%。然而，即使在日本这个实行终身雇佣制的就业体制中，每年也有 13% 的工人离开其工作的企业。调查数据显示，存在劳动力结构失调的企业占抽样企业的 63%[1]。另据经济体制改革研究所的调查，企业缺员中最缺的是熟练技术人才。而冗员则集中在辅助人员和非熟练人员之中。根据结构冗员大约占在职职工总数的 15%—20% 推算，全国至少要有 1500 万劳动力需要进行双向选择或结构重组[2]。企业和行业之间的缺冗矛盾，主要是由劳动力经过初次分配沉淀后又没有相应的调节机制而造成的，企业内部则是由于一次定终身的劳动力在素质指标上的失调和失控而造成的。没有了失业和流动，人们就没有了提高劳动积极性的动力，没有了进一步充实自身人力资本的刺激。其结果，劳动力资源的虚置便形成了巨大的社会浪费。

---

① 华东化工学院经济发展研究所：《就业陷阱：企业劳动就业现状的基本格局》，《中国：发展与改革》1988 年第 7 期。

② 中国体制改革研究所综合调查组：《改革：我们面临的挑战与选择》，中国经济出版社 1986 年版。

传统的用工制度和社会保险制度还造成国有企业职工的贵族化现象。一方面，企业内部正式职工的容量已呈现为严重的在职失业，但这些工人却由于就业保险而行为"贵族化"，拈轻怕重，挑肥拣瘦，脏、苦、累的活儿不愿干；另一方面，企业则大量地外聘临时工或合同工来填补那些遗弃的空缺。1988 年，这种补充性劳动力已占职工总数的 3% 左右，并且按当时的预测正以 9% 的速度增长着。

传统社会保险制度难以适应大量非国有企业的发展，不利于促进人员向非国有企业流动。在国有经济占统治地位的情况下，由于全国的工资制度、等级都是统一的，极少数职工的调动也是在全民经济内进行的，这一矛盾并不存在。但是经过 20 多年的改革，中国的所有制结构发生了很大变化。国有经济的比重大大下降，以工业为例，1978—1988 年，销售收入的比重从 80.9% 下降到 29.1%，资产总额从 92.0% 下降到了 63.4%，从业人员从 60.7% 下降到了 24.5%[①]。这说明，越来越多的人进入了非国有企业工作，非国有企业已经成为吸纳社会劳动力的主要场所。传统社会保险制度显然不能覆盖这些经济类型的企业及其职工。这也对人员流动造成了许多障碍。尤其是这种社会保险制度对劳动者仍然存在身份歧视，也违反了现代社会保险制度的公平原则。当人们担心国有企业职工失业对社会稳定的冲击时，并没有考虑其他类型企业的职工失业也是同样严重的问题。没有社会保险的市场经济体制显然是不稳定的。

（三）传统的社会保险制度与现代社会保险制度要求的社会性、互助性存在尖锐的矛盾与冲突

由于企业之间的情况千差万别，特别是新建企业和老企业之间存在很大差别，造成保险费用负担畸轻畸重，苦乐不均。这一问题在统收统支条件下并不突出，在市场化改革中变得十分明显，许多老企业离退休职工所占的比重大，给企业造成了严重负担，不少单位拖欠离退休职工的工资，医药费也报销不了，不仅影响社会的稳定，而且导致企业难以平等地参与市场竞争。其直接结果是使企业的改制难以深入，阻碍了企业的制度改

---

① 《中国统计年鉴》（1999），中国统计出版社 1999 年版。

革。从社会保险的基本原理看，传统的社会保险制度失去了社会保险所具有的收入再分配功能。同时，失去了社会调剂功能和互助功能，大大降低了企业和职工抗御风险的能力。

二 社会保险制度改革的进展与绩效

（一）养老保险制度创新的进展与绩效

1997年7月，国务院发布的《关于建立统一的企业职工基本养老保险制度的决定》以及紧随其后的若干重要的政策调整，肯定了各地的成功探索，总结了试点的经验，确立了养老保险制度的基本框架。

1. 确立了养老保险制度创新的原则和目标。即"到本世纪末，要基本建立起适应社会主义市场经济体制要求，适用城镇各类企业职工和个体劳动者，资金来源多渠道、保障方式多层次、社会统筹与个人账户相结合、权利与义务相对应、管理服务社会化的养老保险体系"①。具体包括以下内容：

（1）"广覆盖"，实施范围逐步由国有企业职工扩大到城镇各类企业职工和个体劳动者。

（2）"多层次"，主要包括基本养老保险、企业补充养老保险、个人储蓄性养老保险三个层次。基本养老保险旨在保障退休者的基本生活需要，企业补充养老保险主要体现按劳分配、地区差异和企业经济效益差异，个人储蓄性养老保险主要满足职工不同层次、不同水准的保障需要。

（3）"四统一"，即统一制度、统一标准、统一管理和统一调剂使用资金。

（4）"两结合"，即社会互济与个人保障相结合、公平与效率相结合。

（5）"两个对应"，即权利与义务相对应、保障水平与经济发展及承受能力相对应。

（6）"两个分开"，即行政管理与基金管理分开、执行机构与监督机构分开。

① 《国务院关于建立统一的企业职工基本养老保险制度的决定》，《人民日报》1997年8月27日。

2. 确立了混合制（部分积累制）的筹资模式。目前，世界各国养老保险制度主要存在着三种筹资模式：现收现付制、完全积累制和混合制。在1997年模式统一之前，中国的基本养老保险制度究竟应当采取哪种筹资模式，无论是在理论界还是在实践中都存在着广泛的争论，1995年中央政府同时出台两套改革方案交由地方选择并授予地方对实施方案的修改权，便是对这种争论所做的妥协式回应。因此，模式统一之前这三种筹资模式实际上都在试验过程之中。

多种模式的试点虽然促进了养老保险制度改革的迅速展开，并为中央政府的制度整合增加了成功概率，但是，由于试点方案不统一、个人账户缴费不一致、企业负担不均等以及社会统筹层次低等实际问题，同时也为构建全国统一的基本养老保险制度设置了诸多制度性障碍。针对这种情况，1997年7月国务院颁发了《关于建立统一的企业职工基本养老保险制度的决定》，该《决定》明确规定中国基本养老保险制度实行统一的"社会统筹与个人账户相结合"的筹资模式，并要求其他试点模式都要限期向该模式过渡。

3. 对基本养老保险的运行实行七个统一。

（1）统一个人账户规模，按职工本人缴费工资基础的11%建立个人账户，个人缴费全部计入，其余差额从企业缴费中划转。

（2）统一记账利率，个人账户记账利率由定期存款利率和工资增长率来确定。

（3）统一缴费基数，职工个人以工资收入总额为基数缴费，企业以职工个人缴费基数之和缴费，职工个人工资收入超过当地上年度平均工资收入300%的部分不缴费，低于当地上年度平均工资收入60%的以当地平均工资收入的60%缴费。

（4）统一缴费比例，企业缴费比例不超过20%，个人缴费1997年不得低于4%，最终达到8%。

（5）统一养老金计发办法，养老金由基础养老金和个人账户养老金组成，基础养老金为当地职工上年度月平均工资的20%，个人账户养老金月标准为本人个人账户累计储存额除以120，个人缴费不满15年的，不享受基础养老金，个人账户储存额一次性支付。

（6）统一过渡办法，对本决定实施前参加工作、实施后退休的职工增发过渡性养老金，一般按本人指数化月平均缴费工资乘以统一制度前本人缴费年限的一定比例（1.0%—1.1%）计算，使建立个人账户前的工龄和缴费得到适当补偿。

（7）统一并轨时间，一般在 1997 年完成，个别省市不超过 1998 年。

4. 行业统筹下放地方。行业统筹与地方统筹是 20 世纪 80 年代养老保险制度改革试点阶段的两种不同形式。行业统筹最初在铁道等 5 个行业实行，1993 年国务院又批准交通等 6 个行业实行，11 个行业统筹格局由此形成。在 1997 年之后统一的基本养老保险的制度框架内，行业统筹与地方统筹的分设，不仅增加了管理成本支出，同时"行业"与"地方"在保险待遇水平上的攀比又引起了新的利益摩擦，致使企业不堪重负。1997年，国务院 26 号文件中明确提出待全国基本实现省级统筹后，行业统筹下放地方的改革方向。1998 年 8 月中央政府正式启动移交程序。至此，社会保险制度中长期存在的"条""块"分割局面正式宣告终结。

5. 基本养老保险制度实行省级统筹。实行省级统筹是增强现行养老金计划财务能力以及制度安全的重要措施。1991 年，全国共有 13 个省区市实施了省级统筹。但仍有一半以上的省市未实行省级统筹，其中大部分地区还停留在县市级较低层次统筹之上。同时已实行省级统筹的地区尚存在不规范、不到位问题，甚至部分省级统筹徒具形式而不具其内容。1998 年在全国范围内愈演愈烈的养老金拖欠问题迫使国务院决定至当年年底在全国范围内实现省级统筹。按照中央政府的部署省级统筹分两步实施：第一步是在年底建立省级调剂金，调剂金比例由各省自己确定，原则是确保养老金按时足额发放；第二步是用 3 年时间实现 3 个统一，即统一企业缴费比例、统一管理和调剂使用基金、统一省内社会保险管理系统。

（二）医疗保险制度改革的进展与绩效

1. 确立了基本医疗保险制度改革的目标与原则。其基本目标是要建立与社会主义市场经济体制相适应，根据财政、企业和个人的承受能力，保障职工基本医疗需求的社会医疗保险制度。其基本原则是：（1）基本医疗保险待遇水平要与经济发展水平相一致。（2）基本医疗保险实行普遍性原则，即覆盖城镇所有的用人单位和职工。（3）基本医疗保险实行企业与职工的成本共担制，通过个人账户机制设计强调个人的自我负责精神。（4）基本医疗保险实行属地化、社会化原则。

2. 确立了统账结合的筹资模式。

（1）基本医疗保险实行统账结合的筹资模式，基本医疗保险基金由统筹基金与个人账户构成。用人单位的缴费率为职工工资总额的 6% 左右，职工缴费率一般为本人工资收入的 2%。职工个人缴纳的基本医疗保险费，全部计入个人账户。用人单位缴纳的基本医疗保险费分为两部分：其中的 70% 左右用于建立社会统筹基金；30% 左右则划入个人账户。在这样的计算标准下，个人账户计入金额将达到工资总额的 3.8%（2% + 6×30%），统筹基金将达到 4.2%（6×70%）。

（2）社会统筹基金与个人账户双轨运行。① 划定统筹基金与个人账户各自明确的支付范围。② 统筹基金与个人账户分账管理。

（3）规定了社会统筹基金的进入门槛与封顶线，同时设计了统筹基金有偿使用的费用约束机制。该《决定》规定统筹基金的起付标准以当地职工年平均工资的 10% 为进入门槛，最高支付限额则为当地职工年平均工资的 4 倍左右。起付标准以下的医疗费用，从个人账户中支付或由个人自费。超付标准以上、最高支付限额以下的医疗费用，主要从统筹基金中支付，但个人也需承担相应的比例。

（4）设立了政府对统筹基金与个人账户基金的管制框架。① 基本医疗保险基金纳入财政专户管理，专款专用。② 统筹基金要以收定支、收支平衡。③ 社会保险管理部门的开支列入各地财政预算，改变由基金中直接提取的传统做法。④ 建立健全社会保险管理部门的预算制度、财务会计制度和审计制度。⑤ 设立由政府、承保人、受保人以及工会、专家代表参与的医疗保险基金监督组织，强化社会监督。

（5）提出了推进医疗医药体制改革的若干重要措施。① 与国际惯例接轨，在基本医疗保险的体制框架内，制定基本医疗保险服务范围和标准，包括基本医疗保险药品目录、诊疗项目和医疗服务设施标准，旨在保证基本医疗保险基金的收支平衡，确定基金能够承付医疗服务的范围。② 基本医疗保险实行定点医疗机构和定点药店管理。由社会医疗保险管理机构确定定点医疗机构和定点医院，并通过契约确立各自的权利、责任和义务。同时，在基本医疗保险的医疗服务市场与药品供应市场上引进竞争机制，受保人可选择若干定点医疗机构就医、购药，也可持处方在若干定点药店购药。③ 在对医疗机构进行经济运行分析和成本核算，实行医药分开核算、分别管理的基础上，合理提高医疗技术收费价格，体现医术劳务价值，以彻底矫正目前"医""药"不分、以"药"养"医"的过度供给行为及其他不当行为。

（三）失业保险制度的建立与绩效

1. 在观念上打破了失业禁区，使失业保险制度成为支持体制转型的极其重要的社会安全机制。在市场化改革过程中，中国面临着前所未有的公开失业与隐性失业的压力。为回应体制转型和社会发展的现实挑战，失业保险制度正处在制度扩张的初级阶段，非制度化的再就业工程的实施与各省市制度化失业保险制度的建立，有力地缓解了因失业、下岗所造成的城市贫困。现在，各省市普遍建立了政事分开、纵横结合的失业保险管理机构，初步形成保险费收缴、失业登记、就业培训、职业介绍、生产自救、发放失业津贴等纵横结合的运行体制。

2. 在城镇经济范围内初步实现了失业保险的广覆盖目标。城镇职工失业保险的覆盖范围，近几年已由国有企业逐步扩大到其他所有制企业，投保人数已由 1995 年的 9500 万人增加到 1996 年的 1.1 亿人，增长 16%。

3. 失业保险金的征收比例提高，资金积累规模日趋扩大。企业上缴比例已由工资总额的 1% 提高到 3%，职工个人缴纳工资总额的 1%；自 1990 年以来，失业保险基金的收支规模在不断扩大，表 1 反映出这一趋势。

表 1　　　　　　1990—1997 年中国失业保险基金收支情况　　　　单位：亿元

年份	总收入	总支出	滚存结余	年份	总收入	总支出	滚存结余
1990	7.43	1.87	19.20	1995	35.3	18.9	61.6
1991	8.37	2.5	25.07	1996	45	27	79.6
1993	16.3	9.3	38.7	1997	46.8	36	90.4
1994	18	11.4	45.2				

资料来源：马国年、刘太勤：《失业与失业保险》，企业管理出版社 1997 年版。

4. 推行积极的失业保险政策，促进了失业、下岗职工的再就业。在经济转型过程中，中国倡导积极的失业保险政策。积极的失业保险政策，是指现行的失业保险制度应当具有两种制度能力，通过发放失业津贴以保障失业者的基本生活需要，通过设置若干重要的公共政策措施积极促进失业者实现再就业。现行失业保险制度促进再就业的机制能力主要表现在以下三个方面：（1）制订激励再就业的给付条件。规定必须在失业之后登记求职者才具备起码条件；失业第二年的失业金往往要降低10 个百分点；介绍职业无充足理由而拒绝两次者停发失业金，等等。（2）建立了一整套包括转岗培训、职业介绍、就业指导和生产自救环环相扣的再就业促进体系。（3）对雇用单位实行税收优惠政策，鼓励其为失业者提供更多的就业岗位。

以我们调查的大连市失业保险制度为例，可以更清楚地看到，为确保积极的失业保险政策，失业保险基金的开支除发放失业津贴之外，同时还较多地用于职业介绍、就业培训和生产自救诸方面。1986—1997 年 6 月 30 日，大连市失业保险机构累计收缴失业保险金 37215 万元，累计支出 18637 万元，其中失业津贴为 3189 万元，占 17%；一次性定期救济费 6823 万元，占 36%；解困基金 700 万元，占 4%；医疗费、丧葬费、生育补助费共 142 万元，占 0.8%，上述几项用于满足失业人员基本生活需要的支出占总支出的 57.8%。而转岗转业培训费 3005 万元，职业介绍费 1666万元，生产自救费 469 万元，3 项用于支持失业者实现再就业的支出合计 5140 万元，约占总支出的 28%[①]。

三　完善社会保险制度的措施

（一）合理确定现行社会保险制度中企业与个人的缴费率

在构建现代新型社会保险制度过程中，如何确定一个合理与恰当的缴费率主要受制于以下约束条件的限制：（1）经济发展阶段与经济发展水

---

① 郑海航、和春雷：《社会保险制度：大连模式述评》，《中国工业经济》1998 年第 1 期。

平。不同的经济发展阶段决定居民不同的收入水平，而不同的收入水平又决定不同的制度缴费率，后者是前者的因变量。（2）新制度设计的目标待遇水平。较高的目标待遇水平必然决定较高的制度缴费率。与传统社会保险制度的"高福利"相比，现行制度定位于"基本水平"的保险待遇给付，无疑只需要适度的制度缴费率。（3）企业的承受能力。在现代市场经济社会，企业是社会保险制度的主要供款者。超越企业承受能力的制度缴费率将会大大损害企业的经济竞争力，因此，那种通过"杀鸡取卵"以提高保险待遇水平的做法显然缺乏长期眼光。

如果以上述原则观照中国社会保险制度创新过程，那么现行制度存在的一个主要问题就是部分企业已不堪承负日益沉重的缴费率。按现行制度的供款规则，企业的制度缴费率是29%（养老保险为20%，医疗保险为6%，失业保险为3%）。但是，由于国有企业特别是大中型国有企业的养老负担与冗员负担严重不均衡，部分企业的实际缴费率已高达50%左右。较高的缴费率迫使企业采取拒缴行为。世界银行的调查显示，企业的遵缴率自20世纪90年代初的90%已下降到1994年和1995年的70%或80%。而且，这一下滑趋势至今尚未出现反弹迹象。企业的拒缴行为将直接威胁到现行制度的资金动员能力，并进而增加了该制度的制度风险。

导致企业拒缴行为的主要原因是国有企业之间畸轻畸重的社会保险负担，特别是畸轻畸重的中老年的养老负担与医疗负担。在中央政府不承担隐性社会保险债务的前提下，这一状况将难以改变。与此相关的另一个问题是现行制度的管理成本居高不下。据统计，1994年地方养老保险管理机构从养老基金中提取管理费12.52亿元，比上年增长25.83%，人均支出管理费3.38万元，比上年增长12.67%；同年，失业保险机构管理费支出2.25亿元，比上年增长38.89%。

较高的管理费必然要求较高的缴费率。最后一个问题是，在现行的政府管制框架内，社会保险基金不仅难以保值增值，而且正在出现大量流失。1994年基金滚存结余额376.99亿元，其中购买国家债券部分仅81.98亿元，占整个滚存结余额的21.74%，大量的结余资金被挪用于基本建设投资和证券投资，其中相当一部分已难以收回。社会保险基金的合法流失与非法挪用又使其无法通过其自身的保值增值来降低企业的缴费率①。

以上情况已经说明，现行制度亟需一个再改革过程，否则其制度风险将使社会保险制度演变为风险最大的制度安排。

（二）扩大养老保险覆盖面

就覆盖面来说，目前确有潜力可挖。根据有关资料，1996 年年底全国城镇基本养老保险参保率为 78.4%，其中国有企业（职工 14839 万人）为 95.15%。集体企业（职工 2957 万人）51.47%，其他所有制企业为 27.5%②。国有企业退休人员最多，参保率也最高，其他所有制企业（即"三资"、私营企业）绝大多数是在 1980 年以后成立的。退休人员较少，而参保率却最低，这说明基本养老保险并没有作为一种法律制度在所有城镇企业强制执行。据统计，1996 年未参加统筹的职工总数为 2414 万人，离退休职工为 116 万人。如果我们按 1996 年平均工资 6145 元和平均缴费率 23.58% 计算，这部分人参保以后，可增收养老基金 350 亿元；1996 年离退休职工养老福利费平均每人 5765 元，增加支出 116 万人退休费用 67 亿元；收支相抵，新增基金结余 283 亿元，相当于 1996 年工资支出总额 9080亿元的 3.2%，也就是说，可使 1996 年的基本养老金提取比例降低 3.2%。但这是不考虑资金积累，将当年养老金收入用于当年支出的情况。从 1996 年全国养老费用支出情况来看，计入共济部分的比例应该为 20% 才能保证支付养老金，而统一制度规定计入共济部分的资金为 17%，则在省级互济情况下仍然有 3% 的资金缺口，扩大覆盖面之后可以弥补这部分资金缺口。1997 年覆盖面有所扩大，但进展非常缓慢。1997 年国有企业职工参保率为 96.6%，集体企业职工为 53.8%，外商投资企业和私营企业为 32%③。失业保险在提高医疗缴费率的同时，也必须扩大覆盖面。医疗保险制度出台后也面临同样的问题。

---

① 杨良初等：《关于加强社会保障财政管理的若干思考》，《财经问题研究》1997 年第 1 期。
② 牟达权：《共织安全网》，经济科学出版社 1998 年版，第 87 页。
③ 劳动与社会保障部法制司负责人于 1999 年 2 月 25 日举办的新闻通气会上透露，《中国经济时报》2 月 26 日报道。

（三）　提高收缴率

资金缺口扩大的一个重要原因是缴纳情况不理想。1996 年全国养老基金平均收缴率为 92.5％，比 1995 年下降 0.8％。1997 年进一步下降为 90.7％，而 1998 年上半年只达到 82.7％①。同上。从所有制情况来看，1996 年，国有企业收缴率为 90.38％，比上年下降 3.22％，说明国有企业效益不好，缴费越来越难。集体企业收缴率为 90.11％，比上年下降 0.99％，其他所有制企业收缴率为 96.04％，比上年上升 3.44％，说明其他所有制企业缴费能力强于国有企业。失业保险的收缴率也大有潜力可挖。

（四）　完善对统筹账户和个人账户的管理

养老、医疗基金收支两条线的制度已通过设置统筹账户和个人账户来进行营运。但是还存在不少问题，特别是养老基金的管理问题还很严重。从社会统筹账户和个人账户的关系来看，主要有三种情况：（1）将统筹账户资金和个人账户资金混合在一起使用（见图1），统筹不足时动用个人账户积累。（2）将统筹账户和个人账户彻底分离（见图2），二者分别由独立的机构管理和营运，除了市场行为（如借贷关系）之外，二者不发生其他关系。（3）二者统一由一个机构管理，但建立独立的机构分别核算（见图3）。

在第一种情况下，设置个人账户只是起到明确每个人个人账户积累数额多少的功能，在发放养老金时可按积累数额计算发放。由于两部分资金混合在一起使用，在这种情况下，统筹账户资金余缺和个人账户资金积累总额均不能反映出来，在当前统筹账户资金不足的情况下，必然会掩盖统筹基金缺口的大小和个人账户"空账"的规模，不利于政府统筹安排。第二种情况，将个人账户资金和统筹账户资金彻底分开，实行分账管理、独立营运，有利于明确统筹账户和个人账户的规模和各自的责任，有利于政

---

① 劳动与社会保障部法制司负责人于 1999 年 2 月 25 日举办的新闻通气会上透露，《中国经济时报》2 月 26 日报道。

府筹划和安排解决资金缺口。但需要建立相对独立的管理和营运机构，在养老金发放时需要建立二者协调机制。另外，由于是基本保险，个人账户独立营运的风险最终仍然要由政府来承担。第三种情况，既能够做到养老基金的独立营运和管理，又能够做到养老金收支的相互配合，但管理不好会变成第一种情况。

统筹账户和个人账户管理模式可以用以图1至图3来表示。

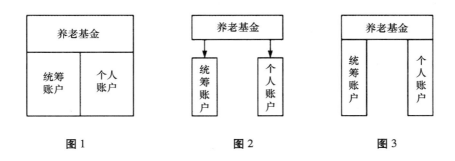

图1　　　　　　　　　图2　　　　　　　　　图3

在处理统筹账户和个人账户关系问题上，人们的看法并不一致。有一种意见认为，可以允许空账存在，并通过空账的代际转移来解决支付危机。由于个人账户资金是通过逐年积累和分散支付的方式运转的，并不需要一次支付，在个人账户积累资金全部用尽之前（2008年），不会带来支付困难，这期间积累的个人账户资金可以通过拆借或其他方式用于抵补支付养老金的阶段性缺口，使空账在代际之间或代内实现转移。在这种情况下，统账资金没有必要分开。这时的个人账户，实际上相当于用来应付共济部分和支付已退休个人账户部分的风险准备金，即与现收现付方式相比，建立个人账户只是多了一个风险调剂和缓冲机制而已。相反，如果将二者完全分开，就不能实现这一功能。在这种情况下，存在空账最大的问题是这部分空账资金不能取得利息收入，或者说记账利息要由政府来补贴。但与保持个人账户实账，共济缺口由财政负担相比，只负担利息补贴，政府的负担显然要轻一些。

我们认为，应该将二者完全分开，最终实现独立管理和营运。为了不提高养老金缴费比例、增加企业负担，各地当前已经采用了社会统筹基金向个人账户透支的办法，形成了个人账户的"空账"，如果继续下去，将难以实现部分积累制的目标，使部分积累制形同虚设。因此，应尽快采取措施，使个人账户变成实账，使两个账户独立核算，以使资金缺口显性化。在近期内，首先考虑使统筹账户和个人账户分开，独立进行核算（如图3所示）。在个人账户充实之后，再考虑建立独立的个人账户管理机构（如图2所示），使养老金缺口真正引起社会各界的重视，并尽快寻求解决途径。

（五）政府应支付"空账"所代表的体制转换的过渡成本

在传统年金计划已经运行了40年的历史基础上要完成由现收现付制向混合制的转换，我们面临的最棘手的问题就是如何处置代表中老年职工养老金权益的政府隐性年金债务问题。作为中央政府的先期承诺，它构成两种制度切换的过渡成本。从理论上分析，支付过渡成本有两条可能的途径：即代际转移支付和国家公共财产的转移支付。

1. 我们来分析代际转移方式的可行性。通过代际收入再分配以消化过渡成本的做法主要面临两个问题：

（1）这一处置方式在社会道德上是否公正。应当承认，在传统的年金计划内，现在的中老年职工的养老费用实际上已通过"预先扣除"交给国家并通过国家的投资行为而固化在现有的国有资产之中形成国家负债。作为国家负债的过渡成本理应由政府承担。而通过收入的代际转移支付以支付过渡成本的方法，显然是将政府负债转嫁给了年轻的一代，从而使新制度中的"新人"成为该制度中第一批意外的利益受损者，这显然有失公允。

（2）这一处置方式在财务上是否可行。伴随城镇人口结构转型和体制内抚养率的上升，传统年金制度的成熟将迫使企业以一个不断攀高的缴费率向该计划供款。根据世界银行的调查，1994年全国13个省和12个市的简单平均缴费率分别是23.5%和25.9%，已远远高于国际上的大约20%的平均水平。而且，在中央政府不承担支付过渡成本责任的前提下，为保证人口老龄化过程中"统账结合"制度的支付能力，即使是将个人账户基金用以填补计划内资金缺口，企业的缴费率在2000年以后也仍将长期保持在30%的高水平上。如此高的供款水平将使绝大部分国有企业难以承受。

在企业的缴费率居高不下的情况下，企业有限的资金动员能力实际上将难以保证现行计划的财务可行性。换言之，现行制度在养老金资金供给与需求之间所形成的缺口是出现"空账"的根本原因，它使现行制度在保留混合制外壳的前提下，有可能变为名副其实的现收现付制，而传统的现收现付制根本无力回应即将到来的人口老龄化的挑战。因此，如何解决个人账户的"空账"问题将是关系现行养老金计划制度安全的重要问题。

2. 为保证现行制度的安全性，唯一的同时也是可行的办法就是政府对社会保险基金要给予财政支持，可选择的办法有：（1）用财政拨款补充统筹账户的缺口。（2）发行专项国债补充统筹账户的缺口。（3）设立专门税种。例如，消费税，用以弥补缺口，德国就是采取这种办法的。（4）将一部分国有资产（如一些中小企业、部分国有房地产等）进行出售、租赁。以销售和租赁收入偿债。

与此同时，在1999年启动、推行的基本医疗保险制度改革中，我们同样要高度警惕个人账户的"空账"问题。养老保险计划中的个人账户属于"积累账户"。在收入与支出之间存在着较为稳定的时间周期；而医疗保险计划中的个人账户则属于"支出账户"，对于每一个投保人来讲，正如其患病概率具有不确定性一样，其支出也同样具有不确定性。换言之，基本医疗保险的即期消费特点决定其中的个人账户必须是"实账"而非"空账"；否则，过度的空账规模将导致现行制度发生崩溃。因此，在新型医疗保险制度启动之际，通过筹集部分过渡成本以保持个人账户的实账内容将对新制度具有重要的战略意义。

（六）为企业补充养老、医疗保险的实施确立一个恰当的政策框架

在现行的养老保险制度中，企业补充养老医疗保险属于企业层面上的自愿保险行为，其目标在于为本企业职工提供"基本保障"之上的更高的保险待遇，同时也反映或者体现不同企业之间的经济效益差别。但是在补充养老保险的实施过程中，非国有经济一般都不愿在国家法定的基本养老、医疗保险之外再拿出一笔钱来为职工建立企业补充保险，因为这样做

会增加企业的负担，影响企业的竞争力，减少投资回报率。在现实经济生活中，对此项保险较为积极的是经济效益较好的国有企业。但是，在国家对这类企业提取补充养老、医疗保险金缺乏统一的政策规定的前提下，就会造成许多弊病，如经理们滥用权力为自己谋取好处、国有资产大量流失等。为此，我们建议，中央政府应当对如何实施企业补充养老、医疗保险确立一个统一的政策框架，并严格限制该项基金只能从企业的集体福利基金中提取，换句话说，没有集体福利基金的企业就不能提取企业补充养老、医疗保险基金；同时，企业内部也应当有合理的提取方案，严格规章制度，严格管理。

（七）合理确定社会保险的统筹层次

1998 年，中央政府决定基本养老保险实行省级统筹，并于 3 年内完成。同时，部分省市的失业保险制度此前也已实施省级统筹。省级统筹的意义在于，一方面可以扩大现行制度的缴费基础，以增强其应付各种风险事故的财务能力与制度安全；另一方面可以通过大数法则化解不同地区以及不同企业之间畸轻畸重的社会保险负担。社会保险制度的普遍性原则与社会化原则，要求该制度必须是一个开放的体系，即覆盖全社会所有成员。在这种意义上，省级统筹只是现行制度向全国统筹过渡的一个中间阶段。

但目前对医疗保险的统筹范围，应该有所不同。建立社会化的基本医疗保险制度是改革的目标之一，考虑到医疗保险本身的复杂性及中国各地经济发展水平的巨大差异性，目前统筹的范围不宜太大，在城镇化水平与经济发展水平相对较高的地区和地级市，可以在地级市（含直辖市、副省级市与省会城市）层次上进行统筹，建立以地级市统筹为基础、以省级风险调剂基金为依托的基本医疗保险体系；在经济发展水平与城市化水平较低的地区，可以从县、区级统筹做起，等条件成熟时再向地级市统筹层次发展。与此同时，可以考虑允许一些大型企业建立相对独立的医疗保险公司，应当指出，这些保险公司行使的是部分国家功能，是独立的事业法人。在财务与管理上要与企业独立存在，并接受社会保险管理机构的监督与检查。

（八）要逐步放松对社会保险基金特别是养老金基金投资营运的政府管制

目前，中央政府规定，养老金基金在留足两个月的支付准备金之后只能购买国债或存入银行，不得进行其他投资。但是，实践证明，这种准政府管制型投资却无法实现养老金基金的保值增值。

不允许养老金基金进行其他投资，在目前银行以国有银行为主体、银行存贷款利率由政府确定的情况下，养老金基金法定投资的负利率意味着政府将对基金的保值增值承担最后责任。而允许养老金基金进行投资，就意味着投资机构将对基金的保值增值承担责任。在目前执法不严、监管不力、资本市场动荡且很不成熟的情况下，允许养老金基金进行其他投资确实会冒很大风险。

但从长期看，在实行养老保险行政管理与基金投资营运分设，建立起专业化的养老金基金管理公司的情况下，应该逐步允许部分养老金基金进行多元组合投资。从中国实际情况看，成立多家养老金基金管理公司，允许其进行股票、企业债券及其他投资，有利于资本市场的发育和成熟。目前的关键问题是，受地方政府的影响，基金管理公司的独立经营没有保障；即使基金管理公司独立经营，由于基金的公有性质，也难以建立起对基金经营者有效的激励与监督机制。

通过多元投资组合能否实现保值增值，我们认为，如果政治、经济稳定，不出现像东南亚金融危机一样的市场风险，是有可能的。但在国际竞争日益激烈的环境下，除美国（将来可能还包括欧盟）等能够发行世界性货币的国家或区域性经济组织之外，出现较大的经济风险的情况仍难以避免。因此，在基金经营管理方面采取比较谨慎的态度是恰当的。

（九）改造现行社会保险制度的管理体制，真正实现行政管理机构与基金投资营运机构、执行机构与监督机构的分设

我们建议，在保持一个必要的政府监管体系的前提下，可以考虑将投资机构交给市场。例如，像智利那样在现行制度的旁边培育一个年金基金的托管人市场，亦即成立多家形成竞争态势的年金基金管理公司，通过建立在规范的信息披露机制之上的市场竞争以降低管理价格与管理风险。

（十）加快社会保险制度的立法进程

在社会保险制度创新的初期，由于制度建设尚处在试点阶段，方案可以多些，办法也可以不同。但是，经过多年试点后，就应该形成统一的方案，并由国务院颁发文件予以规范。在文件贯彻执行后，可根据实情做出若干调整、修改并通过立法予以确认。社会保险立法工作可以根据该制度中各个具体项目的难易程度和实际进展情况分别进行，先制定分项法规，在单项法规的基础上，再建立综合性的社会保险法，从而为社会保险的运行确立一个权威的法律框架。

（本文为《中国国有企业改革与发展研究》一书中的一章，
经济管理出版社 2001 年版，题目是新加的）

加速建立社会主义市场经济新秩序

建立社会主义市场经济新秩序的必要性

我国经济体制改革的目标模式是建立社会主义市场经济。市场经济的运行，不仅要求有一个与其运行机制相适应的组织体制，而且要求有一种保证其机制充分起作用的经济秩序。没有这种经济秩序，或者这种经济秩序不严格，市场参与者、执法者和政府的行为就不会符合市场经济的规范，从而使市场经济的正常运行受到阻碍，市场经济的健康发展也会受到影响。市场经济在我国的迅速发展，打破了原来的计划经济秩序，迫切要求建立社会主义市场经济的新秩序，以使市场经济正常运行、巩固和发展。在这方面我们虽然做了一些工作，但是，还远远不能适应市场经济发展的要求。无法可依，有法不依，交易双方、执法者和政府的行为不规范，市场秩序紊乱的问题已经十分严重；商品广告名不副实；伪劣产品比比皆是；知识产权屡被侵犯；欺行霸市、无照经营、偷税漏税等现象屡禁不绝；官商不分、政企不分、权钱交易等现象没能得以有效遏制，等等。这不仅带来了许多社会问题，而且也败坏了市场经济的声誉。因此，紊乱的市场秩序亟待治理。

目前市场经济秩序紊乱的原因分析

造成市场秩序紊乱的首要原因，是我国还处在由计划经济体制向市场经济体制转换的过渡时期，经济运行机制还是"多轨制"，计划经济的体制已经被打破，市场经济的体制还有待于建立和完善，在这样的特殊时期，有些经济活动还按计划经济的机制运行，有些经济活动已按市场经济的机制运行，还有一些经济活动既不是按计划经济的机制运行，也不按市场经济的机制运行。一些人钻这种"多轨制"的空子，就容易造成市场秩序的紊乱。

　　造成市场秩序紊乱的另一个原因是，许多人还缺乏市场经济方面的基本知识。我国长期实行计划经济，人们对市场经济的一些基本知识缺乏了解。比如：在生产经营中，无意中侵犯知识产权的行为大量存在；在搞股份制时，不了解股票和债券的区别，把股票当做债券，既还本，又付息；在开展竞争时，不懂得正当竞争和不公平竞争之间的界限，把一些非法手段引到竞争中来。诸如此类的事情，除少数是明知故犯外，多数都是由于不具备有关知识而造成的。

　　造成市场经济秩序紊乱的第三个原因是，受市场经济大潮的冲击，一些人思想产生了变态。市场经济大潮的冲击，对人们产生的积极影响是主要的，这应该给予充分的肯定。在充分肯定它的积极影响的同时，也应该重视它带来的消极影响。在计划经济条件下，只讲产品，不讲商品，只讲奉献，不讲报酬，只讲国家、集体利益，不讲个人的经济利益，这些做法当然是不对的。但现在有些人又从一个极端走到了另一个极端。他们把不该引进商品交换领域的某些东西，如权力、地位、对社会应尽的义务、婚姻、甚至于人的肉体也引进了商品交换领域，拜金主义也开始泛滥，这种思想上的变态对市场秩序有很大的影响。

　　造成市场秩序紊乱的第四个原因是法制不健全。我国市场经济发展很快，关于市场管理方面的法规远远不适应形势发展的要求。例如，为了鼓励竞争、保护竞争，防止垄断和不正当竞争，必须有保护公平竞争方面的法规；为了防止某些单位、个人牟取暴利，应当有反暴利法，到目前为止，这些法规还迟迟未见出台。已出台的法规，有的还不完备，有的可操作性差，有的政出多门，互不衔接，甚至互相抵触、矛盾，执法部门之间、执法部门和某些行政管理部门之间的职责不清，遇事互相推诿。有法不依、执法不严的现象严重。

　　造成市场秩序紊乱的第五个原因是，我国小商品生产者为数众多。在我国的城市和农村，小商品生产者都占很大的比例，特别是在生活资料的生产和经营领域，小商品生产者还占统治地位，这些小商品生产者的思想文化素质较低、资金少、投机心态强，许多人不懂和不顾市场规则，只要能赚到钱，他们什么事情都敢干。如无照经营、生产经营假冒劣质商品、商品和劳务达不到国家规定的标准、弄虚作假、敲诈勒索和偷税漏税等现象多发生在他们身上，而且由于这些小商品生产者和经营者规模很小、数量多、流动性大，给市场管理也带来了很大的困难。

建立市场经济新秩序是一项系统工程

在我国，加速建立市场经济的新秩序已成为发展社会主义市场经济的一个紧迫问题。这一任务是十分艰巨的、复杂的。在这方面，当前主要应抓好以下几项工作：

首先，深化改革，大力推动社会主义市场经济的发展。随着改革的深入发展。遇到了旧体制中的一些深层次的问题，改革的难度增大，不打一些攻坚战，新体制就难以形成，正常的市场经济秩序也很难确立。比如，要有效地解决权力进入市场、权钱交易、权权交易等问题，除有相应的法律、法规外，最根本的措施是坚定不移地继续沿着政企分开、所有权和经营权分开的思路深入进行改革，割断政府和企业联系的脐带，彻底转变政府的职能，使企业成为独立的商品生产者。总之，建立正常的市场经济秩序有利于巩固改革所取得的成果和促进社会主义市场经济的发展，完善的市场经济新秩序的确立，又有赖于经济体制改革的深化。这两者是相辅相成的，必须将两者结合起来进行，才能取得比较好的成效。

其次，对公民进行关于市场经济的教育。对公民进行市场经济的教育是发展社会主义市场经济，建立社会主义市场经济新秩序的一项非常重要的措施。对公民进行社会主义市场经济的教育，至少应该包括以下三个方面的内容：一是对公民特别是政府官员、企业的经营者和管理人员进行关于市场经济基本知识的教育；二是对公民进行广泛的法制教育；三是对公民进行思想品质和社会道德方面的教育。

再次，进一步建立健全市场管理方面的法律、法规，为了加速建立社会主义市场经济的新秩序，必须进一步建立健全市场管理方面的法律、法规，以此来规范交易双方、执法者和政府的行为，如市场法（商法）、公平竞争法、反垄断法等。同时，为了保证这些基本法律、法规能够有效地实施，还必须有完善的专项法律、法规与之配套。建立健全促进市场经济健康发展的法律、法规是一项复杂而艰巨的任务。为了使这项工作卓有成效地进行，有的可先以行政条例的方式试行，待条件成熟后再变成正式的法律、法规；有的可以在原有法律、法规的基础上，根据市场经济的要求加以修订、补充；有的可照搬或借鉴国外行之有效的法律、法规。

最后，应加强市场行政管理人员和执法人员的队伍建设。要结合政府的机构改革，将一些文化水平高、管理能力强的干部充实到工商行政管理、经济执法、经济仲裁和经济审判机构中去。

（原载《光明日报》1993 年 6 月 3 日）

试论中国社会主义市场经济的目标模式

中共十四大明确了中国经济体制改革的目标是建立社会主义市场经济体制，这是近年来经济理论上的最重大突破，它对我国新经济体制的建立和经济发展具有深远的影响和十分重大的意义。但是，我们也应当清楚当今世界上市场经济有一些不同的模式，中国的社会主义市场经济到底应当采取哪种模式，或者说更接近哪种模式，这个问题有待我们进一步探讨。本文拟就此发表一些自己的粗浅意见。

一　市场经济的类型及其特点

世界上的许多学者都认为、经济制度是由所有制形式和决策方式决定的。而且，越来越多的人认为，在上述两个决定因素中，后者更具有决定性意义。例如，美国学者莫里斯·博恩斯坦就认为："经济体制研究中的趋势是：作为经济体制的公性质和作用中关键要素的所有制的重要性正在降低，因为资源分配和收入分配格式比它显得更为重要。""决策——而不是所有权——已经成为问题的中心。"[①] 另一个美国学者阿兰·G. 格鲁奇也认为："有决定意义的事情，不是法律上的生产资料所有制。最重要的是经济运行的方式和为谁服务。在资本主义和社会主义这两种经济制度中，提出的问题是一样的。"[②] 美国的某些标准的经济学教科书也认为，"企业的经济行为更取决于决策方式，而不是所有制形式"[③]。并举例说，在希特勒统治时期，德国政府对私人公司实行了高度集中的控制，这些公

---

① ［美］莫里斯·博恩斯坦：《比较经济体制》，中国财政经济出版社 1989 年版，第 13、28 页。
② ［美］阿兰·G 格鲁奇：《比较经济体制》，中国社会科学出版社 1985 年版，第 19 页。
③ ［美］Riehard G. Lipsy：《经济学》，英文版第 9 页，Harper&Row 出版社 1990 年版。

司的经营方式与其他国家的私人公司的经营方式有很大的区别。相反，现在资本主义国家的国有企业，则可以完全像私人企业一样经营。正因为如此，许多研究比较经济体制的学者都按决策方式来划分经济体制的类型，并把市场经济划分成纯粹的市场经济（有些人又称它为自由竞争的市场经济）、有国家干预的市场经济、有国家计划的市场经济和前南斯拉夫的市场经济（也称市场社会主义）。

纯粹的市场经济是资本主义发展初期的一种市场经济。在这种经济制度下，生产是小规模的，几乎不存在大的垄断集团，商品的价格完全靠企业通过竞争形成，政府对经济活动的干预非常少。由于这种经济模式已经不能再反映现实经济的实际情况，所以它在标准的经济学教科书中，现在只是一个纯粹假设的抽象的模式。

有国家干预的市场经济是一种成熟的市场经济制度。许多欧美国家都是实行的这种经济制度，尤其以美国、加拿大等国最为典型。它的主要特点是：（1）在经济生活中出现了一些大的和特大的工业企业。一些大的工业企业还具有联合的性质，其销售额在同行业中占有支配的地位。这些工业企业除参加特殊的工业协会外，通常还加入工业联合会。这种工业联合会在应付政府、有组织的劳工和公众时，就充当大工业的代言人。在这些工业核心中，少数大寡头垄断企业与高度集中的商业银行系统结合在一起，在国家的经济事务中起着决定性的作用。（2）劳动力市场的组织紧紧地跟着工业的组织形式。围绕着大的工业经济中心，强有力的工会组织应运而生。它们的市场力量与大工业的市场力量较量。特别是在决定工资水平和就业问题上，它们起着十分重要的作用。（3）某些产品的价格不再完全由市场的自由竞争来决定。垄断组织、政府、工会等对某些产品的价格的形成有很大的影响。（4）政府成为经济生活中的一个重要主体。政府雇员在就业人数中的比重增加，政府购买的商品和劳务在国民生产总值中的比重上升。政府还拥有一些公营企业，为社会提供一些私营企业不愿提供的产品和劳务。（5）政府在经济管理中的作用加强。为了调节经济，政府不仅制定出一些法律，如反垄断法、最低收入标准和环境保护法等来保护公平竞争，维护低收入者的利益和保护人类的生存环境，而且还采用财政、金融、税收等经济杠杆来干预经济。其目标在于把微观经济政策和宏观经济政策结合起来，防止经济资源的分配不当，扫除达到经济稳定的障碍，保障大规模生产，并促进更平等的收入分配。

有国家计划的市场经济是另一种成熟的市场经济类型。法国、日本、瑞典、挪威和荷兰等国实行的就是这种市场经济制度。它几乎具有国家干预的市场经济的所有特点，所不同的是，国家对经济有更多的干预。国家不仅通过经济立法、经济杠杆等手段调节经济，而且还通过国家计划来调节经济。其基本特征是：（1）国家设有全国性的计划管理机构，它负责收集市场信息、编制年度的和长期的国家计划。这种计划是计划期内国民生产总值及其用于公私消费和投资的预测。财政、货币、价格和工资等政策与计划相配合，以达到预定的目标。（2）这种计划是指导性的，而非指令性的，它依靠各社会阶层、集团的合作来实现。政府的计划制定者和大工业厂商经理的合作对计划的实现起着关键作用。（3）市场机制对协调日常的决策仍然起着基本的和决定性的作用。（4）具有贯彻指导性计划所必需的信息结构和动力结构。

除上述三种类型外，西方学者把前南斯拉夫的经济制度也称为一种市场经济。它是建立在企业自治和社会自治的基础上的。在这种制度下，联合劳动基层组织（企业）在决定产品的生产、销售和利润分配等方面有了更大的自主权；国家放弃了给企业下达指令性计划的作法，由联合劳动组织自下而上地在协议的基础上编制社会计划。这种计划不具有法律的约束力，企业可以根据市场变化进行调整；价格原则上也是由企业根据市场的供求关系决定，市场机制对调节经济起主要作用；在企业内部，实行工人自治，即由全体职工选举出的工人委员会是企业的最高权力机构，经理在它领导下开展工作。

二　中国社会主义市场经济的模式选择

上面我们分析了四种类型的市场经济模式，中国的市场经济到底应采取哪种模式呢？很显然，我们不能采用第一种模式；因为它是资本主义发展初期的一种市场经济模式，现在只在极个别极为特殊的国家和地区还能看到它的身影。对绝大多数国家来说，它已经失去了存在的价值，前南斯拉夫的经济制度虽然也被称为一种市场经济模式，但是，它是在经济体制改革过程中产生的，还没定型，还不能称为一种成熟的市场经济模式。实践也证明，这种经济模式存在许多弊病，如政府缺乏强有力的宏观控制，企业缺乏自我约束和自我发展机制等。因此，它是一种低效率的机制，我们也不能以它为目标模式。有国家干预的市场经济虽然是一种成熟的市场经济制度，但是，由于它比之有国家计划的市场经济更接近纯粹的市场经济，因而它也存在着一些重大缺陷。例如，在现实的经济生活中还存在着一些"看不见的手"不能起作用的领域，在这些领域经济杠杆很难起调节作用。即便在那些"看不见的手"能起作用的领域，有时经济杠杆也很难及时地发挥有效的作用。这是因为：（1）决策者很难及时得到当前经济情况的准确信息，他们只能根据反映过去经济运行情况的信息来作出决定，难免会出现偏差。（2）统计资料不一定准确。（3）决策常常受到政治因素的干扰。尤其像在美国这样的国家，一些重大的宏观调控措施需要得到国会的批准。国会里的在野党成员往往不与政府合作，使一些重大的宏观调控措施难以出台。西方学者称这是民主付出的代价。（4）说服生产者和消费者按宏观调控的方向行动也需要时间。实践也证明，实行这种市场经济制度的国家并没有很好解决第二次世界大战以来存在的、严重的失业、通货膨胀和周期性经济危机等问题。正因为如此，在许多西方国家中，这种市场经济模式已丢失了作为国家目标的吸引方。最近几十年，不少西方国家的政府、直在寻找一种比第二次世界大战后英国、美国的凯恩斯主流派经济学家们所设想的更好、更可行的经济体制。所以一些发达的资本主义国家转而实行另一种有更多的（而不是更少的）政府干预和国家经济指导的市场经济体制。如法国、荷兰、日本、瑞典、比利时、丹麦和意大利等国家，第二次世界大战以后，早已采用了大量的国家计划来调节经济。尽管不同的西方国家有不同的国家计划方式和经验，但是，它们都普遍采用更多的国家干预和国家计划的方向发展，而且取得了成功。所以，中国的市场经济模式，就决策方式来说，只能是向有国家计划的市场经济模式靠近。

我国的市场经济模式之所以应该向有国家计划的市场经济模式靠近，还在于我国的市场经济将建立在以公有制为主体、多种经济成分并存的所有制结构基础之上。如同私有制企业对市场经济有更大的兼容性一样，公有制企业特别是国有制企业对国家计划有更大的兼容性。换句话说，国有企业比起其他企业来，更能接受国家计划这不仅已经被社会主义国家的经济实践所证明，而且也已经被实行有计划市场经济制度的资本主义国家的经济实践所证明。因为在这些国家，无一例外都存在着相当大比例的国营经济。它们在执行国家计划中扮演了重要的角色。因此，在以公有制为主体、多种所有制并存的社会主义条件下采用有国家计划的市场经济模式有先天性的条件。当然，强调国有企业对国家计划的兼容性，并不是说，国有企业对市场经济就没有兼容性。确实，在高度集中的计划经济体制下的国有企业对市场经济的兼容性是差的，但是，按"两权分离"原则改造后的国有企业不仅会对国家计划具有较强的兼容性，而且对市场经济也同样能具有较强的兼容性。这已为资本主义国家的国有企业的事实所证明。

我国特有的社会、文化传统也是促使我们采用有国家计划的市场经济模式的重要因素。只要稍加分析，我们就会发现，一个国家的社会、文化传统对其经济体制的形成有举足轻重的影响。同样是资本主义国家，由于社会、文化传统不同、它们选择的市场经济制度的类型也不一样。比如，美国的社会、文化传统是多元化和自由放任的，这种社会、文化传统使它选择了有比较弱的政府干预的市场经济制度；相反，几乎所有走上有国家计划的市场经济道路的国家，其社会、文化传统都具有强烈的国家主义倾向或社会主义思潮。中国经历了两千多年的中央集权的封建社会，同样具有强烈的国家主义倾向的社会、文化传统。新中国成立后，我国又走上了社会主义道路，社会主义思想已经深深扎根于人民心中。同时，在四十多年的社会主义经济建设中已经积累了不少计划管理方面的经验。毫无疑问，高度集中的计划经济体制作为一种制度是应当被放弃的。但是，在这种体制下所获得的某些经验和好的方法却是我们的宝贵财富，在新的市场经济条件下仍然是很有用的，我们决不能全盘否定。

三　中国社会主义市场经济模式的轮廓

我国的市场经济模式虽然和某些西方国家实行的有国家计划的市场经济模式有许多相似之处，但是，由于我国的经济发展水平、社会、文化传统和环境等主要因素的影响，它必然会和这些国家的市场经济模式有所区别。现在就想要详细描绘我国社会主义市场经济模式无疑是很困难的，我们只能勾画出它的一些轮廓。

（一）企业成为独立的商品生产者，并形成合理的企业组织结构

企业成为独立的商品生产者的难点在于国有企业。经过十几年的改革，我国的国有企业的自主权虽然有所扩大，但是，它们还没有从根本上摆脱行政机构附属物的地位，离拥有独立的商品生产者的地位还有很大的距离。必须真正按两权分离的原则，对国有企业的产权关系进行重组，通过股份制等形式，使企业对其使用的财产拥有法人所有权，以使它们真正成为自主经营、自我发展、自负盈亏的商品生产者。

在对国有企业产权关系进行重组的同时，应按照市场经济的原则，对企业的组织结构进行相应的改革和调整，拟以纵向管理为主的直线等级型的企业组织结构改变为以横向联系为主的网络型的企业组织结构。为此，首先，要形成合理的所有制结构。国有企业的比重不能过大，它们应主要集中于铁路、邮电、航空航天、基础原材料和少数军事工业部门。根据国外的经验，国有企业在各种所有制结构中的比重最好不要超过30%，超过这一比例，就容易形成垄断和抑制市场机制的作用。其次，应以大企业、特大企业为核心，通过参股控股、专业化协作、生产经营性联合等形式，形成一些大型企业集团和跨国公司。通过这些大型企业集团和跨国公司把中小企业有机地组织起来。再次，将现有的主要行使企业主管部门职能的政府机构变为国家的资产管理组织和行业管理组织。国有资产所有权的职能，可由国有资产管理系统来行使。这个系统由各级国有资产管理局和它们下设的投资公司组成。国有资产管理局是国家管理全民财产的政府机构。其主要职责是负责确认、登记全民的财产，制订并贯彻国有财产的各种占有、使用和支配的法规和制度，建立并管理国有投资公司，配合有关的政府管理部门对国有资产的使用情况进行监督。国有资产管理局只和其所属的投资公司发生直接的联系，而不直接和生产经营企业发生联系。也就是说，国有资产管理局把国有资产交给下属的投资公司，由它们对生产经营性企业进行持股、控股。这样，投资公司就成了政府的行政管理机构

和生产经营性企业之间一种，中介组织，从组织体制上很好地解决了政企分开的问题。同时，建立和完善行业协会、企业家协会、经济联合会等民间组织或半官半民组织，充分发挥它们在行业管理和其他宏观调控方面的作用。最后，改变企业大而全，小而全的状态，促进企业之间的专业化协作和联合，形成大、中、小紧密配合的有很高规模经济效益的企业组织结构。

（二）有一个完整的高效的市场体系，市场机制能充分发挥作用

市场经济的基本特征是市场机制成为资源配置的基本手段。为此，总的要求是：企业所需要的生产要素从市场上获得，而不是由政府的行政机构分配；一切商品必须通过市场进行交换，而不是通过政府的行政调拨；商品的价格通过市场竞争形成，并能反映供求关系；垄断经营只能限于极少数的自然垄断行业，其他行业的企业之间应当有公平的竞争：企业的经济按照市场规律作出决策，而不是服从政府的行政机构。为了实现上述总要求，必须要有完整的高效的消费品市场、生产要素市场和企业产权市场。

经过十多年的改革，我国消费品市场的雏形已经基本形成，其基本特点是："三多"、"一少"、"两结合"。即：多种所有制形式、多种经营方式和多种流通渠道；较少的流通环节；集中的大规模的贸易批发中心、购物中心和分散的小规模的零售网点相结合，工贸市场与农贸市场相结合。今后，要进一步建立健全市场规则和反对地区封锁。

要素市场包括许多方面，重要的是必须建立和完善生产资料市场、资金市场和劳动力市场。在生产资料市场方面，应彻底废除生产资料调拨制度，像消费品一样，所有的生产资料都必须进入市场销售。销售的方式和渠道可多种多样，既可以由物资企业经销，也可以由生产企业直接销售。经营生产资料的物资企业必须实行企业化经营，不能享有任何特权。在资金市场方面，各专业银行要在中央银行的指导下，实行企业化经营。银行有权自主地选择企业，企业也可以自主地选择银行。银行的存贷利率在中央银行规定的幅度内可自由浮动。各专业银行能利用银行债券、地区债券、商业信用券及银行之间的贴现等方式打通专业银行之间的横向融通渠

道。企业也可以建立内部银行或财务公司、发行债券、股票等形式来筹集资金。在劳动力市场方面，应进一步对现行的用工制度和人事制度进行改革，打破人才的部门所有制和企业所有制，推行劳动合同制和聘任制。用人单位根据政府的政策、法规有权招聘和辞退员工，员工也有权自主地选择职业。除国家的公务员外，政府不再规定统一的工资制度和升级制度，它们应由企业自主决定。员工工资的高低，应主要取决于劳动力的供求情况、本企业经济效益的高低和自己对企业贡献的大小。为了维护劳动者的利益，应建立社会保障制度，使退休职工和失业者的生活有基本的保障。同时，还应成立劳动服务中心，吸收社会失业人员，对它们进行再培训和就业指导，以适应重新就业的需要。

企业产权市场是实现企业存量资产流动的必要条件。它对淘汰落后企业和产业，及时地实现产业结构和企业组织结构的调整有决定性的作用。因此，必须有一套完整的企业兼并、破产的制度，包括资产的清算与评估、资产的转让、人员的安排，等等。

（三）政府对经济保持强有力的调控手段，能对经济进行有效的调节

适应市场经济的要求，政府对经济的宏观调控必须坚持政企分开的原则，宏观管好、微观放开的原则，中长期计划为主、年度计划为辅的原则，间接管理为主、直接管理为辅的原则，价值管理为主、实物管理为辅的原则。

为了保证宏观管理更有力、有效，必须有与市场经济相适应的计划、财政税收和金融体制。要建立精干高效的计划管理机构，其主要职能是编制国家计划，进行总量平衡。但是这种计划只能是综合性的、粗线条的和有弹性的。它主要应对计划期内国家的经济增长速度、重大的比例关系、财政收入、进出口、劳动就业和人民收入水平等指标作出规定。计划机构在编制计划时，应当与大企业集团、行业协会、经济联合会等经济组织进行协商，征求他们的意见和得到它们的支持。

在财政税收体制方面，应建立中央统一指导、地方相对独立的新型分级财政。在划清中央政府和地方政府事权的基础上，实行分税的财政收入体制，即划清哪些税种是中央的财政收入，哪些税种是地方的财政收入；

哪些税种为中央和地方共享。各级财政预算一律实行复式记账，把经常账户和资本账户分开，不能相互混淆、挤让。各级财政若出现赤字，一律以债务弥补。把国家和企业的财务关系彻底分开。政府无权收缴企业的利润，也无义务承担企业的亏损。同时，实行税利分流的税收制度。税收体系应以增值税，所得税和资源税为主，消费税等其他多样化的税种为辅。为了保证公平竞争，各类企业的税率应一律平等。

中央银行的职能和专业银行的职能必须分开，将专业银行变成企业化的商业银行。中央银行主要行使宏观管理的职能。为保证中央银行独立行使自己的职能，可将它从政府序列分离出来，由全国人民代表大会领导。

在新的宏观体制形成后，为了保证国家的宏观经济目标的实现，国家主要采用税率、利率、汇率、货币投放量等间接手段来调控社会的经济活动。同时，保留必要的直接手段。包括：（1）制定法律、法规对个人、企业和其他团体的经济活动进行管理；（2）对企业的开办、关闭和搬迁等进行审批；（3）决定国有企业的经营方式，并派代表参加企业的领导机构；（4）政府除作为消费主体通过政府购买的变化直接对经济起调节作用外，还应保留必要的投资权，以便对基础设施、文化教育建设、重大的环境保护项目、少数需要重点扶持的地区和产业进行直接投资；（5）对某些国家需要的重要的短缺物资，国家虽然不再下达指令性计划，但可能采用国家定货或者专卖的办法进行控制。

（原载《中国工业经济》1993 年第 3 期）

中心城市经济体制综合改革的成就与经验

　　我国是一个大国，如何处理"条条"（部门管理）和"块块"（地区管理）的关系是经济体制改革中遇到的一大难题。过去，为了加强中央的集中管理，我们曾把大批企业上收到中央各工业部，实行过以"条条"为主的管理体制，为了发挥地方的积极性，我们也曾把大批企业下放给各省、地、市，实行过以"块块"为主的管理体制。但是实践证明，这两种管理体制都不成功。在党的十一届三中全会以来的改革中，理论界和实际工作部门的同志进行了广泛的讨论与探索。1982年"六五"计划报告指出"发挥中心城市作用，解决'条条'和'块块'的矛盾"的具体任务。同年，国家体改委开始在沙市和常州两个中等城市进行综合改革试点。1983年，又选择了更具有代表性的大城市重庆进行试点。1984年，武汉、沈阳等中心城市也相继被批准进行试点。1984年10月中共中央在《关于经济体制改革的决定》中肯定了用发挥中心城市作用，来解决条块矛盾的做法，并完善了这一设想，《决定》强调指出，一方面政府的工业管理部门要实行政企职责分开，简政放权，由部门管理变为行业管理；另一方面"实行政企分开以后，要充分发挥城市的中心作用，逐步形成以城市特别是大、中城市为依托的，不同规模的，开放式、网络型经济区"。由此，一套具有中国特色的解决条块矛盾的改革方案逐步形成。《决定》发表以后，加快了城市综合改革的步伐。到目前为止，全国综合改革的试点城市已发展到72个，它们的改革试验取得了显著的成效，为推进城市经济体制的全面改革提供了丰富的经验。

一

　　在旧的经济体制中，中心城市是条块分割最严重、各类矛盾最集中的焦点。经济体制改革，能否从中心城市取得突破，这不仅关系到改革的步伐，甚至还关系到改革的成败。从几年来各城市的试点情况看，虽然步履维艰，但已突破了原来的僵化管理模式。重庆、武汉、沈阳、石家庄、南京、广州等一批经济比较发达的中心城市，通过探索和实践，都闯出了有自己特色的路子，取得了一系列突破性进展。中心城市综合改革的主要成效是：

第一，城市的多功能作用得到了恢复和发展。在这个问题上，不少城市的领导同志在认识上发生了三个转变：一是不再单纯地把城市看成生产基地，而应认识到它有多种功能；二是城市不能单纯地自我服务，还要为它辐射的整个经济区服务；三是考核和评价城市的工作，不能单纯看它的工农业总产值，还要看它辐射面的大小和辐射能力的强弱。在提高认识的基础上，各城市的工作取得了较大进展。广州市从 1979—1984 年，第三产业的从业人数平均每年递增 7.5%，1984 年年底，第三产业产值已占国民生产总值的 32%。在第三产业中，商业得到了迅速发展，各城市已建立各种贸易中心 2200 多个，生产资料交易中心 400 多个，各城市的零售网点比试点前都增长了一倍以上。一些新兴的第三产业，如科技咨询、经济咨询、信息服务、会计和律师事务所等也发展起来，为企业的生产和技术改造提供了许多有价值的服务。

第二，推进了横向经济联合的发展。近几年，随着商品经济的发展，企业之间、城市之间、城乡之间的横向联合逐步由小到大，由简到繁、由近及远、由松到紧、由低层次向高层次发展，取得了明显的成效。如重庆市在大力促进本市企业联合的同时，主动开拓了"西南一片"和"长江一线"的联合。南京市同苏、皖、赣 3 省的 16 个地市在平等协商、自愿互利的基础上，组成了经济协调会，对工交、商旅、外贸、金融、科技、物资等进行了广泛的协调。沈阳市已建立了包括 568 个单位参加的 25 个企业集团和 1230 个各种类型的经济技术联合组织，289 个工业企业联合体。

第三，城乡协调发展的局面开始形成。实行市带县的体制后，有效地发挥了城市领导农村、带动农村发展的作用，使城乡的不同优势结合了起来，构成了一个整体的经济优势。以江苏省为例，实行市带县后，通过统一组织城乡专业化协作和各种形式的横向联合，使城乡经济结合起来，既促进了大批乡镇工业企业的发展，又保证了城市工业生产所需农业原料和劳动力等的稳定来源。1985年江苏全省64个县实现工业总产值574亿元中，乡镇工业占66%。乡镇工业比较发达的苏州、无锡、常州3市所属的无锡、江阴、武进、沙州、金坛等12个县，乡镇工业总产值占这些县全部工业总产值的71.6%。1985年江苏省乡村工业总产值达到383亿元，接近1979年全省的工业总产值。武汉市敞开三镇大门以后，首先是周围郊区、市受益。据不完全统计，武汉三郊区、四县及毗邻地区在武汉务工经商的收入每年达5亿多元。重庆市坚持发挥城乡各自优势，建立全面的技术协作关系，几年来城乡协作项目达1022项，使农村引进资金近两亿元，有力地带动了乡镇企业的蓬勃发展。

第四，经济对外开放度日益提高。例如，大连市已同40多个国家和地区的1000多家客商建立了贸易关系。商品出口额逐年增加，1986年出口商品收购额达14.8亿元，换汇4.1亿美元，产品远销51个国家和地区。同时还发展了技术出口和劳务出口。广州市从1979年实行开放以来，已同120多个国家和地区的5000多家客商建立贸易关系，出口商品达1000多种，1986年出口额达6.1亿美元，今年1—5月出口额3.69亿美元，比去年同期增长54.3%，现已建立100个出口商品基地。

第五，促进了城市建设，改善了人民生活。我国许多中心城市都是老工业基地，过去在重生产、轻生活、轻城建的思想指导下，造成了市政建设落后，基础设施很差，人民生活"欠账"很多的状况。改革八年来，各城市都加速了城市的建设与改造，显著地改善了人民生活。南京市八年来旧城改造和新区建设都大大加快，建成了为数众多的住宅、商场、饭店、旅馆、办公用房，市民居住面积1985年人均即已达到7.38平方米，居全国城市前列。广州市八年来用于城建的投资11.97亿元，比改革前29年投资总额还多61%，建成的住宅比以前29年建房面积总和还多1.25倍，人均居住面积由3.8平方米跃增到6.9平方米，供水能力增加了1倍多，增加的道路面积也比以前29年增加的总和还多。1986年全市职工人均收入达1778元，比1978年增加1.5倍，平均年增长12.3%，郊县农民人均纯收入达752元，比1978年增加2倍，年均增长14.8%。

第六，解放了生产力，促进了城市经济持续发展和经济效益的提高。进行综合改革的中心城市 1986 年的各项经济指标，均比试点前有大幅度的增长，例如，重庆市 1986 年和试点前的 1982 年相比，国民生产总值、国民收入和工农业总产值就分别增长 74%、72%、52%。改革后四年共向国家财政上交 36.6 亿元，比改革前四年增长 37%。武汉市试点后，国民生产总值、国民收入和工农业总产值年均递增 12.7%、11.2% 和 11.2%。广州市 1986 年与 1978 年相比，国民生产总值、工农业总产值、出口产品换汇和财政收入分别增长 2 倍（年均递增 16%）、1.24 倍（年均递增 10.6%），3.5 倍（年均递增 20.7%）和 1.21 倍（年均递增 10.4%）。

二

中心城市综合改革，是我国从自己的国情出发，在经济体制改革中的一大创造，它是我国整个经济体制改革的重要内容，综合改革开展的历史虽然不长，但由于党中央、国务院的大力支持和一大批勇于改革的理论工作者和实际工作部门的同志的努力探索，已积累了不少经验。

（一）必须处理好搞活城市和搞活企业的关系，搞活企业是搞活城市的基础，而搞活城市则是搞活企业的条件

把增强企业活力作为改革的中心环节，进行城市综合改革，当然要搞活城市，充分发挥城市的多种功能。但是，企业是生产力的直接体现者，只有把企业搞活了，城市才能活起来。因此，作为中心城市的政府，决不能以搞活城市为借口，把中央、省给予的各种权力都集中在自己的手中，还像过去一样，把企业作为行政机构的附属物，主要依靠行政手段去管理企业，而应当把搞活企业作为城市综合改革的出发点和落脚点，把增强城市企业活力作为改革的中心环节，实行简政放权，转变职能，积极为搞活企业创造条件。改革的实践证明，凡是能较好地处理搞活城市和搞活企业关系的城市，改革就搞得有声有色，效果十分显著。例如重庆市，1984 年就率先对截留企业权利的行政性公司进行了整顿，减少了管理的中间环节，使企业的自主权得到了落实。石家庄市按"撞击反射"的思路，始终

以搞活企业为中心，用搞活企业的要求去撞击各部门，要求它们采取相应的改革措施，简政放权，进行内外同步改革，从而增强了企业的活力。

（二）必须敞开城门，坚持对内外开放

如前所述，发挥城市的作用，是为了形成以城市特别是以大中城市为依托的，不同规模的，开放式、网络型的经济区，以打破部门分割、地区分割、条块分割的旧体制，大力促进商品生产的发展。这就要求城市必须克服小生产的狭隘思想和地方本位主义，废除各种不利于竞争的保护政策，改变过去的闭关自守状态，树立现代商品经济的社会化大生产的观念，敞开大门，坚持对内对外开放。也就是说，一方面要允许、鼓励外省、市的企业来自己的城市销售产品，投资办企业，建立各种联合关系，以及引进各种人才；另一方面也要允许、鼓励本城市的企业、产品、人才、资金积极进入外省、市以及国际市场，按照商品经济的客观要求，发展和加强企业之间、城市之间、地区之间的横向经济联系。如果不这样做，不仅达不到改革的目的，还会形成新的块块、新的地方分割。目前，这个问题虽然还未彻底解决，但不少试点城市在改革实践中已提供了一些宝贵的经验。这些经验主要是：（1）城市对外开放必须以搞活"两通"（流通和交通）为突破口。城市的功能是多方面的，它既是生产中心，又是交通枢纽、贸易中心、金融中心、信息中心，有些城市还是科学、文化中心。但是从城市发展的历史和各种功能的关系来看，它首先是贸易中心，是贸易的发展促进了交通枢纽的形成，促进了生产基地的产生；而金融中心、信息中心，以及科学、文化中心的功能又是为生产、贸易服务的。所以，敞开城门，首先必须大力发展商业，促进商品的自由流通；而要发展商业又必须解决交通运输问题，这样才能使商品流通畅通无阻。（2）城市必须实行全方位开放，即不仅要对国外开放，而且要对国内的外省、外市、外地区开放，不仅商业流通要开放，而且工业、科技、信息、交通等各方面都要开放；不仅个别企业要开放，而且各个行业、整个城市都要开放；不仅要对农村和小城镇开放，也要对大城市开放；不仅要对内地、边疆开放，而且也要对沿海地区开放；不仅要对经济不发达的地区开放，也要对经济比较发达的地区开放。通过开放取长补短，发挥各自的优

势，通过开放开展竞争，鼓励先进，鞭策落后。（3）城市必须实行全面开放。就是说既要开放消费品市场，又要开放生产资料市场；既要开放资金市场，又要开放技术信息市场，既要开放劳务市场，又要促进人才的合理流动。总之，要逐渐使商品经济关系发展到社会再生产的各个领域和各个环节。（4）城市必须坚持多种形式的开放。可以建立一般的商品买卖关系，也可以建立固定的协作关系；可以联合生产某种产品，也可以合资经营；可以是长期的协作联合关系，也可以是短期的协作联合关系。一句话，凡是有利于开放搞活的形式都可以采用。

（三）必须把城市改革和城市的经济发展紧密结合起来，处理好改革和经济发展的关系

第一，注意处理好当前改革和当前经济发展的关系。经济体制改革是一个长期复杂的过程，许多重大改革措施的实施，需要人们有比较统一的认识和一定的条件，即使这些措施实施以后也需要较长时间才能见到成效，而当前经济发展中的一些突出问题又需要尽快解决。这就在客观上要求城市既要着眼于一些重大改革措施的研究和筹划，又要着手实施改革的"星火计划"，以取得立竿见影的作用。

第二，注意处理好城市的改革目标和城市经济发展战略的关系。应围绕建立开放式、网络型经济区的改革目标来制订城市的经济发展战略，同时根据各城市富有自己特色的经济发展战略来开辟有自己特点的改革途径。城市的经济发展战略虽然要立足于本市，但却不能局限于本市，而应该包括整个经济区，这就需要通过改革，建立以发展横向经济联系为特征的管理体制模式，把本市的发展战略和经济区内其他地区的发展战略大致协调起来，并按协调战略推进改革。

（四）中心城市改革的深化，有赖于宏观改革的配套与支持

几年来，我国中心城市的综合改革已取得很大进展，成效十分显著，但从目前的情况来看，深化改革的困难越来越大。因为中心城市的改革虽然带有综合改革的性质，但它毕竟属于一种局部的变革，要受国家宏观改革进程的制约。比如，我们把企业下放到城市管理，其最终目的是为了实

现政企职责分开、减少政府对企业生产经营活动的直接干预，使企业在国家计划控制和指导下成为自主经营、自我发展、自负盈亏的商品生产者和经营者，但是在现行体制下，许多企业还必须按指令性计划生产，企业所需的基本原材料也是统一分配的，企业许多别的权限也还掌握在其主管部门手中，在这种情况下，企业的行为主要还是由行政管理部门导向，而不是由市场导向。这种情况说明，要把中心城市的改革引向深入，必须在宏观体制上进行重大改革。当前，急需改革计划体制和物资体制，减少指令性计划，对一些短缺的重要物资，可采用国家订货的办法实行控制，要把某些城市建立生产资料市场的经验逐步推广，并积极开放金融市场。同时要坚持调放结合的方针，积极推进价格改革。只有这样，才能使中心城市的改革不断深化，达到预定的目标。

（原载《经济管理》1987 年第 12 期）

经济管理机关也要"转轨""变型"

在高度集中的管理体制下，经济管理机关完全把企业置于自己的行政手段控制之下，企业的中心任务是从事生产，是单纯的生产型。与此相适应，经济管理机关的中心任务是指挥生产，是单纯的生产指挥型。多年来的实践表明，生产指挥型经济管理机关有不少弊病。

随着改革的深入发展，作为国民经济细胞的企业，其性质和地位正在发生变化，在逐步由单纯的生产单位变为相对独立的商品生产经营者，由单纯生产型逐步转变为生产经营型。企业地位和经营方式的变化，要求上层建筑必须进行相应的改革，经济管理机关也要由单纯的生产指挥型向指导服务型转变。

这种转变主要表现在以下几个方面：

首先，主要管理职能要发生变化。在高度集中的管理体制下，因为企业是政府经济管理机关的附属物，是单纯的生产单位，经济管理机关对企业主要行使直接生产指挥的职能。企业逐步转变为生产经营型以后，虽然由于各个经济管理机关分工不同，它们的具体职能也应有所区别，但从总体来看，它们的主要职能将转变为协调、平衡、服务、监督。

其次，管理的重心也要发生变化。这种变化主要有以下三点：一是原来以管理微观经济为主，不能集中精力对宏观经济进行管理。这是造成盲目建设、重复建设、比例失调等问题的主要原因之一。经济管理机关转变为指导服务性以后，对企业的生产经营活动应当尽量少管，让企业在国家计划指导下进行自主经营。经济管理机关的主要精力要转到对宏观经济的控制上来，如对重大的比例关系，投资、重大建设项目等进行控制，对财政、信贷、外汇、主要物资等进行平衡，对各行业的发展、生产力在全国的布局进行合理安排，等等，以保证整个国民经济协调平衡发展。二是过去的主要精力是放在实现近期目标上，十分重视月度、季度、年度计划的完成情况，而对中长期目标的制订、实现不够重视。经济管理机关转变为指导服务型之后，主要精力要放在实现中长期奋斗目标上，要注意研究长远的经济发展战略，研究制订中长期发展目标和实现这些目标的重大技术经济政策。三是过去的主要精力是放在完成产量计划上，企业生产的产品越多，产值增长越快，经济效果就算越好。结果产销脱节严重，花色品种单调，产品质次价高。经济管理机关转变为指导服务型以后，主要精力要放在提高经济效益上，不仅要重视宏观经济的平衡、协调，把各种经济关系理顺，避免出现重大的决策失误，而且要采取各种办法促使企业发展新产品，增加花色品种，提高产品质量，降低消耗，促使企业注意市场变化，满足市场需要，降低成本，增加盈利。

最后，管理手段也要发生变化。过去，经济管理机关主要通过给企业下达指令性计划和其他行政命令的办法管理企业。经济管理机关由生产指挥型转变为指导服务型以后，对企业虽然也还要保留行政干预的权力，如由企业的主管部门任命企业的厂长（经理），对少数产品还要下达指令性指标，对某些产品的价格，国家还要作强制性的规定等等，但对企业的大量生产经营活动主要应采用经济杠杆、经济立法与监督等手段进行管理，以达到鼓励先进，鞭策落后；鼓励发展短线产品，限制发展长线产品；鼓励发展新产品，淘汰落后产品；鼓励采用先进技术，淘汰落后技术的目的。

如何切实实现经济管理机关的"转轨""变型"，首先必须简政放权，使自己从管理企业的日常产供销、人财物的经济事务中解放出来。

放权是简政的前提。新中国成立以来，我们搞了多次精简机构的工作，不仅没有达到预定的目标，而且适得其反，机构越精简越复杂，政越简越繁，人越减越多。造成这种状况的根本的原因就在于没有把简政和放权结合起来，先放权，后简政。

经济管理机关可以下放的权很多，最主要的有以下两条：

一是中央各工业部，省、区的工业厅、局要把主管企业的权限下放给大中城市。多年的实践证明，中央工业部，省、区的工业厅、局直接管企业容易陷入对直属企业管理的具体事务中去，忽视和削弱行业管理；在生产计划、物资供应、技术改造以及投资等方面往往照顾直属企业，克扣非直属企业，不利于按客观需要和企业经营好坏，经济效益高低来统筹安排生产；也不利于以城市为依托来组织专业化协作和发展各种经济联合。因此，除个别工业部和少数经济比较落后，工业基础比较薄弱，大、中城市又少的省、区外，多数工业部和省、区的工业厅、局不宜再直接管辖企业。工业企业一般应下放给大中城市管理。

二是要把年度计划制定权下放给企业。现在经济主管部门都管年度计划，有些还管企业的季度计划，企业只有制订生产作业计划的权限。而年度计划的制定又很复杂，下达很晚，变动很多，常常造成"一年计划，计划一年"的被动局面。这种情况不改变，不仅不能简政，而且国家给企业的许多权限也很难落实，企业很难搞活。因此，国家对工业生产的计划管理必须从以年度计划为主，五年计划为辅转到以五年计划为主，年度计划为辅上来。国家只给企业下达五年计划（可列出各年度指标），并以完成五年计划规定的任务作为考核标准。同时，每年通过发布经济信息，制订一些鼓励和控制发展的经济办法来指导企业的生产经营活动。这样，国家除制订五年计划外，主要掌握财政、税收、信贷、外汇，重要物资、投资规模和重点建设，一般的生产经营权就下放给企业。企业根据国家五年计划的要求，根据市场的需要和自己的实际情况自主制订年度计划，然后报主管部门备案或批准。主管部门只对企业之间的不平衡问题进行协调。这样做，既可以使经济管理机关集中精力研究带有战略性、综合性的问题和加强行业管理，又可以使企业在制订计划方面有更大的自主权，为企业成为相对独立的商品生产经营者创造必要的条件。

经济管理机关除逐级放权和把部分权下放给企业外，还可以把一些与权无关的事务性工作，如对行业情况的摸底调查，提出行业的发展规划，产品发展方向，技术装备政策的建议或草案，制订一些具有公约性的"行规"，给企业提供技术经济情报，提供咨询，培训人才，总结推广先进技术和先进管理经验以及组织厂际竞赛和行业评比等，交给民间的行业协会实行民主管理。

经济管理机关的权限下放后，要对管理机构及其职能进行相应调整，以完善工业的行政管理体系。按对企业的管理职能，政府经济管理机构可以分为职能管理部门，行业管理部门和企业的主管部门三个系统。

政府的职能管理部门很多，按它们的主要作用又可以分为以下三个子系统：

一是调节平衡子系统，包括计划、物价、税收、银行、劳动工资以及财政等部门。在这个系统中，各个部门的职能都有待进一步明确，各个部门的工作方法都有待进一步改进，但必须有一个更加权威的综合部门来协调各种经济杠杆的作用。这个部门最好由计委来充当，因为计委既然负责制订计划，并对计划能否实现负责，就应当拥有实现计划的调节手段，否则计划的实现就没有保证。

由计委来行使综合管理各种经济杠杆的职能，就应赋予它相应的权限，使它真正成为有物价、财政、税收、银行、劳动工资等部门参加的名副其实的"委员会"。在财经领导小组的领导下制订计划和协调各种经济杠杆的作用。

二是协调、服务子系统，包括现在的经委、铁道、交通运输、电力、物资、商业、外贸等部门。在这个系统中，起综合协调作用的应该是经委。经委既要协调交通运输和能源物资供应等管理部门的工作，使它们为企业的生产经营活动创造必要的物质条件，又要对各部门提供的经济信息进行综合、分析、定期公布，以作为企业制订年度计划和进行其他经济决策时参考。

三是监督子系统，这个系统由审计、工商行政管理、统计以及财政银行等部门组成。审计部门应该成为综合监督部门。经济管理机关要"转轨""变型"，这个系统应当加强，尤其是负有全面监督重任的审计部门要逐步完善和加强起来。同时，政府的监督还要和司法监督结合起来，发挥经济法庭的作用。

政府的行业管理部门是指中央各工业部，省、市、自治区的工业厅、局以及大中城市的工业局等。中央各工业部和省、自治区的工业厅、局不主管企业后，机构可以精简、合并。经过精简合并后的政府工业部、局，将主要行使政府行业管理部门的职能。

企业下放到大中城市管理以后，必须要有主管部门来管理，大中城市的工业局应主要行使企业主管部门的职能，但必须大大精简管理内容，主要管四件事：一是对企业实行计划管理，给企业统一下达科学的、经过综合平衡的五年计划，协调、平衡企业的年度计划。五年计划（包括生产、销售、物资、能源、劳动工资、基本建设、技术改造等）可以由有关部门提出。但必须由计划部门和企业主管部门共同平衡后，由企业的主管部门统一下达给企业。各有关部门对企业的各种指示、指令，也应由主管部门经过选择、归纳后才下达给企业执行。二是保证企业执行国家指令性计划所需的物质条件，承担由于决策失误给企业造成的经济损失。主管部门有权向企业下达各种计划、指示、指令，就有责任为企业解决执行这些计划、指令时必须由上级解决的问题。同时，还要对这些计划、指示、指令的正确与否承担经济和法律的责任。三是为企业任免厂长（经理）。全民所有制企业的厂长（经理）由其主管部门任免和考察，是区别于集体所有制企业的重要标志之一。由于全民所有制企业的厂长具有双重身份，既代表国家管理企业，又要对全厂职工负责。所以，企业主管部门在任免厂长（经理）时必须体现民主集中制的原则。如果厂长（经理）由职工代表民主选举或推荐，要由主管部门审查批准，如由主管部门选派，要在企业工作一段时间后，由职工代表大会认可。对他们的免职同样也要经过上述程序。四是对企业进行经济和行政监督，促使企业全面完成国家下达的指令性计划，坚决执行党的各项方针政策，严格遵守国家的经济法规，并根据企业经营的好坏给企业以适当的奖惩。

工业行政管理机关及其职能进行上述调整以后，平衡调节，协调服务和监督等系统将加强起来，行业管理部门和主管部门的职能也将得到改变，这就为经济管理机关由生产指挥型转变为指导服务型创造了重要条件。

（原载《经济管理》1984 年第 10 期）

关于加强行业管理的探讨

长期以来，我们只重视企业主管部门的管理，而忽视行业管理，致使行业管理工作薄弱，这是造成条块分割、领导多头、互相牵制、重复生产、重复建设等弊病的一个重要原因。随着政企职责分开、简政放权和发挥城市组织经济的作用等改革的进行，加强行业管理已成为我国工业管理的一个亟待解决的问题。对此谈一些我们的粗浅意见。

一 要明确行业和行业管理的概念，把行业管理和企业主管部门的管理区别开来

国家对工业的管理，按政府各个管理部门的职能分工，可以分为企业主管部门的管理、综合部门的管理和行业管理。对主管部门的管理和综合部门的管理大家认识还是比较清楚的。由于行业管理和企业主管部门的管理过去是合二而一的，而人们又只重视主管部门的管理，因此，对行业管理的概念和任务还缺乏明确的认识。

要明确什么是行业管理，首先必须了解什么是行业。我们认为，所谓行业，就是按企业生产的产品（劳务）的性质、特点和在国民经济中的不同作用而形成的工业类别。行业具有以下三个特征：一是具有可变性。行业是随着工业生产的扩大、科学技术的进步和社会分工的发展而发展起来的。而且随着生产力的发展、分工的深化，新的行业还将不断产生。这一方面是由于分工"不仅把某一种产品的生产，甚至把产品的每一部分的生产都变成专门的工业部门：——不仅把产品的生产，甚至把产品制成消费品的各个工序都变成专门的工业部门"①。另一方面，由于科学技术的进

---

① 《列宁全集》第1卷，第161页。

步，会不断出现新技术、新材料、新工艺、新产品，随之产生一些新兴的工业部门。二是具有层次性。工业行业的分类犹如生物学的分类一样，生物分类以物种为单位可以分为门、纲、目、科、属、种……工业行业以产品为单位也可以分为若干级。比如按现在的分类法，我国工业行业至少可分为大分类、中分类、粗分类、细分类四级。如图 1 所示。三是具有组合性。行业的划分可以有不同的方法，换句话说，按不同的划分方法可以形成不同的行业体系。比如西方是按产业划分的，我国是按两大部类划分的。但无论采取哪种划分方法，都要形成一个科学的行业体系。

行业管理就是通过政府的行业管理部门和民间的行业组织对全行业的有关经济活动进行统筹、协调、监督，并为全行业提供各种服务。使本行业企业在国家计划指导下协调健康地发展。因此行业管理和企业主管部门的管理是两种不同职能的管理。它们的主要区别表现在以下几个方面：

1. 行业管理既应体现一般国家管理经济的职能，又应体现同行业企业实行民主管理的职能。它的主要任务应该是：制定行业的发展规划；制定行业的技术经济政策和行业生产建设标准；搞好技术经济情报信息的搜集、分析、处理和传递，对利用经济杠杆调节行业的生产提出建议，组织为企业服务的各种技术经济活动；检查本行业企业的生产技术情况，监督本行业的企业执行国家计划和贯彻各项方针政策；总结交流本行业企业的生产技术和经营管理上的先进经验等。政府主管部门的管理则主要体现全民生产资料的所有者对企业的管理职能。其主要任务应该是：代表国家给企业下达经过综合平衡的计划（包括生产、销售、物资、能源、劳动工资、基本建设、技术改造计划等）和各种指示、指令；任免和管理企业的厂长、经理；为企业完成计划创造必要的外部条件；对企业经营活动进行监督等。

2. 行业管理不仅要对本行业的全部企业行使管理的职能，而且要对这些企业的主管部门的某些活动也进行管理，而主管部门只能对本部门所属的企业行使管理职能。

3. 一个企业的行业管理部门可以有几个。比如，一个企业生产三种不同行业的产品，它的行业管理部门就有三个，而且每一个行业管理部门又都实行分级管理。而企业的主管部门只能有一个。

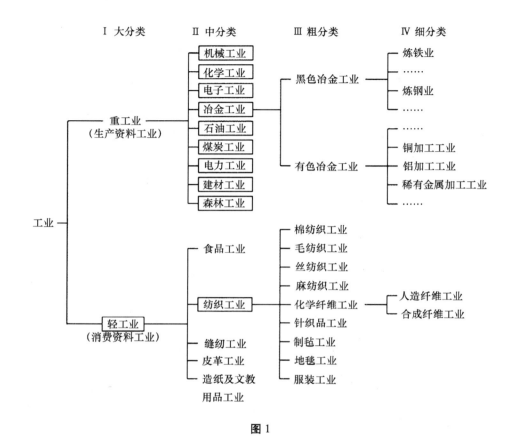

Ⅰ 大分类　　　Ⅱ 中分类　　　Ⅲ 粗分类　　　Ⅳ 细分类

图1

注：□ 现在设有部的行业。

4. 行业管理的组织形式可以有政府的和民间的两种；而企业的主管部门则只有政府主管部门一种。

二　建立两种不同性质的行业管理系统

（一）完善各级政府的行业管理部门

1. 调整工业企业隶属关系，把行业管理部门和企业主管部门分开。

第一，中央各工业部，省、自治区各工业厅、局原则上不再主管企业，少数需要由中央直接管理的企业，可由国家经委主管。但这类企业不能过多，应该只局限于以下企业：一是由于行业特点需要集中管理的企业，如大型油田、石化工业、电网等；二是产品产量大、计划分配比重大、协作配套面广、对国民经济有重大影响的大型骨干企业。如大型船舶、汽车、冶金联合企业等；三是生产重型机械和大型成套设备产品必须由国家下达指令性生产计划和分配计划的企业，如生产大型发电设备、大型机床等产品的企业。

第二，大部分中央部属企业和省属企业都应下放给中心城市管理。但中心城市也应改变行业管理部门和主管部门合二而一的状况。在大城市可设全民所有制企业管理局，由它作为企业的主管部门。在中等城市可直接由经委行使企业主管部门的职能。

第三，由县管的小型国营工业企业。它们主要是利用本地的原材料加工成产品，为当地经济建设和人民生活服务。为了发挥县的积极性，促进地方工业的发展，这类企业仍可隶属于县，但应取消各工业局，企业由县经委直接管理。

第四，对跨城市、跨地区的联合企业，应根据其主要生产经济活动与所在地的联系程度来确定隶属关系。一般来说，联合企业的主导工厂或公司在哪个城市，就应归属于哪个城市管辖。公司下属工厂由公司管理。

第五，地区是省的派出机构，不是一级政府，它不应该直接管理企业。在撤销地区成立省辖市的地方，原地属企业应划归市直接管理。没有成立市的地方，一部分企业可以划归附近的城市管理，一部分企业可以下放给企业所在的县直接管理。

经过以上调整以后，中央、省、自治区和城市原有的工业管理部门将只行使政府行业管理部门的职能。

2. 按照归口管理的原则，调整政府的行业管理部门。从图1可以看出，我国现有工业行业管理部门的设置存在以下不合理的状况：

首先，在第Ⅰ级（大分类），重工业这个大行业并没设部。而轻工业这个大行业却设了部，在这一层次很不对称。

其次，轻工业这个大行业至少可以分为食品、纺织、日用品工业三个Ⅱ级行业（中分类），但在第Ⅱ级只设立了纺织工业部，这样实际上把纺织行业这个Ⅱ级行业和轻工业这个Ⅰ级行业并列起来了，似乎轻工业中并不包括纺织工业。这显然是不科学的。

再次，在重工业这个大行业设立了七个工业部（加上军工就更多了），而在轻工业这个大行业只设了两个工业部，这显然和过去片面强调重工业的发展，而忽视轻工业的发展有关。最近几年，我们虽然纠正了片面强调重工业，忽视轻工业的思想和做法，调整了轻重工业的结构，使轻工业在工业中的比重比较合理了，但在机构设置上这种倾向并没有得到纠正。

为了解决以上问题，对现有的行业管理部门必须进行调整。而调整政府的行业管理部门，要考虑以下几个方面的原则：

第一，要具有科学性。政府的各行业管理部门要设置在行业划分的同一个层次上，以便形成一个科学的行业管理系统。

第二，要考虑行业的大小，行业产品种类多少和复杂程度。一般来说，行业大，产品种类多，产品复杂，行业管理任务就重，应单独设行业管理部门；反之，则应使相近的行业合并，设一个部门管理几个行业。

第三，要重视重点行业，即对新兴行业和当前特别要鼓励发展的行业最好要设置行业管理机构。

第四，要坚持"精简、统一、效能、节约和反对官僚主义"的原则①，一个机构可以办的，就不要设许多机构；一级机构可以办的，就不要设几级机构。根据以上原则，我国现有的行业管理部门可以作如下调整：

（1）按照我国现行的行业分类，政府的行业管理部门设在行业分类的第Ⅱ级（中分类）是比较合适的。因为在行业分类的第Ⅰ级（大分类），只划分为重工业和轻工业两大行业，如果政府的行业管理部门设在这一级，管理幅度太大，对行业管理不利；设在行业分类的第Ⅲ级（粗分类），行业又太多，政府不可能设置如此众多的行业管理部门。所以政府的行业管理部门只能设在行业分类的第Ⅱ级，这样就应当把设在行业分类第Ⅰ级的轻工业部撤销。

（2）在轻工业这个大行业的第Ⅱ级除保留纺织工业部外，还应新设食品工业部和日用品工业部。新设这两个部不仅是为了适应行业分类的要求，更重要的是为了适应新形势发展的需要。随着经济的发展，人民生活

---

① 《毛泽东选集》第三卷，第850页。

水平的提高，食品工业和日用品工业正在高速度发展，它们在国民经济中的地位日益重要。1982 年食品工业产值已占全国工业总产值的 18.59%，由原来的第四位，上升为仅次于机械、纺织，已跃居第三位。而且，这两个行业的小行业繁多，产品复杂，又与人民生活密切相关，行业管理任务很重，设两个行业管理部门管理有利于行业的健康发展。

（3）重工业这个大行业现有的七个部都设在行业分类的第 II 级，符合行业分类的要求，但可以把石油工业部、煤炭工业部、电力工业部合并成为一个能源工业部，因为这三个部所辖的产品虽然都很重要，但它们的产品却比较单一，政企职责分开后，其行业管理的任务并不很重，合并成一个部后不会因此而削弱行业管理。

（4）按行业分类的要求，实行行业归口管理。按任何一种方法进行行业分类都可能出现行业的交叉，如按照现有的行业分类，自行车、缝纫机、手表等既可以视为机械工业，又可视为日用品工业；手表中的电子表既可以视为轻工业中的日用品工业，又可以视为重工业中的电子工业。因此，调整行业管理部门后，还必须按照行业分类的要求，调整各部门行业管理的范围，实行归口管理。比如，服装就可划归纺织工业部管理，自行车、缝纫机、电冰箱等可以划归日用工业品部门管理，等等。

调整后的行业管理部门可用图 2 表示。各省、市、自治区以及中心城市政府的行业管理部门也应按以上原则进行调整。在县一级，由于工业部门少，且处于工业管理的最低一级，不应当赋予这一级在行业管理方面的权限，因此，可以不设工业的行业管理部门。

3. 正确划分各级政府行业管理部门的职能，实行分级管理。中央行业管理部门和地方行业管理部门应该实行分级管理。各级行业管理部门虽然不是直接的领导和被领导的关系，但上一级行业管理部门对下一级行业管理部门应具有指导的权责。下一级行业管理部门除在业务上接受上一级行业管理部门的指导外，还应该保证上一级行业管理部门制订的方针、政策、法规和各种指示得到具体落实。在行使职能的范围上应该有所分工，中央行业管理部门主要承担制定重大的技术经济政策，全国的行业规划，重点工业企业的布局，产品和零件的标准化、系列化、通用化，重要产品的质量标准等任务；地方行业管理部门主要承担制订地方的行业规划，一般工业企业在本地区的布局，产品的地方标准等任务。此外，中央行业管理部门在行使各种职能时可以管得粗一些，地方行业管理部门要管得细一些，具体一些。

（二）建立健全各种行业协会①

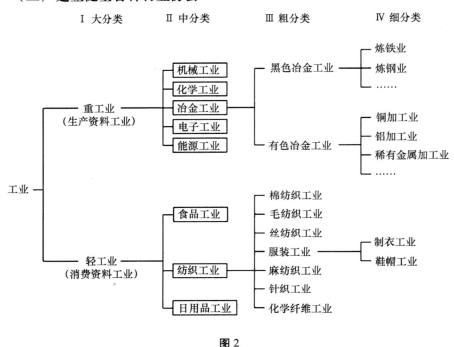

图 2

注：①□□□为设部的行业。
②建设材料工业划归城市建设部管，森林工业划归林业部管，已不是单纯的工业部门。

（三）对行业性公司进行整顿、改革

行业性工业公司是我国工业经济管理体制中的一种特殊组织形式，这些公司绝大多数是行政性的，既起着行业主管部门和政府行业管理部门的作用，又以企业的身份出现。过去它们在行业管理方面虽然起过一定的作用，但随着经济体制改革的深入发展，它的弊病越来越严重。第一，这种

---

① 有关内容请参见《中国工业经济学报》1984 年第 1 期。

行业性公司加剧了政企不分。政府管理部门和企业是两种不同性质的组织，具有不同性质的职能：政府管理部门是管理者，企业是被管理者。把这两种不同性质的组织合并在一起，让它们既行使政府的管理职能，又行使企业的经营职能，必然会加剧政企不分，影响企业的经济效益，这和政企职责分开的改革方向是背道而驰的。第二，增加了管理层次，影响工厂企业积极性的发挥。这种行业公司夹在政府工业管理部门和工厂企业之间，多数成了政府附属的行政机关，但又不具备政府行政机构应有的权力，不能有效地解决企业的问题。尤其是近两年来，许多行业公司急于向企业性过渡，并不断扩大自己的管理范围，上收所属企业的权利，但又无法解决工厂企业在生产经营中遇到的问题，这就加剧了公司和工厂之间的矛盾，工厂称它们为"二婆婆"或"抽头公司"，而政府的工业管理部门却视它们为工厂企业的领导，因此，公司被夹在中间，成了上下矛盾的焦点。第三，由于行业性公司是一种"四不像"的组织，行使的职能很多，什么都想管，却又无力管，因而什么都管不好，致使许多该管的事情无人负责，影响工作效率。因此，要建立两种不同性质的行业管理系统，就必须对行业性公司进行整顿、改革。

行业性公司的出路有以下三条：

一是使它们发展成为企业性公司，这是目前许多行业公司所希望的。但从发展前景来看，除少数行业公司外，多数行业公司是很难做到的。首先，多数行业公司内各工厂的产品千差万别，其中许多工厂在生产技术上毫无内在联系。如某市的日用化学工业公司，就包括了牙膏、肥皂、化妆品等几十种生产上几乎没有关系的"日用化工产品"。这样的工业公司作为一个统一的生产经营单位，无疑是十分困难的。其次，多数行业公司的规模过大，包括的工厂数目太多，而且各厂的生产又大都是封闭或半封闭式的，相互的独立性很强，很难进行统一核算和自负盈亏。如果硬要这样做，就会形成吃"大锅饭"的局面，不利于调动工厂和职工的积极性。其三，把同行业企业都组织在一个公司内，不利于开展竞争，也不便于管理。尤其是一些全国性行业公司，囊括了全国同行业的主要企业，形成垄断。其四，企业规模过大，与我国现阶段的管理水平是不相适应的，也不利于经济效益的提高。

二是发展成为民间的行业协会。这是大多数行业公司现实有效的出路。目前，我国行业管理很需要这样的组织，而且许多地方还没有建立。从今后的发展趋势来看，随着体制改革的深入进行和企业自主权的不断扩大，行业公司将会逐渐解体，有的也将朝着行业协会的方向发展。因为：第一，行业公司内部的一些企业有可能打破行业的界限，成立一些跨行业的联合体，如工工联合、工商联合、工贸联合、工业与科研联合，等等。这些联合体开始可能是松散的，并不改变隶属关系，一旦它们发展成为"命运共同体"，就有可能从行业公司中分离出来，成为紧密的企业性联合公司或总厂，并直接由政府的有关部门管理；行业公司内一些在生产经营上有紧密联系的企业，也会逐步联合起来，在公司内部成立一些企业性的联合组织，这些联合组织壮大起来后，也会脱离行业公司而独立存在；行业公司内的一些工厂企业在生产经营中靠自身的力量逐渐发展起来成为大规模的联合企业或独立的工厂，它们也将脱离行业公司的领导，这样，行业公司就失去了存在的意义，只能演变成民间行业协会。

三是既不能向企业性公司过渡，也没有条件演变成行业协会的就应该及早解散。

（四）正确处理加强行业管理和发挥中心城市组织经济作用的关系

把加强行业管理和发挥中心城市组织经济的作用有机地结合起来，是工业组织体制改革能否成功的关键，为此，必须解决好以下几个问题：

1. 中心城市要成为纵横关系结合的枢纽。纵向关系指国家对企业的管理，它包括企业主管部门的管理，综合部门管理和行业管理。它们体现的是国家管理经济的职能，主要反映的是中央和地方，国家和企业的经济联系。横向关系指的是企业和企业之间，城市和城市之间的经济联系，它们体现的是商品经济的要求，反映的是商品交换关系。

从纵向看，中央各部、省、自治区的各工业厅（局）不主管企业后，企业都由城市主管；与此相适应，这些企业的计划，完成计划所需的能源、物资以及技术改造的资金等也不应再由原隶属部门下达，而应该由各级计划部门直接下达到市，由城市统一安排。尤其是行业管理也必须通过各种技术经济政策、规划、生产技术标准等，落实到城市和聚集在城市里的企业。从横向看，由于工业企业主要集中在城市，城市又是贸易中心、交通中心、金融中心、情报信息和科技文化中心，因此，企业和企业之间、城市与城市之间、城市与农村之间的各种经济联系也必须以城市为依托来建立和发展。

2. 搞好和城市规划相协调的行业规划。加强行业管理，发挥行业作用，首先要从搞好企业规划入手，打破地区分割和部门分割，把行业规划和以城市为中心的区域规划紧密结合起来。重要行业的规划，特别是那些跨了许多部门的行业规划，国务院应成立有权威的行业规划小组，把有关部门和地区的同志组织到一起，共同研究制定，使制定的规划具有整体性、战略性、政策性、科学性和权威性，行业规划经国家批准后，有关部门和地区的生产建设，调整改组，技术改造等重大经济活动，都应围绕规划的要求进行。在执行中，若情况发生了大的变化，需要超越规划要求进行安排或修改规划，应由原规划小组或行业管理部门召集有关方面共同研究决定，而不能擅自盲目进行。

制定行业规划，不能只考虑眼前产值、产量的增长和建设项目的安排，而应该包括一段较长时间生产能力的发展、布局；技术开发，产品更新换代；专业化协作与地区分工；重点产品和短线产品的发展；组织结构的调整和技术改造等。同时要研究制定保证规划实施的各种政策和标准。如技术政策、装备政策、技术标准、建厂标准、合理规模和生产的经济批量等，有了规划、政策和标准，在生产建设中，行业管理部门对符合规划、政策和标准要求的，就予以支持，反之，则应予限制。这样，即可改变目前不抓生产能力的控制，造成生产安排上矛盾多的现象。

（原载《中国工业经济学报》1985 年第 2 期）

略论地方"保护"政策

在过去的经济建设中，有一种指导思想，就是一个大区甚至一个省都要建立自己独立的经济体系。在这种思想指导下，我国一些地区在发展地方经济中，多年来实行着一种"保护"政策：凡是本地能够生产的产品，一律不准从外地进货；本地不能生产的产品，要创造条件生产，努力提高自给水平，逐步减少对外地的依赖性。当时认为，这种政策是保护地方工业、促进地方经济发展的重要措施。现在看来恰恰相反，这种违背经济规律的行政办法，实际上阻碍了社会主义商品经济的发展，有意无意地肢解了社会主义的统一市场，使得一些物美价廉的产品打不开销路；而在一些地区市场上，商品质次价高、品种单一，群众很有意见。这种"保护"政策，实质上是保护落后的政策，在国民经济的调整改革中，应予废除。

"保护"政策，保护了落后的自然经济，不利于社会化生产的分工协作，不利于充分发挥各个地方的优势

我国幅员广大，人口众多，各地的自然条件、资源状况和经济发展水平差异很大。拿农业来说，由于自然条件不同，南方适宜种水稻，北方适宜种旱粮；有些省适宜种棉花，有些省适宜种甘蔗，而有些省区则适宜发展畜牧业。从资源状况看，有些省石油、煤炭储量丰富，适于发展石油、煤炭和化学工业；有些省铁矿和有色金属很多，则适于发展冶金工业。而上海、天津、广州、江苏、浙江等沿海省市，由于工业基础比较雄厚，交通比较发达，技术力量较强，有利于发展轻工业和高、新、尖、精产品。因此，根据各地特点，因地制宜地发展经济，在理论上和实践上都是一个

十分重要的问题。

马克思主义的政治经济学指出,生产越是社会化,就越要求我们改变小生产的生产方式和经营方式,根据各地特点科学地配置生产力,确立能够发挥自己优势的产业结构。就是说,任何一个地方,都不可能什么都生产,什么都自给自足,万事不求人。这就要求突破行政区划的界限,形成一个统一的社会主义国内市场,允许各地产品在国家计划指导下,畅通无阻地出入、销售。我国是一个消灭了封建割据的统一的社会主义国家,整个国家的经济是一个相互联系、不可分割的统一体。应该说,这十分有利于对全国经济实行统一规划,合理布局,既分工又协作,扬长避短,趋利避害,组织社会化大生产。然而,"保护"政策却违背了这个客观要求,人为地制造壁障。在这种政策影响下,一些地区盲目抵制外地产品输入,不顾本地主客观条件片面强调提高自给水平,甚至以此作为经济规划的目标,为之奋斗。本地没有条件发展的产品、行业和部门,也硬着头皮发展;本地有条件发展的产品、行业和部门,又不能大量发展。造成某些地区的一些工业产品原料无着落,技术不过关,成本高,利润低,亏损严重;某些农作物产量低,费用高,农民收益少。这种作法还会引起连锁反应,影响各个地区以至整个国家的经济结构,形成"省自为战"、"区自为战"、"县自为战"的"大而全"、"小而全"的局面,把全国完整的经济体系割成了许多小块,妨碍了综合平衡和合理布局,阻塞了地区间的经济协作和经济交流,把国民经济搞得死水一潭。这实际上是保护了落后的小生产的生产方式和经营方式,保护了自给自足的自然经济。

"保护"政策,保护了落后的生产条件和管理方式,不利于采用新设备、新技术和科学的管理方式

目前,不同省市、不同地区的某些产品,经济效果差距很大。仅以燃料消耗为例:每吨标准煤,江苏、浙江可生产606个5磅的保暖瓶,而贵州只能生产74个,内蒙古只能生产56个;每吨铁锅消耗的焦炭,山东和辽宁是190—220公斤,而有的地区竟高达千斤。一般来说,经济效果差

的产品，生产它们的条件都比较差，技术水平和管理水平比较低，装备陈旧，工艺落后。可是，它们为什么能安然无恙地生存呢？除了有些产品是供不应求外，多数情况都与"保护"政策有关。对外抵制商品输入，对内必然实行"垄断"价格。这种价格政策，违背了价值规律，否定了等量劳动平等交换的基本原理，使得价值相同的同种产品，仅仅由于产地的不同，价格相差很大。结果，技术水平和管理水平落后的企业，由于产品质次价高，其利润并不低于先进企业。这在无形中使得一些落后企业的管理人员安于现状，滋长了一种惰性、依赖性和保守性，不去积极主动地改善企业的生产条件，提高企业的管理水平。前几年，有一个省为了填补本省涤棉布生产的空白，花了九牛二虎之力，搞了一个生产涤纶短纤维的聚酯纤维厂。可是，由于设备陈旧，技术落后，管理水平低，生产的产品价格要高出外地同类产品价格的1/3。纺织厂使用这种产品做原料，难以维持正常生产；商业部门经销这种产品，每年要赔几十万元。为此，纺织厂和商业部门要求从外地进料，但主管部门不同意，理由是要保护地方工业。在这种政策保护下，该纤维厂心安理得，不仅不降价，反而好坏一个价，真是"离不开，靠不住，惹不起"。类似这种情况，如何能够促进企业去改造更新老设备，采用先进工艺和提高技术水平、管理水平呢？

"保护"政策，保护了落后的过时的产品，
不利于产品的升级换代和发展新产品

社会主义生产的目的，是保证最大限度地满足整个社会经济增长的物质和文化的需要。这种经济增长的需要，不仅表现在产品的数量上，而且也表现在产品的质量、规格和花色品种上，要求工业部门生产越来越多的新产品，来装备国民经济的其他部门，满足人民生活的广泛需要。但是，三十年来，我国工业部门在这方面是做得很不够的。生产资料的生产暂且不论，就拿人民生活必需的工业品来说，无论在数量、质量和花色品种上都存在不少问题。多年"一贯制"的产品比比皆是，一些地区"傻、大、黑、粗"的产品充斥市场，而新产品、新花色、新品种，则是凤毛麟角，有的长期处于"样品，展品、礼品"阶段。造成这些现象的原因固然很

多，但它与执行"保护"政策关系极大。因为"保护"政策使一些企业失去了竞争这个外在动力，给落后地区制造了闭关自守的壁障。好产品进不来，自产的产品不论好坏都能销出去，"皇帝女儿不愁嫁"！既然不必为老产品的销路操心，那么何必去试制新产品，在产品的升级换代上下工夫呢？而一些先进地区尽管有条件、有能力发展新产品，但是由于市场的限制，失去了竞争对象，新产品也不会给他们带来更多的经济利益。因此，他们也无须在新产品的试制上花费更多的资金、人力。同时，这种"保护"政策，还阻挡了各地新产品的交流，割断了地区间有机的经济联系，使得地区间的贸易关系不够正常，把人们的眼光局限在狭小的范围内，坐井观天、夜郎自大。在近年来举办的一些新产品展销会上，许多省市的同志反映：展销会打开了眼界，看到了人家的长处和自己的短处，有些产品在本地感到"差不多"，在会上一比就"砸了锅"。由此可见，各地区间进行产品交流，对提高产品质量，发展新产品，是极为有益的。

这种"保护"政策的出现，是有其历史和现实原因的。我国的社会主义经济不是建立在发达的资本主义商品经济基础上，而是在极其落后的半殖民地半封建的小农经济基础上发展起来的，这就造成了商品经济的先天不足。解放以来的三十年，又由于我们对社会主义经济形态在理论上有误解，对发展商品经济认识不足，在管理体制和一些具体经济政策上存在一些弊病，在工作上犯了一些错误，更造成了社会主义商品经济发展的后天不良。现在，在党的正确路线指引下，我国国民经济的调整改革正在积极稳妥地进行着。在这个过程中，"保护"政策必将被摒弃。为了适应现代化建设的新形势，当前需要进一步探讨商品竞争和如何对待"落后"的问题。

马克思认为，商品是天生的平等派，自由竞争是商品经济发展的客观规律。由于商品竞争，一方面加速了社会的两极分化，另一方面促进了社会生产力的发展。以自然经济占统治地位的封建社会，被商品经济高度发达的资本主义社会所代替；而建立在生产资料私人占有与生产社会化基础上的资本主义商品经济，又被生产资料公有制的社会主义商品经济所代替。这是历史已经证明、并将继续证明的事实。多年来，由于我们对商品经济的偏见，错误地把"商品"、"竞争"这些经济范畴，不加分析地说成是资本主义的，乱加限制、砍杀，极大地压抑了发展商品经济的外在动力。现在，我们越来越清楚地认识到：社会主义社会不仅存在商品经济，而且还要大力发展商品经济。因此，竞争规律仍将发挥应有的作用。在生产资料公有制基础上实行的计划调节与市场调节相结合的方针，使竞争规律不可能"漫无边际"地发挥作用，而作为竞争规律的自然属性——物竞天择、优胜劣汰，仍然将存在于商品自身中。既然是商品，它就无条件地要在顾客面前表演一番，以决定人们的取舍。与此同时，作为生产商品的企业，由于不善于经营，而在社会主义市场上没有一定的竞争力量，不能赢得一定的利润，企业的生产者和经营者理所当然要受到一定的经济惩罚。我们主张，不同地区、不同部门的商品生产者，应该在竞争中求生存、求发展，趋利避害，利用、依靠竞争的外在动力，来促进商品生产。因此，要废除"保护"政策，敞开门户，变单一渠道、独家经营为多种渠道、众家经营，变垄断市场为统一市场。

有的同志，特别是经济比较落后地区的同志，担心"门户开放"后，外地的好商品如洪水涌进，将会占领本地市场，压垮地方工业。我们说，如果不从根本上改变"官工"、"官商"作风，这种危险确实存在。但是，认识了商品经济的基本规律，既善于组织商品生产，又善于组织商品流通，那么，这种担心就是多余的。

首先，经济落后地区也有自己的优势。"你打你的，我打我的。"经济落后的地区只要按照本地的特点，集中人力、物力、财力，搞好能发挥自己优势的一些产品，利用独有的自然资源，土特产品，发展国内短缺的产品，就一定能促进本地优势的发展。例如，内地的毛纺织品、皮制品，东北的木制品，在提高质量、增加花色品种后，一定能具有强大的竞争优势。同时，竞争还为联合创造了条件。落后地区可以利用自己原材料的优势同先进地区合资经营，实行产品、利润分成，也可以在平等互利的原则下实行"补偿贸易"，还可以用原材料去交换经济发达地区的技术、设备和产品。

其次，我国是一个十三亿人口的大国，经济比较落后，有广阔的国内市场。外地的好产品输入本地区以后，本地的"土"产品一方面可以参加竞争，另一方面也可以改变产品方向，发展大众产品，占领农村这个大市场。这就要求我们会做生意，搞好市场预测，适应市场变化。

最后，国家将执行鼓励竞争、帮助落后地区的政策。各个地区经济不平衡的发展是客观存在，国家不保护落后，但是要在全面规划的基础上，有计划有重点地扶持落后地区发展一些新兴工业，从根本上改变经济布局。同时，利用经济杠杆，在投资、税收、利润分配等方面给以照顾，来促进落后地区经济的发展。

在前进的道路上，困难不少，阻力很大，但是，社会主义商品经济发展的客观规律，是不以人的主观意志为转移的。既然是陈旧、落后的东西，那么，人为的"保护"是保护不住的。"青山遮不住，毕竟东流去。"在国家计划指导下，废除"保护"政策，打破市场壁垒，因地制宜，分工协作地发展地方经济，扬长避短，兴利除害，按照社会主义商品经济的发展规律，提倡竞争，保护竞争，以促进科学的联合，整个社会主义经济将会得到欣欣向荣的发展。

（原载《中国社会科学院研究生院学报》1981年第1期）